ISBN 978-0-666-50298-8
PIBN 11044087

1 MONTH OF
FREE
READING

at

www.ForgottenBooks.com

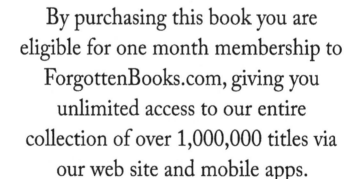

By purchasing this book you are eligible for one month membership to ForgottenBooks.com, giving you unlimited access to our entire collection of over 1,000,000 titles via our web site and mobile apps.

To claim your free month visit:

www.forgottenbooks.com/free1044087

Heinrich Heine's

sämmtliche Werke.

Rechtmäßige Original-Ausgabe.

Dritter Band.
Englische Fragmente.
Shakspeare's Mädchen und Frauen.

Hamburg.
Hoffmann und Campe.
1861.

Englische Fragmente

und

Shakspeare's
Mädchen und Frauen

von

Heinrich Heine.

Hamburg.

Hoffmann und Campe.

1861.

Inhalt.

	Seite
Vorwort des Herausgebers	IX

Englische Fragmente.

Vorwort zur ersten Auflage	3
I. Gespräch auf der Themse	5
II. London	15
III. Die Engländer	25
IV. John Bull.	35
V. The life of Napoleon Buonaparte, by Walter Scott	45
VI. Old Bailey	57
VII. Körperliche Strafe in England	64
VIII. Das neue Ministerium	68
IX. Die Schuld	73
X. Die Oppositionsparteien	94
XI. Die Emancipation	115
XII. Wellington	135
XIII. Die Befreiung	143

Shakspeare's Mädchen und Frauen.

Einleitung	159

Tragödien.

Cressida (Troilus und Cressida)	195

Seite

Caſſandra (Troilus und Creſſida) 200

Helena (Troilus und Creſſida) 202

Virgilia (Coriolan) 206

Portia (Julius Cäſar) 211

Cleopatra (Antonius und Cleopatra) 218

Lavinia (Titus Andronikus) 229

Conſtanze (König Johann) 236

Lady Percy (König Heinrich IV.) 244

Prinzeſſin Catharina (König Heinrich V.) 247

Jeanne d'Arc (König Heinrich VI. Erſter Theil) . . 250

Margaretha (König Heinrich VI. Erſter Theil) . . . 252

Königin Margaretha (König Heinrich VI. Zweiter und
  dritter Theil) 255

Lady Grey (König Heinrich VI. Dritter Theil) . . . 265

Lady Anna (König Richard III.) 270

Königin Catharina (König Heinrich VIII.) 272

Anna Bullen (König Heinrich VIII.) 276

Lady Macbeth (Macbeth) 280

Ophelia (Hamlet) 285

Cordelia (König Lear) 290

Julia (Romeo und Julia) 295

Desdemona (Othello) 301

Jeſſika (Der Kaufmann von Venedig) 307

Porzia (Der Kaufmann von Venedig) 326

Komödien.

Miranda (Der Sturm) 337

Titania (Ein Sommernachtstraum) 339

Perdita (Das Wintermärchen) 340

Imogen (Cymbeline) 341

Julie (Die beiden Veroneſer) 342

— VII —

	Seite
Silvia (Die beiden Veroneser)	343
Hero (Viel Lärm um Nichts)	345
Beatrice (Viel Lärm um Nichts)	346
Helena (Ende gut, Alles gut)	348
Celia (Wie es euch gefällt)	350
Rosalinde (Wie es euch gefällt)	352
Olivia (Was ihr wollt)	354
Viola (Was ihr wollt)	356
Maria (Was ihr wollt)	358
Isabella (Maß für Maß)	359
Prinzessin von Frankreich (Der Liebe Müh' umsonst) .	360
Die Äbtissin (Die Komödie der Irrungen)	361
Frau Page (Die lustigen Weiber von Windsor) . . .	363
Frau Ford (Die lustigen Weiber von Windsor) . . .	364
Anna Page (Die lustigen Weiber von Windsor) . . .	365
Catharina (Die gezähmte Keiferin)	367
Schlußwort	369

Vorwort des Herausgebers.

————

Die „Englischen Fragmente" wurden zuerst
theilweis im 26. und 27. Bande der „Neuen allgemeinen politischen Annalen" abgedruckt, welche Heine
während des Jahres 1828 gemeinschaftlich mit
F. L. Lindner redigierte*). Später wurden diese

————

*) Anfangs wurden die redaktionellen Noten, mit wel-
chen die Herausgeber häufig die von ihnen aufgenommenen
Abhandlungen begleiteten, nicht mit einer Namenschiffre bezeichnet. Letzteres geschah jedoch regelmäßig, seit Heine im
4. Heft des 26. Bandes der „Annalen" (S. 365) sich zu der
Erklärung veranlaßt sah, daß eine redaktionelle Note im
vorigen Heft (S. 227), welche gegen die Hegel'sche Schule
gerichtet war und behauptete, es werde in ihr die Philosophie
in der Sprache des Wahnwitzes vorgetragen, „weder aus
seiner Feder noch aus seiner Gesinnung geflossen" sei.

— 1 —

Auffätze (mit Weglaffung der fpäter aufzuführenden, jetzt wieder von mir ergänzten Stellen, und mit Hinzu= fügung der fünf neuen Abfchnitte: „London," „Die Engländer," „Old Bailey," „Wellington" und „Die Befreiung") unter dem Titel: „Englifche Fragmente" den „Nachträgen zu den Reifebildern" (Reifebilder, vierter Theil) einverleibt, deren erfte Auflage zu Anfang des Jahres 1831 erfchien. Der Abfchnitt „Die Schuld" war in den „Annalen": „Die eng= lifchen Finanzen," der Abfchnitt „Die Emanci= pation": „Die Emancipation der Katholiken" be= titelt. — Die erften Säte des Heine'fchen Vor= worts habe ich — als ausfchließlich „Die Stadt Lucca" betreffend — hier fortgelaffen.

Aus den „Politifchen Annalen" ergänzte ich:

S. 35—44 Die von Heine überfette Cha= rakteriftik John Bull's.

S. 50 Immerhin, wie die Menfchen find — S. 51 und verehrt feinen Wellington.

S. 64—67 Die Bemerkungen, mit welchen Heine in den „Politifchen Annalen" den Auffat eines ungenannten Verfaffers über „Körperliche Strafe" begleitete. (Die „Nachbemerkungen" Heine's beginnen dort mit den Worten: „Ich kann den vor= hergehenden Auffat nicht in die Preffe fchicken, ohne einige Worte beizufügen. Ich theile ganz die Gefühle

des Verfassers, dessen Urtheil über militärische Dis-
ciplin gewiß kompetenter ist als das meinige. Ich
kann nicht bestimmt genug versichern, wie sehr auch
ich gegen Prügel" ꝛc.).

S. 72 und die Wächter desselben — leicht
überwältigt wären.

S. 86 22) Dazu kommt — S. 88 in die
Luft gesprengt.

S. 118 und der unselige Wellington.

S. 127 Doch ich komme ab — S. 134 bei
den nachfolgenden Generationen. (Hört! Hört!)"
— (Den Schluß der Rede von Spring Rice, welcher für das nächste Heft der „Annalen" versprochen
ward, hat Heine leider nicht nachgeliefert.)

In der französischen Ausgabe sind nur sieben
Abschnitte der „Englischen Fragmente" unter dem
Gesammttitel „Angleterre" dem ersten Bande der
Reisebilder einverleibt. Die Kritik über Walter
Scott's „Leben Napoleon's" ist dort der bekannten
Vorkritik über dies Buch (Norderney, — Sämmtl.
Werke, Bd. I., S. 170—174) unmittelbar ange-
hängt. Der Abschnitt „Die Befreiung" führt die
Überschrift „L'émancipation." Dagegen fehlen,
außer dem Motto und den von mir ergänzten Stel-
len, in der französischen Ausgabe gänzlich die Ab-
schnitte: „Die Schuld," „Die Oppositionsparteien"

und „Die Befreiung." Außerdem finden sich dort folgende Auslassungen und Varianten:

S. 7 Statt „und wenn auch der Grund der Revolution im Budget zu suchen ist," steht: „und worin immer auch die Gründe der Revolution zu suchen sind,"

S. 8 fehlen die Worte: „und statt der bürgerlichen Ungleichheit eine adlige Gleichheit einzuführen."

S. 8 Statt „ihre Unmündigkeit beachtend," steht: „die Unmündigkeit (l'incapacité) dieser Verschwender beachtend."

S. 53 fehlen die Worte: „und einige Aussagen — ebenfalls Glauben verdient."

S. 69 Statt „Vizlipuzli" steht „Astaroth."

Die Erläuterungen zu „Shakspeare's Mädchen und Frauen" erschienen in einem elegant ausgestatteten Großoktavbande mit 45 Stahlstichen im Jahre 1839 (Paris und Leipzig, Brockhaus und Avenarius), und werden, nachdem die erste und einzige Auflage seit länger als einem Decennium vergriffen ist, hier zum ersten Mal wieder abgedruckt. Um nicht den Preis der Gesammtausgabe erheblich zu vertheuern, verzichtete der Verleger auf die kostspielige

Reproduktion der zum Theil allerdings werthvollen
Bilder, zu denen Heine seine geistvollen Erläute=
rungen schrieb. Trotz der fehlenden Stahlstiche,
glaubte ich die betreffenden Citate aus den Shak=
speare'schen Komödien nicht fortlassen zu dürfen, da
manche dieser Stellen nicht der Schlegel=Tieck'schen
oder einer älteren Übersetzung entnommen, sondern
offenbar von Heine selbst übertragen sind. Die
häufig ungenaue Akt= und Scenen=Angabe jener
Citate, sowie die Orthographie der Eigennamen,
habe ich durchgehends mit der Tauchnitzischen Ste=
reotypausgabe des englischen Originals und mit der
Schlegel=Tieck'schen Übersetzung in Einklang gebracht.

Eine französische Übersetzung dieser zierlichen
Randglossen zu den Shakspeare'schen Frauengestalten
ist bis jetzt nicht veröffentlicht worden.

Englische Fragmente.

(1828.)

Glückseliges Albion, lustiges Alt-England! warum verließ
ich dich? — Um die Gesellschaft von Gentlemen zu fliehen,
und unter Lumpengesindel der Einzige zu sein, der mit Bewusstsein lebt und handelt?

»Die ehrlichen Leute« von W. Alexis.

Vorwort zur ersten Auflage.

————

Die „Englischen Fragmente" sind zum Theil
vor zwei Jahren für die „Allgemeinen politischen
Annalen," die ich damals mit Lindner herausgab,
nach Zeitbedürfnissen geschrieben worden, und, ihre
Nützlichkeit beachtend, habe ich sie den „Reisebildern" als Ergänzung einverleibt.

Ich wünsche, daß der geneigte Leser den
Zweck der Mittheilung bei diesen Fragmenten nicht
verkennen möge. Vielleicht liefere ich in zeitgemäßer
Folge noch einige Kunden dieser Art. Unsere Literatur ist nicht allzu reichlich damit versehen. Obgleich England von deutschen Novellendichtern oft
geschildert wird, so ist doch Willibald Alexis der
Einzige, der die dortigen Lokalitäten und Kostüme
mit treuen Farben und Umrissen zu geben wußte.

1*

Ich glaube, er ist nicht einmal im Lande selbst gewesen, und er kennt dessen Physiognomie nur durch jene wundersame Intuition, die einem Poeten die Anschauung der Wirklichkeit entbehrlich macht. So schrieb ich selbst vor elf Jahren den „William Ratcliff," worauf ich hier um so mehr zurückweisen möchte, da nicht bloß eine treue Schilderung Englands, sondern auch die Keime meiner spätern Betrachtungen über dieses Land, das ich damals noch nie gesehen, darin enthalten sind.

Was Reisebeschreibung betrifft, so giebt es, außer Archenholz und Göde, gewiß kein Buch über England, das uns die dortigen Zustände besser veranschaulichen könnte, als die, dieses Jahr bei Franckh in München erschienenen „Briefe eines Verstorbenen; ein fragmentarisches Tagebuch aus England, Wales, Irland und Frankreich, geschrieben in den Jahren 1828 und 1829." Es ist dieses noch in mancher anderen Hinsicht ein vortreffliches Buch und verdient in vollem Maße das Lob, das ihm Goethe und Varnhagen von Ense in den Berliner Jahrbüchern für wissenschaftliche Kritik gespendet haben.

Hamburg, den 15. November 1830.

Heinrich Heine.

I.

Gespräch auf der Themse.

———

— — — Der gelbe Mann stand neben mir
auf dem Verdeck, als ich die grünen Ufer der
Themse erblickte, und in allen Winkeln meiner
Seele die Nachtigallen erwachten. „Land der Frei=
heit," rief ich, „ich grüße dich! — Sei mir gegrüßt,
Freiheit, junge Sonne der verjüngten Welt! Jene
ältere Sonnen, die Liebe und der Glaube, sind
welk und kalt geworden, und können nicht mehr
leuchten und wärmen. Verlassen sind die alten
Myrtenwälder, die einst so übervölkert waren,
und nur noch blöde Turteltauben nisten in den
zärtlichen Büschen. Es sinken die alten Dome, die
einst von einem übermüthig frommen Geschlechte,
das seinen Glauben in den Himmel hineinbauen
wollte, so riesenhoch aufgethürmt wurden; sie sind
morsch und verfallen, und ihre Götter glauben an

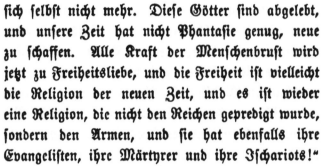

sich selbst nicht mehr. Diese Götter sind abgelebt, und unsere Zeit hat nicht Phantasie genug, neue zu schaffen. Alle Kraft der Menschenbrust wird jetzt zu Freiheitsliebe, und die Freiheit ist vielleicht die Religion der neuen Zeit, und es ist wieder eine Religion, die nicht den Reichen geprebigt wurde, sondern den Armen, und sie hat ebenfalls ihre Evangelisten, ihre Märtyrer und ihre Ischariots!"

„Junger Enthusiast," sprach der gelbe Mann, „Sie werden nicht finden, was Sie suchen. Sie mögen Recht haben, daß die Freiheit eine neue Religion ist, die sich über die ganze Erde verbreitet. Aber wie einst jedes Volk, indem es das Christenthum annahm, solches nach seinen Bedürfnissen und seinem eignen Charakter mobelte, so wird jedes Volk von der neuen Religion, von der Freiheit, nur Dasjenige annehmen, was seinen Lokalbedürfnissen und seinem Nationalcharakter gemäß ist.

„Die Engländer sind ein häusliches Volk, sie leben ein begrenztes, umfriedetes Familienleben; im Kreise seiner Angehörigen sucht der Engländer jenes Seelenbehagen, das ihm schon durch seine angeborene gesellschaftliche Unbeholfenheit außer dem Hause versagt ist. Der Engländer ist daher mit jener Freiheit zufrieden, die seine persönlichsten Rechte verbürgt und seinen Leib, sein Eigenthum, seine Ehe, seinen Glauben und sogar seine Grillen unbedingt schützt. In seinem Hause ist Niemand freier als ein Engländer; um mich eines berühmten Ausdrucks zu bedienen, er ist König und Bischof in seinen vier Pfählen, und nicht unrichtig ist sein gewöhnlicher Wahlspruch: My house is my castle.

„Ist nun bei den Engländern das meiste Bedürfnis nach persönlicher Freiheit, so möchte wohl der Franzose im Rothfall diese entbehren können, wenn man ihn nur jenen Theil der allgemeinen Freiheit, den wir Gleichheit nennen, vollauf genießen lässt. Die Franzosen sind kein häusliches Volk, sondern ein geselliges, sie lieben kein schweigendes Beisammensitzen, welches sie une conversation anglaise nennen, sie laufen plaudernd vom Kaffehaus nach dem Kasino, vom Kasino nach den Salons, ihr leichtes Champagnerblut und angeborenes Umgangstalent treibt sie zum Gesellschaftsleben, und dessen erste und letzte Bedingung, ja dessen Seele ist: die Gleichheit. Mit der Ausbildung der Gesellschaftlichkeit in Frankreich musste daher auch das Bedürfnis der Gleichheit entstehen, und wenn auch der Grund der Revolution im Budget zu suchen ist, so wurde ihr doch zuerst Wort und Stimme verliehen von jenen geistreichen Roturiers, die in den Salons von Paris mit der

hohen Noblesse scheinbar auf einem Fuße der Gleichheit lebten, und doch dann und wann, sei es auch
nur durch ein kaum bemerkbares, aber desto tiefer
verletzendes Feudallächeln, an die große, schmach-
volle Ungleichheit erinnert wurden; — und wenn
die canaille roturière sich die Freiheit nahm, jene
hohe Noblesse zu köpfen, so geschah Dieses vielleicht
weniger, um ihre Güter als um ihre Ahnen zu
erben, und statt der bürgerlichen Ungleichheit eine
ablige Gleichheit einzuführen. Daß dieses Streben
nach Gleichheit das Hauptprincip der Revolution
war, dürfen wir um so mehr glauben, da die
Franzosen sich bald glücklich und zufrieden fühlten
unter der Herrschaft ihres großen Kaisers, der, ihre
Unmündigkeit beachtend, all ihre Freiheit unter seiner strengen Kuratel hielt, und ihnen nur die Freude
einer völligen, ruhmvollen Gleichheit überließ.

„Weit geduldiger als der Franzose erträgt
daher der Engländer den Anblick einer bevorrechteten Aristokratie; er tröstet sich, daß er selbst Rechte
besitzt, die es jener unmöglich machen, ihn in seinen häuslichen Komforts und in seinen Lebens-
ansprüchen zu stören. Auch trägt jene Aristokratie
nicht jene Rechte zur Schau, wie auf dem Kontinente. In den Straßen und öffentlichen Vergnü-
gungssälen London's sieht man bunte Bänder nur

auf den Hauben der Weiber und goldne und fil-
berne Abzeichen nur auf den Röcken der Lakaien.
Auch jene schöne bunte Livree, die bei uns einen
bevorrechteten Wehrstand ankündigt, ist in England
Nichts weniger als eine Ehrenauszeichnung; wie
ein Schauspieler sich nach der Vorstellung die
Schminke abwischt, so eilt auch der englische Of-
ficier, sich seines rothen Rocks zu entledigen, sobald die Dienststunde vorüber ist, und im schlichten
Rock eines Gentleman ist er wieder ein Gentleman.
Nur auf dem Theater zu St. James gelten jene
Dekorationen und Kostüme, die aus dem Kehricht
des Mittelalters aufbewahrt worden; da flattern
die Ordensbänder, da blinken die Sterne, da rau-
schen die seidenen Hosen und Atlasschleppen, da
knarren die goldnen Sporen und altfranzösischen
Redensarten, da bläht sich der Ritter, da spreizt
sich das Fräulein. Aber was kümmert einen freien
Engländer die Hofkomödie zu St. James! wird
er doch nie davon belästigt, und verwehrt es ihm
ja Niemand, wenn er in seinem Hause ebenfalls
Komödie spielt, und seine Hausofficianten vor sich
knieen lässt, und mit dem Strumpfband der Köchin
tändelt — honni soit qui mal y pense!

„Was die Deutschen betrifft, so bedürfen sie
weder der Freiheit noch der Gleichheit. Sie sind

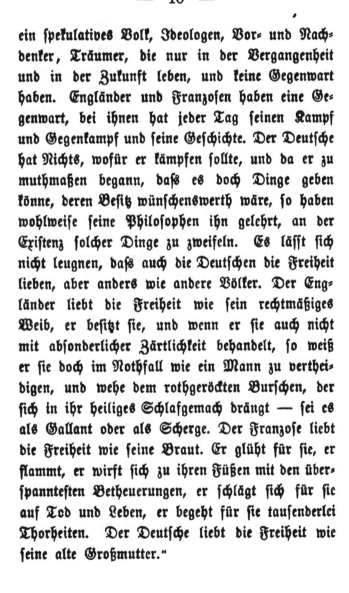

ein spekulatives Volk, Ideologen, Vor- und Nach-
denker, Träumer, die nur in der Vergangenheit
und in der Zukunft leben, und keine Gegenwart
haben. Engländer und Franzosen haben eine Gegenwart, bei ihnen hat jeder Tag seinen Kampf
und Gegenkampf und seine Geschichte. Der Deutsche
hat Nichts, wofür er kämpfen sollte, und da er zu
muthmaßen begann, daß es doch Dinge geben
könne, deren Besitz wünschenswerth wäre, so haben
wohlweise seine Philosophen ihn gelehrt, an der
Existenz solcher Dinge zu zweifeln. Es läßt sich
nicht leugnen, daß auch die Deutschen die Freiheit
lieben, aber anders wie andere Völker. Der Engländer liebt die Freiheit wie sein rechtmäßiges
Weib, er besitzt sie, und wenn er sie auch nicht
mit absonderlicher Zärtlichkeit behandelt, so weiß
er sie doch im Nothfall wie ein Mann zu verthei-
digen, und wehe dem rothgeröckten Burschen, der
sich in ihr heiliges Schlafgemach drängt — sei es
als Gallant oder als Scherge. Der Franzose liebt
die Freiheit wie seine Braut. Er glüht für sie, er
flammt, er wirft sich zu ihren Füßen mit den über-
spanntesten Betheuerungen, er schlägt sich für sie
auf Tod und Leben, er begeht für sie tausenderlei
Thorheiten. Der Deutsche liebt die Freiheit wie
seine alte Großmutter."

Gar wunderlich sind doch die Menschen! Im Vaterlande brummen wir, jede Dummheit, jede Verkehrtheit dort verdrießt uns, wie Knaben möchten wir täglich davonlaufen in die weite Welt; sind wir endlich wirklich in die weite Welt gekommen, so ist uns diese wieder zu weit, und heimlich sehnen wir uns oft wieder nach den engen Dummheiten und Verkehrtheiten der Heimat, und wir möchten wieder dort in der alten wohlbekannten Stube sitzen, und uns, wenn es anginge, ein Haus hinter dem Ofen bauen, und warm drin hocken, und den allgemeinen Anzeiger der Deutschen lesen. So ging es auch mir auf der Reise nach England. Kaum verlor ich den Anblick der deutschen Küste, so erwachte in mir eine kuriose Nachliebe für jene teutonischen Schlafmützen- und Perückenwälder, die ich eben noch mit Unmuth verlassen, und als ich das Vaterland aus den Augen verloren hatte, fand ich es im Herzen wieder.

Daher mochte wohl meine Stimme etwas weich klingen, als ich dem gelben Mann antwortete: „Lieber Herr, scheltet mir nicht die Deutschen! Wenn sie auch Träumer sind, so haben doch Manche unter ihnen so schöne Träume geträumt, daß ich sie kaum vertauschen möchte gegen die wachende Wirklichkeit unserer Nachbarn. Da wir Alle schlafen und träu-

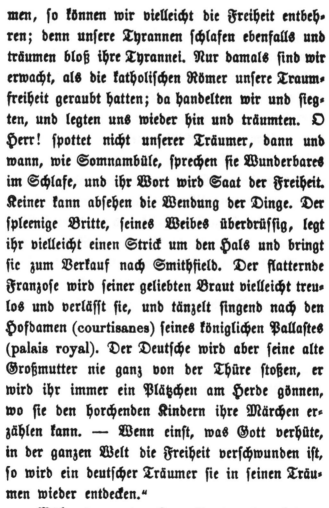

men, so können wir vielleicht die Freiheit entbehren; denn unsere Thrannen schlafen ebenfalls und träumen bloß ihre Thrannei. Nur damals sind wir erwacht, als die katholischen Römer unsere Traumfreiheit geraubt hatten; da handelten wir und siegten, und legten uns wieder hin und träumten. O Herr! spottet nicht unserer Träumer, dann und wann, wie Somnambüle, sprechen sie Wunderbares im Schlafe, und ihr Wort wird Saat der Freiheit. Keiner kann absehen die Wendung der Dinge. Der spleenige Britte, seines Weibes überdrüssig, legt ihr vielleicht einen Strick um den Hals und bringt sie zum Verkauf nach Smithfield. Der flatternde Franzose wird seiner geliebten Braut vielleicht treulos und verläßt sie, und tänzelt singend nach den Hofdamen (courtisanes) seines königlichen Pallastes (palais royal). Der Deutsche wird aber seine alte Großmutter nie ganz von der Thüre stoßen, er wird ihr immer ein Plätzchen am Herde gönnen, wo sie den horchenden Kindern ihre Märchen erzählen kann. — Wenn einst, was Gott verhüte, in der ganzen Welt die Freiheit verschwunden ist, so wird ein deutscher Träumer sie in seinen Träumen wieder entdecken."

Während nun das Dampfboot, und auf demselben unser Gespräch, den Strom hinaufschwamm,

war die Sonne untergegangen, und ihre letzten
Strahlen beleuchteten das Hospital zu Greenwich,
ein imposantes pallastgleiches Gebäude, das eigentlich aus zwei Flügeln besteht, deren Zwischenraum
leer ist, und einen, mit einem artigen Schlößlein
gekrönten, waldgrünen Berg den Vorbeifahrenden
sehen läßt. Auf dem Wasser nahm jetzt das Gewühl der Schiffe immer zu, und ich wunderte mich,
wie geschickt diese großen Fahrzeuge sich einander
ausweichen. Da grüßt im Begegnen manch ernsthaft freundliches Gesicht, das man nie gesehen hat,
und vielleicht auch nie wieder sehen wird. Man
fährt sich so nahe vorbei, daß man sich die Hände
reichen könnte zum Willkommen und Abschied zu
gleicher Zeit. Das Herz schwillt beim Anblick so
vieler schwellenden Segel und wird wunderbar auf-
geregt, wenn vom Ufer her das verworrene Summen und die ferne Tanzmusik und der dumpfe Matrosenlärm herandröhnt. Aber im weißen Schleier
des Abendnebels verschwimmen allmählig die Kon-
touren der Gegenstände, und sichtbar bleibt nur ein
Wald von Mastbäumen, die lang und kahl her-
vorragen.

Der gelbe Mann stand noch immer neben mir
und schaute sinnend in die Höhe, als suche er im
Nebelhimmel die bleichen Sterne. Noch immer in

die Höhe schauend, legte er die Hand auf meine
Schulter, und in einem Tone, als wenn geheime
Gedanken unwillkürlich zu Worten werden, sprach
er: „Freiheit und Gleichheit! man findet sie nicht
hier unten und nicht einmal dort oben. Dort jene
Sterne sind nicht gleich, einer ist größer und leuch=
tender als der andere, keiner von ihnen wandelt
frei, alle gehorchen sie vorgeschriebenen, eisernen Ge=
setzen — Sklaverei ist im Himmel wie auf Erden.“

„Das ist der Tower!“ rief plötzlich Einer un=
serer Reisegefährten, indem er auf ein hohes Ge=
bäude zeigte, das aus dem nebelbedeckten London
wie ein gespenstisch dunkler Traum hervorstieg.

II.

London.

———

Ich habe das Merkwürdigste gesehen, was die Welt dem staunenden Geiste zeigen kann, ich habe es gesehen, und staune noch immer — noch immer starrt in meinem Gedächtnisse dieser steinerne Wald von Häusern und dazwischen der drängende Strom lebendiger Menschengesichter mit all' ihren bunten Leidenschaften, mit all ihrer grauenhaften Hast der Liebe, des Hungers und des Hasses — ich spreche von London.

Schickt einen Philosophen nach London; bei Leibe keinen Poeten! Schickt einen Philosophen hin und stellt ihn an eine Ecke von Cheapside, er wird hier mehr lernen als aus allen Büchern der letzten Leipziger Messe; und wie die Menschenwogen ihn umrauschen, so wird auch ein Meer von neuen Gedanken vor ihm aufsteigen, der ewige Geist, der

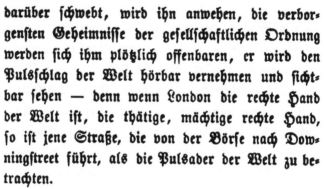

darüber schwebt, wird ihn anwehen, die verbor-
gensten Geheimnisse der gesellschaftlichen Ordnung
werden sich ihm plötzlich offenbaren, er wird den
Pulsschlag der Welt hörbar vernehmen und sichtbar sehen — denn wenn London die rechte Hand
der Welt ist, die thätige, mächtige rechte Hand,
so ist jene Straße, die von der Börse nach Downingstreet führt, als die Pulsader der Welt zu betrachten.

Aber schickt keinen Poeten nach London! Dieser bare Ernst aller Dinge, diese kolossale Einförmigkeit, diese maschinenhafte Bewegung, diese Verdrießlichkeit der Freude selbst, dieses übertriebene
London erdrückt die Phantasie und zerreißt das
Herz. Und wolltet ihr gar einen deutschen Poeten
hinschicken, einen Träumer, der vor jeder einzelnen
Erscheinung stehen bleibt, etwa vor einem zerlumpten Bettelweib oder einem blanken Goldschmied-
laden — o! dann geht es ihm erst recht schlimm,
und er wird von allen Seiten fortgeschoben oder
gar mit einem milden God damn! niedergestoßen.
God damn! das verdammte Stoßen! Ich merkte
bald, dieses Volk hat Viel zu thun. Es lebt auf
einem großen Fuße, es will, obgleich Futter und
Kleider in seinem Lande theurer sind als bei uns,
dennoch besser gefüttert und besser gekleidet sein als

wir; wie zur Vornehmheit gehört, hat es auch
große Schulden, dennoch aus Großprahlerei wirft
es zuweilen seine Guineen zum Fenster hinaus,
bezahlt andere Völker, daß sie sich zu seinem Vergnügen herumboxen, giebt dabei ihren respektiven
Königen noch außerdem ein gutes Douceur — und
deßhalb hat John Bull Tag und Nacht zu arbeiten,
um Geld zu solchen Ausgaben anzuschaffen, Tag
und Nacht muß er sein Gehirn anstrengen zur
Erfindung neuer Maschinen, und er sitzt und rech-
net im Schweiße seines Angesichts, und rennt und
läuft, ohne sich viel umzusehen, vom Hafen nach
der Börse, von der Börse nach dem Strand, und
da ist es sehr verzeihlich, wenn er an der Ecke von
Cheapside einen armen deutschen Poeten, der, einen
Bilderladen angaffend, ihm in dem Wege steht,
etwas unsanft auf die Seite stößt. „God damn!"

Das Bild aber, welches ich an der Ecke von
Cheapside angaffte, war der Übergang der Franzosen über die Beresina.

Als ich, aus dieser Betrachtung aufgerüttelt,
wieder auf die tosende Straße blickte, wo ein bunt-
scheckiger Knäul von Männern, Weibern, Kindern,
Pferden, Postkutschen, darunter auch ein Leichenzug,
sich brausend, schreiend, ächzend und knarrend dahin-

wälzte: da schien es mir, als sei ganz London so
eine Beresinabrücke, wo Jeder in wahnsinniger
Angst, um sein bischen Leben zu fristen, sich durch-
drängen will, wo der kecke Reiter den armen Fußgänger niederstampft, wo Derjenige, der zu Boden
fällt, auf immer verloren ist, wo die besten Ka-
meraden fühllos, Einer über die Leiche des Andern,
dahineilen, und Tausende, die, sterbensmatt und
blutend, sich vergebens an den Planken der Brücke
festklammern wollten, in die kalte Eisgrube des
Todes hinabstürzen.

Wie viel heiterer und wohnlicher ist es dagegen in unserem lieben Deutschland! Wie traum-
haft gemach, wie sabbathlich ruhig bewegen sich hier
die Dinge! Ruhig zieht die Wache auf, im ruhigen
Sonnenschein glänzen die Uniformen und Häuser,
an den Fliesen flattern die Schwalben, aus den
Fenstern lächeln dicke Justizräthinnen, auf den hal-
lenden Straßen ist Platz genug: die Hunde können
sich gehörig anriechen, die Menschen können bequem
stehen bleiben und über das Theater diskurieren und
tief, tief grüßen, wenn irgend ein vornehmes Lümp-
chen oder Vicelümpchen mit bunten Bändchen auf
dem abgeschabten Röckchen, oder ein gepudertes,
vergoldetes Hofmarschälkchen gnädig wiedergrüßend
vorbeitänzelt!

Ich hatte mir vorgenommen, über die Groß=
artigkeit London's, wovon ich so Viel gehört, nicht
zu erstaunen. Aber es ging mir wie dem armen
Schulknaben, der sich vornahm, die Prügel, die
er empfangen sollte, nicht zu fühlen. Die Sache
bestand eigentlich in dem Umstande, daß er die
gewöhnlichen Hiebe mit dem gewöhnlichen Stocke,
wie gewöhnlich, auf dem Rücken erwartete, und
statt Dessen eine ungewöhnliche Tracht Schläge,
auf einem ungewöhnlichen Platze, mit einem dün=
nen Röhrchen empfing. Ich erwartete große Pal=
läste, und sah Nichts als lauter kleine Häuser.
Aber eben die Gleichförmigkeit derselben und ihre
unabsehbare Menge imponiert so gewaltig.

Diese Häuser von Ziegelsteinen bekommen durch
feuchte Luft und Kohlendampf gleiche Farbe, näm=
lich bräunliches Olivengrün; sie sind alle von der=
selben Bauart, gewöhnlich zwei oder drei Fenster
breit, drei hoch, und oben mit kleinen rothen
Schornsteinen geziert, die wie blutig ausgerissene
Zähne aussehen, dergestalt, daß die breiten, regel=
rechten Straßen, die sie bilden, nur zwei unendlich
lange kasernenartige Häuser zu sein scheinen. Die=
ses hat wohl seinen Grund in dem Umstande, daß
jede englische Familie, und bestände sie auch nur aus
zwei Personen, dennoch ein ganzes Haus, ihr eignes

2*

Kaſtell, bewohnen will, und reiche Spekulanten,
ſolchem Bedürfnis entgegenkommend, ganze Stra=
ßen bauen, worin ſie die Häuſer einzeln wieder
verhökern. In den Hauptſtraßen der City, dem=
jenigen Theile London's, wo der Sitz des Handels
und der Gewerke, wo noch alterthümliche Gebäude
zwiſchen den neuen zerſtreut ſind, und wo auch
die Vorderſeiten der Häuſer mit ellenlangen Namen
und Zahlen, gewöhnlich goldig und en Relief, bis
ans Dach bedeckt ſind: da iſt jene charakteriſtiſche
Einförmigkeit der Häuſer nicht ſo auffallend, um
ſo weniger, da das Auge des Fremden unaufhör=
lich beſchäftigt wird durch den wunderbaren Anblick
neuer und ſchöner Gegenſtände, die an den Fen=
ſtern der Kaufläden ausgeſtellt ſind. Nicht bloß
dieſe Gegenſtände ſelbſt machen den größten Effekt,
weil der Engländer Alles, was er verfertigt, auch
vollendet liefert, und jeder Luxusartikel, jede Aſtral=
lampe und jeder Stiefel, jede Theekanne und jeder
Weiberrock uns ſo finiſhed und einladend entgegen=
glänzt, ſondern auch die Kunſt der Aufſtellung,
Farbenkontraſt und Mannigfaltigkeit giebt den eng=
liſchen Kaufläden einen eignen Reiz; ſelbſt die all=
täglichſten Lebensbedürfniſſe erſcheinen in einem
überraſchenden Zauberglanze, gewöhnliche Eßwaa=
ren locken uns durch ihre neue Beleuchtung, ſogar

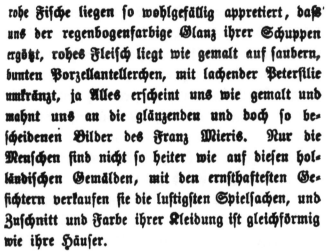

rohe Fische liegen so wohlgefällig appretiert, daß
uns der regenbogenfarbige Glanz ihrer Schuppen
ergötzt, rohes Fleisch liegt wie gemalt auf saubern,
bunten Porzellantellerchen, mit lachender Petersilie
umkränzt, ja Alles erscheint uns wie gemalt und
mahnt uns an die glänzenden und doch so be-
scheidenen Bilder des Franz Mieris. Nur die
Menschen sind nicht so heiter wie auf diesen holländischen Gemälden, mit den ernsthaftesten Gesichtern verkaufen sie die lustigsten Spielsachen, und
Zuschnitt und Farbe ihrer Kleidung ist gleichförmig
wie ihre Häuser.

Auf der entgegengesetzten Seite London's, die
man das Westende nennt, the west end of the
town, und wo die vornehmere und minder beschäftigte Welt lebt, ist jene Einförmigkeit noch vor-
herrschender; doch giebt es hier ganz lange, gar
breite Straßen, wo alle Häuser groß wie Palläste,
aber äußerlich Nichts weniger als ausgezeichnet
sind, außer daß man hier, wie an allen nicht ganz
ordinären Wohnhäusern London's, die Fenster der
ersten Etage mit eisengittrigen Balkonen verziert
sieht und auch au rez de chaussée ein schwarzes
Gitterwerk findet, wodurch eine in die Erde gegra-
bene Kellerwohnung geschützt wird. Auch findet
man in diesem Theile der Stadt große Squares:

Reihen von Häusern gleich den obenbeschriebenen,
die ein Viereck bilden, in deffen Mitte ein von
schwarzem Eisengitter umschlossener Garten mit
irgend einer Statue befindlich ist. Auf allen diesen
Plätzen und Straßen wird das Auge des Fremden nirgends beleidigt von baufälligen Hütten des
Elends. Überall starrt Reichthum und Vornehmheit,
und hineingedrängt in abgelegene Gäßchen und
dunkle feuchte Gänge wohnt die Armuth mit ihren
Lumpen und ihren Thränen.

Der Fremde, der die großen Straßen London's durchwandert und nicht just in die eigentlichen Pöbelquartiere geräth, sieht daher Nichts
oder sehr Wenig von dem vielen Elend, das in
London vorhanden ist. Nur hie und da am Eingange eines dunklen Gäßchens steht schweigend ein
zerfetztes Weib, mit einem Säugling an der abge-
härmten Bruft, und bettelt mit den Augen. Vielleicht wenn diese Augen noch schön sind, schaut
man einmal hinein — und erschrickt ob der Welt
von Jammer, die man darin geschaut hat. Die
gewöhnlichen Bettler sind alte Leute, meistens Mohren, die an den Straßenecken stehen und, was im
kothigen London sehr nützlich ist, einen Pfad für
Fußgänger kehren und dafür eine Kupfermünze verlangen. Die Armuth in Gesellschaft des Lasters

und des Verbrechens schleicht erst des Abends aus
ihren Schlupfwinkeln. Sie scheut das Tageslicht
um so ängstlicher, je grauenhafter ihr Elend kontrastiert mit dem Übermuthe des Reichthums, der
überall hervorprunkt; nur der Hunger treibt sie
manchmal um Mittagszeit aus dem dunkeln Gäßchen, und da steht sie mit stummen, sprechenden
Augen und starrt flehend empor zu dem reichen
Kaufmann, der geschäftig-geldklimpernd vorübereilt,
oder zu dem müßigen Lord, der wie ein satter Gott
auf hohem Roß einherreitet und auf das Menschengewühl unter ihm dann und wann einen gleichgültig vornehmen Blick wirft, als wären es winzige
Ameisen, oder doch nur ein Haufen niedriger Geschöpfe, deren Lust und Schmerz mit seinen Gefühlen Nichts gemein hat — denn über dem Men-
schengesindel, das am Erdboden festklebt, schwebt
Englands Nobility wie Wesen höherer Art, die das
kleine England nur als ihr Absteigequartier, Italien
als ihren Sommergarten, Paris als ihren Gesell-
schaftssaal, ja die ganze Welt als ihr Eigenthum
betrachten. Ohne Sorgen und ohne Schranken
schweben sie dahin, und ihr Gold ist ein Talisman,
der ihre tollsten Wünsche in Erfüllung zaubert.

Arme Armuth! wie peinigend muß dein Hunger sein, dort wo Andere im höhnenden Überflusse

ſchwelgen! Und hat man dir auch mit gleichgül-
tiger Hand eine Brotkruſte in den Schoß geworfen,
wie bitter müſſen die Thränen ſein, womit du ſie
erweichſt! Du vergifteſt dich mit deinen eigenen
Thränen. Wohl haſt du Recht, wenn du dich zu
dem Laſter und Verbrechen geſellſt. Ausgeſtoßene
Verbrecher tragen oft mehr Menſchlichkeit im Herzen, als jene kühlen, untadelhaften Staatsbürger
der Tugend, in deren bleichen Herzen die Kraft
des Böſen erloſchen iſt, aber auch die Kraft des
Guten. Und gar das Laſter iſt nicht immer Laſter.
Ich habe Weiber geſehen, auf deren Wangen das
rothe Laſter gemalt war, und in ihrem Herzen
wohnte himmliſche Reinheit. Ich habe Weiber geſehen — ich wollt', ich ſähe ſie wieder! —

III.

Die Engländer.

———

Unter den Bogengängen der Londoner Börse
hat jede Nation ihren angewiesenen Platz, und auf
hochgesteckten Täfelchen liest man die Namen: Rus=
sen, Spanier, Schweden, Deutsche, Malteser, Juden,
Hanseaten, Türken u. s. w. Vormals stand jeder
Kaufmann unter dem Täfelchen, worauf der Name
seiner Nation geschrieben. Jetzt aber würde man
ihn vergebens dort suchen; die Menschen sind fort=
gerückt; wo einst Spanier standen, stehen jetzt Hol=
länder, die Hanseaten traten an die Stelle der
Juden, wo man Türken sucht, findet man jetzt
Russen, die Italiäner stehen, wo einst die Fran=
zosen gestanden, sogar die Deutschen sind weiter
gekommen.

Wie auf der Londoner Börse, so auch in der
übrigen Welt sind die alten Täfelchen stehen

geblieben, während die Menschen darunter wegge=
schoben worden und Andere an ihre Stelle gekom=
men sind, deren neue Köpfe sehr schlecht passen zu
der alten Aufschrift. Die alten stereotypen Charak=
teristiken der Völker, wie wir solche in gelehrten
Kompendien und Bierschenken finden, können uns
Nichts mehr nutzen und nur zu trostlosen Irrthü=
mern verleiten. Wie wir unter unsern Augen in
den letzten Jahrzehnten den Charakter unserer west=
lichen Nachbaren sich allmählig umgestalten sahen,
so können wir seit Aufhebung der Kontinentalsperre
eine ähnliche Umwandlung jenseits des Kanales
wahrnehmen. Steife, schweigsame Engländer wall=
fahren scharenweis nach Frankreich, um dort spre=
chen und sich bewegen zu lernen, und bei ihrer
Rückkehr sieht man mit Erstaunen, daß ihnen die
Zunge gelöst ist, daß sie nicht mehr wie sonst zwei
linke Hände haben, und nicht mehr mit Beefsteak
und Plumpudding zufrieden sind. Ich selbst habe
einen solchen Engländer gesehen, der in Tavistock=
Tavern etwas Zucker zu seinem Blumenkohl ver=
langt hat, eine Ketzerei gegen die strenge anglika=
nische Küche, worüber der Kellner fast rücklings
fiel, indem gewiß seit der römischen Invasion der
Blumenkohl in England nie anders als in Wasser
abgekocht und ohne süße Zuthat verzehrt worden.

Es war derselbe Engländer, der, obgleich ich ihn vorher nie gesehen, sich zu mir setzte und einen so zuvorkommend französischen Diskurs anfing, daß ich nicht umhin konnte, ihm zu gestehen, wie sehr es mich freue, einmal einen Engländer zu finden, der nicht gegen den Fremden zurückhaltend sei, worauf er ohne Lächeln eben so freimüthig entgegnete, daß er mit mir spräche, um sich in der französischen Sprache zu üben.

Es ist auffallend, wie die Franzosen täglich nachdenklicher, tiefer und ernster werden, in eben dem Maße, wie die Engländer dahin streben, sich ein legères, oberflächliches und heiteres Wesen anzueignen; wie im Leben selbst, so auch in der Literatur. Die Londoner Pressen sind vollauf beschäftigt mit fashionablen Schriften, mit Romanen, die sich in der glänzenden Sphäre des high life bewegen oder dasselbe abspiegeln, wie z. B. Almacks, Vivian Grey, Tremaine, the Guards, Flirtation, welcher letztere Roman die beste Bezeichnung wäre für die ganze Gattung, für jene Koketterie mit ausländischen Manieren und Redensarten, jene plumpe Feinheit, schwerfällige Leichtigkeit, saure Süßelei, gezierte Rohheit, kurz für das ganze unerquickliche Treiben jener hölzernen Schmetterlinge, die in den Sälen West-London's herumflattern.

Dagegen welche Literatur bietet uns jetzt die
französische Presse, jene ächte Repräsentantin des
Geistes und Willens der Franzosen! Wie ihr großer
Kaiser die Muße seiner Gefangenschaft dazu an-
wandte, sein Leben zu diktieren, uns die geheimsten
Rathschlüsse seiner göttlichen Seele zu offenbaren,
und den Felsen von St. Helena in einen Lehrstuhl
der Geschichte zu verwandeln, von dessen Höhe die
Zeitgenossen gerichtet und die spätesten Enkel be-
lehrt werden: so haben auch die Franzosen selbst
angefangen, die Tage ihres Mißgeschicks, die Zeit
ihrer politischen Unthätigkeit so rühmlich als möglich zu benützen; auch sie schreiben die Geschichte
ihrer Thaten; jene Hände, die so lange das Schwert
geführt, werden wieder ein Schrecken ihrer Feinde,
indem sie zur Feder greifen, die ganze Nation ist
gleichsam beschäftigt mit der Herausgabe ihrer
Memoiren, und folgt sie meinem Rathe, so veranstaltet sie noch eine ganz besondere Ausgabe ad
usum Delphini, mit hübsch kolorierten Abbildun-
gen von der Einnahme der Bastille, dem Tuilerien-
sturm u. dgl. m.

Habe ich aber oben angedeutet, wie heut zu
Tage die Engländer leicht und frivol zu werden
suchen, und in jene Affenhaut hineinkriechen, die
jetzt die Franzosen von sich abstreifen, so muß ich

nachträglich bemerken, daß ein solches Streben
mehr aus der Nobility und Gentry, der vornehmen
Welt, als aus dem Bürgerstande hervorgeht. Im
Gegentheil, der gewerbtreibende Theil der Nation,
besonders die Kaufleute in den Fabrikstädten und
fast alle Schotten, tragen das äußere Gepräge des
Pietismus, ja ich möchte sagen Puritanismus, so
daß dieser gottselige Theil des Volkes mit den
weltlich gesinnten Vornehmen auf dieselbe Weise
kontrastiert wie die Kavaliere und Stutzköpfe, die
Walter Scott in seinen Romanen so wahrhaft
schildert.

Man erzeigt dem schottischen Barden zu viel
Ehre, wenn man glaubt, sein Genius habe die
äußere Erscheinung und innere Denkweise dieser
beiden Parteien der Geschichte nachgeschaffen, und
es sei ein Zeichen seiner Dichtergröße, daß er,
vorurtheilsfrei wie ein richtender Gott, beiden ihr
Recht anthut und beide mit gleicher Liebe behandelt. Wirft man nur einen Blick in die Betstuben
von Liverpool und Manchester, und dann in die
fashionablen Salons von West-London, so sieht
man deutlich, daß Walter Scott bloß seine eigene
Zeit abgeschrieben und ganz heutige Gestalten in
alte Trachten gekleidet hat. Bedenkt man gar, daß
er von der einen Seite selbst als Schotte durch

Erziehung und Nationalgeist eine puritanische Denkweise eingesogen hat, auf der andern Seite als
Tory, der sich gar ein Sprößling der Stuarts
dünkt, von ganzer Seele recht königlich und adel-
thümlich gesinnt sein muß, und daher seine Gefühle und Gedanken beide Richtungen mit gleicher
Liebe umfassen und zugleich durch deren Gegensatz
neutralisiert werden: so erklärt sich sehr leicht seine
Unparteilichkeit bei der Schilderung der Aristokraten und Demokraten aus Cromwell's Zeit, eine
Unparteilichkeit, die uns zu dem Irrthume verleitete,
als dürften wir in seiner Geschichte Napoleon's
eine eben so treue fair play-Schilderung der französischen Revolutionshelden von ihm erwarten*).

Wer England aufmerksam betrachtet, findet
jetzt täglich Gelegenheit, jene beiden Tendenzen, die
frivole und puritanische, in ihrer widerwärtigsten
Blüthe und, wie sich von selbst versteht, ihren
Zweikampf zu beobachten. Eine solche Gelegenheit
gab ganz besonders der famöse Proceß des Herrn
Wakefield, eines lustigen Kavaliers, der gleichsam
aus dem Stegreif die Tochter des reichen Herrn

*) Heine's prophetische Vorkritik über das angekündigte
„Leben Napoleon Bonaparte's von Walter Scott“ findet sich
in den „Reisebildern“; Sämmtl. Werke, Bd. I, S. 170 ff.
Anmerkung des Herausgebers.

Turner, eines Liverpooler Kaufmanns, entführt
und zu Gretna Green, wo ein Schmied wohnt,
der die stärksten Fesseln schmiedet, geheirathet hatte.
Die ganze kopfhängerische Sippschaft, das ganze
Volk der Auserlesenen Gottes, schrie Zeter über
solche Verruchtheit, in den Betstuben Liverpool's
erflehte man die Strafe des Himmels über Wakefield und seinen brüderlichen Helfer, die der Abgrund der Erde verschlingen sollte wie die Rotte
des Korah, Dathan und Abiram, und um der
heiligen Rache noch sicherer zu sein, wurde zu
gleicher Zeit in den Gerichtssälen London's der
Zorn des Kings-Bench, des Großkanzlers und
selbst des Oberhauses auf die Entweiher des heiligsten Sakramentes herabplädirt — während man
in den fashionablen Salons über den kühnen Mäd-
chenräuber gar tolerant zu scherzen und zu lachen
wußte. Am ergötzlichsten zeigte sich mir dieser Kontrast beider Denkweisen, als ich einst in der großen Oper neben zwei dicken Manchesternen Damen
saß, die diesen Versammlungsort der vornehmen
Welt zum ersten Male in ihrem Leben besuchten,
und den Abscheu ihres Herzens nicht stark genug
kundgeben konnten, als das Ballett begann, und
die hochgeschürzten schönen Tänzerinnen ihre üppig
graciösen Bewegungen zeigten, ihre lieben langen,

lasterhaften Beine ausstreckten, und plötzlich bac=
chantisch den entgegenhüpfenden Tänzern in die
Arme stürzten; die warme Musik, die Urkleider von
fleischfarbigem Trikot, die Naturalsprünge, Alles
vereinigte sich, den armen Damen Angstschweiß
auszupressen, ihre Busen erröteten vor Unwillen,
shocking! for shame, for shame! ächzten sie be=
ständig, und sie waren so sehr von Schrecken ge=
lähmt, daß sie nicht einmal das Perspektiv vom
Auge fortnehmen konnten und bis zum letzten
Augenblicke, bis der Vorhang fiel, in dieser Si=
tuation sitzen blieben.

Trotz diesen entgegengesetzten Geistes= und Le=
bensrichtungen, findet man doch wieder im engli=
schen Volke eine Einheit der Gesinnung, die eben
darin besteht, daß es sich als ein Volk fühlt; die
neueren Stutzköpfe und Kavaliere mögen sich im=
merhin wechselseitig hassen und verachten, dennoch
hören sie nicht auf, Engländer zu sein; als Solche
sind sie einig und zusammengehörig, wie Pflanzen,
die aus demselben Boden hervorgeblüht und mit
diesem Boden wunderbar verwebt sind. Daher die
geheime Übereinstimmung des ganzen Lebens und
Webens in England, das uns beim ersten Anblick
nur ein Schauplatz der Verwirrung und Wider=
sprüche dünken will. Überreichthum und Misère,

Orthodoxie und Unglauben, Freiheit und Knecht=
schaft, Grausamkeit und Milde, Ehrlichkeit und
Gaunerei, diese Gegensätze in ihren tollsten Extre=
men, darüber der graue Nebelhimmel, von allen
Seiten summende Maschinen, Zahlen, Gaslichter,
Schornsteine, Zeitungen, Porterkrüge, geschlossene
Mäuler, alles Dieses hängt so zusammen, daß wir
uns Keins ohne das Andere denken können, und
was vereinzelt unser Erstaunen oder Lachen erregen
würde, erscheint uns als ganz gewöhnlich und ernst=
haft in seiner Vereinigung.

Ich glaube aber, so wird es uns überall ge=
hen, sogar in solchen Landen, wovon wir noch
seltsamere Begriffe hegen, und wo wir noch reichere
Ausbeute des Lachens und Staunens erwarten.
Unsere Reiselust, unsere Begierde, fremde Länder
zu sehen, besonders wie wir solche im Knabenalter
empfinden, entsteht überhaupt durch jene irrige Er=
wartung außerordentlicher Kontraste, durch jene
geistige Maskeradelust, wo wir Menschen und Denk=
weise unserer Heimath in jene fremde Länder hin=
eindenken, und solchermaßen unsere besten Bekann=
ten in die fremden Kostüme und Sitten vermum=
men. Denken wir z. B. an die Hottentotten, so
sind es die Damen unserer Vaterstadt, die schwarz
angestrichen und mit gehöriger Hinterfülle in unserer

Vorstellung umhertanzen, während unsere jungen
Schöngeister als Buschklepper auf die Palmbäume
hinaufklettern; denken wir an die Bewohner der
Nordpol=Länder, so sehen wir dort ebenfalls die
wohlbekannten Gesichter, unsere Muhme fährt in
ihrem Hundeschlitten über die Eisbahn, der dürre
Herr Konrektor liegt auf der Bärenhaut und säuft
ruhig seinen Morgenthran, die Frau Accise=Ein=
nehmerin, die Frau Inspektorin und die Frau In=
fibulationsräthin hocken beisammen und kauen Talg=
lichter u. s. w. Sind wir aber in jene Länder
wirklich gekommen, so sehen wir bald, daß dort
die Menschen mit Sitten und Kostüm gleichsam
verwachsen sind, daß die Gesichter zu den Gedan=
ken und die Kleider zu den Bedürfnissen passen,
ja daß Pflanzen, Thiere, Menschen und Land ein
zusammenstimmendes Ganze bilden.

IV.

John Bull.

(Übersetzt aus einer englischen Beschreibung London's.)

———

Es scheint, als ob die Irländer durch ein un=
veränderliches Gesetz ihrer Natur den Müßiggang
als das echte, charakteristische Kennzeichen eines
Gentlemans betrachten; und da ein Jeder dieses
Volkes, kann er auch aus Armuth nicht einmal
sein gentiles Hintertheil bedecken, dennoch ein ge=
borener Gentleman ist, so geschieht es, daß ver=
hältnismäßig wenige Sprößlinge des grünen Erin
sich mit den Kaufleuten der City vermischen. Die=
jenigen Irländer, welche wenig oder gar keine Er=
ziehung genossen, und Solcher zählt man wohl die
Meisten, sind Taglohn=Gentlemen (gentlemen day-
labourers), und die übrigen sind Gentlemen an
und für sich selbst. Könnten sie durch einen raschen

3*

coup de main zum Genuſſe eines merkantiliſchen
Reichthums gelangen, ſo würden ſie ſich wohl gerne
dazu entſchließen; aber ſie können ſich nicht auf
dreifüßige Komptoirſtühlchen niederlaſſen und über
Pulte und lange Handelsbücher gebeugt liegen, um
ſich langſame Schätze zu erknickern.

Dergleichen aber iſt ganz die Sache eines
Schotten. Sein Verlangen, den Gipfel des Baums
zu erreichen, iſt ebenfalls ziemlich heftig; aber ſeine
Hoffnungen ſind weniger ſanguiniſch als beharrlich,
und mühſame Ausdauer erſetzt das momentane
Feuer. Der Irländer ſpringt und hüpft wie ein
Eichhörnchen; und wenn er, was oft geſchieht, ſich
an Stamm und Zweigen nicht feſt genug hielt,
ſchießt er herab in den Koth, ſteht dort beſudelt,
wenn auch nicht verletzt, und eine Menge von Hin-
und Herſprüngen werden Vorbereitungen zu einem
neuen Verſuche, der wahrſcheinlich eben ſo fruchtlos
ablaufen wird. Hingegen der zögernde Schotte wählt
ſich ſeinen Baum mit großer Sorgfalt, er unterſucht,
ob er gut gewachſen iſt und ſtark genug, ihn zu tragen,
und kräftig wurzelnd, um nicht von den Stürmen
des Zufalls niedergeblaſen zu werden. Er ſorgt auch,
daß die niedrigſten Äſte ganz in ſeinem Bereiche
ſind und durch eine bequeme Folge von Knoten an
der Rinde ſein Aufſchwingen ſicher vollbracht werden

kann. Er beginnt von unten an, betrachtet genau jeden Zweig, bevor er sich ihm anvertraut, und bewegt nie den einen Fuß, ehe er sicher ist, daß der andre recht fest steht. Andre Leute, welche hitziger und minder bedächtig sind, klimmen über ihn fort, und bespötteln die ängstliche Langsamkeit seiner Fortschritte; aber Das kümmert ihn wenig, er klettert weiter, geduldig und beharrlich, und wenn Jene niederpurzeln und er oben auf ist, so kömmt das Lachen an ihn, und er lacht recht herzlich.

Diese bewunderungswerthe Fähigkeit des Schotten sich in Handelsgeschäften hervorzuthun, seine außerordentliche Nachgiebigkeit gegen seinen Vorgesetzten, die beständige Hast, womit er sein Segel nach jedem Winde aufspannt, hat nicht allein bewirkt, daß man in den Handelshäusern London's eine Unzahl schottischer Schreiber, sondern auch Schotten als Kompagnons finden kann. Dennoch vermochten die Schotten keineswegs, trotz ihrer Anzahl und ihres Einflusses, dieser Sphäre der Londoner Gesellschaft ihren Nationalcharakter einzuprägen. Eben jene Eigenschaften, wodurch sie beim Anfang ihrer Laufbahn die besten Diener ihrer Obern und späterhin die besten Associés sind, bewirken auch, daß sie die Sitten und den Geschmack

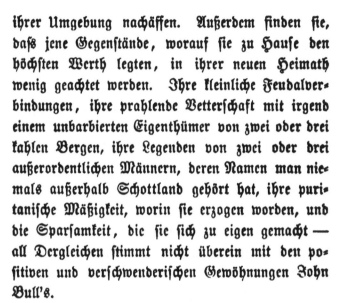

ihrer Umgebung nachäffen. Außerdem finden sie,
daß jene Gegenstände, worauf sie zu Hause den
höchsten Werth legten, in ihrer neuen Heimath
wenig geachtet werden. Ihre kleinliche Feudalver-
bindungen, ihre prahlende Vetterschaft mit irgend
einem unbarbierten Eigenthümer von zwei oder drei
kahlen Bergen, ihre Legenden von zwei oder drei
außerordentlichen Männern, deren Namen man niemals außerhalb Schottland gehört hat, ihre puritanische Mäßigkeit, worin sie erzogen worden, und
die Sparsamkeit, die sie sich zu eigen gemacht —
all Dergleichen stimmt nicht überein mit den po-
sitiven und verschwenderischen Gewöhnungen John
Bull's.

Das Gepräge John Bull's ist so tief und
scharf, wie das einer griechischen Denkmünze; und
wo und wie man ihn findet, sei es in London oder
in Kalkutta, sei es als Herr oder als Diener, kann
man ihn nie verkennen. Überall ist er ein Wesen
wie eine plumpe Thatsache, sehr ehrlich, aber kalt
und durchaus abstoßend. Er hat ganz die Soli-
dität einer materiellen Substanz, und man kann nie
umhin zu bemerken, daß, wo er auch sei und mit
wem er auch sei, John Bull sich doch immer als
die Hauptperson betrachtet — so wie auch, daß er
niemals Rath oder Lehre von Demjenigen annehmen

wird, der sich vorher die Miene gegeben, als ob
er Dessen bedürfe. Und wo er auch sei, bemerkt
man: sein eigner Komfort, sein eigner, unmittel=
barer, persönlicher Komfort, ist der große Gegen=
stand all' seiner Wünsche und Bestrebungen.

Denkt John Bull, daß Aussicht zu irgend
einem Gewinn vorhanden sei, so wird er schon
beim ersten Zusammentreffen sich mit Jemand ein=
lassen. Will man aber einen intimen Freund an
ihm haben, so muß man ihm wie einem Frauen=
zimmer die Kour machen; hat man endlich seine
Freundschaft erlangt, so findet man bald, daß sie
nicht der Mühe werth war. Vorher, ehe man sich
um ihn bewarb, gab er kalte, genaue Höflichkeit,
und was er nachher zu geben hat, ist nicht Viel
mehr. Man findet bei ihm eine mechanische Förm=
lichkeit und ein offenes Bekenntnis jener Selbst=
sucht, welche andre Leute vielleicht eben so stark
besitzen, aber gar sorgsam verbergen, so daß uns
das kostbarste Gastmahl eines Engländers kaum halb
so gut schmeckt wie die Hand voll Datteln des
Beduinen in der Wüste.

Aber während John Bull der kälteste Freund
ist, ist er der sicherste Nachbar, und der grad=
sinnigste und generöseste Feind; während er sein
eigenes Schloß wie ein Pascha hütet, sucht er nie

in ein fremdes einzubringen. Komfort und Unab-
hängigkeit — unter dem Einen versteht er die Be-
fugnis, sich Alles zu kaufen, was zu seiner be-
quemsten Behaglichkeit beitragen kann, unter dem
andern Ausdruck versteht er das Gefühl, daß er
Alles thun kann, was er will, und Alles sagen kann,
was er denkt — diese beiden sind ihm die Hauptsache, und da kümmert er sich wenig um die zu-
fälligen und vielleicht chimärischen Auszeichnungen,
die in der übrigen Welt so viel Plag' und Noth
hervorbringen. Sein Stolz — und er hat Stolz
in hinlänglicher Fülle — ist nicht der Stolz des
Haman; Wenig kümmert es ihn, ob Mardachai,
der Jude, lang und breit vor der Thüre seines
Hauses sitzt, nur dafür sorgt er, daß besagter Mardachai nicht ins Haus hineinkomme, ohne seine spe-
cielle Erlaubnis, die er ihm gewiß nur dann gewährt, wenn es zusammenstimmt mit seinem eigenen
Vortheil und Komfort.

Sein Stolz ist ein englisches Gewächs; obschon
er ziemlich viel prahlt, so ist seine Prahlerei doch
nicht von der Art anderer Völker. Nie sieht man,
daß er sich auf Rechnung seiner Vorfahren irgend
ein Air von Würde beimesse; wenn John Bull seine
Taschen voll Guineen hat und ein Mann geworden
ist, der warm sitzt, so kümmert es ihn keinen Pfiffer-

ling, ob sein Großvater ein Herzog war oder ein
Karrenschieber. „Jedermann ist er selbst und er ist
nicht sein Vater" ist John's Theorie, und nach dieser
richtet er seine Handlungen. Er prahlt nur damit,
daß er ein Engländer ist, daß er irgendwo zwischen
Lowestoft und St. Davids und zwischen Penzance
und Berwick das Licht des Tages erblickte und thut
sich auf diesen Umstand mehr zu Gut, als wenn er
auf irgend einem andern Fleck dieses Planeten ge=
boren worden wäre. Denn Alt=England gehört ihm,
und er gehört Alt=England. Diesem aber ist Nichts
gleich auf der ganzen Welt, es kann die ganze Welt
ernähren, die ganze Welt unterrichten, und wenn
es darauf ankäme, auch die ganze Welt erobern.

Aber Das ist nur im Allgemeinen gesagt; denn
ersucht man John auf das Besondere einzugehen,
und rückt ihm etwas näher zu Leibe, so findet man,
daß in diesem gepriesenen England eigentlich doch
Nichts vorhanden ist, womit er ganz zufrieden wäre,
außer ihm selbst.

Man erwähne gegen ihn den König, denselben
König, dessen Thron er mit so großem Stolz auf
seinen Schultern trägt — und gleich klagt er über
Verschwendung im königlichen Hausstand, Bestech=
lichkeit und königliche Gunst, wachsenden bedrohlichen
Einfluß der Krone, und betheuert, daß, wenn nicht

bedeutende, schnelle Eingriffe und Beschränkungen
stattfinden, so wird England bald nicht mehr England sein. Erwähnt man gegen ihn die Parlamente
— so brummt er und verdammt beide, klagt, daß
das Oberhaus durch Hofgunst und das Unterhaus
durch Parteiwesen und Bestechungen gefüllt werden,
und vielleicht versichert er obendrein, England würde
besser daran sein, wenn es gar kein Parlament gäbe.
Erwähnt man gegen ihn die Kirche — so bricht er
aus in ein Zetergeschrei über Zehnten und über
gemästete Pfaffen, die das Wort Gottes zu ihrer
Domäne gemacht haben und alle mühsamen Früchte
fremder Arbeit in geistlichem Müßiggang verzehren.
Erwähnt man die öffentliche Meinung und den
großen Vortheil der schnellen Verbreitung aller Art
von Mittheilung — so beklagt er ganz sicher, daß
der Irrthum auf diesen verbesserten Wegen eben so
schnell reist wie die Wahrheit, und daß das Volk
alte Dummheiten aufgiebt, um sich neue dafür anzuschaffen. Kurz, in England giebt es keine einzige Institution, womit John vollkommen zufrieden
wäre. Sogar die Elemente trifft sein Tadel, und
von Anfang bis Ende des Jahres murrt er über
das Klima eben so stark wie über Dinge, die von
Menschen herrühren. Selbst mit den Gütern, die
er selbst erworben, ist er unzufrieden, wenn man

äher ausforscht. Obschon er große Reich=
: zusammengescharrt hat, so ist doch sein
iger Refrain, daß er zu Grunde geh'; er
telarm, während er zwischen aufgehäuften
en in einem Pallaste wohnt; und er stirbt
unger — während er so rund gefüttert ist,
· mit seinem Schmerbauche Mühe hat, sich
nem Ende des Zimmers nach dem andern
hieben. Nur Eins giebt es, was sein voll=
es Lob erhält, selbst wenn man es ganz be=
s erwähnt — und Das ist die Flotte, die
·chiffe, Alt=Englands hölzerne Wälle; und
obt er vielleicht, weil er sie nie sieht.
ndessen, wir wollen diese Tadelsucht nicht
Sie hat dazu beigetragen, England zu Dem
·hen und zu erhalten, was es jetzt ist. Die=
urrsinn des rauhen, halsstarrigen, aber ehr=
John Bull's ist vielleicht das Bollwerk brit=
Größe im Ausland und brittischer Freiheit
ı, und obgleich manche Provinzen Großbri=
·s es nicht genug zu schätzen wissen, so ver=
sie doch das reelle Gute, das sie besitzen,
her John Bull's beharrlichem Knurren als
·chgiebigen Philosophie des Schotten oder
·ürmischen Feuer des Irländers. Diese beiden
. in der jetzigen Klemme, scheinen nicht Kraft

und Ausdauer genug zu besitzen, ihre eigenen Rechte
zu erhalten und ihr eigenes Heil zu befördern; und
wenn irgend ein Widerstand gegen Eingriffe in die
allgemeine Freiheit zu leisten ist oder eine Maß=
regel für das allgemeine Beste ergriffen werden
soll, so zeigen uns die Tagebücher des Parlaments
und die Petitionen, die darin vorgebracht werden,
daß in den meisten Fällen mit einem solchen Wi=
derstand und einer solchen Maßregel Niemand an=
ders hervortritt als John Bull, der mürrische,
selbstsüchtige, brummende, aber doch kühne, männ=
liche, unabhängige, unerweichbare, vordringende
und durchdringende John Bull.

V.

The life of Napoleon Buonaparte

by

Walter Scott.

———

Armer Walter Scott! Wäreſt du reich geweſen, du hätteſt jenes Buch nicht geſchrieben, und
wäreſt kein armer Walter Scott geworden! Aber
die Curatores der Conſtable'ſchen Maſſe kamen zuſammen, und rechneten und rechneten, und nach
langem Subtrahieren und Dividieren ſchüttelten
ſie die Köpfe — und dem armen Walter Scott
blieb Nichts übrig als Lorberen und Schulden.
Da geſchah das Außerordentliche: der Sänger großer Thaten wollte ſich auch einmal im Heroismus
verſuchen, er entſchloß ſich zu einer cessio bono-
rum, der Lorber des großen Unbekannten wurde
taxiert, um große bekannte Schulden zu decken —
und ſo entſtand in hungriger Geſchwindigkeit, in

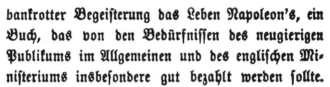

bankrotter Begeisterung das Leben Napoleon's, ein
Buch, das von den Bedürfnissen des neugierigen
Publikums im Allgemeinen und des englischen Mi-
nisteriums insbesondere gut bezahlt werden sollte.

Lobt ihn, den braven Bürger! lobt ihn, ihr
sämmtlichen Philister des ganzen Erdballs! lob ihn,
du liebe Krämertugend, die Alles aufopfert, um
die Wechsel am Verfalltage einzulösen — nur mir
muthet nicht zu, daß auch ich ihn lobe.

Seltsam! der todte Kaiser ist im Grabe noch
das Verderben der Britten, und durch ihn hat
jetzt Britanniens größter Dichter seinen Lorber
verloren!

Es war Britanniens größter Dichter, man
mag sagen und einwenden, was man will. Zwar
die Kritiker seiner Romane mäkelten an seiner Größe
und warfen ihm vor, er dehne sich zu sehr ins
Breite, er gehe zu sehr ins Detail, er schaffe seine
großen Gestalten nur durch Zusammensetzung einer
Menge von kleinen Zügen, er bedürfe unzählig
vieler Umständlichkeiten, um die starken Effekte hervorzubringen — Aber, die Wahrheit zu sagen, er
glich hierin einem Millionär, der sein ganzes Vermögen in lauter Scheidemünze liegen hat, und immer drei bis vier Wagen mit Säcken voll Groschen
und Pfennigen herbeifahren muß, wenn er eine

große Summe zu bezahlen hat, und der dennoch,
sobald man sich über solche Unart und das müh=
same Schleppen und Zählen beklagen will, ganz
richtig entgegnen kann: gleichviel wie, so gäbe er
doch immer die verlangte Summe, er gäbe sie doch,
und er sei im Grunde eben so zahlfähig und auch
wohl eben so reich wie etwa ein Anderer, der nur
blanke Goldbarren liegen hat, ja er habe sogar
den Vortheil des erleichterten Verkehrs, indem Je=
ner sich auf dem großen Gemüsemarkte mit seinen
großen Goldbarren, die dort keinen Kours haben,
nicht zu helfen weiß, während jedes Kramweib mit
beiden Händen zugreift, wenn ihr gute Groschen
und Pfennige geboten werden. Mit diesem populä=
ren Reichthume des brittischen Dichters hat es jetzt
ein Ende, und er, dessen Münze so kourant war,
daß die Herzogin und die Schneidersfrau sie mit
gleichem Interesse annahmen, er ist jetzt ein armer
Walter Scott geworden. Sein Schicksal mahnt an
die Sage von den Bergelfen, die neckisch wohlthä=
tig den armen Leuten Geld schenken, das hübsch
blank und gedeihlich bleibt, so lange sie es gut an=
wenden, das sich aber unter ihren Händen in eitel
Staub verwandelt, sobald sie es zu nichtswürdigen
Zwecken mißbrauchen. Sack nach Sack öffnen wir
Walter Scott's neue Zufuhr, und siehe da! statt

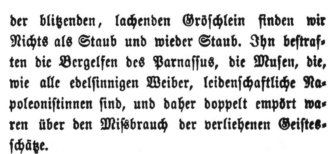

der blitzenden, lachenden Gröschlein finden wir
Nichts als Staub und wieder Staub. Ihn beftraf-
ten die Bergelfen des Parnaffus, die Mufen, die,
wie alle edelsinnigen Weiber, leidenschaftliche Na-
poleoniftinnen find, und daher doppelt empört waren über den Mißbrauch der verliehenen Geistes-
schätze.

Werth und Tendenz des Scott'schen Werks
find in allen Zeitschriften Europa's beleuchtet worden. Nicht bloß die erbitterten Franzosen, sondern
auch die bestürzten Landsleute des Verfassers haben das Verdammungsurtheil ausgesprochen. In
diesen allgemeinen Weltunwillen mußten auch die
Deutschen einstimmen; mit schwerverhaltenem Feuer-
eifer sprach das Stuttgarter Literaturblatt, mit kalter Ruhe äußerten sich die Berliner Jahrbücher für
wissenschaftliche Kritik, und der Recensent, der jene
kalte Ruhe um so wohlfeiler erschwang, je weniger
theuer ihm der Held des Buches sein muß, charakterisiert daffelbe mit den trefflichen Worten:

„In dieser Erzählung ist weder Gehalt noch
Farbe, weder Anordnung noch Lebendigkeit zu fin-
den. Verworren in oberflächlicher, nicht in tiefer
Verwirrung, ohne Hervortreten des Eigenthüm-
lichen, unsicher und wandelbar zieht der gewaltige
Stoff träge vorüber; kein Vorgang erscheint in

feiner beſtimmten Eigenheit, nirgends werden die
ſpringenden Punkte ſichtbar, kein Ereignis wird
deutlich, keines tritt in ſeiner Nothwendigkeit her=
vor, die Verbindung iſt nur äußerlich, Gehalt und
Bedeutung kaum geahnet. In ſolcher Darſtellung
muß alles Licht der Geſchichte erlöſchen, und ſie
ſelbſt wird zum nicht wunderbaren, ſondern gemei=
nen Märchen. Die Überlegungen und Betrachtun=
gen, welche ſich öfters dem Vortrag einſchieben,
ſind von einer entſprechenden Art. Solch dünnlicher
philoſophiſcher Bereitung iſt unſere Leſewelt längſt
entwachſen. Der dürftige Zuſchnitt einer am Ein=
zelnen haftenden Moral reicht nirgend aus. — —"

Dergleichen und noch ſchlimmere Dinge, die
der ſcharfſinnige Berliner Recenſent, Varnhagen
von Enſe, ausſpricht, würde ich dem Walter Scott
gern verzeihen. Wir ſind Alle Menſchen, und der
Beſte von uns kann einmal ein ſchlechtes Buch
ſchreiben. Man ſagt alsdann, es ſei unter aller
Kritik, und die Sache iſt abgemacht. Verwunderlich
bleibt es zwar, daß wir in dieſem neuen Werke
nicht einmal Scott's ſchönen Stil wiederfinden.
In die farbloſe, wochentägliche Rede werden ver=
gebens hie und da etliche rothe, blaue und grüne
Worte eingeſtreut, vergebens ſollen glänzende Läpp=
chen aus den Poeten die proſaiſche Blöße bedecken,

vergebens wird die ganze Arche Noäh geplündert,
um bestialische Vergleichungen zu liefern, vergebens
wird sogar das Wort Gottes citiert, um die dummen Gedanken zu überschilden. Noch verwunder-
licher ist es, daß es dem Walter Scott nicht einmal gelang, sein angeborenes Talent der Gestalten-
zeichnung auszuüben und den äußeren Napoleon
aufzufassen. Walter Scott lernte Nichts aus jenen
schönen Bildern, die den Kaiser in der Umgebung
seiner Generäle und Staatsleute darstellen, während
doch Jeder, der sie unbefangen betrachtet, tief betroffen wird von der tragischen Ruhe und antiken
Gemessenheit jener Gesichtszüge, die gegen die modern aufgeregten, pittoresken Tagsgesichter so schauerlich erhaben kontrastieren, und etwas Herabge-
stiegen-Göttliches beurkunden. Konnte aber der schot-
tische Dichter nicht die Gestalt, so konnte er noch
viel weniger den Charakter des Kaisers begreifen,
und gern verzeih' ich ihm auch die Lästerung eines
Gottes, den er nicht kennt. Ich muß ihm ebenfalls
verzeihen, daß er seinen Wellington für einen Gott
hält, und bei der Apotheose Desselben so sehr in
Andacht geräth, daß er, der doch so stark in Vieh-
bildern ist, nicht weiß, womit er ihn vergleichen
soll. Immerhin, wie die Menschen sind, so sind
auch ihre Götter. Stumpfsinnige Neger verehren

giftige Schlangen, queräugige Baschkiren verehren
häßliche Klötze, platte Lappländer verehren Seehunde — Sir Walter Scott giebt diesen Leuten
Nichts nach, und verehrt seinen Wellington.

Bin ich aber tolerant gegen Walter Scott,
und verzeihe ich ihm die Gehaltlosigkeit, Irrthümer,
Lästerungen und Dummheiten seines Buches, verzeih' ich ihm sogar die Langeweile, die es mir verursacht — so darf ich ihm doch nimmermehr die
Tendenz desselben verzeihen. Diese ist nichts Geringeres als die Exkulpation des englischen Mini-
steriums in Betreff des Verbrechens von St. Helena. „In diesem Gerichtshandel zwischen dem
englischen Ministerium und der öffentlichen Meinung," wie der Berliner Recensent sich ausdrückt,
„macht Walter Scott den Sachwalter," er ver-
bindet Advokatenkniffe mit seinem poetischen Ta-
lente, um den Thatbestand und die Geschichte zu
verdrehen, und seine Klienten, die zugleich seine
Patrone sind, dürften ihm wohl außer seinen Spor-
teln noch extra ein Douceur in die Hand drücken.

Die Engländer haben den Kaiser bloß ermordet, aber Walter Scott hat ihn verkauft. Es ist
ein rechtes Schottenstück, ein echt schottisches Na-
tionalstückchen, und man sieht, daß schottischer Geiz
noch immer der alte, schmutzige Geiz ist, und sich

nicht sonderlich verändert hat seit den Tagen von
Naseby, wo die Schotten ihren eigenen König, der
sich ihrem Schutze anvertraut, für die Summe von
400,000 Pfund Sterling an seine englischen Henker verkauft haben. Jener König ist derselbe Karl
Stuart, den jetzt Caledonia's Barden so herrlich
besingen, — der Engländer mordet, aber der Schotte
verkauft und besingt.

Das englische Ministerium hat seinem Advokaten zu obigem Behufe das Archiv des foreign
office geöffnet, und Dieser hat im neunten Bande
seines Werks die Aktenstücke, die ein günstiges Licht
auf seine Partei und einen nachtheiligen Schatten
auf deren Gegner werfen konnten, gewissenhaft benutzt. Deßhalb gewinnt dieser neunte Band bei
all seiner ästhetischen Werthlosigkeit, worin er den
vorgehenden Bänden Nichts nachgiebt, dennoch ein
gewisses Interesse; man erwartet bedeutende Aktenstücke, und da man deren keine findet, so ist Das
ein Beweis, daß deren keine vorhanden waren, die
zu Gunsten der englischen Minister sprechen —
und dieser negative Inhalt des Buches ist ein wich-
tiges Resultat.

Alle Ausbeute, die das englische Archiv liefert,
beschränkt sich auf einige glaubwürdige Kommuni-
kationen des edlen Sir Hudson Lowe und dessen

Myrmidonen und einige Aussagen des General
Gourgaud, der, wenn solche wirklich von ihm gemacht worden, als ein schamloser Verräther seines
kaiserlichen Herrn und Wohlthäters ebenfalls Glauben verdient. Ich will das Faktum dieser Aussagen
nicht untersuchen, es scheint sogar wahr zu sein,
da es der Baron Stürmer, einer von den drei
Statisten der großen Tragödie, konstatiert hat;
aber ich sehe nicht ein, was im günstigsten Falle
dadurch bewiesen wird, außer daß Sir Hudson
Lowe nicht der einzige Lump auf St. Helena war.
Mit Hilfsmitteln solcher Art und erbärmlichen
Suggestionen behandelt Walter Scott die Gefan-
genschaftsgeschichte Napoleon's, und bemüht sich,
uns zu überzeugen, daß der Exkaiser — so nennt
ihn der Exdichter — nichts Klügeres thun konnte,
als sich den Engländern zu übergeben, obgleich er
seine Abführung nach St. Helena vorauswissen
mußte, daß er dort ganz charmant behandelt worden, indem er vollauf zu essen und zu trinken hatte,
und daß er endlich frisch und gesund und als ein
guter Christ an einem Magenkrebse gestorben.

Walter Scott, indem er solchermaßen den
Kaiser voraussehen läßt, wie weit sich die Gene-
rosität der Engländer erstrecken würde, nämlich bis
St. Helena, befreit ihn von dem gewöhnlichen Vor-

wurf, die tragische Erhabenheit seines Unglücks habe ihn selbst so gewaltig begeistert, daß er civilisierte Engländer für persische Barbaren und die Beef-steakküche von St. James für den Herd eines gro-ßen Königs ansah — und eine heroische Dumm-heit beging. Auch macht Walter Scott den Kaiser zu dem größten Dichter, der jemals auf dieser Welt gelebt hat, indem er uns ganz ernsthaft in-sinuiert, daß alle jene denkwürdigen Schriften, die seine Leiden auf St. Helena berichten, sämmtlich von ihm selbst diktiert worden.

Ich kann nicht umhin, hier die Bemerkung zu machen, daß dieser Theil des Walter Scott'-schen Buches, so wie überhaupt die Schriften selbst, wovon er hier spricht, absonderlich die Memoiren von O'Meara, auch die Erzählung des Kapitän Maitland, mich zuweilen an die possenhafteste Ge-schichte von der Welt erinnert, so daß der schmerz-lichste Unmuth meiner Seele plötzlich in muntre Lachlust übergehen will. Diese Geschichte ist aber keine andere als „Die Schicksale des Lemuel Gul-liver," ein Buch, worüber ich einst als Knabe so viel gelacht, und worin gar ergötzlich zu lesen ist, wie die kleinen Lilliputaner nicht wissen, was sie mit dem großen Gefangenen anfangen sollen, wie sie tausendweise an ihm herumklettern und ihn mit

jic tom tagure veruvreiqen mujjen, wie
Staatsrath anschwärzen und beständig
afs er dem Lande zu Viel koste, wie sie
mbringen mochten, ihn aber noch im
en, da sein Leichnam eine Pest hervor-
ne, wie sie sich endlich zur glorreichsten
entschließen, und ihm seinen Titel lassen
eine Augen ausstechen wollen u. s. w.
iberall ist Lilliput, wo ein großer Mensch
: Menschen geräth, die unermüdlich und
:inlichste Weise ihn abquälen, und die
h ihn genug Qual und Noth ausstehen;
der Dechant Swift in unserer Zeit sein
rieben, so würde man in dessen scharf-
n Spiegel nur die Gefangenschaftsge-
Kaisers erblicken, und bis auf die Farbe
und des Gesichts die Zwerge erkennen,
juält haben.

unmöglich. Es ist möglich, daß ein Mann, der auf der Folterbank gespannt liegt, plötzlich ganz natürlich an einem Schlagfluß stirbt. Aber die böse Welt wird sagen, die Folterknechte haben ihn hingerichtet. Die böse Welt hat sich nun einmal vorgenommen, die Sache ganz anders zu betrachten, wie der gute Walter Scott. Wenn dieser gute Mann, der sonst so bibelfest ist und gern das Evangelium citiert, in jenem Aufruhr der Elemente, in jenem Orkane, der beim Tode Napoleon's ausbrach, nichts Anders sieht, als ein Ereignis, das auch beim Tode Cromwell's stattfand, so hat doch die Welt darüber ihre eigenen Gedanken. Sie betrachtet den Tod Napoleon's als die entsetzlichste Unthat, losbrechendes Schmerzgefühl wird Anbetung, vergebens macht Walter Scott den **advocatum diaboli**, die Heiligsprechung des todten Kaisers strömt aus allen edeln Herzen, alle edeln Herzen des europäischen Vaterlandes verachten seine kleinen Henker und den großen Barden, der sich zu ihrem Komplicen gesungen, die Musen werden bessere Sänger zur Feier ihres Lieblings begeistern, und wenn einst Menschen verstummen, so sprechen die Steine, und der Martyrfelsen St. Helena ragt schauerlich aus den Meereswellen, und erzählt den Jahrtausenden seine ungeheure Geschichte.

VI.

Old Bailey.

———

Schon der Name Old Bailey erfüllt die Seele mit Grauen. Man denkt sich gleich ein großes schwarzes, mißmüthiges Gebäude, einen Pallast des Elends und des Verbrechens. Der linke Flügel, der das eigentliche Newgate bildet, dient als Kriminalgefängnis, und da sieht man nur eine hohe Wand von wetterschwarzen Quadern, worin zwei Nischen mit eben so schwarzen allegorischen Figuren, und, wenn ich nicht irre, stellt eine von ihnen die Gerechtigkeit vor, indem, wie gewöhnlich, die Hand mit der Wage abgebrochen ist, und Nichts als ein blindes Weibsbild mit einem Schwerte übrig blieb. Ungefähr gegen die Mitte des Gebäudes ist der Altar dieser Göttin, nämlich das Fenster, wo das Galgengerüst zu stehen kommt, und endlich rechts befindet sich der Kriminalgerichtshof, worin die

vierteljährlichen Sessionen gehalten werden. Hier
ist ein Thor, das gleich den Pforten der Dante'-
schen Hölle die Inschrift tragen sollte:

Per me si va nella città dolente,
Per me si va nell' eterno dolore,
Per me si va tra la perduta gente.

Durch dieses Thor gelangt man auf einen
kleinen Hof, wo der Abschaum des Pöbels versammelt ist, um die Verbrecher durchpassieren zu sehen;
auch stehen hier Freunde und Feinde Derselben,
Verwandte, Bettelkinder, Blödsinnige, besonders
alte Weiber, die den Rechtsfall des Tages abhandeln, und vielleicht mit mehr Einsicht als Richter
und Jury, trotz all ihrer kurzweiligen Feierlichkeit
und langweiligen Jurisprudenz. Hab' ich doch draußen vor der Gerichtsthüre eine alte Frau gesehen,
die im Kreise ihrer Gevatterinnen den armen schwarzen William besser vertheidigte, als drinnen im
Saale Dessen grundgelehrter Advokat — wie sie die
letzte Thräne mit der zerlumpten Schürze aus den
rothen Augen wegwischte, schien auch William's
ganze Schuld vertilgt zu sein.

Im Gerichtssaale selbst, der nicht besonders
groß, ist unten vor der sogenannten Bar (Schranken) wenig Platz für das Publikum; dafür giebt

h Old Bailey besuchte, fand auch ich
iner solchen Galerie, die mir von einer
nerin gegen Gratifikation eines Shillings
wurde. Ich kam in dem Augenblick, wo
h erhob, um zu urtheilen, ob der schwarze
s angeklagten Verbrechens schuldig oder
ig sei.

hier, wie in den andern Gerichtshöfen
sitzen die Richter in blauschwarzer Toga,
ett gefüttert ist, und ihr Haupt bedeckt
iuderte Perücke, womit oft die schwarzen
nen und schwarzen Backenbärte gar drol-
ieren. Sie sitzen an einem langen grünen
erhabenen Stühlen, am obersten Ende
i, wo an der Wand mit goldenen Buch=
Bibelstelle, die vor ungerechtem Richter-
nt, eingegraben steht. An beiden Seiten
für die Männer der Jury, und Bläke

einem wunderlichen Brette, das oben wie ein schmal-
gebogenes Thor ausgeschnitten ist. Es soll dabei
ein künstlicher Spiegel angebracht sein, wodurch
der Richter im Stande ist, jede Miene der Angeklagten deutlich zu beobachten. Auch liegen einige
grüne Kräuter vor Letzteren, um ihre Nerven zu
stärken, und Das mag zuweilen nöthig sein, wo
man angeklagt steht auf Leib und Leben. Auch auf
dem Tische der Richter sah ich dergleichen grüne
Kräuter und sogar eine Rose liegen. Ich weiß
nicht wie es kommt, der Anblick dieser Rose hat
mich tief bewegt. Die rothe blühende Rose, die
Blume der Liebe und des Frühlings, lag auf dem
schrecklichen Richtertische von Old Bailey. Es war
im Saale so schwül und dumpfig. Es schaute Alles
so unheimlich mürrisch, so wahnsinnig ernst. Die
Menschen sahen aus, als kröchen ihnen graue
Spinnen über die blöden Gesichter. Hörbar kirrten
die eisernen Wagschalen über dem Haupte des armen
schwarzen William's.

Auch auf der Galerie bildete sich eine Jury.
Eine dicke Dame, aus deren rothaufgedunsenem Gesicht die kleinen Äuglein wie Glühwürmchen hervor-
glimmten, machte die Bemerkung, daß der schwarze
William ein sehr hübscher Bursche sei. Indessen
ihre Nachbarin, eine zarte, piepsende Seele in einem

schlechtem Postpapier, behauptete, er
warze Haar zu lang und zottig, und
1 Augen wie Herr Kean im Othello
,“ fuhr sie fort, „ist doch der Thom-
; anderer Mensch, mit hellem Haar
!ämmt nach der Mode, und er ist ein
er Mensch, er bläst ein bischen die
lt ein bischen, er spricht ein bischen
— „Und stiehlt ein bischen“, fügte
me hinzu. „Ei was, stehlen!“ ver-
:ne Nachbarin, „Das ist doch nicht so
:e Fälschung; denn ein Dieb, es sei
ie ein Schaf gestohlen, wird nach Bo-
ansportiert, während der Bösewicht,
.ndschrift verfälscht hat, ohne Gnad'
rzigkeit gehenkt wird.“ „Ohne Gnad'
rzigkeit!“ seufzte neben mir ein main einem verwitterten schwarzen Rock;
in Mensch hat das Recht, einen Andern
1 lassen, am allerwenigsten sollten Chri-
desurtheil fällen, da sie doch daran
1, daß der Stifter ihrer Religion,
ind Heiland, unschuldig verurtheilt und
vorden!“ „Ei was,“ rief wieder die
, und lächelte mit ihren dünnen Lippen,
1 Fälscher nicht gehenkt würde, wäre

ja kein reicher Mann seines Vermögens sicher,
z. B. der dicke Jude in Lombard Street, Saint
Swinthin's Lane, oder unser Freund Herr Scott,
dessen Handschrift so täuschend nachgemacht worden.
Und Herr Scott hat doch sein Vermögen so sauer
erworben, und man sagt sogar, er sei dadurch reich
geworden, daß er für Geld die Krankheiten Anderer auf sich nahm, ja die Kinder laufen ihm jetzt
noch auf der Straße nach, und rufen: Ich gebe
Dir einen Sixpence, wenn Du mir mein Zahnweh
abnimmst, wir geben Dir einen Shilling, wenn
Du Gottfriedchens Buckel nehmen willst" — „Kurios!" fiel ihr die dicke Dame in die Rede, „es
ist doch kurios, daß der schwarze William und
der Thomson früherhin die besten Spießgesellen
gewesen sind, und zusammen gewohnt und gegessen und getrunken haben, und jetzt Edward Thomson seinen alten Freund der Fälschung anklagt!
Warum ist aber die Schwester von Thomson nicht
hier, da sie doch sonst ihrem süßen William überall nachgelaufen?" Ein junges schönes Frauenzimmer, über dessen holdem Gesicht eine dunkle
Betrübnis verbreitet lag, wie ein schwarzer Flor
über einem blühenden Rosenstrauch, flüsterte jetzt
eine ganz lange, verweinte Geschichte, wovon ich
nur so Viel verstand, daß ihre Freundin, die

, von ihrem Bruder gar bitterlich
orden und todtkrank zu Bette liege.
och nicht die schöne Mary!" brummte
die dicke Dame; „viel zu mager, sie
nager, als daß man sie schön nennen
venn gar ihr William gehenkt wird —"
iem Augenblick erschienen die Männer
nd erklärten, daß der Angeklagte der
nuldig sei. Als man hierauf den schwar-
aus dem Saale fortführte, warf er
, langen Blick auf Edward Thomson.
ner Sage des Morgenlandes war Sa-
n Engel und lebte im Himmel mit
Engeln, bis er Diese zum Abfall ver-
, und deßhalb von der Gottheit hin-
. wurde in die ewige Nacht der Hölle.
aber vom Himmel hinabsank, schaute
och in die Höhe, immer nach dem
zu angeklagt hatte; je tiefer er sank,
icher und immer entsetzlicher wurde
- Und es muß ein schlimmer Blick
; denn jener Engel, den er traf, wurde
ls trat wieder Röthe in seine Wan-
heißt seitdem der Engel des Todes.
vie der Engel des Todes wurde Ed-
on.

VII.

Körperliche Strafe in England.

— ·· —

Ich kann nicht bestimmt genug versichern, wie
sehr ich gegen Prügel im Allgemeinen eingenommen
bin, und wie sehr sich mein Gefühl empört, wenn
ich geprügelte Nebenmenschen insbesondere sehe.
Der stolze Herr der Erde, der hohe Geist, der das
Meer beherrscht und die Gesetze der Sterne er-
forscht, wird gewiß durch Nichts so sehr gede-
müthigt als durch körperliche Strafe. Die Götter,
um den lodernden Hochmuth der Menschen herab-
zudämpfen, erschufen sie die Prügel. Die Menschen
aber, deren Erfindungsgeist durch den brütenden
Unwillen geschärft wurde, erschufen dagegen das
Point d'honneur. Franzosen, Japaner, indische
Brahminen und das Officierkorps des Kontinents
haben diese Erfindung am schönsten ausgebildet,
sie haben die Blutrache der Ehre in Paragraphen

gebracht, und die Duelle, obgleich sie von den
Staatsgesetzen, von der Religion und selbst von
der Vernunft mißbilligt werden, sind dennoch eine
Blüthe schöner Menschlichkeit.

Bei den Engländern aber, wo sonst alle Er=
findungen zur höchsten Vollkommenheit verfeinert
werden, hat das Point d'honneur noch nicht seine
rechte Politur empfangen. Der Engländer hält Prü=
gel noch immer für kein so großes Übel wie den
Tod, und während meines Aufenthalts in England
habe ich mancher Scene beigewohnt, wo ich auf
den Gedanken kommen durfte, als haben Prügel in
dem freien England keine so schlimmen Wirkungen
auf die persönliche Ehre wie im despotischen Deutsch=
land. Ich habe Lords abprügeln gesehen, und sie
schienen nur das Materielle dieser Beleidigung zu
fühlen. Bei den Pferderennen zu Epsom und Brigh=
ton sah ich Jockeyen, die, um den Wettreitern Bahn
zu machen, mit einer langen Peitsche hin und her
liefen, und Lords und Gentlemen aus dem Weg
peitschten. Und was thaten die solchermaßen be=
rührten Herren? Sie lachten mit einem saueren
Gesichte.

Ist also körperliche Strafe in England nicht
so entehrend wie bei uns, so ist doch der Vorwurf
ihrer Grausamkeit dadurch noch nicht gemildert.

Aber dieser trifft nicht das englische Volk, sondern die Aristokratie, die unter dem Wohl Englands nichts Anderes versteht als die Sicherheit
ihrer eigenen Herrschaft. Freien Menschen mit freiem
Ehrgefühl dürfte diese despotische Rotte nicht trauen;
sie bedarf des blinden Gehorsams geprügelter Sklaven. Der englische Soldat muß ganz Maschine sein,
ganz Automat, das aufs Kommandowort marschiert
und losschießt. Daher bedarf er auch keines Be-
fehlshabers von bedeutender Persönlichkeit. Eines
Solchen bedurften freie Franzosen, die der Enthusiasmus leitet, und die einst, trunken von der Feuer-
seele ihres großen Feldherrn, wie im Rausche die
Welt eroberten. Englische Soldaten bedürfen keines
Feldherrn, nicht einmal eines Feldherrnstabs, sondern nur eines Korporalstocks, der die ausgerech-
neten Ministerialinstruktionen, wie es von einem
Stück Holz zu erwarten steht, recht ruhig und
genau ausführt. Und, o je! da ich ihn doch einmal rühmen muß, so gestehe ich, ein ganz vorzüglicher Stock solcher Art ist der . . . .
Wellington, dieser eckig geschnitzelte Hampelmann,
der sich ganz nach dem Schnürchen bewegt, woran
die Aristokratie zieht, dieser hölzerne Völkervampyr
mit hölzernem Blick (wooden look, wie Byron
sagt), und ich möchte hinzusetzen: mit hölzernem

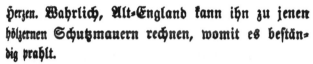

Herzen. Wahrlich, Alt-England kann ihn zu jenen hölzernen Schutzmauern rechnen, womit es beständig prahlt.

General Foy hat in seiner Geschichte des Krieges auf der pirenäischen Halbinsel den Kontrast des französischen und englischen Militärs und ihrer Mannszucht sehr treffend geschildert, und diese Schilderung zeigt uns, was Ehrgefühl und was Prügel aus dem Soldaten machen.

Es ist zu hoffen, daß das grausame System, welches die englische Aristokratie befolgt, sich nicht lange mehr erhält, und John Bull seinen regierenden Korporalstock entzweibricht. Denn John ist ein guter Christ, er ist milde und wohlwollend, er seufzt über die Härte seiner Landesgesetze, und in seinem Herzen wohnt die Menschlichkeit. Ich könnte eine hübsche Geschichte davon erzählen.

Ein andermal!

VIII.

Das neue Ministerium.

———

In Bedlam habe ich vorigen Sommer einen
Philosophen kennen gelernt, der mir mit heimlichen
Augen und flüsternder Stimme viele wichtige Auf-
schlüsse über den Ursprung des Übels gegeben hat.
Wie mancher andere seiner Kollegen meinte auch
er, daß man hierbei etwas Historisches annehmen
müsse. Was mich betrifft, ich neigte mich ebenfalls zu einer solchen Annahme, und erklärte das
Grundübel der Welt aus dem Umstand, daß der
liebe Gott zu wenig Geld erschaffen habe.

„Du hast gut reden," antwortete der Philo-
soph, „der liebe Gott war sehr knapp bei Kassa,
als er die Welt erschuf. Er mußte das Geld dazu
beim Teufel borgen, und ihm die ganze Schöpfung
als Hypothek verschreiben. Da ihm nun der liebe
Gott von Gott- und Rechtswegen die Welt noch

schuldig ist, so darf er ihm auch aus Delikatesse
nicht verwehren, sich darin herum zu treiben und
Verwirrung und Unheil zu stiften. Der Teufel aber
ist seinerseits wieder sehr stark dabei interessiert,
daß die Welt nicht ganz zu Grunde und folglich
seine Hypothek verloren gehe; er hütet sich daher
es allzu toll zu machen, und der liebe Gott, der
auch nicht dumm ist und wohl weiß, daß er im
Eigennutz des Teufels seine geheime Garantie hat,
geht oft so weit, daß er ihm die ganze Herrschaft
der Welt anvertraut, d. h. dem Teufel den Auf=
trag giebt, ein Ministerium zu bilden. Dann ge=
schieht, was sich von selbst versteht, Samiel erhält
das Kommando der höllischen Heerscharen, Beelze=
bub wird Kanzler, Vizliputzli wird Staatssekretär,
die alte Großmutter bekommt die Kolonien u. s. w.
Diese Verbündeten wirthschaften dann in ihrer Weise,
und indem sie, trotz des bösen Willens ihrer Her=
zen, aus Eigennutz gezwungen sind, das Heil der
Welt zu befördern, entschädigen sie sich für diesen
Zwang dadurch, daß sie zu den guten Zwecken
immer die niederträchtigsten Mittel anwenden. Sie
trieben es jüngsthin so arg, daß Gott im Himmel
solche Greuel nicht länger ansehen konnte, und einem
Engel, den Auftrag gab, ein neues Ministerium zu
bilden. Dieser sammelte nun um sich her alle guten

Geifter. Freudige Wärme durchdrang wieder die
Welt, es wurde Licht, und die bösen Geifter ent-
wichen. Aber fie legten doch nicht ruhig die Klauen
in den Schoß, heimlich wirken fie gegen alles Gute,
fie vergiften die neuen Heilquellen, fie zerknicken
hämifch jede Rofenknofpe des neuen Frühlings, mit
ihren Amendements zerftören fie den Baum des
Lebens, chaotifches Verderben droht Alles zu ver-
fchlingen, und der liebe Gott wird am Ende wieder
dem Teufel die Herrfchaft übergeben müffen, damit
fie, fei es auch durch die fchlechteften Mittel, wenig-
ftens erhalten werde. Siehft du, Das ift die fchlimme
Nachwirkung einer Schuld."

Diefe Mittheilung meines Freundes in Bedlam erklärte vielleicht den jetzigen englifchen Mini-
fterwechfel. Erliegen müffen die Freunde Canning's,
die ich die guten Geifter Englands nenne, weil ihre
Gegner deffen Teufel find; Diefe, den dummen
Teufel Wellington an ihrer Spitze, erheben jetzt ihr
Siegesgefchrei. Schelte mir Keiner den armen
George, er mußte den Umftänden nachgeben. Man
kann nicht leugnen, daß nach Canning's Tode die
Whigs nicht im Stande waren, die Ruhe in England zu erhalten, da die Maßregeln, die fie deßhalb zu ergreifen hatten, beftändig von den Tories
vereitelt wurden. Der König, dem die Erhaltung

der öffentlichen Ruhe, d. h. die Sicherheit seiner
Krone, als das Wichtigste erscheint, mußte daher
den Tories selbst wieder die Verwaltung des Staa=
tes überlassen. — Und, o! sie werden jetzt wieder
nach wie vor alle Früchte des Volksfleißes in ihren
eigenen Säckel hineinverwalten, sie werden als regie=
rende Kornjuden die Preise ihres Getreides in die
Höhe treiben, John Bull wird vor Hunger mager
werden, er wird endlich für einen Bissen Brot sich
leibeigen selbst den hohen Herren verkaufen, sie
werden ihn vor den Pflug spannen und peitschen,
er wird nicht einmal brummen dürfen, denn auf
der einen Seite droht ihm der Herzog von Wel=
lington mit dem Schwerte, und auf der andern
Seite schlägt ihn der Erzbischof von Canterbury
mit der Bibel auf den Kopf — und es wird Ruhe
im Lande sein.

Die Quelle jener Übel ist die Schuld, the
national debt, oder, wie Cobbett sagt, the king's
debt. Cobbett bemerkt nämlich mit Recht: Wäh=
rend man allen Instituten den Namen des Königs
voransetzt, z. B. the king's army, the king's navy,
the king's courts, the king's prisons etc., wird
doch die Schuld, die eigentlich aus jenen Institu=
ten hervorging, niemals the king's debt genannt,

und sie ist das Einzige, wobei man der Nation die Ehre erzeigt, Etwas nach ihr zu benennen.

Der Übel größtes ist die Schuld. Sie bewirkt zwar, daß der englische Staat sich erhält, und daß sogar dessen ärgste Teufel ihn nicht zu Grunde richten; aber sie bewirkt auch, daß ganz England eine große Tretmühle geworden, wo das Volk Tag und Nacht arbeiten muß, um seine Gläubiger zu füttern, daß England vor lauter Zahlungssorgen alt und grau und aller heiteren Jugendgefühle entwöhnt wird, daß England, wie bei starkverschuldeten Menschen zu geschehen pflegt, zur stumpfsten Resignation niedergedrückt ist und sich nicht zu helfen weiß — obgleich 900,000 Flinten und eben so viel' Säbel und Bajonette im Tower zu London aufbewahrt liegen, und die Wächter desselben, die feisten rothröckigen Beefeaters, leicht überwältigt wären.

IX.

Die Schuld.

———

Als ich noch sehr jung war, gab es drei
Dinge, die mich ganz vorzüglich interessierten, wenn
ich Zeitungen las. Zuvörderst, unter dem Artikel
„Großbritannien," suchte ich gleich, ob Richard
Martin keine neue Bittschrift für die mildere Be=
handlung der armen Pferde, Hunde und Esel dem
Parlamente übergeben. Dann, unter dem Artikel
„Frankfurt," suchte ich nach, ob der Herr Doktor
Schreiber nicht wieder beim Bundestag für die
großherzoglich hessischen Domänenkäufer eingekom=
men. Hierauf aber fiel ich gleich über die Türkei
her und durchlas das lange Konstantinopel, um
nur zu sehen, ob nicht wieder ein Großvesier mit
der seidenen Schnur beehrt worden.

Dieses Letztere gab mir immer den meisten
Stoff zum Nachdenken. Daß ein Despot seinen
Diener ohne Umstände erdrosseln läßt, fand ich

ganz natürlich. Sah ich doch einst in der Mena=
gerie, wie der König der Thiere so sehr in maje=
stätischen Zorn gerieth, daß er gewiß manchen un=
schuldigen Zuschauer zerrissen hätte, wäre er nicht
in einer sichern Konstitution, die aus eisernen Stan=
gen verfertigt war, eingesperrt gewesen. Aber was
mich Wunder nahm, war immer der Umstand, daß
nach der Erdrosselung des alten Herrn Großvesiers
sich immer wieder Jemand fand, der Lust hatte,
Großvesier zu werden.

Jetzt, wo ich etwas älter geworden bin, und
mich mehr mit den Engländern als mit ihren
Freunden, den Türken, beschäftige, ergreift mich
ein analoges Erstaunen, wenn ich sehe, wie nach
dem Abgang eines englischen Premier=Ministers
gleich ein Anderer sich an Dessen Stelle drängt,
und dieser Andere immer ein Mann ist, der auch
ohne dieses Amt zu leben hätte, und auch (Wel=
lington ausgenommen) Nichts weniger als ein
Dummkopf ist. Schrecklicher als durch die seidene
Schnur endigen ja alle englischen Minister, die
länger als ein Semester dieses schwere Amt ver=
waltet. Besonders ist Dieses der Fall seit der fran=
zösischen Revolution; Sorg' und Noth haben sich
vermehrt in Downingstreet, und die Last der Ge=
schäfte ist kaum zu ertragen.

Einst waren die Verhältnisse in der Welt weit
einfacher, und die sinnigen Dichter verglichen den
Staat mit einem Schiffe und den Minister mit
dessen Steuermann. Jetzt aber ist Alles kompli-
cierter und verwickelter, das gewöhnliche Staatsschiff
ist ein Dampfboot geworden, und der Minister hat
nicht mehr ein einfaches Ruder zu regieren, sondern
als verantwortlicher Engineer steht er unten zwischen dem ungeheuern Maschinenwerk, untersucht
ängstlich jedes Eisenstiftchen, jedes Rädchen, wodurch etwa eine Stockung entstehen könnte, schaut
Tag und Nacht in die lobernde Feueresse, und
schwitzt vor Hitze und Sorge — sintemalen durch
das geringste Versehen von seiner Seite der große
Kessel zerspringen, und bei dieser Gelegenheit Schiff
und Mannschaft zu Grunde gehen könnte. Der Kapitän und die Passagiere ergehen sich unterdessen
ruhig auf dem Verdecke, ruhig flattert die Flagge
auf dem Seitenmast, und wer das Boot so ruhig
dahinschwimmen sieht, ahnet nicht, welche gefährliche Maschinerie und welche Sorge und Noth in
seinem Bauche verborgen ist.

Frühzeitigen Todes sinken sie dahin, die armen
verantwortlichen Engineers des englischen Staats-
schiffes. Rührend ist der frühe Tod des großen
Pitt, rührender der Tod des größeren Fox. Per-

cival wäre an der gewöhnlichen Ministerkrankheit
gestorben, wenn nicht ein Dolchstoß ihn schneller
abgefertigt hätte. Diese Ministerkrankheit war es
ebenfalls, was den Lord Castlereagh so zur Verzweiflung brachte, daß er sich die Kehle abschnitt
zu North-Cray in der Grafschaft Kent. Lord Liverpool sank auf gleiche Weise in den Tod des Blöd-
sinns. Canning, den göttergleichen Canning, sahen
wir, vergiftet von hochtoryschen Verleumdungen,
gleich einem kranken Atlas unter seiner Weltbürde
niedersinken. Einer nach dem Andern werden sie
eingescharrt in Westminster, die armen Minister,
die für Englands Könige Tag und Nacht denken
müssen, während Diese gedankenlos und wohlbe-
leibt dahinleben bis ins höchste Menschenalter.

Wie heißt aber die große Sorge, die Englands Ministern Tag und Nacht im Gehirne wühlt
und sie tödtet? Sie heißt: the debt, die Schuld.

Schulden, eben so wie Vaterlandsliebe, Religion, Ehre u. s. w., gehören zwar zu den Vorzügen
des Menschen — denn die Thiere haben keine Schulden — aber sie sind auch eine ganz vorzügliche
Qual der Menschheit, und wie sie den Einzelnen
zu Grunde richten, so bringen sie auch ganze Geschlechter ins Verderben, und sie scheinen das alte
Fatum zu ersetzen in den Nationaltragödien unserer

England kann diesem Fatum nicht entgehen,
Minister sehen die Schrecknisse herannahen,
erben mit der Verzweiflung der Ohnmacht.
Wäre ich königlich preußischer Oberlandes=
tor, oder Mitglied des Geniekorps, so würde
gewohnter Weise die ganze Summe der eng=
Schuld in Silbergroschen berechnen, und
angeben, wie vielmal man damit die große
ichstraße oder gar den ganzen Erdball be=
könnte. Aber das Rechnen war nie meine
und ich möchte lieber einem Engländer das
Geschäft überlassen, seine Schulden aufzu=
und die daraus entstehende Ministernoth
zurechnen. Dazu taugt Niemand besser als
r Cobbett, und aus der letzten Nummer seines
rs liefere ich folgende Erörterungen.
Der Zustand der Dinge ist folgender:
) Diese Regierung, oder vielmehr diese Ari=
ie und Kirche, oder auch, wie ihr wollt, diese
ung borgte eine große Summe Geldes, wo=
: viele Siege, sowohl Land= als Seesiege,
: hat — eine Menge Siege von jeder Sorte
röße.
) Indessen muß ich zuvor bemerken, aus
Veranlassung und zu welchem Zwecke man
ge gekauft hat; die Veranlassung (occasion)

war die französische Revolution, die alle aristo-
kratischen Vorrechte und geistlichen Zehnten
niedergerissen hatte; und der Zweck war die Ver-
hütung einer Parlamentsreform in England, die
wahrscheinlich ein ähnliches Niederreißen aller ari-
stokratischen Vorrechte und geistlichen Zehnten zur
Folge gehabt hätte.

3) Um nun zu verhüten, daß das Beispiel
der Franzosen nicht von den Engländern nachgeahmt würde, war es nöthig, die Franzosen anzu-
greifen, sie in ihren Fortschritten zu hemmen, ihre
neuerlangte Freiheit zu gefährden, sie zu verzweifelten Handlungen zu treiben, und endlich die Revolution zu einem solchen Schreckbilde, zu einer
solchen Völkerscheuche zu machen, daß man sich
unter dem Namen der Freiheit Nichts als ein Ag-
gregat von Schlechtigkeit, Greuel und Blut vorstellen, und das englische Volk in der Begeisterung
seines Schreckens dahin gebracht würde, sich sogar
ordentlich zu verlieben in jene greuelhaft despotische
Regierung, die einst in Frankreich blühte, und die
jeder Engländer von jeher verabscheute, seit den
Tagen Alfred's des Großen bis herab auf Georg
den Dritten.

4) Um jene Vorsätze auszuführen, bedurfte
man der Mithülfe verschiedener fremder Nationen;

diese Nationen wurden daher mit englischem Gelde
unterstützt (subsidized); französische Emigranten
wurden mit englischem Gelde unterhalten; kurz,
man führte einen zweiundzwanzigjährigen Krieg,
um jenes Volk niederzudrücken, das sich gegen a r i ‑
stokratische Vorrechte und geistliche Zehn‑
ten erhoben hatte.

5) Unsere Regierung also erhielt „unzählige
Siege" über die Franzosen, die, wie es scheint,
immer geschlagen worden; aber diese unsere un‑
zähligen Siege waren gekauft, d. h. sie wurden
erfochten von Miethlingen, die wir für Geld dazu
gedungen hatten, und wir hatten in unserem Solde
zu einer und derselben Zeit ganze Scharen von
Franzosen, Holländern, Schweizern, Italiänern,
Russen, Österreichern, Baiern, Hessen, Hannove‑
ranern, Preußen, Spaniern, Portugiesen, Neapoli‑
tanern, Maltesern, und Gott weiß! wie viele Na‑
tionen noch außerdem.

6) Durch solches Miethen fremder Dienste
und durch Benutzung unserer eigenen Flotte und
Landmacht kauften wir so viele Siege über die
Franzosen, welche armen Teufel kein Geld hatten,
um ebenfalls Dergleichen einzuhandeln, so daß wir
endlich ihre Revolution überwältigten, die Aristo‑
kratie bei ihnen bis zu einer gewissen Stufe wieder‑

herstellten, jedoch um Alles in der Welt willen die geistlichen Zehnten nicht ebenfalls restaurieren konnten.

7) Nachdem wir diese große Aufgabe glücklich vollbracht und auch dadurch jede Parlamentsreform in England hintertrieben hatten, erhob unsere Regierung ein brüllendes Siegesgeschrei, wobei sie ihre Lunge nicht wenig anstrengte, und auch lautmöglichst unterstützt wurde von jeder Kreatur in diesem Lande, die auf eine oder die andere Art von den öffentlichen Taxen lebte.

8) Beinah ganze zwei Jahre dauerte der überschwängliche Freudenrausch bei dieser damals so glücklichen Nation; zur Feier jener Siege drängten sich Jubelfeste, Volksspiele, Triumphbögen, Lustkämpfe und dergleichen Vergnügungen, die mehr als eine Viertelmillion Pfund Sterling kosteten, und das Haus der Gemeinen bewilligte einstimmig eine ungeheure Summe (ich glaube: drei Millionen Pfund Sterling), um Triumphbögen, Denksäulen und andere Monumente zu errichten und damit die glorreichen Ereignisse des Krieges zu verewigen.

9) Beständig seit dieser Zeit hatten wir das Glück, unter der Regierung eben derselben Personen zu leben, die unsere Angelegenheiten in besagtem glorreichen Kriege geführt hatten.

)) Beständig seit dieser Zeit lebten wir in
tiefen Frieden mit der ganzen Welt; man
nehmen, daß Dieses noch jetzt der Fall ist,
)tet unserer kleinen zwischenspieligen Rau-
iit den Türken; und daher sollte man den-
s könne keine Ursache in der Welt geben,
lb wir jetzt nicht glücklich sein sollten: wir
ja Frieden, unser Boden bringt reichlich seine
:, und, wie die Weltweisen und Gesetzgeber
: Zeit eingestehen, wir sind die allererleuch=
Ration auf der ganzen Erde. Wir haben
j überall Schulen, um die heranwachsende
ttion zu unterrichten; wir haben nicht allein
Rektor oder Vikar oder Kuraten in jedem
)rengel des Königreichs, sondern wir haben
:m dieser Kirchsprengel vielleicht noch sechs
onslehrer, wovon Jeder von einer andern
ist als seine vier Kollegen, dergestalt, daß
Land hinlänglich mit Unterricht jeder Art
jt ist, kein Mensch dieses glücklichen Landes
istande der Unwissenheit leben wird, — und
unser Erstaunen um so größer sein muß,
gend Jemand, der ein Premierminister dieses
ßen Landes werden soll, dieses Amt als eine
vere und schwierige Last ansieht.

11) Ach, wir haben ein einziges Unglück, und
Das ist ein wahres Unglück: wir haben nämlich
einige Siege gekauft — sie waren herrlich — es
war ein gutes Geschäft — sie waren drei- oder
viermal so viel werth als wir dafür gaben, wie
Frau Tweazle ihrem Manne zu sagen pflegt, wenn
sie vom Markte nach Hause kommt — es war
große Nachfrage und viel Begehr nach Siegen —
kurz, wir konnten nichts Vernünftigeres thun, als
uns zu so billigem Preise mit einer so großen
Portion Ruhm zu versehen.

12) Aber, ich gestehe es bekümmerten Herzens, wir haben, wie manche andere Leute, das
Geld geborgt, womit wir diese Siege gekauft,
als wir dieser Siege bedurften, deren wir jetzt
auf keine Weise wieder los werden können, eben
so wenig wie ein Mann seines Weibes los wird,
wenn er einmal das Glück gehabt hat, sich die
holde Bescherung aufzuladen.

13) Daher geschieht's, daß jeder Minister, der
unsere Angelegenheiten übernimmt, auch sorgen muß
für die Bezahlung unserer Siege, worauf eigentlich
noch kein Pfennig abbezahlt worden.

14) Er braucht zwar nicht dafür zu sorgen,
daß das ganze Geld, welches wir borgten, um
Siege dafür zu kaufen, ganz auf einmal, Kapital

und Zinsen, bezahlt werde; aber für die regel-
mäßige Auszahlung der Zinsen muß er leider
Gottes! ganz bestimmt sorgen; und diese Zinsen,
zusammengerechnet mit dem Solde der Armee und
anderen Ausgaben, die von unseren Siegen herrühren, sind so bedeutend, daß ein Mensch ziemlich starke Nerven haben muß, wenn er das Ge-
schäftchen übernehmen will, für die Bezahlung dieser
Summe zu sorgen.

15) Früherhin, ehe wir uns damit abgaben
Siege einzuhandeln und uns allzureichlich mit Ruhm
zu versorgen, trugen wir schon eine Schuld von
wenig mehr als zweihundert Millionen, während alle Armengelder in England und Wales zusammen nicht mehr als zwei Millionen jährlich
betrugen, und während wir noch Nichts von jener
Last hatten, die unter dem Namen dead weight
uns jetzt aufgebürdet ist, und ganz aus unserm
Durst nach Ruhm hervorgegangen.

16) Außer diesem Gelde, das von Kreditoren
geborgt worden, die es freiwillig hergaben, hat
unsere Regierung aus Durst nach Siegen auch
indirekt bei den Armen eine große Anleihe gemacht,
d. h. sie steigerte die gewöhnlichen Taxen bis auf
eine solche Höhe, daß die Armen weit mehr als
jemals niedergedrückt wurden, und daß sich die

Anzahl der Armen und Armengelder erstaunlich vergrößerte.

17) Die Armengelder stiegen von zwei Millionen jährlich auf acht Millionen; die Armen haben nun gleichsam ein Pfandrecht, eine Hypothek auf das Land; und hier ergiebt sich also wieder eine Schuld von sechs Millionen, welche man hinzurechnen muß zu jenen anderen Schulden, die unsere Passion für Ruhm und der Einkauf unserer Siege verursacht hat.

18) The dead weight besteht aus Leibrenten, die wir unter dem Namen Pensionen einer Menge von Männern, Weibern und Kindern verabreichen, als eine Belohnung für die Dienste, welche jene Männer beim Erlangen unserer Siege geleistet haben, oder geleistet haben sollen.

19) Das Kapital der Schuld, welche diese Regierung kontrahiert hat, um sich Siege zu verschaffen, besteht ungefähr in folgenden Summen:

Hinzugekommene Summe zu der Nationalschuld . . . . 800,000,000.

Hinzugekommene Summe zur eigentlichen Armengelder-Schuld . . 150,000,000.

Dead weight als Kapital einer Schuld berechnet . . . . . 175,000,000.

Pf. St. 1125,000,000.

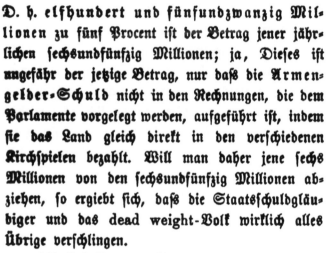

D. h. elfhundert und fünfundzwanzig Millionen zu fünf Procent ist der Betrag jener jährlichen sechsundfünfzig Millionen; ja, Dieses ist ungefähr der jetzige Betrag, nur daß die Armengelder-Schuld nicht in den Rechnungen, die dem Parlamente vorgelegt werden, aufgeführt ist, indem sie das Land gleich direkt in den verschiedenen Kirchspielen bezahlt. Will man daher jene sechs Millionen von den sechsundfünfzig Millionen abziehen, so ergiebt sich, daß die Staatsschuldgläubiger und das dead weight-Volk wirklich alles Übrige verschlingen.

20) Indessen, die Armengelder sind eben so eine Schuld wie die Schuld der Staatsschuldgläubiger, und augenscheinlich aus derselben Quelle entsprungen. Von der schrecklichen Last der Taxen werden die Armen zu Boden gedrückt; jeder Andere wird zwar auch davon gedrückt, aber Jeder außer den Armen wusste diese Last mehr oder weniger von seinen Schultern abzuwälzen, und sie fiel endlich mit fürchterlichem Gewichte ganz auf die Armen, und Diese verloren ihre Bierfässer, ihre kupfernen Kessel, ihre zinnernen Teller, ihre Wanduhr, ihre Betten und Alles bis auf ihr Handwerksgeräthe, sie verloren ihre Kleider, und mussten sich in Lumpen hüllen, sie verloren das Fleisch von

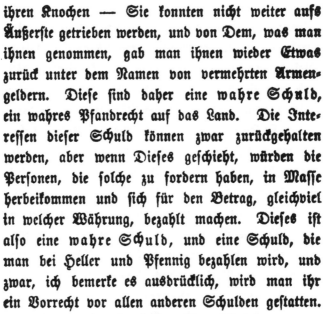

ihren Knochen — Sie konnten nicht weiter aufs
Äußerste getrieben werden, und von Dem, was man
ihnen genommen, gab man ihnen wieder Etwas
zurück unter dem Namen von vermehrten Armen-
geldern. Diese sind daher eine wahre Schuld,
ein wahres Pfandrecht auf das Land. Die Interessen dieser Schuld können zwar zurückgehalten
werden, aber wenn Dieses geschieht, würden die
Personen, die solche zu fordern haben, in Masse
herbeikommen und sich für den Betrag, gleichviel
in welcher Währung, bezahlt machen. Dieses ist
also eine wahre Schuld, und eine Schuld, die
man bei Heller und Pfennig bezahlen wird, und
zwar, ich bemerke es ausdrücklich, wird man ihr
ein Vorrecht vor allen anderen Schulden gestatten.

21) Es ist also nicht nöthig, sich sehr zu wundern, wenn man die Noth Derjenigen sieht, die
solche Geschäfte übernehmen! Es ist zu verwundern,
daß sich überhaupt Jemand zu einer solchen Über-
nahme versteht, wenn ihm nicht anheimgestellt wird,
nach Gutdünken eine radikale Umwandlung des
ganzen Systems vorzunehmen.

22) Dazu kommt: Die zwei erstgenannten
Schulden, nämlich die Staatsschuld und die dead
weight-Schulden, bezahlte man früherhin, oder,
besser gesagt, die Interessen derselben bezahlte man

früherhin in einem herabgesetzten Papiergelde, von welcher Währung fünfzehn Schillinge kaum so Viel werth waren, wie ein Winchesterner Scheffel Weizen. Dieses war die Art, wie man jene Kreditoren während sehr vielen Jahren bezahlt hat; aber im Jahre 1819 machte ein tiefsinniger Minister, Herr Peel, die große Entdeckung, daß es für die Nation besser sei, wenn sie ihre Schulden in wirklichem Gelde ausbezahlte, in wirklichem Gelde, wovon fünf Schilling, statt fünfzehn Schilling Papiergeld, so Viel werth sind wie ein Winchesterner Scheffel Weizen!

23) Die Nominalsumme wurde nie verändert! Diese blieb immer dieselbe, Nichts geschah, als daß Herr Peel und das Parlament den Werth der Summe veränderten, und sie verlangten, daß die Schuld in einer Geldsorte bezahlt würde, wonach fünf Schillinge so viel werth sind und nur durch eben so viel Arbeit oder eben so viel' Realien erlangt werden können, wie fünfzehn Schillinge jener Währung, worin die Schulden kontrahiert sind, und worin die Interessen jener Schulden während sehr vielen Jahren bezahlt worden.

24) Von 1819 bis heutigen Tag lebte daher die Nation in dem trostlosesten Zustand, sie wird aufgegessen von ihren Kreditoren, die gewöhnlich

Juden find, oder, beffer gefagt, Chriften, die wie
Juden handeln, und die man nicht fo leicht dahin
bringen könnte, weniger haftig auf ihren Raub los=
zufahren.

25) Mancher Verfuch wurde gemacht, um die
Folgen der Veränderung, welche 1819 in der
Währung des Geldes ftattfand, einigermaßen zu
mildern; aber diefe Verfuche misglückten, und hät=
ten einft bald das ganze Syftem in die Luft ge=
fprengt.

26) Hier giebt's keine Möglichkeit der Aus=
hülfe, wenn man die jährliche Ausgabe der Staats=
gläubiger = Schuld und der dead weight-Schuld
herabzufetzen fucht; um folches Herabfetzen der
Schuld, folche Reduktion dem Lande anzumuthen,
um zu verhindern, daß fie große Umwälzungen
hervorbringe, um zu verhindern, daß nicht eine
halbe Million Menfchen in und um London da=
durch vor Hunger fterben müffen: da ift nöthig,
daß man zuvor weit verhältnismäßigere Reduktio=
nen anderswo vornehme, ehe man die Reduktion
jener obigen zwei Schulden oder ihrer Intereffen
verfuchen wollte.

27) Wie wir bereits gefehen haben, die Siege
wurden gekauft in der Abficht, um Parlamentsreform
in England zu verhindern und die ariftokratifchen

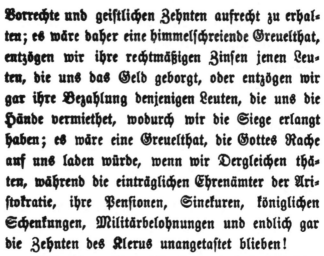

Vorrechte und geistlichen Zehnten aufrecht zu erhalten; es wäre daher eine himmelschreiende Greuelthat,
entzögen wir ihre rechtmäßigen Zinsen jenen Leuten, die uns das Geld geborgt, oder entzögen wir
gar ihre Bezahlung denjenigen Leuten, die uns die
Hände vermiethet, wodurch wir die Siege erlangt
haben; es wäre eine Greuelthat, die Gottes Rache
auf uns laden würde, wenn wir Dergleichen thä-
ten, während die einträglichen Ehrenämter der Aristokratie, ihre Pensionen, Sinekuren, königlichen
Schenkungen, Militärbelohnungen und endlich gar
die Zehnten des Klerus unangetastet blieben!

28) Hier, hier also liegt die Schwierigkeit:
Wer Minister wird, wird Minister eines Landes,
das eine große Passion für Siege gehabt, auch
sich hinlänglich damit versehen und sich unerhört
viel militärischen Ruhm verschafft — aber leider
diese Herrlichkeiten noch nicht bezahlt hat, und nun
dem Minister überläßt, die Rechnung zu berichti-
gen, ohne daß Dieser weiß, woher er das Geld
nehmen soll."

Das sind Dinge, die einen Minister ins Grab
drücken, wenigstens des Verstandes berauben können.
England ist mehr schuldig, als es bezahlen kann.
Man rühme nur nicht, daß es Indien und reiche
Kolonien besitzt. Wie sich aus den letzten Parla-

mentsdebatten ergiebt, zieht der englische Staat
keinen Heller eigentlicher Einkünfte aus seinem großen, unermeßlichen Indien, ja er muß dorthin noch
einige Millionen Zuschuß bezahlen. Dieses Land
nutzt England bloß daburch, daß einzelne Britten,
die sich dort bereichern, durch ihre Schätze die Industrie und den Geldumlauf des Mutterlandes befördern, und tausend Andere durch die indische
Kompagnie Brot und Versorgung gewinnen. Die
Kolonien ebenfalls liefern dem Staate keine Einkünfte, bedürfen des Zuschusses, und dienen zur
Beförderung des Handels und zur Bereicherung
der Aristokratie, deren Nepoten als Gouverneure
und Unterbeamte dahin geschickt werden. Die Bezahlung der Nationalschuld fällt daher ganz allein
auf Großbritannien und Irland. Aber auch hier
sind die Resourcen nicht so beträchtlich wie die
Schuld selbst. Wir wollen ebenfalls hier Cobbett
sprechen lassen:

„Es giebt Leute, die, um eine Art Aushülfe
anzugeben, von den Resourcen des Landes
sprechen. Dies sind die Schüler des seligen Col-
quhoun, eines Diebesfängers, der ein großes Buch
geschrieben, um zu beweisen, daß unsere Schuld
uns nicht im Mindesten besorgt machen darf, indem sie so klein sei im Verhältnis zu den Re-

sourcen der Nation; und damit seine klugen Leser
eine bestimmte Idee von der Unermeßlichkeit dieser
Resourcen bekommen mögen, machte er eine Ab-
schätzung von Allem, was im Lande vorhanden ist,
bis herab auf die Kaninchen, und schien sogar
zu bedauern, daß er nicht füglich die Ratten und
Mäuse mitrechnen konnte. Den Werth der Pferde,
Kühe, Schafe, Ferkelchen, Federvieh, Wildbret,
Kaninchen, Fische, den Werth der Hausgeräthe,
Kleider, Feuerung, Zucker, Gewürze, kurz von Allem
im Lande macht er ein Ästimatum; und dann,
nachdem er das Ganze assummiert, und den Werth
der Ländereien, Bäume, Häuser, Minen, den Er-
trag des Grases, des Korns, die Rüben und das
Flachs hinzugerechnet und eine Summe von Gott
weiß wie vielen tausend Millionen herausgebracht
hat, grinst er in pfiffig prahlerisch schottischer Ma-
nier, ungefähr wie ein Truthahn, und hohnlachend
fragt er Leute meines Gleichen: Mit Resourcen,
wie diese, fürchtet ihr da noch einen National-
bankerott?

„Dieser Mann bedachte nicht, daß man Häuser nöthig hat, um darin zu leben, die Ländereien, damit sie Futter liefern, die Kleider, damit
man seine Blöße bedecke, die Kühe, damit sie Milch
geben, den Durst zu löschen, das Hornvieh, Schafe,

Schweine, Geflügel und Kaninchen, damit man sie
esse, ja, der Teufel hole diesen widersinnigen Schotten! diese Dinge sind nicht dafür da, daß sie verkauft und die Nationalschulden damit bezahlt werden. Wahrhaftig, er hat noch den Taglohn der
Arbeitsleute zu den Resourcen der Nation gerechnet! Dieser dumme Teufel von Diebesfänger, den
seine Brüder in Schottland zum Doktor geschlagen,
weil er ein so vorzügliches Buch geschrieben, er
scheint ganz vergessen zu haben, daß Arbeitsleute
ihren Taglohn selbst bedürfen, um sich dafür etwas
Essen und Trinken zu schaffen. Er konnte eben
so gut den Werth des Blutes in unseren Adern
abschätzen, als ein Stoff, wovon man allenfalls
Blutwürste machen könnte!"

So weit Cobbett. Während ich seine Worte
in deutscher Sprache niederschreibe, bricht er leibhaftig selbst wieder hervor in meinem Gedächtnisse,
und wie vorig Jahr bei dem lärmigen Mittagessen
in Crown-and-Anchor-Tavern, sehe ich ihn wieder
mit seinem scheltend rothen Gesichte und seinem
radikalen Lächeln, worin der giftigste Todeshaß
gar schauerlich zusammenschmilzt mit der höhnischen
Freude, die den Untergang der Feinde ganz sicher
voraussieht.

Table mich Niemand, daß ich Cobbett citiere!
Man mag ihn immerhin der Unredlichkeit, der
Scheltsucht und eines allzu ordinären Wesens be=
schuldigen; aber man kann nicht leugnen, daß er
viel beredtsamen Geist besitzt, und daß er sehr oft,
und in obiger Darstellung ganz und gar, Recht hat.
Er ist ein Kettenhund, der Jeden, den er nicht kennt,
gleich wüthend anfällt, oft den besten Freund des
Hauses in die Waden beißt, immer bellt, und eben
wegen jenes unaufhörlichen Bellens nicht gehört
wird, wenn er einmal einem wirklichen Diebe ent=
gegenbellt. Deßhalb halten es jene vornehmen Diebe,
die England plündern, nicht einmal für nöthig, dem
knurrenden Cobbett einen Brocken zuzuwerfen und
ihm damit das Maul zu stopfen. Dieses wurmt
den Hund am bittersten, und er fletscht die hungrigen Zähne.

Alter Cobbett! Hund von England! ich liebe
dich nicht, denn fatal ist mir jede gemeine Natur;
aber du dauerst mich bis in tiefster Seele, wenn
ich sehe, wie du dich von deiner Kette nicht los=
reißen und jene Diebe nicht erreichen kannst, die
lachend vor deinen Augen ihre Beute fortschleppen
und deine vergeblichen Sprünge und dein ohnmäch=
tiges Geheul verspotten.

X.

Die Oppositionsparteien.

———

Einer meiner Freunde hat die Opposition im Parlamente sehr treffend mit einer Oppositions-kutsche verglichen. Bekanntlich ist Das eine öffentliche Stage=Kutsche, die irgend eine spekulierende Gesellschaft auf ihre Kosten instituiert und zwar zu so spottwohlfeilen Preisen fahren läßt, daß die Reisenden ihr gern den Vorzug geben vor den schon vorhandenen Stage=Kutschen. Diese letztern müssen dann ebenfalls ihre Preise heruntersetzen, um Passagiere zu behalten, werden aber bald von der neuen Oppositionskutsche überboten oder vielmehr unterboten, ruinieren sich durch solche Konkurrenz, und müssen am Ende ihr Fahren ganz einstellen. Hat aber die Oppositionskutsche auf solche Art das Feld gewonnen, und ist sie jetzt auf einer bestimmten

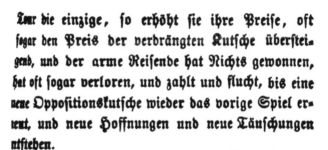

nur die einzige, so erhöht sie ihre Preise, oft
sogar den Preis der verdrängten Kutsche überstei-
gend, und der arme Reisende hat Nichts gewonnen,
hat oft sogar verloren, und zahlt und flucht, bis eine
neue Oppositionskutsche wieder das vorige Spiel er-
neut, und neue Hoffnungen und neue Täuschungen
entstehen.

Wie übermüthig wurden die Whigs, als die
Stuart'sche Partei erlag und die protestantische Dynastie den englischen Thron bestieg! Die Tories
bildeten damals die Opposition, und John Bull,
der arme Staatspassagier, hatte Ursache, vor Freude
zu brüllen, als sie die Oberhand gewannen. Aber
seine Freude war von kurzer Dauer, er musste jährlich mehr und mehr Fuhrlohn ausgeben, es wurde
viel bezahlt und schlecht gefahren, die Kutscher
wurden obendrein sehr grob, es gab Nichts als
Rütteln und Stöße, jeder Eckstein drohte Umsturz
— und der arme John dankte Gott, seinem Schöpfer, als unlängst die Zügel des Staatswagens in
festere Hände kamen.

Leider dauerte die Freude wieder nicht lange,
der neue Oppositionskutscher fiel todt vom Bock
herab, der andere stieg ängstlich herunter, als die
Pferde scheu wurden, und die alten Wagenlenker,
die alten Reiter mit goldenen Sporen, haben

wieder ihre alten Plätze eingenommen, und die alte Peitsche knallt.

Ich will das Bild nicht weiter zu Tode hetzen und kehre zurück zu den Worten Whigs und Tories, die ich oben zur Bezeichnung der Oppositionsparteien gebraucht habe, und einige Erörterung dieser Namen ist vielleicht um so fruchtbarer, je mehr sie seit langer Zeit dazu gedient haben, die Begriffe zu verwirren.

Wie im Mittelalter die Namen Ghibellinen und Guelfen durch Umwandlungen der Interessen und neue Ereignisse die vagsten und veränderlichsten Bedeutungen erhielten, so auch späterhin in England die Namen Whigs und Tories, deren Entstehungsart man kaum noch anzugeben weiß. Einige behaupten, es seien früherhin Spottnamen gewesen, die am Ende zu honetten Parteinamen wurden, was oft geschieht, wie z. B. der Geusenbund sich selbst nach dem Spottnamen les gueux taufte, wie auch späterhin die Jakobiner sich selbst manchmal Sanskülotten benannten, und wie die heutigen Servilen und Obskuranten sich vielleicht einst selbst diese Namen als ruhmvolle Ehrennamen beilegen — was sie freilich jetzt noch nicht können. Das Wort „Whig" soll in Irland etwas unangenehm Sauertöpfisches bedeutet haben, und dort zuerst zur Verhöhnung

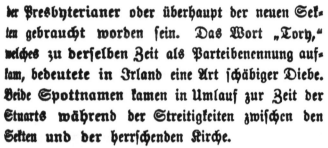

der Presbyterianer oder überhaupt der neuen Sekten gebraucht worden sein. Das Wort „Tory," welches zu derselben Zeit als Parteibenennung aufkam, bedeutete in Irland eine Art schäbiger Diebe. Beide Spottnamen kamen in Umlauf zur Zeit der Stuarts während der Streitigkeiten zwischen den Sekten und der herrschenden Kirche.

Die allgemeine Ansicht ist, die Partei der Tories neige sich ganz nach der Seite des Thrones und kämpfe für die Vorrechte der Krone; wohingegen die Partei der Whigs mehr nach der Seite des Volks hinneige und dessen Rechte beschütze. Indessen, diese Annahmen sind vag und gelten zumeist nur in Büchern. Jene Benennungen könnte man vielmehr als Koteriennamen ansehen. Sie bezeichnen Menschen, die bei gewissen Streitfragen zusammenhalten, deren Vorfahren und Freunde schon bei solchen Anlässen zusammenhielten, und die in politischen Stürmen Freude und Ungemach und die Feindschaft der Gegenpartei gemeinschaftlich zu tragen pflegten. Von Principien ist gar nicht die Rede, man ist nicht einig über gewisse Ideen, sondern über gewisse Maßregeln in der Staatsverwaltung, über Abschaffung oder Beibehaltung gewisser Mißbräuche, über gewisse Bills, gewisse erbliche Questions — gleichviel aus wel-

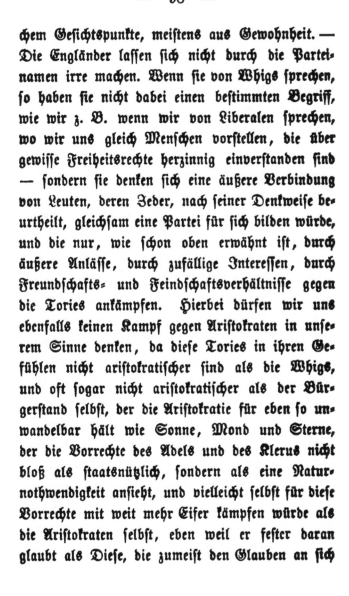

chem Gesichtspunkte, meistens aus Gewohnheit. —
Die Engländer lassen sich nicht durch die Parteinamen irre machen. Wenn sie von Whigs sprechen,
so haben sie nicht dabei einen bestimmten Begriff,
wie wir z. B. wenn wir von Liberalen sprechen,
wo wir uns gleich Menschen vorstellen, die über
gewisse Freiheitsrechte herzinnig einverstanden sind
— sondern sie denken sich eine äußere Verbindung
von Leuten, deren Jeder, nach seiner Denkweise be-
urtheilt, gleichsam eine Partei für sich bilden würde,
und die nur, wie schon oben erwähnt ist, durch
äußere Anlässe, durch zufällige Interessen, durch
Freundschafts= und Feindschaftsverhältnisse gegen
die Tories ankämpfen. Hierbei dürfen wir uns
ebenfalls keinen Kampf gegen Aristokraten in unserem Sinne denken, da diese Tories in ihren Gefühlen nicht aristokratischer sind als die Whigs,
und oft sogar nicht aristokratischer als der Bür-
gerstand selbst, der die Aristokratie für eben so un-
wandelbar hält wie Sonne, Mond und Sterne,
der die Vorrechte des Adels und des Klerus nicht
bloß als staatsnützlich, sondern als eine Natur-
nothwendigkeit ansieht, und vielleicht selbst für diese
Vorrechte mit weit mehr Eifer kämpfen würde als
die Aristokraten selbst, eben weil er fester daran
glaubt als Diese, die zumeist den Glauben an sich

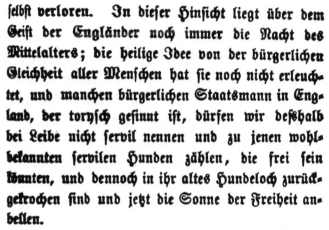

selbst verloren. In dieser Hinsicht liegt über dem
Geist der Engländer noch immer die Nacht des
Mittelalters; die heilige Idee von der bürgerlichen
Gleichheit aller Menschen hat sie noch nicht erleuch-
tet, und manchen bürgerlichen Staatsmann in England, der torysch gesinnt ist, dürfen wir deßhalb
bei Leibe nicht servil nennen und zu jenen wohlbekannten servilen Hunden zählen, die frei sein
konnten, und dennoch in ihr altes Hundeloch zurück-
gekrochen sind und jetzt die Sonne der Freiheit an-
bellen.

Um die englische Opposition zu begreifen, sind
daher die Namen Whigs und Tories völlig nutzlos,
mit Recht hat Francis Burdett beim Anfange der
Sitzungen voriges Jahr bestimmt ausgesprochen,
daß diese Namen jetzt alle Bedeutung verloren;
und Thomas Lethbridge, den der Schöpfer der
Welt und des Verstandes nicht mit allzuviel Witz
ausgerüstet, hat damals dennoch einen sehr guten
Witz, vielleicht den einzigen seines Lebens, über die
Äußerung Burdett's gerissen, nämlich: He has un-
toried the tories and unwhigged the whigs.

Bedeutungsvoller sind die Namen reformers
oder radical reformers, oder kurzweg radicals.
Sie werden gewöhnlich für gleichbedeutend gehalten, sie zielen auf dasselbe Gebrechen des Staates,

7*

auf dieselbe heilsame Abhülfe, und unterscheiden sich
nur durch mehr oder minder starke Färbung. Jenes
Gebrechen ist die bekannte schlechte Art der Volks-
repräsentation, wo sogenannte rotten boroughs,
verschollene, unbewohnte Ortschaften, oder, besser
gesagt, die Oligarchen, denen sie gehören, das Recht
haben, Volksrepräsentanten ins Parlament zu schicken,
während große bevölkerte Städte, namentlich viele
neue Fabrikstädte, keinen einzigen Repräsentanten
zu wählen haben; die heilsame Abhülfe dieses Ge-
brechens ist die sogenannte Parlamentsreform. Nun
freilich, diese betrachtet man nicht als Zweck, sondern als Mittel. Man hofft, daß das Volk dadurch
auch eine bessere Vertretung seiner Interessen, Abschaffung aristokratischer Mißbräuche und Hülfe in
seiner Noth gewinnen würde. Es läßt sich denken,
daß die Parlamentsreform, diese gerechte, billige
Anforderung, auch unter den gemäßigten Menschen,
die Nichts weniger als Jakobiner sind, ihre Ver-
fechter findet, und wenn man solche Leute reformers nennt, betont man dieses Wort ganz anders,
und himmelweit ist es alsdann unterschieden von
dem Worte radical, auf das ein ganz anderer Ton
gelegt wird, wenn man z. B. von Hunt oder Cobbett, kurz von jenen heftigen, fletschenden Revo-
lutionären spricht, die nach Parlamentsreform

schreien, um den Umsturz aller Formen, den Sieg
der Habsucht und völlige Pöbelherrschaft herbeizu-
führen. Die Nüancen in den Gesinnungen der
Koryphäen dieser Partei sind daher unzählig. Aber,
wie gesagt, die Engländer kennen sehr gut ihre Leute,
der Namen täuscht nicht das Publikum, und dieses
unterscheidet sehr genau, wo der Kampf nur Schein
und wo er Ernst ist. Oft lange Jahre hindurch ist
der Kampf im Parlamente nicht Viel mehr als ein
müßiges Spiel, ein Turnier, wo man für die Farbe
kämpft, die man sich aus Grille gewählt hat; giebt
es aber einmal einen ernsten Krieg, so eilt Jeder
gleich unter die Fahne seiner natürlichen Partei.
Dieses sahen wir in der Canning'schen Zeit. Die
heftigsten Gegner vereinigten sich, als es Kampf
der positivsten Interessen galt; Tories, Whigs und
Radikale scharten sich, wie eine Phalanx, um den
kühnen bürgerlichen Minister, der den Übermuth
der Oligarchen zu dämpfen versuchte. Aber ich
glaube dennoch, mancher hochgeborne Whig, der
stolz hinter Canning saß, würde gleich zu der alten
Foxhunter-Sippschaft übergetreten sein, wenn plötzlich die Abschaffung aller Adelsrechte zur Sprache
gekommen wäre. Ich glaube (Gott verzeih' mir
die Sünde), Francis Burdett selbst, der in seiner
Jugend zu den heftigsten Radikalen gehörte und

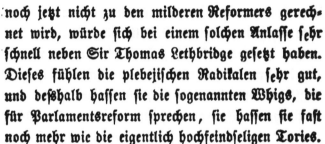

noch jetzt nicht zu den milderen Reformers gerechnet wird, würde sich bei einem solchen Anlasse sehr
schnell neben Sir Thomas Lethbridge gesetzt haben.
Dieses fühlen die plebejischen Radikalen sehr gut,
und deßhalb hassen sie die sogenannten Whigs, die
für Parlamentsreform sprechen, sie hassen sie fast
noch mehr wie die eigentlich hochfeindseligen Tories.

In diesem Augenblick besteht die englische
Opposition mehr aus eigentlichen Reformern als
aus Whigs. Der Chef der Opposition im Unterhause, the leader of the opposition, gehört un-
streitig zu jenen Letztern. Ich spreche hier von
Brougham.

Die Reden dieses muthigen Parlamentshelden
lesen wir täglich in den Zeitblättern, und seine
Gesinnungen dürfen wir daher als allgemein bekannt voraussetzen. Weniger bekannt sind die persönlichen Eigenthümlichkeiten, die sich bei diesen
Reden kundgeben; und doch muß man erstere kennen, um letztere vollgeltend zu begreifen. Das Bild,
das ein geistreicher Engländer von Brougham's
Erscheinung im Parlamente entwirft, mag daher
hier seine Stelle finden:

„Auf der ersten Bank zur linken Seite des
Sprechers sitzt eine Gestalt, die so lange bei der
Studierlampe gehockt zu haben scheint, bis nicht

bloß die Blüthe des Lebens, sondern die Lebens-
kraft selbst zu erlöschen begonnen; und doch ist es
diese scheinbar hilflose Gestalt, die alle Augen des
ganzen Hauses auf sich zieht, und die, so wie sie
sich in ihrer mechanischen, automatischen Weise zum
Aufstehen bemüht, alle Schnellschreiber hinter uns
in fluchende Bewegung setzt, während alle Lücken
auf der Galerie, als sei sie ein massives Stein-
gewölbe, ausgefüllt werden und durch die beiden
Seitenthüren noch das Gewicht der draußenstehenden
Menschenmenge hereindrängt. Unten im Hause
scheint sich ein gleiches Interesse kundzugeben; denn
so wie jene Gestalt sich langsam in einer vertikalen
Krümmung, oder vielmehr in einem vertikalen Zick-
zack steif zusammengefügter Linien, auseinander
wickelt, sind die paar sonstigen Zeloten auf beiden
Seiten, die sich schreiend entgegendämmen wollten,
schnell wieder auf ihre Sitze zurückgesunken, als
hätten sie eine verborgene Windbüchse unter der
Robe des Sprechers bemerkt.

„Nach diesem vorbereitenden Geräusch und
während der athemlosen Stille, die darauf folgte,
hat sich Henry Brougham langsam und bedäch-
tigen Schrittes dem Tische genähert, und bleibt
dort zusammengebückt stehen — die Schultern in
die Höhe gezogen, der Kopf vorwärts gebeugt, seine

Oberlippe und Nasenflügel in zitternder Bewegung,
als fürchte er ein Wort zu sprechen. Sein Aussehen, sein Wesen gleicht fast einem jener Prediger,
die auf freiem Felde predigen — nicht einem modernen Manne dieser Art, der die müßige Sonn-
tagsmenge nach sich zieht, sondern einem solchen
Prediger aus alten Zeiten, der die Reinheit des
Glaubens zu erhalten und in der Wildnis zu verbreiten suchte, wenn sie aus der Stadt und selbst
aus der Kirche verbannt war. Die Töne seiner
Stimme sind voll und melodisch, doch sie erheben
sich langsam, bedächtig und, wie man zu glauben
versucht ist, auch sehr mühsam, so daß man nicht
weiß, ob die geistige Macht des Mannes unfähig
ist, den Gegenstand zu beherrschen, oder ob seine
physische Kraft unfähig ist, ihn auszusprechen. Sein
erster Satz, oder vielmehr die ersten Glieder seines
Satzes — denn man findet bald, daß bei ihm jeder
Satz in Form und Gehalt weiter reicht, als die
ganze Rede mancher anderen Leute — kommen sehr
kalt und unsicher hervor, und überhaupt so entfernt
von der eigentlichen Streitfrage, daß man nicht
begreifen kann, wie er sie darauf hinbiegen wird.
Jeder dieser Sätze freilich ist tief, klar, an und
für sich selbst befriedigend, sichtbar mit künstlicher
Wahl aus den gewähltesten Materialien deduciert,

und mögen sie kommen, aus welchem Fache des
Wissens es immerhin sein mag, so enthalten sie
doch dessen reinste Essenz. Man fühlt, daß sie alle
nach einer bestimmten Richtung hingebogen werden,
und zwar hingebogen mit einer starken Kraft; aber
diese Kraft ist noch immer unsichtbar wie der Wind,
und, wie von diesem, weiß man nicht, woher sie
kommt und wohin sie geht.

„Wenn aber eine hinreichende Anzahl von die=
sen Anfangssätzen vorausgeschickt ist, wenn jeder
Hilfssatz, den menschliche Wissenschaft zur Fest=
stellung einer Schlußfolge bieten kann, in Dienst
genommen worden, wenn jeder Einspruch durch
einen einzigen Stoß erfolgreich vorgeschoben ist,
wenn das ganze Heer politischer und moralischer
Wahrheiten in Schlachtordnung steht — dann be=
wegt es sich vorwärts zur Entscheidung, fest zu=
sammengeschlossen wie eine macedonische Phalanx,
und unwiderstehlich wie Hochländer, die mit gefäll=
tem Bajonette eindringen.

„Ist ein Hauptsatz gewonnen mit dieser schein=
baren Schwäche und Unsicherheit, wohinter sich
aber eine wirkliche Kraft und Festigkeit verborgen
hielt, dann erhebt sich der Redner sowohl körper=
lich als geistig, und mit kühnerem und kürzerem
Angriff ersicht er einen zweiten Hauptsatz. Nach

dem zweiten erkämpft er einen britten, nach dem
britten einen vierten, und so weiter, bis alle Principien und die ganze Philosophie der Streitfrage
gleichsam erobert sind, bis Jeder im Hause, der
Ohren zum Hören und ein Herz zum Fühlen hat,
von den Wahrheiten, die er eben vernommen, so
unwiderstehlich wie von seiner eigenen Existenz
überzeugt ist, so dass Brougham, wollte er hier
stehen bleiben, schon unbedingt als der größte Lo-
giker der St. Stephanskapelle gelten könnte. Die
geistigen Hilfsquellen des Mannes sind wirklich
bewunderungswürdig, und er erinnert fast an das
altnordische Märchen, wo Einer immer die ersten
Meister in jedem Fache des Wissens getödtet hat,
und dadurch der Alleinerbe ihrer sämmtlichen Gei-
stesfähigkeiten geworden ist. Der Gegenstand mag
sein wie er will, erhaben oder gemeinplätzig, ab-
struse oder praktisch, so kennt ihn dennoch Heinrich
Brougham, und er kennt ihn ganz aus dem Grunde.
Andere mögen mit ihm wetteifern, ja Einer oder
der Andere mag ihn sogar übertreffen in der Kenntnis äußerer Schönheiten der alten Literatur, aber
Niemand ist tiefer als er durchdrungen von der
herrlichen und glühenden Philosophie, die gewiß
als ein kostbarster Edelstein hervorglänzt aus jenen
Schmuckkästchen, die uns das Alterthum hinter-

laſſen hat. Brougham gebraucht nicht die klare,
fehlerfreie und dabei etwas hofmäßige Sprache des
Cicero; eben ſo wenig ſind ſeine Reden in der
Form denen des Demoſthenes ähnlich, obgleich ſie
etwas von deſſen Farbe an ſich tragen; aber ihm
fehlen weder die ſtreng = logiſchen Schlüſſe des römiſchen Redners noch die ſchrecklichen Zornworte
des Griechen. Dazu kommt noch, daß Keiner beſſer
als er es verſteht, das Wiſſen des Tages in ſeinen
Parlamentsreden zu benutzen, ſo daß dieſe zuweilen, abgeſehen von ihrer politiſchen Tendenz und
Bedeutung, ſchon als bloße Vorleſungen über Philoſophie, Literatur und Künſte, unſre Bewunderung
verdienen würden.

„Es iſt indeſſen gänzlich unmöglich, den Charakter des Mannes zu analyſieren, während man
ihn ſprechen hört. Wenn er, wie ſchon oben erwähnt worden, das Gebäude ſeiner Rede auf einen
guten philoſophiſchen Boden und in der Tiefe der
Vernunft gegründet hat; wenn er, nochmals zu
dieſer Arbeit zurückgekehrt, Senkblei und Richtmaß
anlegt, um zu unterſuchen, ob Alles in Ordnung
iſt, und mit einer Rieſenhand zu prüfen ſcheint,
ob Alles auch ſicher zuſammenhält; wenn er die
Gedanken aller Zuhörer mit Argumenten feſtge-
bunden wie mit Seilen, die Keiner zu zerreißen

im Stande ist — dann springt er gewaltig auf
das Gebäude, das er sich gezimmert hat, es erhebt sich seine Gestalt und sein Ton, er beschwört
die Leidenschaften aus ihren geheimsten Winkeln,
und überwältigt und erschüttert die maulaufsper-
renden Parlamentsgenossen und das ganze dröh-
nende Haus. Jene Stimme, die erst so leise und
anspruchlos war, gleicht jetzt dem betäubenden Brausen und den unendlichen Wogen des Meeres; jene
Gestalt, die vorher unter ihrem eigenen Gewichte
zu sinken schien, sieht jetzt aus, als hätte sie Nerven von Stahl, Sehnen von Kupfer, ja als sei
sie unsterblich und unveränderlich wie die Wahrheiten, die sie eben ausgesprochen; jenes Gesicht,
welches vorher blaß und kalt war wie ein Stein,
ist jetzt belebt und leuchtend, als wäre der innere
Geist noch mächtiger als die gesprochenen Worte;
und jene Augen, die uns anfänglich mit ihren
blauen und stillen Kreisen so demüthig ansahen,
als wollten sie unsre Nachsicht und Verzeihung er-
bitten, aus denselben Augen schießt jetzt ein meteo-
risches Feuer, das alle Herzen zur Bewunderung
entzündet. So schließt der zweite, der leidenschaftliche oder deklamatorische Theil der Rede.

„Wenn er Das erreicht hat, was man für
den Gipfel der Beredtsamkeit halten möchte, wenn

er gleichsam umherblickt, um die Bewunderung, die
er hervorgebracht, mit Hohnlächeln zu betrachten,
dann sinkt seine Gestalt wieder zusammen, und
auch seine Stimme fällt herab bis zum sonderbarsten Flüstern, das jemals aus der Brust eines
Menschen hervorgekommen. Dieses seltsame Herab-
stimmen oder vielmehr Fallenlassen des Ausdrucks,
der Gebärde und der Stimme, welches Brougham
in einer Vollkommenheit besitzt, wie es bei gar
keinem anderen Redner gefunden wird, bringt eine
wunderbare Wirkung hervor; und jene tiefen, feier-
lichen, fast hingemurmelten Worte, die jedoch bis
auf den Anhauch jeder einzelnen Silbe vollkommen
vernehmbar sind, tragen in sich eine Zaubergewalt,
der man nicht widerstehen kann, selbst wenn man
sie zum ersten Male hört und ihre eigentliche Bedeutung und Wirkung noch nicht kennen gelernt
hat. Man glaube nur nicht etwa, der Redner oder
die Rede sei erschöpft. Diese gemilderten Blicke,
diese gedämpften Töne bedeuten Nichts weniger als
den Anfang einer Peroratio, womit der Redner,
als ob er fühle, daß er etwas zu weit gegangen,
seine Gegner wieder besänftigen will. Im Gegentheil, dieses Zusammenkrümmen des Leibes ist kein
Zeichen von Schwäche, und dieses Fallenlassen der
Stimme ist kein Vorspiel von Furcht und Unter-

wurfigkeit; es ist das lose, hangende Vorbeugen des Leibes bei einem Ringer, der die Gelegenheit erspäht, wo er seinen Gegner desto gewaltsamer umschlingen kann, es ist das Zurückspringen des Tigers, der gleich darauf mit desto sicherern Krallen auf seine Beute losstürzt, es ist das Zeichen, daß Heinrich Brougham seine ganze Rüstung anlegt und seine mächtigste Waffe ergreift. In seinen Argumenten war er klar und überzeugend; in seiner Beschwörung der Leidenschaften war er zwar etwas hochmüthig, doch auch mächtig und siegreich; jetzt aber legt er den letzten, ungeheuersten Pfeil auf seinen Bogen — er wird fürchterlich in seinen Invektiven. Wehe dem Manne, dem jenes Auge, das vorher so ruhig und blau war, jetzt entgegenflammt aus dem geheimnisvollen Dunkel dieser zusammengezognen Brauen! Wehe dem Wicht, dem diese halbgeflüsterten Worte ein Vorzeichen sind von dem Unheil, das über ihn heranschwebt!

„Wer als ein Fremder vielleicht heute zum erstenmal die Galerie des Parlamentes besucht, weiß nicht, was jetzt kommen wird. Er sieht bloß einen Mann, der ihn mit seinen Argumenten überzeugt, mit seiner Leidenschaft erwärmt hat, und jetzt mit jenem sonderbaren Flüstern einen sehr lahmen, schwächlichen Schluß anzubringen scheint. O Fremd-

ling! wäreſt du bekannt mit den Erſcheinungen die=
ſes Hauſes und auf einem Sitze, wo du alle Par=
lamentsglieder überſehen könnteſt, ſo würdeſt du
bald merken, daß Dieſe in Betreff eines ſolchen
lahmen, ſchwächlichen Schluſſes durchaus nicht dei=
ner Meinung ſind. Du würdeſt Manchen bemerken,
den Parteiſucht oder Anmaßung in dieſes ſtürmiſche
Meer, ohne gehörigen Ballaſt und das nöthige
Steuerruder, hineingetrieben hat, und der nun ſo
furchtſam und ängſtlich umherblickt wie ein Schiffer
auf dem chineſiſchen Meere, wenn er an einer Seite
des Horizontes jene dunkle Ruhe entdeckt, die ein
ſicheres Vorzeichen iſt, daß von der andern Seite,
ehe eine Minute vergeht, der Typhon heranweht
mit ſeinem verderblichen Hauche; — du würdeſt
irgend einen klugen Mann bemerken, der faſt grei=
nen möchte und an Leib und Seele ſchauert wie
ein kleines Vögelchen, das in die Zaubernähe einer
Klapperſchlange gerathen iſt, ſeine Gefahr entſetzlich
fühlt, und ſich doch nicht helfen kann und mit jäm=
merlich närriſcher Miene dem Untergange ſich dar=
bietet; — du würdeſt einen langen Antagoniſten
bemerken, der ſich mit ſchlotternden Beinen an der
Bank feſtklammert, damit der heranziehende Sturm
ihn nicht fortfegt; — oder du bemerkſt ſogar einen
ſtattlichen, wohlbeleibten Repräſentanten irgend einer

fetten Grafschaft, der beide Fäuste in das Kissen seiner Bank hineingräbt, völlig entschlossen, im Fall ein Mann von seiner Wichtigkeit aus dem Hause geschleudert würde, dennoch seinen Sitz zu bewahren und unter sich von dannen zu führen.

„Und nun kommt es: — die Worte, welche so tief geflüstert und gemurmelt wurden, schwellen an, so laut, daß sie selbst den Jubelruf der eignen Partei übertönen, und nachdem irgend ein unglückseliger Gegner bis auf die Knochen geschunden und seine verstümmelten Glieder durch alle Redefiguren durchgestampft worden, dann ist der Leib des Redners wie niedergebrochen und zerschlagen von der Kraft seines eignen Geistes, er sinkt auf seinen Sitz zurück, und der Beifall-Lärm der Versammlung kann jetzt unaufhaltsam hervorbrechen.“

Ich habe es nie so glücklich getroffen, daß ich Brougham während einer solchen Rede im Parlamente ruhig betrachten konnte. Nur stückweis oder Unwichtiges hörte ich ihn sprechen, und nur selten kam er mir dabei selbst zu Gesicht. Immer aber — Das merkte ich gleich — sobald er das Wort nahm, erfolgte eine tiefe, fast ängstliche Stille. Das Bild, das oben von ihm entworfen worden, ist gewiß nicht übertrieben. Seine Gestalt, von gewöhnlicher Manneslänge, ist sehr dünn, ebenfalls sein

Kopf, der mit kurzen schwarzen Haaren, die sich
der Schläfe glatt anlegen, spärlich bedeckt ist. Das
blasse, längliche Gesicht erscheint dadurch noch dün=
ner, die Muskeln desselben sind in krampfhafter,
unheimlicher Bewegung, und wer sie beobachtet,
sieht des Redners Gedanken, ehe sie gesprochen
sind. Dieses schadet seinen witzigen Einfällen;
denn für Witze und Geldborger ist es heilsam,
wenn sie uns unangemeldet überraschen. Obgleich
sein schwarzer Anzug bis auf den Schnitt des Fracks
ganz gentlemännisch ist, so trägt solcher doch dazu
bei, ihm ein geistliches Ansehen zu geben. Vielleicht
bekommt er Dieses noch mehr durch seine oft ge=
krümmte Rückenbewegung und die lauernde, iro=
nische Geschmeidigkeit des ganzen Leibes. Einer
meiner Freunde hat mich zuerst auf dieses „Kleri=
kalische" in Brougham's Wesen aufmerksam ge=
macht, und durch die obige Schilderung wird diese
seine Bemerkung bestätigt. Mir ist zuerst das
„Advokatische" im Wesen Brougham's aufgefallen,
besonders durch die Art, wie er beständig mit dem
vorgestreckten Zeigefinger demonstriert und mit vor=
gebeugtem Haupte selbstgefällig dazu nickt.

Am bewunderungswürdigsten ist die rastlose
Thätigkeit dieses Mannes. Jene Parlamentsreden
hält er, nachdem er vielleicht schon acht Stunden

täglichen Berufsgeschäfte, nämlich
in den Gerichtssälen, getrieben, un
halbe Nacht an Aufsätzen für das
view oder an seiner Verbesserung
richts und der Kriminalgesetze ge
ere Arbeiten, der Volksunterricht,
nft schöne Früchte hervorbringen.
minalgesetzgebung, womit Brough
ß jetzt am meisten beschäftigen, s
le nützlichsten, wenigstens die dri
nglands Gesetze sind noch grauf
ligarchen. Der Proceß der Königi
terft Brougham's Celebrität. Er k
tter für diese hohe Dame, und, v
versteht, wird Georg IV. niemals
ffen, die er seiner lieben Frau
halb, als vorigen April die Oppo
Brougham dennoch nicht ins Min
ihm als leader of the oppos
Falle nach altem Brauch ein s
ührte.

XI.

Die Emancipation der Katholiken.

———

Wenn man mit dem dümmsten Engländer über Politik spricht, so wird er doch immer etwas Vernünftiges zu sagen wissen. Sobald man aber das Gespräch auf Religion lenkt, wird der gescheiteste Engländer Nichts als Dummheiten zu Tage fördern. Daher entsteht wohl jene Verwirrung der Begriffe, jene Mischung von Weisheit und Unsinn, sobald im Parlamente die Emancipation der Katholiken zur Sprache kommt, eine Streitfrage, worin Politik und Religion kollidieren. Selten in ihren parlamentarischen Verhandlungen ist es den Engländern möglich, ein Princip auszusprechen, sie diskutieren nur den Nutzen oder Schaden der Dinge, und bringen Fakta, die Einen pro, die Anderen contra, zum Vorschein.

8*

Mit Faktis aber kann man zwar streiten, doch
nicht siegen, da giebt es Nichts als ein materielles
Hin- und Herschlagen, und das Schauspiel eines
solchen Streites gemahnt uns an wohlbekannte pro
patria-Kämpfe deutscher Studenten, deren Resultat
darauf hinausläuft, daß so und so viel' Gänge
gemacht worden, so und so viel' Quarten und
Terzen gefallen sind, und Nichts damit bewiesen
worden.

Im Jahr 1827, wie sich von selbst versteht,
haben wieder die Emancipationisten gegen die Ora-
nienmänner in Westminster gefochten, und, wie sich
von selbst versteht, es ist Nichts dabei herausge-
kommen. Die besten Schläger der Emancipationisten
waren Burdett, Plunkett, Brougham und Canning.
Ihre Gegner, Herrn Peel ausgenommen, waren
wieder die bekannten oder, besser gesagt, die unbekannten Fuchsjäger.

Von jeher stimmten die geistreichsten Staats-
männer Englands für die bürgerliche Gleichstellung
der Katholiken, sowohl aus Gründen des innigsten
Rechtsgefühls als auch der politischen Klugheit.
Pitt selbst, der Erfinder des stabilen Systems, hielt
die Partei der Katholiken. Gleichfalls Burke, der
große Renegat der Freiheit, konnte nicht so weit
die Stimme seines Herzens unterdrücken, daß er

gegen Irland gewirkt hätte. Auch Canning, sogar
damals, als er noch ein toryscher Knecht war,
konnte nicht ungerührt das Elend Irlands betrach=
ten, und wie theuer ihm dessen Sache war, hat er
zu einer Zeit, als man ihn der Lauigkeit bezich=
tigte, gar rührend naiv ausgesprochen. Wahrlich,
ein großer Mensch kann, um große Zwecke zu er=
reichen, oft gegen seine Überzeugung handeln und
zweideutig oft von einer Partei zur andern über=
gehen; — man muß alsdann billig bedenken, daß
Derjenige, der sich auf einer gewissen Höhe be=
haupten will, ebenso den Umständen nachgeben
muß, wie der Hahn auf dem Kirchthurm, den,
obgleich er von Eisen ist, jeder Sturmwind zer=
brechen und herabschleudern würde, wenn er trotzig
unbeweglich bliebe, und nicht die edle Kunst ver=
stände, sich nach jedem Winde zu drehen. Aber nie
wird ein großer Mensch so weit die Gefühle seiner
Seele verleugnen können, daß er das Unglück seiner
Landsleute mit indifferenter Ruhe ansehen und so=
gar vermehren könnte. Wie wir unsere Mutter
lieben, so lieben wir auch den Boden, worauf wir
geboren sind, so lieben wir die Blumen, den Duft,
die Sprache und die Menschen, die aus diesem
Boden hervorgeblüht sind, keine Religion ist so
schlecht und keine Politik ist so gut, daß sie im

Herzen ihrer Bekenner solche Liebe ersticken könnte;
obgleich sie Protestanten und Tories waren, konnten Burke und Canning doch nimmermehr Partei
nehmen gegen das arme, grüne Erin; Irländer,
die schreckliches Elend und namenlosen Jammer
über ihr Vaterland verbreiten, sind Menschen —
wie der selige Castlereagh und der unselige Wellington.

Daß die große Masse des englischen Volkes
gegen die Katholiken gestimmt ist, und täglich das
Parlament bestürmt, ihnen nicht mehr Rechte ein-
zuräumen, ist ganz in der Ordnung. Es liegt in
der menschlichen Natur eine solche Unterdrückungs-
sucht, und wenn wir auch, was jetzt beständig geschieht, über bürgerliche Ungleichheit klagen, so
sind alsdann unsere Augen nach oben gerichtet,
wir sehen nur Diejenigen, die über uns stehen,
und deren Vorrechte uns beleidigen; abwärts sehen
wir nie bei solchen Klagen, es kommt uns nie in
den Sinn, Diejenigen, welche durch Gewohnheits-
unrecht noch unter uns gestellt sind, zu uns herauf-
zuziehen, ja uns verdrießt es sogar, wenn Diese
ebenfalls in die Höhe streben, und wir schlagen
ihnen auf die Köpfe. Der Kreole verlangt die
Rechte des Europäers, spreizt sich aber gegen den
Mulatten, und sprüht Zorn, wenn Dieser sich ihm

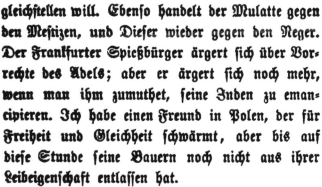

gleichstellen will. Ebenso handelt der Mulatte gegen
den Mestizen, und Dieser wieder gegen den Neger.
Der Frankfurter Spießbürger ärgert sich über Vorrechte des Adels; aber er ärgert sich noch mehr,
wenn man ihm zumuthet, seine Juden zu eman-
cipieren. Ich habe einen Freund in Polen, der für
Freiheit und Gleichheit schwärmt, aber bis auf
diese Stunde seine Bauern noch nicht aus ihrer
Leibeigenschaft entlassen hat.

Was den englischen Klerus betrifft, so bedarf
es keiner Erörterung, weßhalb von dieser Seite
die Katholiken verfolgt werden. Verfolgung der
Andersdenkenden ist überall das Monopol der Geistlichkeit, und auch die anglikanische Kirche behauptet
streng ihre Rechte. Freilich, die Zehnten sind ihr
die Hauptsache, sie würde durch die Emancipation
der Katholiken einen großen Theil ihres Einkom-
mens verlieren, und Aufopferung eigener Interessen
ist ein Talent, das den Priestern der Liebe eben
so sehr abgeht wie den sündigen Laien. Dazu kommt
noch, daß jene glorreiche Revolution, welcher England die meisten seiner jetzigen Freiheiten verdankt,
aus religiösem, protestantischem Eifer hervorgegangen; ein Umstand, der den Engländern gleichsam
noch besondere Pflichten der Dankbarkeit gegen die
herrschende protestantische Kirche auferlegt, und sie

diese als das Hauptbollwerk ihrer Freiheit betrachten lässt. Manche ängstliche Seelen unter ihnen
mögen wirklich den Katholicismus und dessen Wie-
dereinführung fürchten, und an die Scheiterhaufen
von Smithfield denken — und ein gebranntes Kind
scheut das Feuer. Auch giebt es ängstliche Parla-
mentsglieder, die ein neues Pulverkomplott befürch-
ten — Diejenigen fürchten das Pulver am meisten,
die es nicht erfunden haben — und da wird es
ihnen oft, als fühlten sie, wie die grünen Bänke,
worauf sie in der St. Stephanskapelle sitzen, allmählich warm und wärmer werden, und wenn
irgend ein Redner, wie oft geschieht, den Namen
Guy Fawkes erwähnt, rufen sie ängstlich: Hear him!
hear him! Was endlich den Rektor von Göttingen
betrifft, der in London eine Anstellung als König
von England hat, so kennt Jeder seine Mäßigkeits-
politik; er erklärt sich für keine von beiden Parteien, er sieht gern, dass sie sich bei ihren Kämpfen
wechselseitig schwächen, er lächelt nach herkömm-
licher Weise, wenn sie friedlich bei ihm kouren, er
weiß Alles und thut Nichts, und verlässt sich im
schlimmsten Falle auf seinen Oberschnurren Wellington.

Man verzeihe mir, dass ich in flipprigem
Tone eine Streitfrage behandle, von deren Lösung

das Wohl Englands und daher vielleicht mittelbar
das Wohl der Welt abhängt. Aber eben je wich-
tiger ein Gegenstand ist, desto lustiger muß man
ihn behandeln; das blutige Gemetzel der Schlachten, das schaurige Sichelwetzen des Todes wäre
nicht zu ertragen, erklänge nicht dabei die betäu-
bende türkische Musik mit ihren freudigen Pauken
und Trompeten. Das wissen die Engländer, und
daher bietet ihr Parlament auch ein heiteres Schauspiel des unbefangensten Witzes und der witzigsten
Unbefangenheit; bei den ernsthaftesten Debatten,
wo das Leben von Tausenden und das Heil ganzer Länder auf dem Spiel steht, kommt doch Keiner
von ihnen auf den Einfall, ein deutsch-steifes Land-
ständegesicht zu schneiden, oder französisch-pathetisch
zu deklamieren, und wie ihr Leib, so gebärdet sich
alsdann auch ihr Geist ganz zwanglos, Scherz,
Selbstpersifflage, Sarkasmen, Gemüth und Weisheit, Malice und Güte, Logik und Verse sprudeln
hervor im blühendsten Farbenspiel, so daß die Annalen des Parlaments uns noch nach Jahren die
geistreichste Unterhaltung gewähren. Wie sehr kontrastieren dagegen die öden, ausgestopften, lösch-
papiernen Reden unserer süddeutschen Kammern,
deren Langweiligkeit auch der geduldigste Zeitungs-
leser nicht zu überwinden vermag, ja deren Duft

schon einen lebendigen Leser verscheuchen kann, so
daß wir glauben müssen, jene Langweiligkeit sei
geheime Absicht, um das große Publikum von der
Lektüre jener Verhandlungen abzuschrecken, und sie
dadurch trotz ihrer Öffentlichkeit dennoch im Grunde
ganz geheim zu halten.

Ist also die Art, wie die Engländer im Parlamente die katholische Streitfrage abhandeln, wenig
geeignet, ein Resultat hervorzubringen, so ist doch
die Lektüre dieser Debatten um so interessanter,
weil Fakta mehr ergötzen als Abstraktionen, und
gar besonders amüsant ist es, wenn fabelgleich
irgend eine Parallelgeschichte erzählt wird, die den
gegenwärtigen, bestimmten Fall witzig persiffliert,
und dadurch vielleicht am glücklichsten illustriert.
Schon bei den Debatten über die Thronrede, am
3. Februar 1825, vernahmen wir im Oberhause
eine jener Parallelgeschichten, wie ich sie oben bezeichnet, und die ich wörtlich hierhersetze: (vid.
Parliamentary history and review during the
session of 1825—26. Pag. 31.)

„Lord King bemerkte, daß, wenn auch England blühend und glücklich genannt werden könne,
so befänden sich doch sechs Millionen Katholiken in
einem ganz andern Zustande jenseits des irländi-

ſchen Kanals, und die dortige ſchlechte Regierung
ſei eine Schande für unſer Zeitalter und für alle
Britten. Die ganze Welt, ſagte er, iſt jetzt zu
vernünftig, um Regierungen zu entſchuldigen, welche
ihre Unterthanen wegen Religionsdifferenzen be=
drücken oder irgend eines Rechtes berauben. Ir=
land und die Türkei könnte man als die einzigen
Länder Europa's bezeichnen, wo ganze Menſchen=
klaſſen ihres Glaubens wegen unterdrückt und ge=
tränkt werden. Der Großſultan hat ſich bemüht,
die Griechen zu bekehren, in derſelben Weiſe wie
das engliſche Gouvernement die Bekehrung der ir=
ländiſchen Katholiken betrieben, aber ohne Erfolg.
Wenn die unglücklichen Griechen über ihre Leiden
klagten und demüthigſt baten, ein bischen beſſer
als mahomedaniſche Hunde behandelt zu werden,
ließ der Sultan ſeinen Großveſier holen, um Rath
zu ſchaffen. Dieſer Großveſier war früherhin ein
Freund und ſpäterhin ein Feind der Sultanin ge=
weſen. Er hatte dadurch in der Gunſt ſeines Herrn
ziemlich gelitten, und in ſeinem eigenen Divan von
ſeinen eigenen Beamten und Dienern manchen Wi=
derſpruch ertragen müſſen (Gelächter). Er war ein
Feind der Griechen. Dem Einfluß nach die zweite
Perſon im Divan war der Reis Effendi, welcher
den gerechten Forderungen jenes unglücklichen Vol=

vollenden, sei noch erwähnt, daß dessen Mitglieder
übereinkamen, sie wollten bei gewissen Streitfragen
einig und bei andern wieder entgegengesetzter Meinung sein, ohne ihre Vereinbarung zu brechen. Nachdem man nun die Übel, die durch solch einen Divan entstanden, gesehen hat, nachdem man gesehen,
wie das Reich der Muselmänner zerrissen worden
durch eben ihre Intoleranz gegen die Griechen und
ihre Uneinigkeit unter sich selbst, so sollte man doch
den Himmel bitten, das Vaterland vor einer solchen Kabinettsspaltung zu bewahren."

Es bedarf keines sonderlichen Scharfsinns, um
die Personen zu errathen, die hier in türkische Namen vermummt sind; noch weniger ist es von-
nöthen, die Moral der Geschichte in trocknen Worten herzusetzen. Die Kanonen von Navarino haben
sie laut genug ausgesprochen, und wenn einst die
hohe Pforte zusammenbricht — und brechen wird
sie trotz Pera's bevollmächtigten Lakaien, die sich
dem Unwillen der Völker entgegenstemmen — dann
mag John Bull in seinem Herzen bedenken: mit
verändertem Namen spricht von dir die Fabel.
Etwas der Art mag England schon jetzt ahnen,
indem seine besten Publicisten sich gegen den Inter-
ventionskrieg erklären und ganz naiv darauf hin-
deuten, daß die Völker Europa's mit gleichem

Rechte sich der irländischen Katholiken annehmen
und der englischen Regierung eine bessere Behand=
lung derselben abzwingen könnten. Sie glauben
hiermit das Interventionsrecht widerlegt zu haben,
und haben es nur noch deutlicher illustriert. Frei=
lich hätten Europa's Völker das heiligste Recht,
sich für die Leiden Irlands mit gewaffneter Hand
zu verwenden, und dieses Recht würde auch aus=
geübt werden, wenn nicht das Unrecht stärker wäre.
Nicht mehr die gekrönten Häuptlinge, sondern die
Völker selbst sind die Helden der neuern Zeit, auch
diese Helden haben eine heilige Alliance geschlossen,
sie halten zusammen, wo es gilt für das gemein=
same Recht, für das Völkerrecht der religiösen und
politischen Freiheit, sie sind verbunden durch die
Idee, sie haben sie beschworen und dafür geblu=
tet, ja sie sind selbst zur Idee geworden — und
deßhalb zuckt es gleich schmerzhaft durch alle Völ=
kerherzen, wenn irgendwo, sei es auch im äußer=
sten Winkel der Erde, die Idee beleidigt wird.

Doch ich komme ab von meinem Thema. Ich
wollte alte Parlamentsspäße erzählen, und, sieh da!
die Zeitgeschichte macht jetzt aus jedem Spaße
gleich Ernst. Ich will ein noch lustigeres Stückchen
wählen, nämlich eine Rede, die Spring Rice den
26. Mai desselben Jahrs im Unterhause hielt, und

worin er die proteſtantiſche Angſt wegen etwaiger
Übermacht der Katholiken auf die ergötzlichſte Weiſe
perſiffliert: (vid. Parliamentary history and review
etc. Pag. 252.)

„Anno 1753, ſagte er, brachte man ins Parlament eine Bill für die Naturaliſierung der Juden, — eine Maßregel, wogegen heutzutage in dieſem
Lande nicht einmal irgend ein altes Weib etwas
einwenden würde, die aber doch zu ihrer Zeit den
heftigſten Widerſpruch fand, und eine Menge von
Bittſchriften aus London und andern Plätzen, von
ähnlicher Art, wie wir ſie jetzt bei der Bill für
die Katholiken vorbringen ſehen, zur Folge hatte.
In der Bittſchrift der Londoner Bürger hieß es:
„Sollte die beſagte Bill für die Juden geſetzliche
Sanktion erhalten, ſo würde ſie die chriſtliche Religion erſchrecklich gefährden, ſie würde die Konſti-
tution des Staates und unſerer heiligen Kirche
untergraben (Man lacht), und würde den Intereſſen des Handels im Allgemeinen und der Stadt
London insbeſondere außerordentlich ſchaden (Gelächter).“ Indeſſen, ungeachtet dieſer ſtrengen Denunciation fand der nachfolgende Kanzler des Ex-
chequer, daß die bedrohten, erſchrecklichen Folgen
ausblieben, als man die Juden in die City von
London und ſelbſt in Downingſtreet aufnahm (Ge-

lächter). Damals hatte das Journal „Der Krafts-
mann" bei der Denunciation der unzähligen Un-
glücke, welche jene Maßregel hervorbringen würde,
in folgenden Worten sich ausgelassen: „Ich muß
um Erlaubnis bitten, die Folgen dieser Bill auseinander zu setzen. Bei Gott ist Gnade, aber bei
den Juden ist keine Gnade, und sie haben 1700
Jahre der Züchtigung an uns abzurächen. Wenn
diese Bill durchgeht, werden wir Alle Sklaven der
Juden, und ohne Hoffnung irgend einer Rettung
durch die Güte Gottes. Der Monarch würde den
Juden unterthan werden, und der freien Landbe-
sitzer nicht mehr achten. Er würde unsere brittischen
Soldaten abschaffen und eine größere Armee von
lauter Juden errichten, die uns zwingen würde,
unsere königliche Familie abzuschwören, und gleichfalls unter einem jüdischen König naturalisiert zu
werden. Erwacht daher, meine christlichen und pro-
testantischen Brüder! Nicht Hannibal ist vor euren
Pforten, sondern die Juden, und sie verlangen die
Schlüssel eurer Kirchthüren!" (Lautes anhalten-
des Gelächter). Bei den Debatten, welche über
jene Bill im Unterhause statt fanden, erklärte ein
Baron aus dem Westen (Man lacht), daß, wenn
man die Naturalisierung der Juden zugestehe, so
gerathe man in Gefahr, bald von ihnen im Par-

lamente überstimmt zu werden. „Sie werden unsere Grafschaften", sagte er, „unter ihre Stämme
vertheilen, und unsere Landgüter den Meistbieten-
den verkaufen." (Man lacht). Ein anderes Parla-
mentsglied war der Meinung, „wenn die Bill
durchgehe, würden sich die Juden so schnell vermehren, daß sie sich über den größten Theil Englands verbreiten, und dem Volke sein Land ebenso
wie seine Macht abringen würden. Das Parla-
mentsglied für London, Sir John Bernard, betrachtete den Gegenstand aus einem tiefern theologischen Gesichtspunkte, einem Gesichtspunkt, den
man ganz wiederfindet in der neulichen Petition
aus Leicester, deren Unterzeichner den Katholiken
vorwerfen, sie seien Abkömmlinge Derer, die ihre
Vorfahren verbrannt haben — und in solcher Art
rief er, „die Juden seien die Nachkommen Derjenigen, welche den Heiland gekreuzigt haben, und
deßhalb bis auf die spätesten Enkel von Gott ver-
flucht worden." — Er (Spring Rice) bringe jene
Auszüge zum Vorschein, um zu zeigen, daß jenes
alte Lärmgeschrei eben so begründet gewesen sei,
wie der jetzige neue Lärm in Betreff der Katholiken. (Hört! hört!) Zur Zeit der Judenbill ward
auch eine scherzhafte „Judenzeitung" ausgegeben,
worin man die folgende Ankündigung las: „Seit

unserer letzten Nummer ist der Postwagen von Jerusalem angekommen. Vergangene Woche wurden im
Entbindungshospital, Brownlow-Street, fünfundzwanzig Knaben öffentlich beschnitten. Gestern Abend
wurde im Sanhedrin durch Stimmenmehrheit die
Naturalisierung der Christen verworfen. Das Gerücht eines Aufruhrs der Christen in Nord-Wales
erfand sich als ganz unbegründet. Letzten Freitag
wurde die Jahrfeier der Kreuzigung im ganzen Kö-
nigreiche sehr vergnüglich begangen." — In dieser
Art und zu allen Zeiten, bei der Judenbill sowohl
als bei der Bill für die Katholiken, wurde der lächer-
lichste Widersetzungslärm durch die geistlosesten Mittel erregt, und wenn wir den Ursachen eines solchen
Lärms nachforschen, finden wir, daß sie sich immer
ähnlich waren. Wenn wir den Ursachen der Opposition gegen die Judenbill im Jahre 1753 nachforschen, finden wir als erste Autorität den Lord
Chatham, der im Parlamente aussprach, „er sowohl als die meisten andern Gentlemen seien überzeugt, daß die Religion selbst mit dieser Streitfrage
Nichts zu schaffen habe, und es nur dem Verfol-
gungsgeiste der alten erhabenen Kirche (the old
high church's persecuting spirit) gelungen sei,
dem Volke das Gegentheil weiß zu machen." (Hört!
hört!) So ist es auch in diesem Falle, und es ist

9*

wieder ihre Liebe für ausschließliche Macht und
Bevorrechtung, was jetzt die alte erhabene Kirche
antreibt, das Volk gegen die Katholiken zu bearbeiten; und er (Spring Rice) sei überzeugt, daß
Viele, welche solche Künste anwenden, ebenfalls
sehr gut wüßten, wie wenig die Religion bei der
letzten Katholikenbill in Betrachtung kommen konnte,
gewiß eben so wenig, wie bei einer Bill für Re-
gulierung der Maße und Gewichte oder für Bestimmung der Länge des Pendels nach der Anzahl
seiner Schwingungen. Ebenfalls in Betreff der
Judenbill befindet sich in der damaligen Hardwicke-
Zeitung ein Brief des Doktor Birch an Herrn
Philipp York, worin Jener sich äußerte, daß all
dieser Lärm wegen der Judenbill nur einen Einfluß auf die nächstjährigen Wahlen beabsichtigt.“
(Hört! Man lacht.) Es geschah damals, wie Dergleichen auch in unserer Zeit geschieht, daß ein
vernünftiger Bischof von Norwich zu Gunsten der
Judenbill aufgetreten. Dr. Birch erzählt, daß Dieser bei seiner Zurückkunft in seinen Kirchsprengel
jener Handlung wegen insultiert worden; „als er
nach Ipswich ging, um dort einige Knaben zu konfirmieren, ward er unterwegs verspottet und man
verlangte von ihm beschnitten zu werden;“ auch
annoncierte man, „daß der Herr Bischof nächsten

Samstag die Juden konfirmieren und Tags darauf
die Christen beschneiden würde." (Man lacht.) So
war das Geschrei gegen liberale Maßregeln in allen
Zeitaltern gleichartig unvernünftig und brutal.
(Hört ihn! hört ihn!) Jene Besorgnisse in Hinsicht der Juden vergleiche man mit dem Alarm,
der in gewissen Orten durch die Bill für die Katholiken erregt wurde. Die Gefahr, welche man
befürchtete, wenn den Katholiken mehr Macht ein-
geräumt würde, war ebenso absurd; die Macht
Unheil anzurichten, wenn sie dazu geneigt waren,
konnte ihnen durch das Gesetz in keinem so hohen
Grade verliehen werden, wie sie jetzt solche eben
durch ihre Bedrückung selbst erlangt haben. Diese
Bedrückung ist es, wodurch Leute wie Herr O'Con-
nell und Herr Sheil so einflußreich geworden sind.
Die Nennung dieser Herren geschehe nicht um sie
verdächtig zu machen; im Gegentheil, man muß
ihnen Achtung zollen, und sie haben sich um das
Vaterland Verdienste erworben; dennoch wäre es
besser, wenn die Macht vielmehr in den Gesetzen
als in den Händen der Individuen, seien Diese auch
noch so achtungswerth, beruhen möchte. Die Zeit
wird kommen, wo man den Widerstand des Parlaments gegen jene Rechtseinräumung nicht bloß
mit Verwunderung, sondern auch mit Verachtung

anfehen wird. Die religiöfe Weisheit eines frühern Zeitalters war oft Gegenftand der Verachtung bei den nachfolgenden Generationen. (Hört!
hört!) — — — — — — — — —
— — — — — — — — —
— — — — — — — — —
— — — — — — — — —
— — — — — — —"

————————

XII.

Wellington.

———

Der Mann hat das Unglück, überall Glück zu haben, wo die größten Männer der Welt Unglück hatten, und Das empört uns und macht ihn ver=haßt. Wir sehen in ihm nur den Sieg der Dumm=heit über das Genie — Arthur Wellington trium=phiert, wo Napoleon Bonaparte untergeht! Nie ward ein Mann ironischer von Fortuna begünstigt, und es ist, als ob sie seine öde Winzigkeit zur Schau geben wollte, indem sie ihn auf den Schild des Sieges emporhebt. Fortuna ist ein Weib, und nach Weiberart grollt sie vielleicht heimlich dem Manne, der ihren ehemaligen Liebling stürzte, ob=gleich Dessen Sturz ihr eigner Wille war. Jetzt bei der Emancipation der Katholiken läßt sie ihn wieder siegen, und zwar in einem Kampfe, worin George Canning zu Grunde ging. Man würde

ihn vielleicht geliebt haben, wenn der elende London-
donderry sein Vorgänger im Ministerium gewesen
wäre; jetzt aber war er der Nachfolger des edlen
Canning, des vielbeweinten, angebeteten, großen
Canning — und er siegt, wo Canning zu Grunde
ging. Ohne solches Unglück des Glücks würde
Wellington vielleicht für einen großen Mann pas-
sieren, man würde ihn nicht hassen, nicht genau
messen, wenigstens nicht mit dem heroischen Maß-
stabe, womit man einen Napoleon und einen Canning mißt, und man würde nicht entdeckt haben,
wie klein er ist als Mensch.

Er ist ein kleiner Mensch, und noch weniger
als klein. Die Franzosen haben von Polignac nichts
Ärgeres sagen können, als: er sei ein Wellington
ohne Ruhm. In der That, was bleibt übrig, wenn
man einem Wellington die Feldmarschalluniform des
Ruhmes auszieht?

Ich habe hier die beste Apologie des Lord
Wellington — im englischen Sinne des Wortes
— geliefert. Man wird sich aber wundern, wenn
ich ehrlich gestehe, daß ich diesen Helden einst sogar mit vollen Segeln gelobt habe. Es ist eine
gute Geschichte, und ich will sie hier erzählen.

Mein Barbier in London war ein Radikaler,
genannt Mister White, ein armer kleiner Mann

in einem abgeschabten schwarzen Kleide, das einen
weißen Wiederschein gab; er war so dünn, daß
die Façade seines Gesichtes nur ein Profil zu sein
schien, und die Seufzer in seiner Brust sichtbar
waren noch ehe sie aufstiegen. Er seufzte nämlich
immer über das Unglück von Alt=England und
über die Unmöglichkeit, jemals die Nationalschuld
zu bezahlen.

„Ach!" — hörte ich ihn gewöhnlich seufzen
— „was brauchte sich das englische Volk darum
zu bekümmern, wer in Frankreich regierte und was
die Franzosen in ihrem Lande trieben? Aber der
hohe Adel und die hohe Kirche fürchteten die Frei=
heitsgrundsätze der französischen Revolution, und um
diese Grundsätze zu unterdrücken, mußte John Bull
sein Blut und sein Geld hergeben und noch oben=
drein Schulden machen. Der Zweck des Krieges
ist jetzt erreicht, die Revolution ist unterdrückt, den
französischen Freiheitsadlern sind die Flügel be=
schnitten, der hohe Adel und die hohe Kirche kön=
nen jetzt ganz sicher sein, daß keiner derselben über
den Kanal fliegt, und der hohe Adel und die hohe
Kirche sollten jetzt wenigstens die Schulden bezah=
len, die für ihr eignes Interesse, und nicht für
das arme Volk gemacht worden sind. Ach! das
arme Volk —"

Immer, wenn er an „das arme Volk" kam, seufzte Mister White noch tiefer, und der Refrain war dann, daß das Brot und der Porter so theuer sei, und daß das arme Volk verhungern müsse, um dicke Lords, Jagdhunde und Pfaffen zu füttern, und daß es nur Eine Hilfe gäbe. Bei diesen Worten pflegte er auch das Messer zu schleifen, und während er es über das Schleifleder hin und her zog, murmelte er ingrimmig langsam: „Lords, Hunde, Pfaffen!"

Gegen den Duke of Wellington kochte aber sein radikaler Zorn immer am heftigsten, er spuckte Gift und Galle, sobald er auf Diesen zu sprechen kam, uud wenn er mich unterdessen einseifte, so geschah es mit schäumender Wuth. Einst wurde ich ordentlich bange, als er mich just nahe beim Halse barbierte, während er so heftig gegen Wellington loszog, und beständig dazwischen murmelte: „Hätte ich ihn nur so unterm Messer, ich würde ihm die Mühe ersparen, sich selbst die Kehle abzuschneiden, wie sein Amtsbruder und Landsmann Londonderry, der sich die Kehle abgeschnitten zu North-Cray in der Grafschaft Kent — Gott verdamm' ihn!"

Ich fühlte schon, wie die Hand des Mannes zitterte, und aus Furcht, daß er in der Leiden-

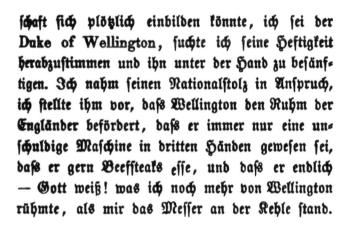

schaft sich plötzlich einbilden könnte, ich sei der Duke of Wellington, suchte ich seine Heftigkeit herabzustimmen und ihn unter der Hand zu besänftigen. Ich nahm seinen Nationalstolz in Anspruch, ich stellte ihm vor, daß Wellington den Ruhm der Engländer befördert, daß er immer nur eine unschuldige Maschine in dritten Händen gewesen sei, daß er gern Beefsteaks esse, und daß er endlich — Gott weiß! was ich noch mehr von Wellington rühmte, als mir das Messer an der Kehle stand.

*

Was mich am meisten ärgert, ist der Gedanke, daß Arthur Wellington eben so unsterblich wird wie Napoleon Bonaparte. Ist doch in ähnlicher Weise der Name Pontius Pilatus eben so unvergeßlich geblieben wie der Name Christi. Wellington und Napoleon! Es ist ein wunderbares Phänomen, daß der menschliche Geist sich Beide zu gleicher Zeit denken kann. Es giebt keine größren Kontraste als diese Beiden, schon in ihrer äußern Erscheinung. Wellington, das dumme Gespenst mit einer aschgrauen Seele in einem steifleinernen Körper, ein hölzernes Lächeln in dem frierenden Gesichte — daneben denke man sich das Bild Napoleon's, jeder Zoll ein Gott!

vctvcjuurenoen Garben — er

nach Rußland, und die alten

zu ihm hinauf so schauerlich

send ernst, so todesstolz — -

Te, Caesar, morituri

Manchmal überschleicht m

fel, ob ich ihn wirklich selbst g

lich seine Genossen waren, un

als ob sein Bild, losgerissen au

men der Gegenwart, immer sto

zurückweiche in vergangenheitliche

Name schon klingt uns wie ein

welt und eben so antik und herr

Alexander und Cäsar. Er ist

wort geworden unter den Völke

Orient und der Occident sich

ständigen sie sich durch diesen ei

stieg, der eben aus Bengalen angelangt war. Es
war ein riesenhaftes Schiff und zahlreich bemannt
mit Hindostanern. Die grotesken Gestalten und
Gruppen, die seltsam bunten Trachten, die räthsel=
haften Mienen, die wunderlichen Leibesbewegungen,
der wildfremde Klang der Sprache, des Jubels und
des Lachens, dabei wieder der Ernst auf einigen
sanftgelben Gesichtern, deren Augen, wie schwarze
Blumen, mich mit abenteuerlicher Wehmuth an=
sahen — alles Das erregte in mir ein Gefühl
wie Verzauberung, ich war plötzlich wie versetzt in
Scheherezade's Märchen, und ich meinte schon, nun
müßten auch breitblättrige Palmen und langhäl=
sige Kamele und goldbedeckte Elephanten und andre
fabelhafte Bäume und Thiere zum Vorschein kom=
men. Der Superkargo, der sich auf dem Schiffe
befand und die Sprache jener Leute eben so wenig
verstand als ich, konnte mir, mit ächtbrittischer Be=
schränktheit, nicht genug erzählen, was Das für
ein närrisches Volk sei, fast lauter Mahomedaner,
zusammengewürfelt aus allen Ländern Asiens, von
der Grenze China's bis ans arabische Meer, da=
runter sogar einige pechschwarze, wollhaarige Afri=
kaner.

Des dumpfen abendländischen Wesens so ziem=
lich überdrüssig, so recht europamüde, wie ich mich

damals manchmal fühlte, war mir dieses Stück
Morgenland, das sich jetzt heiter und bunt vor
meinen Augen bewegte, eine erquickliche Labung,
mein Herz erfrischten wenigstens einige Tropfen
jenes Trankes, wonach es in trüb hannövrischen oder
königlich preußischen Winternächten so oft geschmach=
tet hatte, und die fremden Leute mochten es mir
wohl ansehen, wie angenehm mir ihre Erscheinung
war, und wie gern ich ihnen ein Liebeswörtchen
gesagt hätte. Daß auch ich ihnen recht wohl ge=
fiel, war den innigen Augen anzusehen, und sie
hätten mir ebenfalls gern etwas Liebes gesagt, und
es war eine Trübsal, daß Keiner des Anderen
Sprache verstand. Da endlich fand ich ein Mittel,
ihnen meine freundschaftliche Gesinnung auch mit
einem Worte kund zu geben, und ehrfurchtsvoll
und die Hand ausstreckend wie zum Liebesgruß
rief ich den Namen: Mahomed!

Freude überstrahlte plötzlich die dunklen Ge=
sichter der fremden Leute, sie kreuzten ehrfurchtsvoll
die Arme, und zum erfreuenden Gegengruß riefen
sie den Namen: Bonaparte!

XIII.

Die Befreiung.

———

Wenn mir mal die Zeit der müßigen Untersuchungen wiederkehrt, so werde ich langweiligst
gründlich beweisen, daß nicht Indien, sondern Ägypten jenes Kastenthum hervorgebracht hat, das seit
zwei Jahrtausenden in jede Landestracht sich zu
vermummen und jede Zeit in ihrer eigenen Sprache
zu täuschen wußte, das vielleicht jetzt todt ist, aber,
den Schein des Lebens erheuchelnd, noch immer
bösäugig und unheilstiftend unter uns wandelt, mit
seinem Leichendufte unser blühendes Leben vergiftet,
ja als ein Vampyr des Mittelalters den Völkern
das Blut und das Licht aus den Herzen saugt.
Dem Schlamme des Nilthals entstiegen nicht bloß
die Krokodile, die so gut weinen können, sondern
auch jene Priester, die es noch besser verstehen,
und jener privilegiert erbliche Kriegerstand, der in

Mordgier und Gefräßigkeit die Krokodile noch übertrifft.

Zwei tiefsinnige Männer deutscher Nation entdeckten den heilsamsten Gegenzauber wider die schlimmste aller ägyptischen Plagen, und durch schwarze Kunst — durch die Buchdruckerei und das Pulver — brachen sie die Gewalt jener geistlichen und weltlichen Hierarchie, die sich aus einer Verbindung des Priesterthums und der Kriegerkaste, nämlich aus der sogenannten katholischen Kirche und des Feudaladels, gebildet hatte, und die ganz Europa weltlich und geistlich knechtete. Die Druckerpresse zersprengte das Dogmengebäude, worin der Großpfaffe von Rom die Geister gekerkert, und Nordeuropa athmete wieder frei, entlastet von dem nächtlichen Alp jener Klerisei, die zwar in der Form von der ägyptischen Standeserblichkeit abgewichen war, im Geiste aber dem ägyptischen Priestersysteme um so getreuer bleiben konnte, da sie sich nicht durch natürliche Fortpflanzung, sondern unnatürlich, durch mamelukenhafte Rekrutierung, als eine Korporation von Hagestolzen noch schroffer darstellte. Eben so sehen wir, wie die Kriegskaste ihre Macht verliert, seit die alte Handwerksroutine nicht mehr von Nutzen ist bei der neuen Kriegsweise; denn von dem Posaunen-

tone der Kanonen werden jetzt die stärksten Burg-
thürme niedergeblasen wie weiland die Mauern
von Jericho, der eiserne Harnisch des Ritters
schützt gegen den bleiernen Regen eben so wenig
wie der leinene Kittel des Bauers; das Pulver
macht die Menschen gleich, eine bürgerliche Flinte
geht eben so gut los wie eine adlige Flinte —
das Volk erhebt sich.

*   *

Die früheren Bestrebungen, die wir in der
Geschichte der lombardischen und toskanischen Re-
publiken, der spanischen Kommünen, und der freien
Städte in Deutschland und andern Ländern erkennen, verdienen nicht die Ehre, eine Volkserhebung
genannt zu werden; es war kein Streben nach
Freiheit, sondern nach Freiheiten, kein Kampf für
Rechte, sondern für Gerechtsame; Korporationen
stritten um Privilegien, und es blieb Alles in den
festen Schranken des Gilden- und Zunftwesens.
Erst zur Zeit der Reformation wurde der Kampf
von allgemeiner und geistiger Art, und die Freiheit
wurde verlangt, nicht als ein hergebrachtes, sondern
als ein ursprüngliches, nicht als ein erworbenes, sondern als ein angeborenes Recht. Da wurden nicht
mehr alte Pergamente, sondern Principien vorge-

bracht; und der Bauer in Deutschland und der
Puritaner in England beriefen sich auf das Evangelium, dessen Aussprüche damals an Vernunft
Statt galten, ja noch höher galten, nämlich als
eine geoffenbarte Vernunft Gottes. Da stand deutlich ausgesprochen, daß die Menschen von gleich
edler Geburt sind, daß hochmüthiges Besserdünken
verdammt werden muß, daß der Reichthum eine
Sünde ist, und daß auch die Armen berufen sind
zum Genusse in dem schönen Garten Gottes, des
gemeinsamen Vaters.

Mit der Bibel in der einen Hand und mit
dem Schwerte in der andern zogen die Bauern
durch das südliche Deutschland, und der üppigen
Bürgerschaft im hochgethürmten Nüremberg ließen
sie sagen, es solle künftig kein Haus im Reiche
stehen bleiben, das anders aussehe als ein Bauern-
haus. So wahr und tief hatten sie die Gleichheit
begriffen. Noch heutigen Tags, in Franken und
Schwaben, schauen wir die Spuren dieser Gleich-
heitslehre, und eine grauenhafte Ehrfurcht vor
dem heiligen Geiste überschleicht den Wanderer,
wenn er im Mondschein die dunkeln Burgtrümmer
sieht aus der Zeit des Bauernkriegs. Wohl Dem,
der, nüchternen Sinns, nichts Anderes sieht; ist
man aber ein Sonntagskind — und Das ist jeder

Geſchichtskundige — ſo ſieht man auch die hohe
Jagd, die der deutſche Adel, der roheſte der Welt,
gegen die Beſiegten geübt, man ſieht, wie tauſend-
weis die Wehrloſen todtgeſchlagen, gefoltert, ge-
ſpießt und gemartert wurden, und aus den wogenden Kornfeldern ſieht man ſie geheimnisvoll nicken,
die blutigen Bauernköpfe, und drüberhin hört man
pfeifen eine entſetzliche Lerche, rachegellend, wie der
Pfeifer vom Helfenſtein.

Etwas beſſer erging es den Brüdern in England und Schottland; ihr Untergang war nicht ſo
ſchmählig und erfolglos, und noch jetzt ſehen wir
dort die Früchte ihres Regiments. Aber es gelang
ihnen keine feſte Begründung deſſelben, die ſaube-
ren Kavaliere herrſchen wieder nach wie vor, und
ergötzen ſich an den Spaßgeſchichten von den alten
ſtarren Stutzköpfen, die der befreundete Barde zu
ihrer müßigen Unterhaltung ſo hübſch beſchrieben.
Keine geſellſchaftliche Umwälzung hat in Großbritannien ſtattgefunden, das Gerüſte der bürgerlichen
und politiſchen Inſtitutionen blieb unzerſtört, die
Kaſtenherrſchaft und das Zunftweſen hat ſich dort
bis auf den heutigen Tag erhalten, und, obgleich
getränkt von dem Lichte und der Wärme der neuern
Civiliſation, verharrt England in einem mittelalterlichen Zuſtande, oder vielmehr im Zuſtande eines

faſhionablen Mittelalters. Die Konceſſionen, bie
bort ben liberalen Ibeen gemacht worben, ſinb bieſer
mittelalterlichen Starrheit nur mühſam abgekämpft
worben, unb nie aus einem Princip, ſonbern aus
ber faktiſchen Nothwendigkeit ſinb alle mobernen
Berbeſſerungen hervorgegangen, unb ſie tragen alle
ben Fluch ber Halbheit, bie immer neue Drangſal
unb neuen Tobeskampf unb beſſen Gefahren nöthig
macht. Die religiöſe Reformation iſt in England nur
halb vollbracht, unb zwiſchen ben kahlen vier Ge-
fängniswänden ber biſchöflich anglikaniſchen Kirche
befinbet man ſich noch viel ſchlechter, als in bem
weiten, hübſch bemalten unb weich gepolſterten
Geiſteskerker bes Katholicismus. Mit ber politiſchen Reformation iſt es nicht viel beſſer er-
gangen, bie Volksvertretung iſt ſo mangelhaft als
möglich — wenn bie Stände ſich auch nicht mehr
burch ben Rock trennen, ſo trennen ſie ſich boch
noch immer burch verſchiebenen Gerichtsſtanb, Pa-
tronage, Hoffähigkeit, Prärogative, Gewohnheits-
vorrechte unb ſonſtige Fatalien; unb wenn Eigenthum unb Perſon bes Volks nicht mehr von ari-
ſtokratiſcher Willkür, ſonbern vom Geſetze abhängen,
ſo ſinb boch bieſe Geſetze nichts Anberes als eine
anbere Art von Zähnen, womit bie ariſtokratiſche
Brut ihre Beute erhaſcht, unb eine anbere Art von

Dolchen, womit sie das Volk meuchelt. Denn wahrlich, kein Tyrann vom Kontinente würde aus Willkür so viel' Taxen erpressen, als das englische Volk
von Gesetzwegen bezahlen muß, und kein Tyrann
war jemals so grausam wie Englands Kriminalgesetze, die täglich morden für den Betrag eines
Shillings, und mit Buchstabenkälte. Wird auch
seit Kurzem manche Verbesserung dieses trüben Zu-
standes in England vorbereitet, werden auch der
weltlichen und geistlichen Habsucht hie und da
Schranken gesetzt, wird auch jetzt die große Lüge
einer Volksvertretung einigermaßen begütigt, indem
man hie und da einem großen Fabriksorte die ver-
wirkte Wahlstimme von einem rotten borough über-
trägt, wird gleichfalls hie und da die barsche Intoleranz gemildert, indem man auch einige andere
Sekten bevorrechtet — so ist dieses Alles doch nur
leidige Altflickerei, die nicht lange vorhält, und der
dümmste Schneider in England kann voraussehen,
daß über kurz oder lang das alte Staatskleid in
trübseligen Fetzen auseinanderreißt.

* * *

„Niemand flickt einen Lappen von neuem Tuche
an ein altes Kleid; denn der neue Lappen reißt doch
vom alten, und der Riß wird ärger. Und Niemand

faſſet Moſt in alte Schläuche; anders zerreißt der
Moſt die Schläuche, und der Wein wird verſchüt=
tet, und die Schläuche kommen um. Sondern man
ſoll Moſt in neue Schläuche faſſen."

Die tiefſte Wahrheit erblüht nur der tiefſten
Liebe, und daher die Übereinſtimmung in den An=
ſichten des älteren Bergpredigers, der gegen die
Ariſtokratie von Jeruſalem geſprochen, und jener ſpä=
teren Bergprediger, die von der Höhe des Konvents
zu Paris ein dreifarbiges Evangelium herabpre=
digten, wonach nicht bloß die Form des Staates,
ſondern das ganze geſellſchaftliche Leben, nicht ge=
flickt, ſondern neu umgeſtaltet, neu begründet, ja
neu geboren werden ſollte.

Ich ſpreche von der franzöſiſchen Revolution,
jener Weltepoche, wo die Lehre der Freiheit und
Gleichheit ſo ſiegreich emporſtieg aus jener allge=
gemeinen Erkenntnisquelle, die wir Vernunft nen=
nen, und die als eine unaufhörliche Offenbarung,
welche ſich in jedem Menſchenhaupte wiederholt und
ein Wiſſen begründet, noch weit vorzüglicher ſein
muß als jene überlieferte Offenbarung, die ſich
nur in wenigen Auserleſenen bekundet und von der
großen Menge nur geglaubt werden kann. Dieſe
letztgenannte Offenbarungsart, die ſelbſt ariſtokra=
tiſcher Natur iſt, vermochte nie die Privilegienherr=

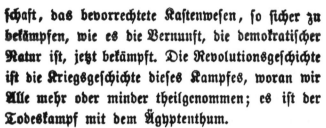

ſchaft, das bevorrechtete Kaſtenweſen, ſo ſicher zu
bekämpfen, wie es die Vernunft, die demokratiſcher
Natur iſt, jetzt bekämpft. Die Revolutionsgeſchichte
iſt die Kriegsgeſchichte dieſes Kampfes, woran wir
Alle mehr oder minder theilgenommen; es iſt der
Todeskampf mit dem Ägyptenthum.

Obgleich die Schwerter der Feinde täglich
ſtumpfer werden, obgleich wir ſchon die beſten Poſi-
ſitionen beſetzt, ſo können wir doch nicht eher das
Triumphlied anſtimmen, als bis das Werk vollendet iſt. Wir können nur in den Zwiſchennächten,
wenn Waffenſtillſtand, mit der Laterne aufs Schlacht-
feld hinausgehen, um die Todten zu beerdigen. —
Wenig fruchtet die kurze Leichenrede! Die Verleum-
dung, das freche Geſpenſt, ſetzt ſich auf die edel-
ſten Gräber —

Ach! gilt doch der Kampf auch jenen Erb-
feinden der Wahrheit, die ſo ſchlau den guten
Leumund ihrer Gegner zu vergiften wiſſen, und
die ſogar jenen ernſten Bergprediger, den reinſten
Freiheitshelden, herabzuwürdigen wußten; denn als
ſie nicht leugnen konnten, daß er der größte Menſch
ſei, machten ſie ihm zum kleinſten Gotte. Wer mit
Pfaffen kämpft, Der mache ſich darauf gefaßt, daß
der beſte Lug und die triftigſten Verleumdungen
ſeinen armen guten Namen zerfetzen und ſchwärzen

werden. Aber gleichwie man jene Fahnen, die in der Schlacht am meisten von den Kugeln zerfetzt und von Pulverdampf geschwärzt worden, höher ehrt als die blankſten und geſündeſten Rekrutenfahnen, und wie man ſie endlich als Nationalreliquien in den Domen aufſtellt: ſo werden einſt die Namen unſerer Helden, jemehr ſie zerfetzt und angeſchwärzt worden, um ſo enthuſiaſtiſcher verehrt werden in der heiligen Genovevakirche der Freiheit.

Wie die Helden der Revolution, ſo hat man die Revolution ſelbſt verleumdet, und ſie als ein Fürſtenſchrecknis und eine Volksſcheuche dargeſtellt in Libellen aller Art. Man hat in den Schulen all' die ſogenannten Greuel der Revolution von den Kindern auswendig lernen laſſen, und auf den Jahrmärkten ſah man einige Zeit nichts Anderes als grellkolorierte Bilder der Guillotine. Es iſt freilich nicht zu leugnen, dieſe Maſchine, die ein franzöſiſcher Arzt, ein großer Welt=Orthopäde, Monſieur Guillotin, erfunden hat, und womit man die dummen Köpfe von den böſen Herzen ſehr leicht trennen kann, dieſe heilſame Maſchine hat man etwas oft angewandt, aber doch nur bei unheilbaren Krankheiten, z. B. bei Verrath, Lüge und Schwäche, und man hat die Patienten nicht lang gequält, nicht gefoltert und nicht gerädert, wie einſt

Tausende und aber Tausende Rotüriers und Bi-
lains, Bürger und Bauern, gequält, gefoltert und
gerädert wurden in der guten alten Zeit. Daß die
Franzosen mit jener Maschine sogar das Oberhaupt
ihres Staates amputiert, ist freilich entsetzlich, und
man weiß nicht, ob man sie deßhalb des Vater-
mords oder des Selbstmords beschuldigen soll; aber
bei milderungsgründlicher Betrachtung finden wir,
daß Ludwig von Frankreich minder ein Opfer der
Leidenschaften als vielmehr der Begebenheiten geworden, und daß diejenigen Leute, die das Volk zu
solchem Opfer drängten, und die selbst zu allen
Zeiten in weit reichlicherem Maße Fürstenblut ver-
gossen haben, nicht als laute Kläger auftreten sollten.
Nur zwei Könige, Beide vielmehr Könige des Adels
als des Volkes, hat das Volk geopfert, nicht in
Friedenszeit, nicht niedriger Interessen wegen, sondern in äußerster Kriegsbedrängnis, als es sich von
ihnen verrathen sah, und während es seines eignen
Blutes am wenigsten schonte; aber gewiß mehr als
tausend Fürsten fielen meuchlings, und der Habsucht
oder frivoler Interessen wegen, durch den Dolch,
durch das Schwert und durch das Gift des Adels
und der Pfaffen. Es ist, als ob diese Kasten den
Fürstenmord ebenfalls zu ihren Privilegien rechneten, und deßhalb den Tod Ludwig's XVI. und

Karl's I. um so eigennütziger beklagten. O, daß
die Könige endlich einsähen, daß sie als Könige
des Volkes im Schutze der Gesetze viel sicherer
leben können, als unter der Guarde ihrer abligen
Leibmörder!

Aber nicht bloß die Helden der Revolution
und die Revolution selbst, sondern sogar unser
ganzes Zeitalter hat man verleumdet, die ganze
Liturgie unserer heiligsten Ideen hat man paro-
biert, mit unerhörtem Frevel, und wenn man sie
hört oder liest, unsere schnöden Verächter, so heißt
das Volk die Kanaille, die Freiheit heißt Frechheit,
und mit himmelnden Augen und frommen Seufzern wird geklagt und bedauert, wir wären frivol
und hätten leider keine Religion. Heuchlerische Duck-
mäuser, die unter der Last ihrer geheimen Sünden
niedergebeugt einherschleichen, wagen es ein Zeitalter zu lästern, das vielleicht das heiligste ist von
allen seinen Vorgängern und Nachfolgern, ein Zeitalter, das sich opfert für die Sünden der Vergangenheit und für das Glück der Zukunft, ein
Messias unter den Jahrhunderten, der die blutige
Dornenkrone und die schwere Kreuzeslast kaum er-

träge, wenn er nicht dann und wann ein heiteres Baudeville trällerte und Späße risse über die neuern Pharisäer und Saducäer. Die kolossalen Schmerzen wären nicht zu ertragen ohne solche Witzreißerei und Persifflage! Der Ernst tritt um so gewaltiger hervor, wenn der Spaß ihn angekündigt. Die Zeit gleicht hierin ganz ihren Kindern unter den Franzosen, die sehr schreckliche leichtfertige Bücher geschrieben, und doch sehr streng und ernsthaft sein konnten, wo Strenge und Ernst nothwendig wurden; z. B. Laclos und gar Louvet de Couvray, die Beide, wo es galt, mit Märtyrerkühnheit und Aufopferung für die Freiheit stritten, übrigens aber sehr frivol und schlüpfrig schrieben, und leider keine Religion hatten.

Als ob die Freiheit nicht eben so gut eine Religion wäre als jede andere! Da es die unsrige ist, so könnten wir, mit demselben Maße messend, ihre Verächter für frivol und irreligiös erklären.

Ja, ich wiederhole die Worte, womit ich diese Blätter eröffnet: Die Freiheit ist eine neue Religion, die Religion unserer Zeit. Wenn Christus auch nicht der Gott dieser Religion ist, so ist er doch ein Hoherpriester derselben, und sein Name strahlt beseligend in die Herzen der Jünger. Die Franzosen sind aber das auserlesene Volk der neuen

Religion, in ihrer Sprache sind die ersten Evangelien und Dogmen verzeichnet, Paris ist das neue Jerusalem, und der Rhein ist der Jordan, der das geweihte Land der Freiheit trennt von dem Lande der Philister.

Shakſpeare's

Mädchen und Frauen.

(1839.)

Ich kenne einen guten Hamburger Christen, der sich nie darüber zufrieden geben konnte, daß unser Herr und Heiland von Geburt ein Jude war. Ein tiefer Unmuth ergriff ihn jedesmal, wenn er sich eingestehen mußte, daß der Mann, der, ein Muster der Vollkommenheit, die höchste Verehrung verdient, dennoch zur Sippschaft jener ungeschnäuzten Langnasen gehörte, die er auf der Straße als Tröbler herumhausieren sieht, die er so gründlich verachtet, und die ihm noch fataler sind, wenn sie gar, wie er selber, sich dem Großhandel mit Gewürzen und Farbestoffen zuwenden, und seine eigenen Interessen beeinträchtigen.

Wie es diesem vortrefflichen Sohne Hammonia's mit Jesus Christus geht, so geht es mir mit William Shakspeare. Es wird mir flau zu Muthe,

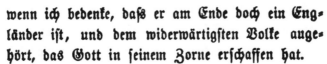

wenn ich bedenke, daß er am Ende doch ein Engländer ist, und dem widerwärtigsten Volke auge-
hört, das Gott in seinem Zorne erschaffen hat.

Welch ein widerwärtiges Volk, welch ein un-
erquickliches Land! Wie steifleinen, wie hausbacken,
wie selbstsüchtig, wie eng, wie englisch! Ein Land,
welches längst der Ocean verschluckt hätte, wenn
er nicht befürchtete, daß es ihm Übelkeiten im
Magen verursachen möchte . . . Ein Volk, ein
graues, gähnendes Ungeheuer, dessen Athem Nichts
als Stickluft und tödliche Langeweile, und das
sich gewiß mit einem kolossalen Schifftau am Ende
selbst aufhängt . . .

Und in einem solchen Lande, und unter einem
solchen Volke hat William Shakspeare im April
1564 das Licht der Welt erblickt.

Aber das England jener Tage, wo in dem
nordischen Bethlehem, welches Stratford upon Avon
geheißen, der Mann geboren ward, dem wir das
weltliche Evangelium, wie man die Shakspeare'schen
Dramen nennen möchte, verdanken, das England
jener Tage war gewiß von dem heutigen sehr verschieden; auch nannte man es merry England, und
es blühte in Farbenglanz, Maskenscherz, tiefsinniger Narrethei, sprudelnder Thatenlust, über-
schwänglicher Leidenschaft . . . Das Leben war dort

noch ein buntes Turnier, wo freilich die edelbür-
tigen Ritter in Schimpf und Ernst die Hauptrolle
spielten, aber der helle Trompetenton auch die bürgerlichen Herzen erschütterte . . . Und statt des
dicken Biers trank man den leichtsinnigen Wein,
das demokratische Getränk, welches im Rausche die
Menschen gleich macht, die sich eben noch auf den
nüchternen Schauplätzen der Wirklichkeit nach Rang
und Geburt unterschieden . . .

All diese farbenreiche Lust ist seitdem erblichen,
verschollen sind die freudigen Trompetenklänge, erloschen ist der schöne Rausch . . . Und das Buch,
welches dramatische Werke von William Shakspeare
heißt, ist als Trost für schlechte Zeiten und als
Beweis, daß jenes merry England wirklich existiert habe, in den Händen des Volkes zurückge-
blieben.

Es ist ein Glück, daß Shakspeare eben noch
zur rechten Zeit kam, daß er ein Zeitgenosse Elisabeth's und Jakobs war, als freilich der Prote-
stantismus sich bereits in der ungezügelten Denk-
freiheit, aber keineswegs in der Lebensart und
Gefühlsweise äußerte, und das Königthum, beleuchtet von den letzten Strahlen des untergehenden
Ritterwesens, noch in aller Glorie der Poesie blühte
und glänzte. Ja, der Volksglaube des Mittelalters,

der Katholicismus, war erst in der Theorie zerstört; aber er lebte noch mit seinem vollen Zauber
im Gemüthe der Menschen, und erhielt sich noch
in ihren Sitten, Gebräuchen und Anschauungen.
Erst später, Blume nach Blume, gelang es den
Puritanern, die Religion der Vergangenheit gründlich zu entwurzeln, und über das ganze Land, wie
eine graue Nebeldecke, jenen öden Trübsinn auszu-
breiten, der seitdem, entgeistet und entkräftet, zu
einem lauwarmen, greinenden, dünnschläfrigen Pietismus sich verwässerte. Wie die Religion, so hatte
auch das Königthum in England zu Shakspeare's
Zeit noch nicht jene matte Umwandlung erlitten,
die sich dort heutigen Tags unter dem Namen kon-
stitutioneller Regierungsform, wenn auch zum Besten
der europäischen Freiheit, doch keineswegs zum Heile
der Kunst geltend macht. Mit dem Blute Karl's des
Ersten, des großen, wahren, letzten Königs, floß
auch alle Poesie aus den Adern Englands; und
dreimal glücklich war der Dichter, der dieses kummervolle Ereignis, das er vielleicht im Geiste ahnete,
nimmermehr als Zeitgenosse erlebt hat. Shakspeare ward in unsren Tagen sehr oft ein Aristokrat genannt. Ich möchte dieser Anklage keineswegs widersprechen, und seine politischen Neigungen
vielmehr entschuldigen, wenn ich bedenke, daß

sein zukunftschauendes Dichterauge aus bedeutenden
Wahrzeichen schon jene nivellierende Puritanerzeit
voraussah, die mit dem Königthum so auch aller
Lebenslust, aller Poesie und aller heitern Kunst ein
Ende machen würde.

Ja, während der Herrschaft der Puritaner
ward die Kunst in England geächtet; namentlich
wüthete der evangelische Eifer gegen das Theater,
und sogar der Name Shakspeare erlosch für lange
Jahre im Andenken des Volks. Es erregt Erstaunen, wenn man jetzt in den Flugschriften damaliger
Zeit, z. B. in dem Histrio-Mastix des famosen
Prynne, die Ausbrüche des Zornes liest, womit über
die arme Schauspielkunst das Anathema ausge-
krächzt wurde. Sollen wir den Puritanern ob solchem Zelotismus allzu ernsthaft zürnen? Wahrlich,
nein; in der Geschichte hat Jeder Recht, der seinem
inwohnenden Principe getreu bleibt, und die düstern
Stuzköpfe folgten nur den Konsequenzen jenes kunstfeindlichen Geistes, der sich schon während der ersten Jahrhunderte der Kirche kundgab, und sich
mehr oder minder bilderstürmend bis auf heutigen
Tag geltend machte. Diese alte, unversöhnliche Abneigung gegen das Theater ist Nichts als eine Seite
jener Feindschaft, die seit achtzehn Jahrhunderten
zwischen zwei ganz heterogenen Weltanschauungen

waltet, und wovon die eine dem dürren Boden
Judäa's, die andere dem blühenden Griechenland
entsprossen ist. Ja, schon seit achtzehn Jahrhunderten dauert der Groll zwischen Jerusalem und
Athen, zwischen dem heiligen Grab und der Wiege
der Kunst, zwischen dem Leben im Geiste und dem
Geist im Leben; und die Reibungen, öffentliche und
heimliche Befehdungen, die dadurch entstanden, offenbaren sich dem esoterischen Leser in der Geschichte
der Menschheit. Wenn wir in der heutigen Zeitung
finden, daß der Erzbischof von Paris einem armen
todten Schauspieler die gebräuchlichen Begräbnis-
ehren verweigert, so liegt solchem Verfahren keine
besondere Priesterlaune zum Grunde, und nur der
Kurzsichtige erblickt darin eine engsinnige Böswil-
ligkeit. Es waltet hier vielmehr der Eifer eines
alten Streites, eines Todeskampfs gegen die Kunst,
welche von dem hellenischen Geist oft als Tribüne
benutzt wurde, um von da herab das Leben zu predigen gegen den abtödtenden Judäismus; die Kirche
verfolgte in den Schauspielern die Organe des Grie-
chenthums, und diese Verfolgung traf nicht selten
auch die Dichter, die ihre Begeisterung nur von
Apollo herleiteten, und den proskribierten Heiden-
göttern eine Zuflucht sicherten im Lande der Poesie.
Oder ist gar etwa Ranküne im Spiel? Die unleid-

lichsten Feinde der gedrückten Kirche, während der
zwei ersten Jahrhunderte, waren die Schauspieler,
und die Acta Sanctorum erzählen oft, wie diese
verruchten Histrionen auf den Theatern in Rom
sich dazu hergaben, zur Lust des heidnischen Pöbels die Lebensart und Mysterien der Nazarener
zu parodieren. Oder war es gegenseitige Eifersucht,
was zwischen den Dienern des geistlichen und des
weltlichen Wortes so bittern Zwiespalt erzeugte?

Nächst dem asketischen Glaubenseifer war es
der republikanische Fanatismus, welcher die Puritaner beseelte in ihrem Haß gegen die alt-englische
Bühne, wo nicht bloß das Heidenthum und die
heidnische Gesinnung, sondern auch der Royalismus
und die abligen Geschlechter verherrlicht wurden.
Ich habe an einem andern Orte*) gezeigt, wie
viele Ähnlichkeit in dieser Beziehung zwischen den
ehemaligen Puritanern und den heutigen Republikanern waltet. Mögen Apollo und die ewigen Musen
uns von der Herrschaft dieser Letztern bewahren!

Im Strudel der angedeuteten kirchlichen und
politischen Umwälzungen verlor sich auf lange Zeit

---

*) Bei Besprechung der Charaktere im „Julius Cä-
sar“ auf den nachfolgenden Blättern.

Anmerkung des Herausgebers.

der Name Shakspeare's, und es dauerte fast ein
ganzes Jahrhundert, ehe er wieder zu Ruhm und
Ehre gelangte. Seitdem aber stieg sein Ansehen
von Tag zu Tag, und gleichsam eine geistige Sonne
ward er für jenes Land, welches der wirklichen
Sonne fast während zwölf Monate im Jahre ent-
behrt, für jene Insel der Verdammnis, jenes Bo-
tanybay ohne südliches Klima, jenes steinkohlen-
qualmige, maschinenschnurrende, kirchengängerische
und schlecht besoffene England! Die gütige Natur
enterbt nie gänzlich ihre Geschöpfe, und indem sie
den Engländern Alles, was schön und lieblich ist,
versagte, und ihnen weder Stimme zum Gesang
noch Sinne zum Genuß verliehen, und sie vielleicht
nur mit ledernen Porterschläuchen statt mit menschlichen Seelen begabt hat, ertheilte sie ihnen zum
Ersatz ein groß Stück bürgerlicher Freiheit, das
Talent sich häuslich bequem einzurichten, und den
William Shakspeare.

Ja, Dieser ist die geistige Sonne, die jenes
Land verherrlicht mit ihrem holdesten Lichte, mit
ihren gnadenreichen Strahlen. Alles mahnt uns
dort an Shakspeare, und wie verklärt erscheinen
uns dadurch die gewöhnlichsten Gegenstände. Überall umrauscht uns dort der Fittig seines Genius,
aus jeder bedeutenden Erscheinung grüßt uns sein

klares Auge, und bei großartigen Vorfällen glauben
wir ihn manchmal nicken zu sehen, leise nicken, leise
und lächelnd.

Diese unaufhörliche Erinnerung an Shakspeare
und durch Shakspeare ward mir recht deutlich während meines Aufenthalts in London, während ich,
ein neugieriger Reisender, dort von Morgens bis
in die späte Nacht nach den sogenannten Merkwürdigkeiten herumlief. Jeder Lion mahnte an den
größern Lion, an Shakspeare. Alle jene Orte, die
ich besuchte, leben in seinen historischen Dramen
ihr unsterbliches Leben, und waren mir eben dadurch von frühester Jugend bekannt. Diese Dramen kennt aber dort zu Lande nicht bloß der Gebildete, sondern auch Jeder im Volke, und sogar
der dicke Beefeater, der mit seinem rothen Rock
und rothen Gesicht im Tower als Wegweiser dient,
und dir hinter dem Mittelthor das Verlies zeigt,
wo Richard seine Neffen, die jungen Prinzen, ermorden lassen, verweist dich an Shakspeare, welcher
die nähern Umstände dieser grausamen Geschichte
beschrieben habe. Auch der Küster, der dich in der
Westminsterabtei herumführt, spricht immer von
Shakspeare, in dessen Tragödien jene todten Könige
und Königinnen, die hier in steinernem Konterfei
auf ihren Sarkophagen ausgestreckt liegen, und für

einen Shilling sechs Pence gezeigt werden, eine so
wilde oder klägliche Rolle spielen. Er selber, die
Bildsäule des großen Dichters, steht dort in Lebensgröße, eine erhabene Gestalt mit sinnigem Haupt,
in den Händen eine Pergamentrolle ... Es stehen
vielleicht Zauberworte darauf, und wenn er um
Mitternacht die weißen Lippen bewegt und die
Todten beschwört, die dort in den Grabmälern
ruhen, so steigen sie hervor mit ihren verrosteten
Harnischen und verschollenen Hofgewanden, die Ritter der weißen und der rothen Rose, und auch die
Damen heben sich seufzend aus ihren Ruhestätten,
und ein Schwertergeklirr und ein Lachen und Fluchen erschallt ... Ganz wie zu Drurylane, wo ich
die Shakspeare'schen Geschichtsdramen so oft tragieren sah, und wo Kean mir so gewaltig die Seele
bewegte, wenn er verzweifelnd über die Bühne rann:

„A horse, a horse, my kingdom for a horse!"

Ich müßte den ganzen Guide of London ab-
schreiben, wenn ich die Orte anführen wollte, wo
mir dort Shakspeare in Erinnerung gebracht wurde.
Am bedeutungsvollsten geschah Dieses im Parlamente, nicht sowohl deßhalb, weil das Lokal desselben jenes Westminster-Hall ist, wovon in den
Shakspeare'schen Dramen so oft die Rede, sondern

weil, während ich den dortigen Debatten beiwohnte, einigemal von Shakspeare selber gesprochen wurde, und zwar wurden seine Verse, nicht ihrer poetischen, sondern ihrer historischen Bedeutung wegen, citiert. Zu meiner Verwunderung merkte ich, daß Shakspeare in England nicht bloß als Dichter gefeiert, sondern auch als Geschichtschreiber von den höchsten Staatsbehörden, von dem Parlamente, anerkannt wird.

＊ Dies führt mich auf die Bemerkung, daß es ungerecht sei, wenn man bei den geschichtlichen Dramen Shakspeare's die Ansprüche machen will, die nur ein Dramatiker, dem bloß die Poesie und ihre künstlerische Einkleidung der höchste Zweck ist, befriedigen kann. Die Aufgabe Shakspeare's war nicht bloß die Poesie, sondern auch die Geschichte; er konnte die gegebenen Stoffe nicht willkürlich modeln, er konnte nicht die Ereignisse und Charaktere nach Laune gestalten; und eben so wenig, wie Einheit der Zeit und des Ortes, konnte er Einheit des Interesses für eine einzige Person oder für eine einzige Thatsache beobachten. Dennoch in diesen Geschichtsdramen strömt die Poesie reichlicher und gewaltiger und süßer als in den Tragödien jener Dichter, die ihre Fabeln entweder selbst erfanden oder nach Gutdünken umarbeiten, das strengste

Ebenmaß der Form erzielen, und in der eigentlichen Kunst, namentlich aber in dem enchaînement
des scènes, den armen Shakspeare übertreffen.

Ja, Das ist es, der große Britte ist nicht. bloß
Dichter, sondern auch Historiker; er handhabt nicht
bloß Melpomene's Dolch, sondern auch Klio's noch
schärferen Griffel. In dieser Beziehung gleicht er
den frühesten Geschichtschreibern, die ebenfalls
keinen Unterschied wußten zwischen Poesie und
Historie, und nicht bloß eine Nomenklatur des
Geschehenen, ein stäubiges Herbarium der Ereignisse
lieferten, sondern die Wahrheit verklärten durch
Gesang, und im Gesange nur die Stimme der
Wahrheit tönen ließen. Die sogenannte Objektivität,
wovon heut so viel die Rede, ist Nichts als eine
trockene Lüge; es ist nicht möglich die Vergangenheit zu schildern, ohne ihr die Färbung unserer
eigenen Gefühle zu verleihen. Ja, da der sogenannte
objektive Geschichtschreiber doch immer sein Wort
an die Gegenwart richtet, so schreibt er unwillkürlich im Geiste seiner eigenen Zeit, und dieser Zeit-
geist wird in seinen Schriften sichtbar sein, wie
sich in Briefen nicht bloß der Charakter des Schrei-
bers, sondern auch des Empfängers offenbart. Jene
sogenannte Objektivität, die, mit ihrer Leblosigkeit
sich brüstend, auf der Schädelstätte der Thatsachen

thront, ift ſchon deßhalb als unwahr verwerflich, weil zur geſchichtlichen Wahrheit nicht bloß die genauen Angaben des Faktums, ſondern auch gewiſſe Mittheilungen über den Eindruck, den jenes Faktum auf ſeine Zeitgenoſſen hervorgebracht hat, nothwendig ſind. Dieſe Mittheilungen ſind aber die ſchwierigſte Aufgabe; denn es gehört dazu nicht bloß eine gewöhnliche Notizenkunde, ſondern auch das Anſchauungsvermögen des Dichters, dem, wie Shakſpeare ſagt, „das Weſen und der Körper verſchollener Zeiten" ſichtbar geworden.

Und ihm waren ſie ſichtbar, nicht bloß die Erſcheinungen ſeiner eigenen Landesgeſchichte, ſondern auch die, wovon die Annalen des Alterthums uns Kunde hinterlaſſen haben, wie wir es mit Erſtaunen bemerken in den Dramen, wo er das untergegangene Römerthum mit den wahrſten Farben ſchildert. Wie den Rittergeſtalten des Mittelalters, hat er auch den Helden der antiken Welt in die Nieren geſehen, und ihnen befohlen, das tiefſte Wort ihrer Seele auszuſprechen. Und immer wußte er die Wahrheit zur Poeſie zu erheben, und ſogar die gemüthloſen Römer, das harte nüchterne Volk der Proſa, dieſe Miſchlinge von roher Raubſucht und feinem Advokatenſinn, dieſe kaſuiſtiſche Soldateske, wußte er poetiſch zu verklären.

Aber auch in Beziehung auf seine römischen
Dramen muß Shakspeare wieder den Vorwurf der
Formlosigkeit anhören, und sogar ein höchst begab-
ter Schriftsteller, Dietrich Grabbe, nannte sie*)
„poetisch verzierte Chroniken," wo aller Mittelpunkt
fehle, wo man nicht wisse, wer Hauptperson, wer
Nebenperson, und wo, wenn man auch auf Einheit des Orts und der Zeit verzichtet, doch nicht
einmal Einheit des Interesses zu finden sei. Son-
derbarer Irrthum der schärfsten Kritiker! Nicht
sowohl die letztgenannte Einheit, sondern auch die
Einheiten von Ort und Zeit mangeln keineswegs
unserm großen Dichter. Nur sind bei ihm die
Begriffe etwas ausgedehnter als bei uns: Der
Schauplatz seiner Dramen ist dieser Erdball, und
Das ist seine Einheit des Ortes; die Ewigkeit ist
die Periode, während welcher seine Stücke spielen,
und Das ist seine Einheit der Zeit; und beiden
angemäß ist der Held seiner Dramen, der dort als
Mittelpunkt strahlt, und die Einheit des Interesses
repräsentiert . . . Die Menschheit ist jener Held,

---

*) In seinem Aufsatz „Über die Shakspearomanie,"
abgedruckt im zweiten Band der „Dramatischen Dichtungen
von Grabbe," Frankfurt, 1827.

Anmerkung des Herausgebers.

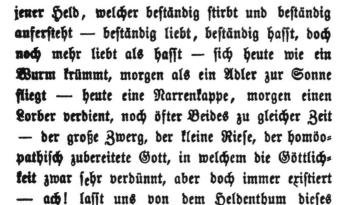

jener Held, welcher beständig stirbt und beständig
auferſteht — beſtändig liebt, beſtändig haſſt, doch
noch mehr liebt als haſſt — ſich heute wie ein
Wurm krümmt, morgen als ein Adler zur Sonne
fliegt — heute eine Narrenkappe, morgen einen
Lorber verdient, noch öfter Beides zu gleicher Zeit
— der große Zwerg, der kleine Rieſe, der homöo-
pathiſch zubereitete Gott, in welchem die Göttlichkeit zwar ſehr verdünnt, aber doch immer exiſtiert
— ach! laſſt uns von dem Heldenthum dieſes
Helden nicht zu Viel reden, aus Beſcheidenheit und
Scham!

Dieſelbe Treue und Wahrheit, welche Shakſpeare in Betreff der Geſchichte beurkundet, finden
wir bei ihm in Betreff der Natur. Man pflegt
zu ſagen, daß er der Natur den Spiegel vorhalte.
Dieſer Ausdruck iſt tadelhaft, da er über das Verhältnis des Dichters zur Natur irreleitet. In dem
Dichtergeiſte ſpiegelt ſich nicht die Natur, ſondern
ein Bild derſelben, das dem getreueſten Spiegel-
bilde ähnlich, iſt dem Geiſte des Dichters einge-
boren; er bringt gleichſam die Welt mit zur Welt,
und wenn er, aus dem träumenden Kindesalter er-
wachend, zum Bewuſſtſein ſeiner ſelbſt gelangt, iſt
ihm jeder Theil der äußern Erſcheinungswelt gleich
in ſeinem ganzen Zuſammenhang begreifbar; denn

er trägt ja ein Gleichbild des Ganzen in seinem
Geiste, er kennt die letzten Gründe aller Phäno-
mene, die dem gewöhnlichen Geiste räthselhaft
dünken, und auf dem Wege der gewöhnlichen For-
schung nur mühsam, oder auch gar nicht begriffen
werden . . . Und wie der Mathematiker, wenn
man ihm nur das kleinste Fragment eines Kreises
giebt, unverzüglich den ganzen Kreis und den Mittelpunkt desselben angeben kann: so auch der Dichter, wenn seiner Anschauung nur das kleinste Bruchstück der Erscheinungswelt von außen geboten
wird, offenbart sich ihm gleich der ganze univer-
selle Zusammenhang dieses Bruchstücks; er kennt
gleichsam Cirkulatur und Centrum aller Dinge;
er begreift die Dinge in ihrem weitesten Umfang
und tiefsten Mittelpunkt.

Aber ein Bruchstück der Erscheinungswelt muß
dem Dichter immer von außen geboten werden,
ehe jener wunderbare Proceß der Weltergänzung
in ihm stattfinden kann; dieses Wahrnehmen eines
Stücks der Erscheinungswelt geschieht durch die
Sinne, und ist gleichsam das äußere Ereignis, wovon die innern Offenbarungen bedingt sind, denen
wir die Kunstwerke des Dichters verdanken. Je
größer diese letztern, desto neugieriger sind wir, jene
äußeren Ereignisse zu kennen, welche dazu die erste

Beranlaffung gaben. Wir forſchen gern nach No-
tizen über die wirklichen Lebensbeziehungen des
Dichters. Dieſe Neugier iſt um ſo thörichter, da,
wie aus Obengeſagtem ſchon hervorgeht, die Größe
der äußeren Ereigniſſe in keinem Verhältniſſe ſteht
zu der Größe der Schöpfungen, die dadurch her-
vorgerufen wurden. Jene Ereigniſſe können ſehr
klein und ſcheinlos ſein, und ſind es gewöhnlich,
wie das äußere Leben der Dichter überhaupt gewöhnlich ſehr klein und ſcheinlos iſt. Ich ſage
ſcheinlos und klein, denn ich will mich keiner be-
trübſameren Worte bedienen. Die Dichter präſen-
tieren ſich der Welt im Glanze ihrer Werke, und
beſonders wenn man ſie aus der Ferne ſieht, wird
man von den Strahlen geblendet. O laſſt uns
nie in der Nähe ihren Wandel beobachten! Sie
ſind wie jene holden Lichter, die am Sommerabend
aus Raſen und Lauben ſo prächtig hervorglänzen,
daß man glauben ſollte, ſie ſeien die Sterne der
Erde . . . daß man glauben ſollte, ſie ſeien Diamanten und Smaragde, koſtbares Geſchmeide, welches die Königskinder, die im Garten ſpielten, an
den Büſchen aufgehängt und dort vergaßen . . .
daß man glauben ſollte, ſie ſeien glühende Sonnentropfen, welche ſich im hohen Graſe verloren
haben, und jetzt in der kühlen Nacht ſich erquicken

und freudeblitzen, bis der Morgen kommt und
das rothe Flammengestirn sie wieder zu sich her-
aufsaugt . . . Ach, suche nicht am Tage die Spur
jener Sterne, Edelsteine und Sonnentropfen! Statt
ihrer siehst du ein armes mißfarbiges Würmchen,
das am Wege kläglich dahinkriecht, dessen Anblick
dich anwidert, und das dein Fuß dennoch nicht
zertreten will, aus sonderbarem Mitleid!

Was war das Privatleben von Shakspeare?
Trotz aller Forschungen hat man fast gar Nichts
davon ermitteln können, und Das ist ein Glück.
Nur allerlei unbewiesene läppische Sagen haben
sich über die Jugend und das Leben des Dichters
fortgepflanzt. Da soll er bei seinem Vater, welcher Metzger gewesen, selber die Ochsen abgeschlach-
tet haben . . . Diese letztern waren vielleicht die
Ahnen jener englischen Kommentatoren, die wahrscheinlich aus Nachgroll ihm überall Unwissenheit
und Kunstfehler nachwiesen. Dann soll er Wollhändler geworden sein und schlechte Geschäfte gemacht haben . . . Armer Schelm! er meinte, wenn
er Wollhändler würde, könne er endlich in der
Wolle sitzen. Ich glaube Nichts von der ganzen
Geschichte; viel Geschrei und wenig Wolle. Ge-
neigter bin ich zu glauben, daß unser Dichter
wirklich Wilddieb geworden, und wegen eines Hirsch-

Kalbs in gerichtliche Bedrängnis gerieth; weßhalb
ich ihn aber dennoch nicht ganz verdamme. „Auch
Ehrlich hat einmal ein Kalb gestohlen," sagt ein
deutsches Sprichwort. Hierauf soll er nach Lon=
don entflohen sein und dort für ein Trinkgeld die
Pferde der großen Herrn vor der Thüre des Thea=
ters beauffichtigt haben . . . So ungefähr lauten
die Fabeln, die in der Literaturgeschichte ein altes
Weib dem andern nachklatscht.

Authentische Urkunden über die Lebensverhält=
nisse Shakspeare's sind seine Sonette, die ich jedoch
nicht besprechen möchte, und die eben ob der tiefen
menschlichen Misère, die sich darin offenbart, zu
obigen Betrachtungen über das Privatleben der
Poeten mich verleiteten.

Der Mangel an bestimmteren Nachrichten über
Shakspeare's Leben ist leicht erklärbar, wenn man
die politischen und religiösen Stürme bedenkt, die
bald nach seinem Tode ausbrachen, für einige Zeit
eine völlige Puritanerherrschaft hervorriefen, auch
später noch unerquicklich nachwirkten, und die goldene
Elisabethperiode der englischen Literatur nicht bloß
vernichteten, sondern auch in gänzliche Vergessenheit
brachten. Als man zu Anfang des vorigen Jahr=
hunderts die Werke von Shakspeare wieder ans

große Tageslicht zog, fehlten alle jene Traditionen, welche zur Auslegung des Textes förderſam geweſen wären, und die Kommentatoren muſſten zu einer Kritik ihre Zuflucht nehmen, die in einem flachen Empirismus und noch kläglicheren Materialismus ihre letzten Gründe ſchöpfte. Nur mit Ausnahme von William Hazlitt hat England keinen einzigen bedeutenden Kommentator Shakſpeare's hervorgebracht; überall Kleinigkeitskrämerei, ſelbſtbeſpiegelnde Seichtigkeit, enthuſiaſtiſch thuender Dünkel, gelehrte Aufgeblaſenheit, die vor Wonne faſt zu platzen droht, wenn ſie dem armen Dichter irgend einen antiquariſchen, geographiſchen oder chronologiſchen Schnitzer nachweiſen und dabei bedauern kann, daß er leider die Alten nicht in der Urſprache ſtudiert, und auch ſonſt wenige Schulkenntniſſe beſeſſen habe. Er läſſt ja die Römer Hüte tragen, läſſt Schiffe landen in Böhmen, und zur Zeit Troja's läſſt er den Ariſtoteles citieren! Das war mehr als ein engliſcher Gelehrter, der in Oxford zum magister artium graduiert worden, vertragen konnte! Der einzige Kommentator Shakſpeare's, den ich als Ausnahme bezeichnet, und der auch in jeder Hinſicht einzig zu nennen iſt, war der ſelige Hazlitt, ein Geiſt eben ſo glänzend wie tief, eine Miſchung von Diderot und Börne, flammende Begeiſterung für die Revo-

lution neben dem glühendsten Kunstsinn, immer
sprudelnd von Verve und Esprit.

Besser als die Engländer haben die Deutschen
den Shakspeare begriffen. Und hier muß wieder
zuerst jener theure Name genannt werden, den wir
überall antreffen, wo es bei uns eine große Ini-
tiative galt. Gotthold Ephraim Lessing war der
Erste, welcher in Deutschland seine Stimme für
Shakspeare erhob. Er trug den schwersten Bau-
stein herbei zu einem Tempel für den größten
aller Dichter, und, was noch preisenswerther, er
gab sich die Mühe, den Boden, worauf dieser
Tempel erbaut werden sollte, von dem alten Schutte
zu reinigen. Die leichten französischen Schaubuden,
die sich breit machten auf jenem Boden, riß er
unbarmherzig nieder in seinem freudigen Baueifer.
Gottsched schüttelte so verzweiflungsvoll die Locken
seiner Perücke, daß ganz Leipzig erbebte, und die
Wangen seiner Gattin vor Angst, oder auch von
Puderstaub, erbleichten. Man könnte behaupten,
die ganze Lessing'sche Dramaturgie sei im Interesse
Shakspeare's geschrieben.

Nach Lessing ist Wieland zu nennen. Durch seine
Übersetzung des großen Poeten vermittelte er noch
wirksamer die Anerkennung Desselben in Deutschland. Sonderbar, der Dichter des Agathon und der

Musarion, der tändelnde cavaliere servente der
Grazien, der Anhänger und Nachahmer der Franzosen: er war es, den auf einmal der brittische
Ernst so gewaltig erfaßte, daß er selber den Helden aufs Schild hob, der seiner eigenen Herrschaft
ein Ende machen sollte.

Die dritte große Stimme, die für Shakspeare
in Deutschland erklang, gehörte unserem lieben,
theuern Herder, der sich mit unbedingter Begeisterung für ihn erklärte. Auch Goethe huldigte ihm
mit großem Trompetentusch; kurz, es war eine
glänzende Reihe von Königen, welche, Einer nach
dem Andern, ihre Stimme in die Urne warfen, und
den William Shakspeare zum Kaiser der Literatur
erwählten.

Dieser Kaiser saß schon fest auf seinem Throne,
als auch der Ritter August Wilhelm von Schlegel
und sein Schildknappe, der Hofrath Ludwig Tieck,
zum Handkusse gelangten, und aller Welt versicherten,
jetzt erst sei das Reich auf immer gesichert, das
tausendjährige Reich des großen William's.

Es wäre Ungerechtigkeit, wenn ich Herrn A.
W. Schlegel die Verdienste absprechen wollte, die er
durch seine Übersetzung der Shakspeare'schen Dramen und durch seine Vorlesungen über dieselben
erworben hat. Aber ehrlich gestanden, diesen letz

teren fehlt allzu sehr der philosophische Boden; sie schweifen allzu oberflächlich in einem frivolen Dilettantismus umher, und einige häßliche Hintergedanken treten allzu sichtbar hervor, als daß ich darüber ein unbedingtes Lob aussprechen dürfte. Des Herrn A. W. Schlegel's Begeisterung ist immer ein künstliches, ein absichtliches Hineinlügen in einen Rausch ohne Trunkenheit, und bei ihm, wie bei der übrigen romantischen Schule, sollte die Apotheose Shakspeare's indirekt zur Herabwürdigung Schiller's dienen. Die Schlegel'sche Übersetzung ist gewiß bis jetzt die gelungenste, und entspricht den Anforderungen, die man an eine metrische Übertragung machen kann. Die weibliche Natur seines Talents kommt hier dem Übersetzer gar vortrefflich zu Statten, und in seiner charakterlosen Kunstfertigkeit kann er sich dem fremden Geiste ganz liebevoll und treu anschmiegen.

Indessen, ich gestehe es, trotz dieser Tugenden möchte ich zuweilen der alten Eschenburg'schen Übersetzung, die ganz in Prosa abgefaßt ist, vor der Schlegel'schen den Vorzug ertheilen, und zwar aus folgenden Gründen:

Die Sprache des Shakspeare ist nicht Demselben eigenthümlich, sondern sie ist ihm von seinen Vorgängern und Zeitgenossen überliefert; sie ist

die herkömmliche Theatersprache, deren sich damals
der dramatische Dichter bedienen mußte, er mochte
sie nun seinem Genius passend finden oder nicht.
Man braucht nur flüchtig in Dodsley's Collection
of old plays zu blättern, und man bemerkt, daß
in allen Tragödien und Lustspielen damaliger Zeit
dieselbe Sprechart herrscht, derselbe Euphemismus,
dieselbe Übertreibung der Zierlichkeit, geschraubte
Wortbildung, dieselben Koncetti, Witzspiele, Geistes-
schnörkeleien, die wir ebenfalls bei Shakspeare finden,
und die von beschränkten Köpfen blindlings bewundert, aber von dem einsichtsvollen Leser, wo nicht
getadelt, doch gewiß nur als eine Äußerlichkeit, als
eine Zeitbedingung, die nothwendiger Weise zu er-
füllen war, entschuldigt werden. Nur in den Stellen,
wo der ganze Genius von Shakspeare hervortritt,
wo seine höchsten Offenbarungen laut werden, da
streift er auch jene traditionelle Theatersprache von
sich ab, und zeigt sich in einer erhaben-schönen
Nacktheit, in einer Einfachheit, die mit der unge-
schminkten Natur wetteifert und uns mit den süßesten Schauern erfüllt. Ja, wo solche Stellen, da
bekundet Shakspeare auch in der Sprache eine bestimmte Eigenthümlichkeit, die aber der metrische
Übersetzer, der mit gebundenen Wortfüßen dem Gedanken nachhinkt, nimmermehr getreu abspiegeln kann.

Bei dem metrischen Überseßer verlieren sich diese
außerordentlichen Stellen in dem gewöhnlichen Gleise
der Theaterſprache, und auch Herr Schlegel kann
dieſem Schickſal nicht entgehen. Wozu aber die
Mühe des metriſchen Überſeßens, wenn eben das
Beſte des Dichters dadurch verloren geht, und nur
das Tadelhafte wiedergegeben wird? Eine Über-
ſeßung in Proſa, welche die prunkloſe, ſchlichte,
naturähnliche Keuſchheit gewiſſer Stellen leichter
reprobuciert, verdient daher gewiß den Vorzug vor
der metriſchen.

In unmittelbarer Nachfolge Schlegel's hat ſich
Herr L. Tieck als Erläuterer Shakſpeare's einiges
Verdienſt erworben. Dieſes geſchah namentlich durch
ſeine bramaturgiſchen Blätter, welche vor vierzehn
Jahren in der Abendzeitung erſchienen ſind, und
unter Theaterliebhabern und Schauſpielern das
größte Aufſehen erregten. Es herrſcht leider in
jenen Blättern ein breitbeſchaulicher, langwürdiger
Belehrungston, deſſen ſich der liebenswürdige Tauge-
nichts, wie ihn Gußkow nennt, mit einer gewiſſen
geheimen Schalkheit befliſſen hat. Was ihm an
Kenntnis der klaſſiſchen Sprachen, oder gar an
Philoſophie abging, erſeßte er durch Anſtand und
Spaßloſigkeit, und man glaubt Sir John auf dem
Seſſel zu ſehen, wie er dem Prinzen eine Stand-

rede hält. Aber trotz der weitbauschigen, doktrinellen Gravität, worunter der kleine Ludwig seine
philologische und philosophische Unwissenheit, seine
ignorantia zu verbergen sucht, befinden sich in
den erwähnten Blättern die scharffinnigsten Bemerkungen über die Charaktere der Shakspeare'schen
Helden, und hie und da begegnen wir sogar jener
poetischen Anschauungsfähigkeit, die wir in den
frühern Schriften des Herrn Tieck immer bewundert und mit Freude anerkannt haben.

Ach, dieser Tieck, welcher einst ein Dichter
war und, wo nicht zu den Höchsten, doch wenigstens
zu den Hochstrebenden gezählt wurde, wie ist er
seitdem heruntergekommen! Wie kläglich ist das
abgehaspelte Pensum, das er uns jetzt jährlich bietet,
im Vergleiche mit den freien Erzeugnissen seiner
Muse aus der frühern mondbeglänzten Märchenweltzeit! Eben so lieb wie er uns einst war, eben
so widerwärtig ist er uns jetzt, der ohnmächtige
Neidhart, der die begeisterten Schmerzen deutscher
Jugend in seinen Klatschnovellen verleumdet! Auf
ihn passen so ziemlich die Worte Shakspeare's:
„Nichts schmeckt so ekelhaft wie Süßes, das in
Verdorbenheit überging; Nichts riecht so schnöde
wie eine verfaulte Lilie!"

Unter den deutschen Kommentatoren des großen Dichters kann man den seligen Franz Horn nicht unerwähnt lassen. Seine Erläuterungen Shakspeare's sind jedenfalls die vollständigsten, und betragen fünf Bände. Es ist Geist darin, aber ein so verwaschener und verdünnter Geist, daß er uns noch unerquicklicher erscheint als die geistloseste Beschränktheit. Sonderbar, dieser Mann, der sich aus Liebe für Shakspeare sein ganzes Leben hindurch mit dem Studium Desselben beschäftigte und zu seinen eifrigsten Anbetern gehört, war ein schwachmatischer Pietist. Aber vielleicht eben das Gefühl seiner eigenen Seelenmattigkeit erregte bei ihm ein beständiges Bewundern Shakspeare'scher Kraft, und wenn gar manchmal der brittische Titane in seinen leidenschaftlichen Scenen den Pelion auf den Ossa schleudert und bis zur Himmelsburg hinanstürmt, dann fällt dem armen Erläuterer vor Erstaunen die Feder aus der Hand, und er seufzt und flennt gelinde. Als Pietist müßte er eigentlich seinem frömmelnden Wesen nach jenen Dichter hassen, dessen Geist, ganz getränkt von blühender Götterlust, in jedem Worte das freudigste Heidenthum athmet; er müßte ihn hassen, jenen Bekenner des Lebens, der, dem Glauben des Todes heimlich abhold und in den süßesten Schauern alter Helden-

kraft schwelgend, von den traurigen Seligkeiten der
Demuth und der Entsagung und der Kopfhängerei
Nichts wissen will! Aber er liebt ihn dennoch, und
in seiner unermüdlichen Liebe möchte er den Shakspeare nachträglich zur wahren Kirche bekehren; er
kommentiert eine christliche Gesinnung in ihn hinein; sei es frommer Betrug oder Selbsttäuschung,
diese christliche Gesinnung entdeckt er überall in den
Shakspeare'schen Dramen, und das fromme Wasser
seiner Erläuterungen ist gleichsam ein Taufbad von
fünf Bänden, welches er dem großen Heiden auf
den Kopf gießt.

Aber, ich wiederhole es, diese Erläuterungen
sind nicht ganz ohne Geist. Manchmal bringt Franz
Horn einen guten Einfall zur Welt; dann schneidet
er allerlei langweilig süß=säuerliche Grimassen, und
greint und dreht sich und windet sich auf dem Ge-
bärstuhl des Gedankens; und wenn er endlich mit
dem guten Einfall niedergekommen, dann betrachtet
er gerührt die Nabelschnur, und lächelt erschöpft
wie eine Wöchnerin. Es ist in der That eine ebenso
verdrießliche wie kurzweilige Erscheinung, daß grade
unser schwächlicher pietistischer Franz den Shakspeare
kommentiert hat. In einem Lustspiel von Grabbe
ist die Sache aufs ergötzlichste umgekehrt: Shakspeare, welcher nach dem Tode in die Hölle gekom-

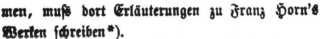

men, muß dort Erläuterungen zu Franz Horn's
Werken schreiben*).

Wirksamer, als die Glossen und die Erklärerei
und das mühsame Lobhudeln der Kommentatoren,
war für die Popularisierung Shakspeare's die be=
geisterte Liebe, womit talentvolle Schauspieler seine
Dramen aufführten, und somit dem Urtheil des
gesammten Publikums zugänglich machten. Lichten=
berg, in seinen Briefen aus England, giebt uns
einige bedeutsame Nachrichten über die Meisterschaft,
womit in der Mitte des vorigen Jahrhunderts
auf der Londoner Bühne die Shakspeare'schen Cha=
raktere dargestellt wurden. Ich sage: Charaktere,
nicht die Werke in ihrer Ganzheit; denn bis auf
heutige Stunde haben die brittischen Schauspieler
im Shakspeare nur die Charakteristik begriffen, keines=
wegs die Poesie, und noch weniger die Kunst. Solche
Einseitigkeit der Auffassung findet sich aber jeden=
falls in weit borniertem Grade bei den Kommen=
tatoren, die durch die bestäubte Brille der Gelehr=
samkeit nimmermehr im Stande waren, das Aller=

---

*) „Scherz, Satire, Ironie und tiefere Be=
deutung;" Lustspiel in drei Aufzügen. Dramatische Dich=
tungen von Grabbe. Band II. Die betreffende Stelle findet
sich in der zweiten Scene des zweiten Aktes, S. 125.

Anmerkung des Herausgebers.

einfachste, das Zunächstliegende, die Natur, in
Shakspeare's Dramen zu sehen. Garrick sah klarer
den Shakspeare'schen Gedanken als Dr. Johnson,
der John Bull der Gelehrsamkeit, auf dessen Nase
die Königin Mab gewiß die drolligsten Sprünge
machte, während er über den Sommernachtstraum
schrieb; er wußte gewiß nicht, warum er bei Shakspeare mehr Nasenkitzel und Luft zum Niesen empfand als bei den übrigen Dichtern, die er kritisierte.

Während Dr. Johnson die Shakspeare'schen
Charaktere als todte Leichen secierte, und dabei
seine dicksten Dummheiten in ciceronianischem Englisch auskramte, und sich mit plumper Selbstgefäl-
ligkeit auf den Antithesen seines lateinischen Perio-
denbaues schaukelte, stand Garrick auf der Bühne
und erschütterte das ganze Volk von England, indem er mit schauerlicher Beschwörung jene Todten
ins Leben rief, daß sie vor Aller Augen ihre grauenhaften, blutigen oder lächerlichen Geschäfte verrichteten. Dieser Garrick aber liebte den großen Dichter, und zum Lohne für solche Liebe liegt er begraben in Westminster neben dem Piedestal der
Shakspeare'schen Statue, wie ein treuer Hund zu
den Füßen seines Herrn.

Eine Übersiedelung des Garrick'schen Spiels
nach Deutschland verdanken wir dem berühmten

Schröder, welcher auch einige der besten Dramen
Shakspeare's für die deutsche Bühne zuerst bear-
beitete. Wie Garrick, so hat auch Schröder weder
die Poesie noch die Kunst begriffen, die sich in jenen
Dramen offenbart, sondern er that nur einen ver-
ständigen Blick in die Natur, die sich darin zunächst
ausspricht; und weniger suchte er die holdselige
Harmonie und die innere Vollendung eines Stücks,
als vielmehr die einzelnen Charaktere darin mit der
einseitigsten Naturtreue zu reproducieren. Zu diesem
Urtheil berechtigen mich sowohl die Traditionen
seines Spieles, wie sie sich bis heutigen Tag auf
der Hamburger Bühne erhielten, als auch seine
Bearbeitungen der Shakspeare'schen Stücke selbst,
worin alle Poesie und Kunst verwischt ist, und nur
durch Zusammenfassung der schärfsten Züge eine
feste Zeichnung der Hauptcharaktere, eine gewisse
allgemein zugängliche Natürlichkeit hervortritt.

Aus diesem Systeme der Natürlichkeit entwickelte sich auch das Spiel des großen Devrient,
den ich einst zu Berlin gleichzeitig mit dem großen
Wolf spielen sah, welcher Letztere in seinem Spiele
vielmehr dem Systeme der Kunst huldigte. Obgleich,
von den verschiedensten Richtungen ausgehend, Jener
die Natur, Dieser die Kunst als das Höchste er-
strebte, begegneten sie sich doch Beide in der Poesie,

und durch ganz entgegengesetzte Mittel erschütterten und entzückten sie die Herzen der Zuschauer.

Weniger als man erwarten durfte, haben die Musen der Musik und der Malerei zur Verherrlichung Shakspeare's beigetragen. Waren sie neidisch auf ihre Schwester Melpomene und Thalia, die durch den großen Britten ihre unsterblichsten Kränze ersiegt? Außer „Romeo und Julia" und „Othello", hat kein Shakspeare'sches Stück irgend einen bedeutenden Komponisten zu großen Schöpfungen begeistert. Der Werth jener tönenden Blumen, die dem jauchzenden Nachtigallherzen Zingarelli's entsprossen, brauche ich eben so wenig zu loben wie jene süßesten Klänge, womit der Schwan von Pesaro die verblutende Zärtlichkeit Desdemona's und die schwarzen Flammen ihres Geliebten besungen hat! Die Malerei, wie überhaupt die zeichnenden Künste, haben den Ruhm unseres Dichters noch kärglicher unterstützt. Die sogenannte Shakspeare-Galerie in Pall-Mall zeugt zwar von dem guten Willen, aber zugleich von der kühlen Ohnmacht der brittischen Maler. Es sind nüchterne Darstellungen, ganz im Geiste der ältern Franzosen, ohne den Geschmack, der sich bei Diesen nie ganz verleugnet. Es giebt Etwas, worin die Engländer eben so lächerliche Pfuscher sind wie in

der Musik, Das ist nämlich die Malerei. Nur im
Fache des Portraits haben sie Ausgezeichnetes geleistet, und gar wenn sie das Portrait mit dem
Grabstichel, also nicht mit Farben, behandeln können, übertreffen sie die Künstler des übrigen Europas. Was ist der Grund jenes Phänomens, daß
die Engländer, denen der Farbensinn so kümmerlich
versagt ist, dennoch die außerordentlichsten Zeich-
ner sind, und Meisterstücke des Kupfer= und Stahl=
stichs zu liefern vermögen? Daß Letzteres der Fall
ist, bezeugen die nach Shakspeare'schen Dramen
gezeichneten Portraite von Frauen und Mädchen,
die ich hier mittheile*), und deren Vortrefflichkeit
wohl keines Kommentars bedarf. Von Kommentar
ist hier überhaupt am allerwenigsten die Rede. Die
vorstehenden Blätter sollten nur dem lieblichen
Werke als flüchtige Einleitung, als Vorgruß dienen, wie es Brauch und üblich ist. Ich bin der
Pförtner, der euch diese Galerie aufschließt, und
was ihr bis jetzt gehört, war nur eitel Schlüssel-
gerassel. Indem ich euch umherführe, werde ich
manchmal ein kurzes Wort in eure Betrachtungen
hineinschwatzen; ich werde manchmal jene Cicerone

*) Vgl. in Betreff dieser Bilder das Vorwort des Her-
ausgebers zum vorliegenden Bande.

Der Herausgeber.

nachahmen, die nie erlauben, daß man sich in die
Betrachtung irgend eines Bildes allzu begeisterungs=
voll versenkt; mit irgend einer banalen Bemerkung
wissen sie euch bald aus der beschaulichen Ent=
zückung zu wecken.

Jedenfalls glaube ich mit dieser Publikation
den heimischen Freunden eine Freude zu machen.
Der Anblick dieser schönen Frauengesichter möge
ihnen die Betrübnis, wozu sie jetzt so sehr berech=
tigt sind, von der Stirne verscheuchen. Ach, daß
ich euch nichts Reelleres zu bieten vermag, als
diese Schattenbilder der Schönheit! Daß ich euch
die rosige Wirklichkeit nicht erschließen kann! Ich
wollte einst die Hellebarden brechen, womit man
euch die Gärten des Genusses versperrt . . . Aber
die Hand war schwach, und die Hellebardiere lach=
ten und stießen mich mit ihren Stangen gegen die
Brust, und das vorlaut großmüthige Herz ver=
stummte aus Scham, wo nicht gar aus Furcht.
Ihr seufzet?

Tragödien.

Cressida.

(Troilus und Cressida.)

——

Es ist die ehrenfeste Tochter des Priesters
Calchas, welche ich hier dem verehrungswürdigen
Publiko zuerst vorführe. Pandarus war ihr Oheim:
ein wackerer Kuppler; seine vermittelnde Thätigkeit
wäre jedoch schier entbehrlich gewesen. Troilus,
ein Sohn des vielzeugenden Priamus, war ihr
erster Liebhaber; sie erfüllte alle Formalitäten, sie
schwur ihm ewige Treue, brach sie mit gehörigem
Anstand, und hielt einen seufzenden Monolog über
die Schwäche des weiblichen Herzens, ehe sie sich
dem Diomedes ergab. Der Horcher Thersites,
welcher ungalanter Weise immer den rechten Namen ausspricht, nennt sie eine Metze. Aber er
wird wohl einst seine Ausdrücke mäßigen müssen;
denn es kann sich wohl ereignen, daß die Schöne,
von einem Helden zum andern und immer zum

geringeren hinabsinkend, endlich ihm selber als
süße Buhle anheimfällt.

Nicht ohne mancherlei Gründe habe ich an
der Pforte dieser Galerie das Bildnis der Cressida
aufgestellt. Wahrlich nicht ihrer Tugend wegen,
nicht weil sie ein Typus des gewöhnlichen Weiber-
charakters, gestattete ich ihr den Vorrang vor so
manchen herrlichen Idealgestalten Shakspeare'scher
Schöpfung; nein, ich eröffnete die Reihe mit dem
Bilde jener zweideutigen Dame, weil ich, wenn ich
unseres Dichters sämmtliche Werke herausgeben
sollte, ebenfalls das Stück, welches den Namen
„Troilus und Cressida" führt, allen andern voran-
stellen würde. Steevens, in seiner Prachtausgabe
Shakspeare's, thut Dasselbe, ich weiß nicht warum;
doch zweifle ich, ob dieselben Gründe, die ich jetzt
andeuten will, auch jenen englischen Herausgeber
bestimmten.

„Troilus und Cressida" ist das einzige Drama
von Shakspeare, worin er die nämlichen Heroen
tragiren lässt, welche auch die griechischen Dichter
zum Gegenstand ihrer dramatischen Spiele wähl-
ten; so daß sich uns durch Vergleich mit der Art
und Weise, wie die ältern Poeten dieselben Stoffe
behandelten, das Verfahren Shakspeare's recht klar
offenbart. Während die klassischen Dichter der

Griechen nach erhabenster Verklärung der Wirklichkeit streben und sich zur Idealität emporschwingen,
bringt unser moderner Tragiker mehr in die Tiefe
der Dinge; er gräbt mit scharfgewetzter Geistes-
schaufel in den stillen Boden der Erscheinungen,
und entblößt vor unseren Augen ihre verborgenen
Wurzeln. Im Gegensatz zu den antiken Tragikern,
die, wie die antiken Bildhauer, nur nach Schönheit und Adel rangen, und auf Kosten des Gehal-
tes die Form verherrlichten, richtete Shakspeare
sein Augenmerk zunächst auf Wahrheit und Inhalt;
daher seine Meisterschaft der Charakteristik, womit
er nicht selten, an die verdrießlichste Karikatur
streifend, die Helden ihrer glänzenden Harnische
entkleidet und in dem lächerlichsten Schlafrocke erscheinen läßt. Die Kritiker, welche „Troilus und
Cressida" nach den Principien beurtheilten, die Ari-
stoteles aus den besten griechischen Dramen abstra-
hiert hat, mußten daher in die größten Verlegen-
heiten, wo nicht gar in die possierlichsten Irrthümer
gerathen. Als Tragödie war ihnen das Stück nicht
ernsthaft und pathetisch genug; denn Alles darin
ging so natürlich von Statten, fast wie bei uns;
und die Helden handelten eben so dumm, wo nicht
gar gemein, wie bei uns; und der Hauptheld ist
ein Laps und die Heldin eine gewöhnliche Schürze,

wie wir deren genug unter unseren nächsten Bekannten wahrnehmen . . . und gar die gefeiertesten
Namenträger, Renommeen der heroischen Vorzeit,
z. B. der große Pelide Achilles, der tapfere Sohn
der Thetis, wie miserabel erscheinen sie hier! Auf
der andern Seite konnte auch das Stück nicht für
eine Komödie erklärt werden; denn vollströmig floß
darin das Blut, und erhaben genug klangen darin
die längsten Reden der Weisheit, wie z. B. die
Betrachtungen, welche Ulysses über die Nothwendigkeit der Auktoritas anstellt, und die bis auf
heutige Stunde die größte Beherzigung verdienten.

Nein, ein Stück, worin solche Reden gewechselt werden, das kann keine Komödie sein, sagten
die Kritiker, und noch weniger durften sie annehmen, daß ein armer Schelm, welcher, wie der
Turnlehrer Maßmann, blutwenig Latein und gar
kein Griechisch verstand, so verwegen sein sollte,
die berühmten klassischen Helden zu einem Lustspiele
zu gebrauchen!

Nein, „Troilus und Cressida" ist weder Lustspiel
noch Trauerspiel im gewöhnlichen Sinne; dieses
Stück gehört nicht zu einer bestimmten Dichtungs-
art, und noch weniger kann man es mit den vorhandenen Maßstäben messen — es ist Shakspeare's
eigenthümlichste Schöpfung. Wir können ihre hohe

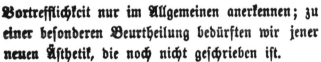

Vortrefflichkeit nur im Allgemeinen anerkennen; zu einer besonderen Beurtheilung bedürften wir jener neuen Ästhetik, die noch nicht geschrieben ist.

Wenn ich nun dieses Drama unter der Rubrik „Tragödien" einregistriere, so will ich dadurch von vornherein zeigen, wie streng ich es mit solchen Überschriften nehme. Mein alter Lehrer der Poetik im Gymnasium zu Düsseldorf bemerkte einst sehr scharfsinnig: „Diejenigen Stücke, worin nicht der heitere Geist Thalia's, sondern die Schwermuth Melpomene's athmet, gehören ins Gebiet der Tragödie." Vielleicht trug ich jene umfassende Definition im Sinne, als ich auf den Gedanken gerieth, „Troilus und Cressida" unter die Tragödien zu stecken. Und in der That, es herrscht darin eine jauchzende Bitterkeit, eine weltverhöhnende Ironie, wie sie uns nie in den Spielen der komischen Muse begegnete. Es ist weit eher die tragische Göttin, welche über- all in diesem Stücke sichtbar wird, nur daß sie hier einmal lustig thun und Spaß machen möchte... Und es ist, als sähen wir Melpomene auf einem Grisettenball den Chahut tanzen, freches Gelächter auf den bleichen Lippen, und den Tod im Herzen.

Caſſandra.

(Troilus und Creſſida.)

——

Es iſt die wahrſagende Tochter des Priamus, welche wir hier im Bildniſſe vorführen. Sie trägt im Herzen das ſchauerliche Vorwiſſen der Zukunft; ſie verkündet den Untergang Ilion's, und jetzt, wo Hektor ſich waffnet, um mit dem ſchrecklichen Peliden zu kämpfen, fleht ſie und jammert ſie . . . Sie ſieht im Geiſte ſchon den geliebten Bruder aus offenen Todeswunden verbluten . . . Sie fleht und jammert. Vergebens! Niemand hört auf ihren Rath, und eben ſo rettungslos wie das ganze verblendete Volk ſinkt ſie in den Abgrund eines dunkeln Schickſals.

Kärgliche und eben nicht ſehr bedeutungsvolle Worte widmet Shakſpeare der ſchönen Seherin; ſie iſt bei ihm nur eine gewöhnliche Unglückspro

ttin, die mit Wehegeschrei in der verfehmten
adt umherläuft:

> Ihr Auge rollt irre,
> Ihr Haar flattert wirre,

: Figura zeigt.

Liebreicher hat sie unser großer Schiller in
em seiner schönsten Gedichte gefeiert. Hier klagt
dem pythischen Gotte mit den schneidendsten Jam=
rtönen das Unglück, das er über seine Priesterin
hängt ... Ich selber hatte einmal in öffentlicher
hulprüfung jenes Gedicht zu deklamieren, und
ten blieb ich bei den Worten:

> Frommt's den Schleier aufzuheben,
> Wo das nahe Schrecknis droht?
> Nur der Irrthum ist das Leben,
> Und das Wissen ist der Tod.

Helena.

(Troilus und Cressida.)

Dieses ist die schöne Helena, deren Geschichte ich euch nicht ganz erzählen und erklären kann; ich müßte denn wirklich mit dem Ei der Leda beginnen.

Ihr Titularvater hieß Tyndarus, aber ihr wirklich geheimer Erzeuger war ein Gott, der in der Gestalt eines Vogels ihre gebenedeite Mutter befruchtet hatte, wie Dergleichen im Alterthum oft geschah. Früh verheirathet ward sie nach Sparta; doch bei ihrer außerordentlichen Schönheit ist es leicht begreiflich, daß sie dort bald verführt wurde, und ihren Gemahl, den König Menelaus, zum Hahnrei machte.

Meine Damen, wer von euch sich ganz rein fühlt, werfe den ersten Stein auf die arme Schwester. Ich will damit nicht sagen, daß es keine ganz treuen Frauen geben könne. War doch schon

berühmten Adam's, der damals der einzige
m in der Welt war, und ein Schurzfell von
enblättern trug. Nur mit der Schlange ten
erte sie gern, aber bloß wegen der schönen
zösischen Sprache, die sie sich dadurch aneignete,
sie denn überhaupt nach Bildung strebte. O,
vastöchter, ein schönes Beispiel hat euch eure
nm-Mutter hinterlassen! . . .

Frau Venus, die unsterbliche Göttin aller
ne, verschaffte dem Prinzen Paris die Gunst
chönen Helena; er verletzte die heilige Sitte
Gastrechts, und entfloh mit seiner holden Beute
Troja, der sichern Burg . . . was wir Alle
alls unter solchen Umständen gethan hätten.
Alle, und darunter verstehe ich ganz besonders
Deutsche, die wir gelehrter sind als andere
er, und uns von Jugend auf mit den Ge-
m des Homer's beschäftigen. Die schöne He-

schon die süßesten Gefühle in unserer jungen unerfahrenen Brust ... Mit erröthenden Wangen und unsicherer Zunge antworten wir auf die grammatischen Fragen des Magisters ... Späterhin, wenn wir älter und ganz gelehrt und sogar Hexenmeister geworden sind, und den Teufel selbst beschwören können, dann begehren wir von dem dienenden Geiste, daß er uns die schöne Helena von Sparta verschaffe. Ich habe es schon einmal gesagt*), der Johannes Faustus ist der wahre Repräsentant der Deutschen, des Volkes, das im Wissen seine Lust befriedigt, nicht im Leben. Obgleich dieser berühmte Doktor, der Normal=Deutsche, endlich nach Sinnengenuß lechzt und schmachtet, sucht er den Gegenstand der Befriedigung keineswegs auf den blühenden Fluren der Wirklichkeit, sondern im gelehrten Moder der Bücherwelt; und während ein französischer oder italiänischer Nekromant von dem Mephistopheles das schönste Weib der Gegenwart gefordert hätte, begehrt der deutsche Faust ein Weib, welches bereits vor Jahrtausenden gestorben ist, und ihm nur noch als schöner Schatten aus alt-

---

*) Bei Gelegenheit der Besprechung von Goethe's Faust — „Romantische Schule," erstes Buch; Sämmtliche Werke, Band VI.

Anmerkung des Herausgebers.

griechischen Pergamenten entgegenlächelt, die Helena von Sparta! Wie bedeutsam charakterisiert dieses Verlangen das innerste Wesen des deutschen Volkes!

Eben so kärglich wie die Cassandra hat Shakspeare im vorliegenden Stücke, in „Troilus und Cressida," die schöne Helena behandelt. Wir sehen sie nebst Paris auftreten, und mit dem greisen Kuppler Pandarus einige heiter neckende Gespräche wechseln. Sie foppt ihn, und endlich begehrt sie, daß er mit seiner alten meckernden Stimme ein Liebeslied singe. Aber schmerzliche Schatten der Ahnung, die Vorgefühle eines entsetzlichen Ausgangs beschleichen manchmal ihr leichtfertiges Herz; aus den rosigsten Scherzen recken die Schlangen ihre schwarzen Köpfchen hervor, und sie verräth ihren Gemüthszustand in den Worten:

„Laß uns ein Lied der Liebe hören ... diese Liebe wird uns Alle zu Grunde richten. O Kupido! Kupido! Kupido!"

Virgilia.

(Coriolan.)

Sie ist das Weib des Coriolan, eine schüch-
terne Taube, die nicht einmal zu girren wagt in
Gegenwart des überstolzen Gatten. Wenn Dieser
aus dem Felde siegreich zurückkehrt, und Alles ihm
entgegenjubelt, senkt sie demüthig ihr Antlitz, und
der lächelnde Held nennt sie sehr sinnig: „Mein
holdes Stillschweigen!" In diesem Stillschweigen
liegt ihr ganzer Charakter; sie schweigt wie die erröthende Rose, wie die keusche Perle, wie der sehn-
süchtige Abendstern, wie das entzückte Menschenherz
... es ist ein volles, kostbares, glühendes Schweigen,
das mehr sagt als alle Beredtsamkeit, als jeder
rhetorische Wortschwall. Sie ist ein verschämt sanftes
Weib, und in ihrer zarten Holdseligkeit bildet sie
den reinsten Gegensatz zu ihrer Schwieger, der
römischen Wölfin Volumnia, die den Wolf Cajus

Marcius einst gesäugt mit ihrer eisernen Milch.
Ja, Letztere ist die wahre Matrone, und aus ihren
patricischen Zitzen sog die junge Brut Nichts als
wilden Muth, ungestümen Trotz und Verachtung
des Volkes.

Wie ein Held durch solche früh eingesogenen
Tugenden und Untugenden die Lorberkrone des
Ruhmes erwirbt, dagegen aber die bessere Krone,
den bürgerlichen Eichenkranz einbüßt, und endlich
bis zum entsetzlichsten Verbrechen, bis zum Verrath
an dem Vaterland, herabsinkend, ganz schmählich
untergeht: Das zeigt uns Shakspeare in dem tragischen Drama, welches „Coriolan" betitelt ist.

Nach „Troilus und Cressida," worin unser Dichter seinen Stoff der altgriechischen Heroenzeit entnommen, wende ich mich zu dem „Coriolan," weil
wir hier sehen, wie er römische Zustände zu behandeln verstand. In diesem Drama schildert er
nämlich den Parteikampf der Patricier und Plebejer
im alten Rom.

Ich will nicht geradezu behaupten, daß diese
Schilderung in allen Einzelheiten mit den Annalen
der römischen Geschichte übereinstimme; aber das
Wesen jener Kämpfe hat unser Dichter aufs tiefste
begriffen und dargestellt. Wir können Solches um
so richtiger beurtheilen, da unsere Gegenwart manche

Erſcheinungen aufweiſt, die dem betrübſamen Zwie-
ſpalte gleichen, welcher einſt im alten Rom zwiſchen
den bevorrechteten Patriciern und den herabgewür-
digten Plebejern herrſchte. Man ſollte manchmal
glauben, Shakſpeare ſei ein heutiger Dichter, der
im heutigen London lebe und unter römiſchen Masken die jetzigen Tories und Radikalen ſchildern
wolle. Was uns in ſolcher Meinung noch beſtärken
könnte, iſt die große Ähnlichkeit, die ſich überhaupt
zwiſchen den alten Römern und heutigen Engländern und den Staatsmännern beider Völker vor-
findet. In der That, eine gewiſſe poeſieloſe Härte,
Habſucht, Blutgier, Unermüdlichkeit, Charakterfeſtig-
keit iſt den heutigen Engländern eben ſo eigen wie
den alten Römern, nur daß Dieſe weit mehr Land-
ratten als Waſſerratten waren; in der Unliebens-
würdigkeit, worin ſie Beide den höchſten Gipfel
erreicht haben, ſind ſie ſich gleich. Die auffallendſte
Wahlverwandtſchaft bemerkt man bei dem Adel
beider Völker. Der engliſche wie der ehemalige
römiſche Edelmann iſt patriotiſch: die Vaterlandsliebe hält ihn, trotz aller politiſchen Rechtsverſchie-
denheit, mit den Plebejern aufs innigſte verbunden,
und dieſes ſympathetiſche Band bewirkt, daß die
engliſchen Ariſtokraten und Demokraten, wie einſt
die römiſchen, ein Ganzes, ein einiges Volk bilden.

In andern Ländern, wo der Adel weniger an den Boden, sondern mehr an die Person des Fürsten gefesselt ist, oder gar sich ganz den partikulären Interessen seines Standes hingiebt, ist Dieses nicht der Fall. Dann finden wir bei dem englischen, wie einst bei dem römischen Adel, das Streben nach Auktoritas als das Höchste, Ruhmwürdigste und mittelbar auch Einträglichste; ich sage das mittelbar Einträglichste, da, wie einst in Rom, so jetzt auch in England die Verwaltung der höchsten Staatsämter nur durch mißbrauchten Einfluß und herkömmliche Erpressungen, also mittelbar, bezahlt wird. Jene Ämter sind Zweck der Jugenderziehung in den hohen Familien bei den Engländern, ganz wie einst bei den Römern; und, wie bei Diesen, so auch bei Jenen gilt Kriegskunst und Beredtsamkeit als die besten Hilfsmittel künftiger Auktoritas. Wie bei den Römern, so auch bei den Engländern, ist die Tradition des Regierens und des Administrierens das Erbtheil der edlen Geschlechter; und dadurch werden die englischen Tories vielleicht eben so lange unentbehrlich sein, ja sich eben so lange in Macht erhalten, wie die senatorischen Familien des alten Rom's.

Nichts aber ist dem heutigen Zustand in England so ähnlich wie jene Stimmenbewerbung, die

wir im „Coriolan" geschildert sehen. Mit welchem
verbissenen Grimm, mit welcher höhnischen Ironie
bettelt der römische Tory um die Wahlstimmen
der guten Bürger, die er in der Seele so tief
verachtet, deren Zustimmung ihm aber so unentbehrlich ist, um Konsul zu werden! Nur daß die
meisten englischen Lords, die, statt in Schlachten,
nur in Fuchsjagden ihre Wunden erworben haben,
und sich von ihren Müttern in der Verstellungs-
kunst besser unterrichten lassen, bei den heutigen
Parlamentswahlen ihren Grimm und Hohn nicht
so zur Schau tragen wie der starre Coriolan.

Wie immer, hat Shakspeare auch in dem vorliegenden Drama die höchste Unparteilichkeit aus-
geübt. Der Aristokrat hat hier Recht, wenn er seine
plebejischen Stimmherrn verachtet; denn er fühlt,
daß er selber tapferer im Kriege war, was bei
den Römern als höchste Tugend galt. Die armen
Stimmherrn, das Volk, haben indessen ebenfalls
Recht, sich ihm trotz dieser Tugend zu widersetzen;
denn er hat nicht undeutlich geäußert, daß er als
Konsul die Brotvertheilung abschaffen wolle. „Das
Brot ist aber das erste Recht des Volks."

Portia.

(Julius Cäsar.)

Der Hauptgrund von Cäsar's Popularität war die Großmuth, womit er das Volk behandelte, und seine Freigebigkeit. Das Volk ahnete in ihm den Begründer jener bessern Tage, die es unter seinen Nachkommen, den Kaisern, erleben sollte; denn Diese gewährten dem Volke sein erstes Recht: sie gaben ihm sein tägliches Brot. Gern verzeihen wir den Kaisern die blutigste Willkür, womit sie einige hundert patricische Familien behandelten und die Privilegien derselben verspotteten; wir erkennen in ihnen, und mit Dank, die Zerstörer jener Adelsherrschaft, welche dem Volk für die härtesten Dienste nur kärglichen Lohn bewilligte; wir preisen sie als weltliche Heilande, die, erniedrigend die Hohen und erhöhend die Niedrigen, eine bürgerliche Gleichheit einführten. Mag immerhin der Advokat der Vergangenheit, der

14*

Patricier Tacitus, die Privatlaster und Tollheiten
der Cäsaren mit dem poetischsten Gifte beschreiben,
wir wissen doch von ihnen das Bessere: sie fütterten das Volk.

Cäsar ist es, welcher die römische Aristokratie
ihrem Untergang zuführt und den Sieg der Demokratie vorbereitet. Indessen, manche alte Patricier hegen im Herzen noch den Geist des Republikanismus; sie können die Oberherrschaft eines
Einzigen noch nicht vertragen; sie können nicht
leben, wo ein Einziger das Haupt über das ihre
erhebt, und sei es auch das herrliche Haupt eines
Julius Cäsar; und sie wetzen ihre Dolche und
tödten ihn.

Demokratie und Königthum stehen sich nicht
feindlich gegenüber, wie man fälschlich in unsern
Tagen behauptet hat. Die beste Demokratie wird
immer diejenige sein, wo ein Einziger als Inkar-
nation des Volkswillens an der Spitze des Staates
steht, wie Gott an der Spitze der Weltregierung;
unter jenem, dem inkarnierten Volkswillen, wie unter
der Majestät Gottes, blüht die sicherste Menschen-
gleichheit, die echteste Demokratie. Aristokratismus
und Republikanismus stehen einander ebenfalls nicht
feindlich gegenüber, und Das sehen wir am klarsten im vorliegenden Drama, wo sich eben in den

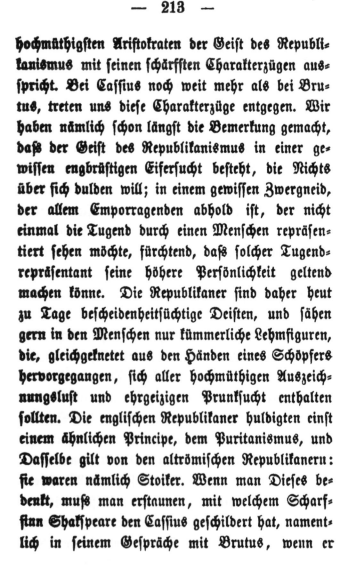

hochmüthigsten Aristokraten der Geist des Republikanismus mit seinen schärfsten Charakterzügen ausspricht. Bei Cassius noch weit mehr als bei Brutus, treten uns diese Charakterzüge entgegen. Wir
haben nämlich schon längst die Bemerkung gemacht,
daß der Geist des Republikanismus in einer gewissen engbrüstigen Eifersucht besteht, die Nichts
über sich dulden will; in einem gewissen Zwergneid,
der allem Emporragenden abhold ist, der nicht
einmal die Tugend durch einen Menschen repräsentiert sehen möchte, fürchtend, daß solcher Tugend-
repräsentant seine höhere Persönlichkeit geltend
machen könne. Die Republikaner sind daher heut
zu Tage bescheidenheitsüchtige Deisten, und sähen
gern in den Menschen nur kümmerliche Lehmfiguren,
die, gleichgeknetet aus den Händen eines Schöpfers
hervorgegangen, sich aller hochmüthigen Auszeich-
nungslust und ehrgeizigen Prunksucht enthalten
sollten. Die englischen Republikaner huldigten einst
einem ähnlichen Principe, dem Puritanismus, und
Dasselbe gilt von den altrömischen Republikanern:
sie waren nämlich Stoiker. Wenn man Dieses bedenkt, muß man erstaunen, mit welchem Scharf-
sinn Shakspeare den Cassius geschildert hat, namentlich in seinem Gespräche mit Brutus, wenn er

hört, wie das Volk den Cäfar, den es zum
König erheben möchte, mit Jubelgeschrei begrüßt:

Ich weiß es nicht, wie Ihr und andre Menschen
Von diesem Leben denkt; mir, für mich selbst,
Wär' es so lieb, nicht da sein, als zu leben
In Furcht vor einem Wesen wie ich selbst.
Ich kam wie Cäfar frei zur Welt, so Ihr;
Wir nährten uns so gut, wir können Beide
So gut, wie er, des Winters Frost ertragen.
Denn einst, an einem rauhen, stürm'schen Tage,
Als wild die Tiber an ihr Ufer tobte,
Sprach Cäfar zu mir: Wagst du, Cassius, nun
Mit mir zu springen in die zorn'ge Flut,
Und bis dorthin zu schwimmen? — Auf dies Wort,
Bekleidet, wie ich war, stürz' ich hinein,
Und hieß ihn folgen; wirklich that er's auch.
Der Strom brüllt' auf uns ein, wir schlugen ihn
Mit wackern Sehnen, warfen ihn bei Seit',
Und hemmten ihn mit einer Brust des Trotzes;
Doch eh' wir das erwählte Ziel erreicht,
Rief Cäfar: Hilf mir, Cassius! ich sinke.
Ich, wie Äneas, unser großer Ahn,
Aus Troja's Flammen einst auf seinen Schultern
Den alten Vater trug, so aus den Wellen
Zog ich den müden Cäfar. — Und der Mann

Ist nun zum Gott erhöht, und Cassius ist
Ein arm Geschöpf, und muß den Rücken beugen,
Nickt Cäsar nur nachläſſig gegen ihn.
Als er in Spanien war, hatt' er ein Fieber,
Und wenn der Schau'r ihn ankam, merkt' ich wohl
Sein Beben: ja, er bebte, dieser Gott!
Das feige Blut der Lippen nahm die Flucht,
Sein Auge, deſſen Blick die Welt bedräut,
Verlor den Glanz, und ächzen hört' ich ihn.
Ja, dieser Mund, der horchen hieß die Römer,
Und in ihr Buch einzeichnen seine Reden,
Ach, rief: „Titinius! gieb mir zu trinken!"
Wie'n krankes Mädchen.   Götter! ich erstaune,
Wie nur ein Mann so schwächlicher Natur
Der stolzen Welt den Vorsprung abgewann,
Und nahm die Palm' allein.

          ·

   ·   Cäsar selber kennt seinen Mann sehr gut, und
in einem Gespräche mit Antonius entfallen ihm
die tiefſinnigen Worte:

Laſſt wohlbeleibte Männer um mich sein,
Mit glatten Köpfen, und die Nachts gut schlafen.
Der Cassius dort hat einen hohlen Blick;
Er denkt zu viel: die Leute sind gefährlich.

Wär' er nur fetter! — Zwar ich fürcht' ihn nicht;
Doch wäre Furcht nicht meinem Namen fremd,
Ich kenne Niemand, den ich eher miede
Als diesen hagern Cassius. Er liest Viel;
Er ist ein großer Prüfer, und durchschaut
Das Thun der Menschen ganz; er liebt kein Spiel,
Wie du, Antonius; hört nicht Musik;
Er lächelt selten, und auf solche Weise,
Als spott' er sein, verachte seinen Geist,
Den irgend was zum Lächeln bringen konnte.
Und solche Männer haben nimmer Ruh',
Solang sie Jemand größer sehn als sich.
Das ist es, was sie so gefährlich macht.

Cassius ist Republikaner, und, wie wir es oft
bei solchen Menschen finden, er hat mehr Sinn
für edle Männerfreundschaft als für zarte Frauen=
liebe. Brutus hingegen opfert sich für die Republik,
nicht weil er seiner Natur nach Republikaner, son=
dern weil er ein Tugendheld ist, und in jener Auf=
opferung eine höchste Aufgabe der Pflicht sieht. Er
ist empfänglich für alle sanften Gefühle, und mit
weicher Seele hängt er an seiner Gattin Portia.

Portia, eine Tochter des Cato, ganz Röme=
rin, ist dennoch liebenswürdig, und selbst in den
höchsten Aufflügen ihres Heroismus offenbart sie

den weiblichſten Sinn- und die ſinnigſte Weiblich=
keit. Mit ängſtlichen Liebesaugen lauert ſie auf jeden
Schatten, der über die Stirne ihres Gemahls dahin=
zieht und ſeine bekümmerten Gedanken verräth. Sie
will wiſſen, was ihn quält, ſie will die Laſt des
Geheimniſſes, das ſeine Seele drückt, mit ihm
theilen . . . Und als ſie es endlich weiß, iſt ſie
dennoch ein Weib, unterliegt faſt den furchtbaren
Beſorgniſſen, kann ſie nicht verbergen und geſteht
ſelber:

> Ich habe Mannesſinn, doch Weiberohnmacht,
> Wie fällt doch ein Geheimnis Weibern ſchwer!

Cleopatra.

(Antonius und Cleopatra.)

———

Ja, Dieses ist die berühmte Königin von Ägypten, welche den Antonius zu Grunde gerichtet hat.

Er wußte es ganz bestimmt, daß er durch dieses Weib seinem Verderben entgegenging, er will sich ihren Zauberfesseln entreißen . . .

Schnell muß ich fort von hier.

Er flieht . . . doch nur um desto eher zurückzukehren zu den Fleischtöpfen Ägyptens, zu seiner alten Nilschlange, wie er sie nennt . . . bald fühlt er sich wieder mit ihr im prächtigen Schlamme zu Alexandrien, und dort, erzählt Octavius:

Dort auf dem Markt, auf silberner Tribüne,
Auf goldnen Stühlen, thront er öffentlich
Mit der Cleopatra. Cäsarion saß

Zu ihren Füßen, den man für den Sohn
Von meinem Vater hält; und alle die
Unechten Kinder, die seit jener Zeit
Erzeugte ihre Wolluſt. Ihr verlieh
Ägypten er zum Eigenthum, und machte
Von Niederſyrien, Cyprus, Lydien ſie
Zur unumſchränkten Königin.

. . . .

                An dem Ort,
Wo man die öffentlichen Spiele giebt,
Da kündet' er als Könige der Kön'ge
Die Söhne; gab Großmedien, Parthien,
Armenien dem Alexander, wies
Dem Ptolomäus Syrien, Cilicien
Und auch Phönicien an. Sie ſelbſt erſchien
Im Schmuck der Göttin Iſis dieſen Tag,
Und, wie man ſagt, ertheilte ſie vorher
Auf dieſe Weiſe oftmals ſchon Gehör.

Die ägyptiſche Zauberin hält nicht bloß ſein
Herz, ſondern auch ſein Hirn gefangen, und ver=
wirrt ſogar ſein Feldherrntalent. Statt auf dem
feſten Lande, wo er geübt im Siegen, liefert er
die Schlacht auf der unſichern See, wo ſeine Tap=
ferkeit ſich weniger geltend machen kann; — und
dort, wohin das launenhafte Weib ihm durchaus

folgen wollte, ergreift sie plötzlich die Flucht nebst
allen ihren Schiffen, eben im entscheidenden Momente des Kampfes; — und Antonius, „gleich
einem brünst'gen Entrich," mit ausgespannten Se-
gelflügeln, flieht ihr nach, und läßt Ehre und Glück
im Stich. Aber nicht bloß durch die weiblichen
Launen Cleopatra's erleidet der unglückselige Held
die schmählichste Niederlage; späterhin übt sie gegen
ihn sogar den schwärzesten Verrath, und läßt, im
geheimen Einverständnis mit Octavius, ihre Flotte
zum Feinde übergehen . . . Sie betrügt ihn aufs
niederträchtigste, um im Schiffbruche seines Glücks
ihre eigenen Güter zu retten, oder gar noch einige
größere Vortheile zu erfischen . . . Sie treibt ihn
in Verzweiflung und Tod durch Arglist und Lüge
. . . Und dennoch bis zum letzten Augenblicke liebt
er sie mit ganzem Herzen; ja, nach jedem Verrath,
den sie an ihm übte, entlodert seine Liebe um so
flammender. Er flucht freilich über ihre jedesmalige
Tücke, er kennt alle ihre Gebrechen, und in den
rohesten Schimpfreden entladet sich seine bessere
Einsicht, und er sagt ihr die bittersten Wahrheiten.

> Eh' ich dich kannte, warst du halb verwelkt!
> Ha! ließ ich deßhalb ungedrückt in Rom
> Mein Kissen, gab darum die Zeugung auf

Rechtmäß'ger Kinder und von einem Kleinod
Der Frauen, um von Der getäuscht zu sein,
Die gern sieht, daß sie Andre unterhalten?

. . . .

Du warst von jeher eine Heuchlerin.
Doch werden wir in Missethaten hart,
Dann — o des Unglücks! — schließen weise
                                        Götter
Die Augen uns; in unsern eigenen Koth
Versenken sie das klare Urtheil; machen,
Daß wir anbeten unsern Wahn und lachen,
Wenn wir hinstolpern ins Verderben.

. . . .

                    Als kalten Bissen auf
Des todten Cäsar's Schüssel fand ich dich;
Du warst ein Überbleibsel schon des Cnejus
Pompejus; andrer heißer Stunden nicht
Zu denken, die, vom allgemeinen Ruf
Nicht aufgezeichnet, du wollüstig dir
Erhaschtest.

Aber wie jener Speer des Achilles, welcher
die Wunden, die er schlug, wieder heilen konnte,
so kann der Mund des Liebenden mit seinen Küssen
auch die tödlichsten Stiche wieder heilen, womit
sein scharfes Wort das Gemüth des Geliebten ver=

letzt hat. . . . Und nach jeder Schändlichkeit, welche
die alte Nilschlange gegen den römischen Wolf aus-
übte, uud nach jeder Schimpfrede, die Dieser darüber losheulte, züngeln sie Beide mit einander um
so zärtlicher; noch im Sterben drückt er auf ihre
Lippen von so vielen Küssen noch den letzten Kuß. . .

Aber auch sie, die ägyptische Schlange, wie
liebt sie ihren römischen Wolf! Ihre Verräthereien
sind nur äußerliche Windungen der bösen Wurm-
natur, sie übt Dergleichen mehr mechanisch aus an-
geborner oder angewöhnter Unart . . . aber in der
Tiefe ihrer Seele wohnt die unwandelbarste Liebe
für Antonius, sie weiß es selbst nicht, daß diese
Liebe so stark ist, sie glaubt manchmal, diese Liebe
überwinden oder gar mit ihr spielen zu können,
und sie irrt sich, und dieser Irrthum wird ihr erst
recht klar in dem Augenblick, wo sie den geliebten
Mann auf immer verliert, und ihr Schmerz in die
erhabenen Worte ausbricht:

> Ich träumt': es gab einst einen Feldherrn Marc
> Anton! — O einen zweiten, gleichen Schlaf,
> Um noch einmal solch einen Mann zu seh'n!

. . . .

Sein Gesicht
War wie des Himmels Antlitz. Drinnen stand

Die Sonn' und auch ein Mond und liefen um,
Und leuchteten der Erde kleinem O.

. . . . ,
                         Seine Füße
Beschritten Oceane; sein empor=
Gestreckter Arm umfauste eine Welt;
Der Harmonie der Sphären glich die Stimme,
Wenn sie den Freunden tönte; wenn er meint'
Den Erdkreis zu bezähmen, zu erschüttern,
Wie Donner rasselnd. Seine Güte kannte
Den Winter nie; sie war ein Herbst, der stets
Durch Ernten reicher ward. Delphinen gleich
War sein Ergötzen, die den Rücken ob
Dem Elemente zeigen, das sie hegt.
Es wandelten in seiner Liverei
Der Königs= und der Fürstenkronen viel'.
Und Königreich' und Inseln fielen ihm
Wie Münzen aus der Tasche.

Diese Cleopatra ist ein Weib. Sie liebt und
verräth zu gleicher Zeit. Es ist ein Irrthum zu
glauben, daß die Weiber, wenn sie uns verrathen,
auch aufgehört haben uns zu lieben. Sie folgen
nur ihrer angebornen Natur; und wenn sie auch
nicht den verbotenen Kelch leeren wollen, so möch=
ten sie doch manchmal ein bischen nippen, an dem

Rande lecken, um wenigstens zu kosten, wie Gift
schmeckt. Nächst Shakspeare, in vorliegender Tragödie, hat dieses Phänomen Niemand so gut geschildert wie unser alter Abbé Prevost in seinem
Romane „Manon de Lescaut". Die Intuition des
größten Dichters stimmt hier überein mit der nüchternen Beobachtung des kühlsten Prosaikers.

Ja, diese Cleopatra ist ein Weib, in der hold-
seligsten und vermaledeitesten Bedeutung des Wortes! Sie erinnert mich an jenen Ausspruch Lessing's:
Als Gott das Weib schuf, nahm er den Thon zu
fein! Die Überzartheit seines Stoffes verträgt sich
nun selten mit den Ansprüchen des Lebens. Dieses
Geschöpf ist zu gut und zu schlecht für diese Welt.
Die lieblichsten Vorzüge werden hier die Ursache
der verdrießlichsten Gebrechen. Mit entzückender
Wahrheit schildert Shakspeare schon gleich beim
Auftreten der Cleopatra den bunten flatterhaften
Launengeist, der im Kopfe der schönen Königin beständig rumort, nicht selten in den bedenklichsten
Fragen und Gelüsten übersprudelt, und vielleicht
eben als der letzte Grund von all ihrem Thun
und Lassen zu betrachten ist. Nichts ist charakteri-
stischer als die fünfte Scene des ersten Akts, wo
sie von ihrer Kammerjungfer verlangt, daß sie ihr
Mandragora zu trinken gebe, damit dieser Schlaf-

trunk ihr die Zeit ausfülle, während Antonius
entfernt. Dann plagt sie der Teufel, ihren Kastra-
ten Mardian zu rufen. Er frägt unterthänig, was
seine Gebieterin begehre. Singen will ich dich nicht
hören, antwortet sie, denn Nichts gefällt mir jetzt,
was Eunuchen eigen ist — aber sage mir: Fühlst
du denn Leidenschaft?

Mardian.

Ja, holde Königin!

Cleopatra.

In Wahrheit?

Mardian.

Nicht in Wahrheit;

Denn Nichts vermag ich, als was in der Wahrheit
Mit Anstand kann geschehn, und doch empfind'
Ich heft'ge Triebe, denk' auch oft an Das,
Was Mars mit Venus that.

Cleopatra.

O Charmian!

Wo, glaubst du, ist er jetzt? Steht oder sitzt er?
Geht er umher? besteigt er jetzt sein Roß?
Beglücktes Roß, das seine Last erträgt!
Sei tapfer, Roß! denn weißt du, wen du trägst?
Der Erde halben Atlas! Ihn, den Arm,
Den Helm der Menschen! Sprechen wird er oder

Wird murmeln jetzt: Wo ist nun meine Schlange
Des alten Nil's? — Denn also nennt er mich.

Soll ich, ohne Furcht vor diffamatorischem
Mißlächeln, meinen ganzen Gedanken aussprechen,
so muß ich ehrlich bekennen: dieses ordnungslose
Fühlen und Denken der Cleopatra, welches eine
Folge des ordnungslosen, müßigen und beunruhigten
Lebenswandels, erinnert mich an eine gewisse Klasse
verschwenderischer Frauen, deren kostspieliger Haushalt von einer außerehelichen Freigebigkeit bestritten
wird, und die ihre Titulargatten sehr oft mit Liebe
und Treue, nicht selten auch mit bloßer Liebe, aber
immer mit tollen Launen plagen und beglücken.
Und war sie denn im Grunde etwas Anders, diese
Cleopatra, die wahrlich mit ägyptischen Kronein-
künften nimmermehr ihren unerhörten Luxus bezahlen konnte, und von dem Antonius, ihrem römischen Entreteneur, die erpreßten Schätze ganzer
Provinzen als Geschenke empfing, und im eigentlichen Sinne des Wortes eine unterhaltene Königin war!

In dem aufgeregten, unstäten, aus lauter Ex-
tremen zusammengewürfelten, drückend schwülen
Geiste der Cleopatra wetterleuchtet ein sinnlich
wilder, schwefelgelber Witz, der uns mehr erschreckt

als ergötzt. Plutarch giebt uns einen Begriff von diesem Witze, der sich mehr in Handlungen als in Worten ausspricht, und schon in der Schule lachte ich mit ganzer Seele über den mystificierten Antonius, der mit seiner königlichen Geliebten auf den Fischfang ausfuhr, aber an seiner Schnur lauter eingesalzene Fische heraufzog; denn die schlaue Ägypterin hatte heimlich eine Menge Taucher bestellt, welche unter dem Wasser an dem Angelhaken des verliebten Römers jedesmal einen eingesalzenen Fisch zu befestigen wußsten. Freilich, unser Lehrer machte bei dieser Anekdote ein sehr ernsthaftes Gesicht, und tadelte nicht wenig den frevelhaften Übermuth, womit die Königin das Leben ihrer Unterthanen, jener armen Taucher, aufs Spiel setzte, um den besagten Spaß auszuführen; unser Lehrer war überhaupt kein Freund der Cleopatra, und er machte uns sehr nachdrücklich darauf aufmerksam, wie sich der Antonius durch dieses Weib seine ganze Staats-Karrière verdarb, in häusliche Unannehmlichkeiten verwickelte, und endlich ins Unglück stürzte.

Ja, mein alter Lehrer hatte Recht, es ist äußerst gefährlich, sich mit einer Person, wie die Cleopatra, in ein näheres Verhältnis einzulassen. Ein Held kann dadurch zu Grunde gehen, aber auch nur ein

15*

Held. Der lieben Mittelmäßigkeit droht hier, wie überall, keine Gefahr.

Wie der Charakter der Cleopatra, so ist auch ihre Stellung eine äußerst witzige. Dieses launische, lustsüchtige, wetterwendische, fieberhaft kokette Weib, diese antike Pariserin, diese Göttin des Lebens, gaukelt und herrscht über Ägypten, dem schweigsam starren Todtenland... Ihr kennt es wohl, jenes Ägypten, jenes geheimnisvolle Mizraim, jenes enge Nilthal, das wie ein Sarg aussieht ... Im hohen Schilfe greint das Krokodil oder das ausgesetzte Kind der Offenbarung ... Felsentempel mit kolossalen Pfeilern, woran heilige Thierfratzen lehnen, häßlich bunt bemalt ... An der Pforte nickt der hieroglyphenmützige Isismönch ... In üppigen Villas halten die Mumien ihre Siesta, und die vergoldete Larve schützt sie vor den Fliegenschwärmen der Verwesung... Wie stumme Gedanken stehen dort die schlanken Obelisken und die plumpen Pyramiden ... Im Hintergrund grüßen die Mondberge Äthiopiens, welche die Quellen des Nil's verhüllen ...Überall Tod, Stein und Geheimnis ... Und über dieses Land herrschte als Königin die schöne Cleopatra.

Wie witzig ist Gott!

Lavinia.

(Titus Andronikus.)

———

In „Julius Cäsar" sehen wir die letzten Zuckungen des republikanischen Geistes, der dem Auf-
kommen der Monarchie vergebens entgegenkämpft;
die Republik hat sich überlebt, und Brutus und
Cassius können nur den Mann ermorden, der zuerst
nach der königlichen Krone greift, keineswegs aber
vermögen sie das Königthum zu tödten, das in den
Bedürfnissen der Zeit schon tief wurzelt. In Antonius und Cleopatra sehen wir, wie, statt des einen
gefallenen Cäsar's, drei andere Cäsaren nach der
Weltherrschaft die kühnen Hände strecken; die Prin-
cipienfrage ist gelöst, und der Kampf, der zwischen
diesen Triumvirn ausbricht, ist nur eine Per-
sonenfrage: Wer soll Imperator sein, Herr über
alle Menschen und Lande? Die Tragödie, betitelt
„Titus Andronikus," zeigt uns, daß auch diese

unbeschränkte Alleinherrschaft im römischen Reiche
dem Gesetze aller irdischen Erscheinungen folgen,
nämlich in Verwesung übergehen mußte, und Nichts
gewährt einen so widerwärtigen Anblick wie jene
späteren Cäsaren, die dem Wahnsinn und dem Verbrechen der Neronen und Caligulen noch die win-
digste Schwächlichkeit hinzufügten. Diesen, den Neronen und Caligulen, schwindelte auf der Höhe
ihrer Allmacht; sich erhaben dünkend über alle
Menschlichkeit, wurden sie Unmenschen; sich selber
für Götter haltend, wurden sie gottlos; ob ihrer
Ungeheuerlichkeit aber können wir vor Erstaunen
sie kaum mehr nach vernünftigen Maßstäben beurtheilen. Die späteren Cäsaren hingegen sind weit
mehr Gegenstände unseres Mitleids, unseres Unwillens, unseres Ekels; es fehlt ihnen die heidnische Selbstvergötterung, der Rausch ihrer alleini-
gen Majestät, ihrer schauerlichen Unverantwortlichkeit
... Sie sind christlich zerknirscht, und der schwarze
Beichtiger hat ihnen ins Gewissen geredet, und
sie ahnen jetzt, daß sie nur armselige Würmer sind,
daß sie von der Gnade einer höhern Gottheit abhängen, und daß sie einst für ihre irdischen Sünden in der Hölle gesotten und gebraten werden.

Obleich in „Titus Andronikus“ noch das äußere
Gepränge des Heidenthums waltet, so offenbart

sich doch in diesem Stück schon der Charakter der
spätern christlichen Zeit, und die moralische Ver=
kehrtheit in allen sittlichen und bürgerlichen Dingen
ist schon ganz byzantinisch. Dieses Stück gehört
sicher zu Shakspeare's frühesten Erzeugnissen, ob=
gleich manche Kritiker ihm die Autorschaft streitig
machen; es herrscht darin eine Unbarmherzigkeit,
eine schneidende Vorliebe für das Häßliche, ein
titanisches Hadern mit den göttlichen Mächten, wie
wir Dergleichen in den Erstlingswerken der größten
Dichter zu finden pflegen. Der Held, im Gegen=
satz zu seiner ganzen demoralisierten Umgebung, ist
ein echter Römer, ein Überbleibsel aus der alten
starren Periode. Ob dergleichen Menschen damals
noch existierten? Es ist möglich; denn die Natur
liebt es von allen Kreaturen, deren Gattung unter=
geht oder sich transformiert, noch irgend ein Exem=
plar aufzubewahren, und sei es auch als Verstei=
nerung, wie wir Dergleichen auf Bergeshöhen zu
finden pflegen. Titus Andronikus ist ein solcher
versteinerter Römer, und seine fossile Tugend ist
eine wahre Kuriosität zur Zeit der spätesten Cäsaren.

Die Schändung und Verstümmelung seiner
Tochter Lavinia gehört zu den entsetzlichsten Scenen,
die sich bei irgend einem Autor finden. Die Ge=
schichte der Philomele in den Verwandlungen des

Ovidius ist lange nicht so schauderhaft; denn der unglücklichen Römerin werden sogar die Hände ab-gehackt, damit sie nicht die Urheber des grausamsten Bubenstücks verrathen könne. Wie der Vater durch seine starre Männlichkeit, so mahnt die Tochter durch ihre hohe Weibeswürde an die sittlichere Ver-gangenheit; sie scheut nicht den Tod, sondern die Entehrung, und rührend sind die keuschen Worte, womit sie ihre Feindin, die Kaiserin Tamora, um Schonung anfleht, wenn die Söhne Derselben ihren Leib beflecken wollen:

Nur schnellen Tod erfleh' ich! — und noch Eins,
Was Weiblichkeit zu nennen mir verweigert:
Entzieh mich ihrer Wollust, schrecklicher
Als Mord für mich, und wälze meine Leiche
In eine garst'ge Grube, wo kein Auge
Des Mannes jemals meinen Körper sieht.
O, Dies erfüll, und sei erbarmungsvoll
Als Mörderin!

In dieser jungfräulichen Reinheit bildet La-vinia den vollendeten Gegensatz zu der erwähnten Kaiserin Tamora; hier, wie in den meisten seiner Dramen, stellt Shakspeare zwei ganz gemüthsver-schiedene weibliche Gestalten neben einander, und

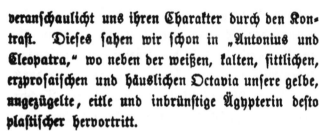

veranschaulicht uns ihren Charakter durch den Kon=
traft. Dieses sahen wir schon in „Antonius und
Cleopatra," wo neben der weißen, kalten, sittlichen,
erzprosaischen und häuslichen Octavia unsere gelbe,
ungezügelte, eitle und inbrünstige Ägypterin desto
plastischer hervortritt.

Aber auch jene Tamora ist eine schöne Figur,
und es dünkt mir eine Ungerechtigkeit, daß der
englische Grabstichel in gegenwärtiger Galerie Shak=
speare'scher Frauen ihr Bildnis nicht eingezeichnet
hat. Sie ist ein schönes majestätisches Weib, eine
bezaubernd imperatorische Gestalt, auf der Stirne
das Zeichen der gefallenen Göttlichkeit, in den
Augen eine weltverzehrende Wolluft, prachtvoll
lasterhaft, lechzend nach rothem Blut. Weitblickend
milde, wie unser Dichter sich immer zeigt, hat er
schon in der ersten Scene, wo Tamora erscheint,
alle die Greuel, die sie später gegen Titus Andro=
nikus ausübt, im Voraus justificiert. Denn dieser
starre Römer, ungerührt von ihren schmerzlichsten
Mutterbitten, läßt ihren geliebten Sohn gleichsam
vor ihren Augen hinrichten; sobald sie nun in der
werbenden Gunst des jungen Kaisers die Hoff=
nungsstrahlen einer künftigen Rache erblickt, ent=
ringeln sich ihren Lippen die jauchzend finstern
Worte:

Ich will es ihnen zeigen, was es heißt,
Wenn eine Königin auf den Straßen kniet,
Und Gnad' umsonst ersleht.

Wie ihre Grausamkeit entschuldigt wird durch
das erduldete Übermaß von Qualen, so erscheint
die metzenhafte Liederlichkeit, womit sie sich sogar
einem scheußlichen Mohren hingiebt, gewissermaßen
veredelt durch die romantische Poesie, die sich darin ausspricht. Ja, zu den schauerlich süßesten
Zaubergemälden der romantischen Poesie gehört
jene Scene, wo während der Jagd die Kaiserin
Tamora ihr Gefolge verlassen hat, und ganz allein
im Walde mit dem geliebten Mohren zusammen-
trifft.

Warum so traurig, holder Aaron?
Da doch umher so heiter Alles scheint.
Die Vögel singen überall im Busch,
Die Schlange liegt im Sonnenstrahl gerollt,
Das grüne Laub bebt von dem kühlen Hauch,
Und bildet bunte Schatten auf dem Boden.
Im süßen Schatten, Aaron, laß uns sitzen,
Indeß das Echo schwatzhaft Hunde äfft,
Und wiederhallt der Hörner hellen Klang,
Als sei die Jagd verdoppelt; — laß uns sitzen,

Und horchen auf das gellende Getöse.
Nach solchem Zweikampf, wie der war, den Dido —
Erzählt man — mit Äneas einst genoß,
Als glücklich sie ein Sturmwind überfiel,
Und die verschwiegne Grotte sie verbarg,
Laß uns verschlungen Beide, Arm in Arm,
Wenn wir die Lust genossen, goldnem Schlaf
Uns überlassen; während Hund und Horn
Und Vögel mit der süßen Melodie
Uns Das sind, was der Amme Lied ist, die
Damit das Kindlein lullt und wiegt zum Schlaf.

Während aber Wollustgluthen aus den Augen
der schönen Kaiserin hervorlodern, und über die
schwarze Gestalt des Mohren wie lockende Lichter,
wie züngelnde Flammen ihr Spiel treiben, denkt
Dieser an weit wichtigere Dinge, an die Ausfüh-
rung der schändlichsten Intriguen, und seine Antwort bildet den schroffsten Gegensatz zu der brünstigen Anrede Tamora's.

Constanze.

(König Johann.)

———

Es war am 29. August des Jahrs 1827 nach Christi Geburt, als ich im Theater zu Berlin bei der ersten Vorstellung einer neuen Tragödie vom Herrn E. Raupach allmählig einschlief.

Für das gebildete Publikum, das nicht ins Theater geht und nur die eigentliche Literatur kennt, muß ich hier bemerken, daß benannter Herr Raupach ein sehr nützlicher Mann ist, ein Tragödien- und Komödien-Lieferant, welcher die Berliner Bühne jeden Monat mit einem neuen Meisterwerke versieht. Die Berliner Bühne ist eine vortreffliche Anstalt und besonders nützlich für Hegel'sche Philosophen, welche des Abends von dem harten Tagwerk des Denkens ausruhen wollen. Der Geist erholt sich dort noch weit natürlicher als bei Wisotki. Man geht ins Theater, streckt sich nachlässig hin

auf die sammtnen Bänke, lorgniert die Augen seiner
Nachbarinnen oder die Beine der eben auftreten-
den Mimin, und wenn die Kerls von Komödianten
nicht gar zu laut schreien, schläft man ruhig ein,
wie ich es wirklich gethan am 29. August des
Jahres 1827 nach Christi Geburt.

Als ich erwachte, war Alles dunkel rund um
mich her, und bei dem Scheine einer mattflimmern-
den Lampe erkannte ich, daß ich mich ganz allein
im leeren Schauspielhause befand. Ich beschloß, den
übrigen Theil der Nacht dort zu verbringen, suchte
wieder gelinde einzuschlafen, welches mir aber nicht
mehr so gut gelang wie einige Stunden vorher,
als der Mohnduft der Raupach'schen Verse mir in
die Nase stieg; auch störte mich allzusehr das Knis-
pern und Gepiepse der Mäuse. Unfern vom Or-
chester raschelte eine ganze Mäusekolonie, und da
ich nicht bloß Raupach'sche Verse, sondern auch die
Sprache aller übrigen Thiere verstehe, so erlauschte
ich ganz unwillkürlich die Gespräche jener Mäuse.
Sie sprachen über Gegenstände, die ein denkendes
Geschöpf am meisten interessieren müssen: über die
letzten Gründe aller Erscheinungen, über das Wesen der Dinge an und für sich, über Schicksal und
Freiheit des Willens, über die große Raupach'sche
Tragödie, die sich kurz vorher mit allen möglichen

Schrecknissen vor ihren eignen Augen entfaltet,
entwickelt und geendigt hatte.

Ihr jungen Leute, sprach langsam ein alter
Mauserich, ihr habt nur ein einziges Stück oder
nur wenige solcher Stücke gesehen, ich aber bin
ein Greis, und habe deren schon sehr viele erlebt
und sie alle mit Aufmerksamkeit betrachtet. Da habe
ich nun gefunden, daß sie sich im Wesen alle ähnlich, daß sie fast nur Variationen desselben The-
mas sind, daß manchmal ganz dieselben Expositio-
nen, Verwicklungen und Katastrophen vorkommen.
Es sind immer dieselben Menschen und dieselben
Leidenschaften, welche nur Kostüme und Redefiguren
wechseln. Da sind immer dieselben Beweggründe
des Handelns, Liebe oder Haß oder Ehrgeiz oder
Eifersucht, der Held mag nun eine römische Toga
oder einen altdeutschen Harnisch, einen Turban oder
einen Filz tragen, sich antik oder romantisch gebärden, einfach oder geblümt, in schlechten Jamben
oder in noch schlechtern Trochäen sprechen. Die
ganze Geschichte der Menschheit, die man gern in
verschiedene Stücke, Akte und Auftritte eintheilen
möchte, ist doch immer eine und dieselbe Geschichte;
es ist eine nur maskierte Wiederkehr derselben Na-
turen und Ereignisse, ein organischer Kreislauf, der
immer von vorne wieder anfängt; und wenn man

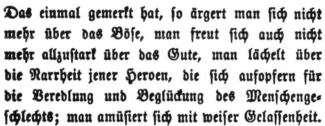

Das einmal gemerkt hat, so ärgert man sich nicht
mehr über das Böse, man freut sich auch nicht
mehr allzustark über das Gute, man lächelt über
die Narrheit jener Heroen, die sich aufopfern für
die Veredlung und Beglückung des Menschenge-
schlechts; man amüsiert sich mit weiser Gelassenheit.

Ein kicherndes Stimmchen, welches einem kleinen Spitzmäuschen zu gehören schien, bemerkte
dagegen mit großer Hast: Auch ich habe Beobach-
tungen angestellt, und nicht bloß von einem einzigen
Standpunkte aus, ich habe mir keine springende
Mühe verdrießen lassen, ich verließ das Parterre
und betrachtete mir die Dinge hinter den Koulissen,
und da habe ich gar befremdliche Entdeckungen gemacht. Dieser Held, den ihr eben bewundert, der
ist gar kein Held; denn ich sah, wie ein junger
Bursch ihn einen besoffenen Schlingel nannte, und
ihm diverse Fußtritte gab, die er ruhig einsteckte.
Jene tugendhafte Prinzessin, die sich für ihre Tugend aufzuopfern schien, ist weder eine Prinzessin,
noch tugendhaft; ich habe gesehen, wie sie aus
einem Porzellantöpfchen rothe Farbe genommen,
ihre Wangen damit angestrichen, und Dieses galt
nachher für Schamröthe; am Ende sogar warf sie
sich gähnend in die Arme eines Gardelieutenants,
der ihr auf Ehre versicherte, daß sie auf seiner

Stube einen juten Heringsalat nebst einem Glase
Punsch finden würde. Was ihr für Donner und
Blitz gehalten habt, Das ist nur das Rollen einiger
Blechwalzen und das Verbrennen einiger Loth ge-
stoßenen Kolophoniums. Aber gar jener dicke ehr-
liche Bürger, der lauter Uneigennützigkeit und
Großmuth zu sein schien, der zankte sich sehr geld-
gierig mit einem dünnen Menschen, den er Herr
Generalintendant titulierte, und von dem er einige
Thaler Zulage verlangte. Ja, ich habe Alles mit
eigenen Augen gesehen, und mit eigenen Ohren
gehört; all das Große und Edle, das uns hier
voragiert wurde, ist Lug und Trug; Eigennutz und
Selbstsucht sind die geheimen Triebfedern aller
Handlungen, und ein vernünftiges Wesen lässt sich
nicht täuschen durch den Schein.

Hiergegen aber erhob sich eine seufzende, wei-
nerliche Stimme, die mir schier bekannt dünkte,
obgleich ich dennoch nicht wusste, ob sie einer männlichen oder weiblichen Maus gehörte. Sie begann
mit einer Klage über die Frivolität des Zeitalters,
jammerte über Unglauben und Zweifelsucht, und
betheuerte Viel von ihrer Liebe im Allgemeinen.
Ich liebe euch, seufzte sie, und ich sage euch die
Wahrheit. Die Wahrheit aber offenbarte sich mir
durch die Gnade in einer geweihten Stunde. Ich

schlich ebenfalls umher, die letzten Gründe der bunten Begebenheiten, die auf dieser Bühne vorüber-
zogen, zu enträthseln und zu gleicher Zeit auch
wohl ein Brotkrümchen zu finden, um meinen leib-
lichen Hunger zu stillen; denn ich liebe euch. Da
entdeckte ich plötzlich ein ziemlich geräumiges Loch
oder vielmehr einen Kasten, worin zusammengekauert
ein dünnes, graues Männchen saß, welches eine
Rolle Papier in der Hand hielt, und mit mono-
toner leiser Stimme alle die Reden ruhig vor sich
hin sprach, welche oben auf der Bühne so laut und
leidenschaftlich deklamiert wurden. Ein mystischer
Schauer zog über mein Fell, trotz meiner Unwür-
digkeit war ich doch begnadigt worden, das Aller-
heiligste zu erschauen, ich befand mich in der seligen
Nähe des geheimnisvollen Urwesens, des reinen
Geistes, welcher mit seinem Willen die Körperwelt
regiert, mit seinem Wort sie schafft, mit dem Worte
sie belebt, mit dem Worte sie vernichtet; denn die
Helden auf der Bühne, die ich noch kurz vorher
so stark bewundert, ich sah, daß sie nur dann mit
Sicherheit redeten, wenn sie Sein Wort ganz gläubig nachsprachen, daß sie hingegen ängstlich stam-
melten und stotterten, wenn sie sich stolz von Ihm
entfernt und Seine Stimme nicht vernommen hatten; Alles, sah ich, war nur abhängige Kreatur

von Ihm, Er war der Alleinselbständige in Seinem
allerheiligsten Kasten An jeder Seite Seines Kastens
erglühten die geheimnisvollen Lampen, erklangen
die Violinen und tönten die Flöten, um Ihn her
war Licht und Musik, Er schwamm in harmonischen
Strahlen und strahlenden Harmonien. . .

Doch diese Rede ward am Ende so näselnd
und weinerlich wispernd, daß ich Wenig mehr davon
verstehen konnte; nur mitunter hörte ich die Worte:
Hüte mich vor Katzen und Mausefallen, — gieb
mir mein tägliches Brosämchen, — ich liebe euch
— In Ewigkeit! Amen. —

Durch Mittheilung dieses Traumes möchte
ich meine Ansicht über die verschiedenen philoso=
phischen Standpunkte, von wo aus man die Welt=
geschichte zu beurtheilen pflegt, meine Gedanken
verrathen, zugleich andeutend, warum ich diese leich=
ten Blätter mit keiner eigentlichen Philosophie der
englischen Geschichte befrachte.

Ich will ja überhaupt die dramatischen Ge=
dichte, worin Shakspeare die großen Begebenheiten
der englischen Historie verherrlicht hat, nicht dog=
matisch erläutern, sondern nur die Bildnisse der
Frauen, die aus jenen Dichtungen hervorblühen,
mit einigen Wortarabesken verzieren. Da in die=
sen englischen Geschichtsdramen die Frauen Nichts

weniger als die Hauptrollen spielen, und der
Dichter sie nie auftreten läßt, um, wie in andern
Stücken, weibliche Gestalten und Charaktere zu
schildern, sondern vielmehr weil die darzustellende
Historie ihre Einmischung erforderte, so werde ich
auch desto kärglicher von ihnen reden.

Constanze beginnt den Reihen, und zwar mit
schmerzlichen Gebärden. Wie die Mater dolorosa
trägt sie ihr Kind auf dem Arme...

Das arme Kind, durch welches Alles gebüßt wird,
Was die Seinigen verschuldet.

Auf der Berliner Bühne sah ich einst diese
trauernde Königin ganz vortrefflich dargestellt von
der ehemaligen Madame Stich. Minder brillant
war die gute Maria Luise, welche zur Zeit der
Invasion auf dem französischen Hoftheater die Kö=
nigin Constanze spielte. Indessen kläglich über alle
Maßen zeigte sich in dieser Rolle eine gewisse Ma=
dame Karoline, welche sich vor einigen Jahren in
der Provinz, besonders in der Vendée, herumtrieb;
es fehlte ihr nicht an Talent und Passion, aber
sie hatte einen zu dicken Bauch, was einer Schau=
spielerin immer schadet, wenn sie heroische Königs=
wittwen tragieren soll. —

Lady Percy.

(König Heinrich IV.)

———

Ich träumte mir ihr Gesicht und überhaupt
ihre Gestalt minder vollfleischig als sie hier konter=
feit ist. Vielleicht aber kontrastieren die scharfen
Züge und die schlanke Taille, die man in ihren
Worten wahrnimmt, und welche ihre geistige Phy=
siognomie offenbaren, desto interessanter mit ihrer
wohlgeründeten äußern Bildung. Sie ist heiter,
herzlich und gesund an Leib und Seele. Prinz
Heinrich möchte uns gern diese liebliche Gestalt
verleiden, und parodiert sie und ihren Percy:

„Ich bin noch nicht in Percy's Stimmung,
dem Heißsporn des Nordens, der euch sechs bis
sieben Dutzend Schotten zum Frühstück umbringt,
sich die Hände wäscht und zu seiner Frau sagt:
„Pfui über dies stille Leben! Ich muß zu thun
haben.“ — „O, mein Herzens=Heinrich,“ sagt

sie, „wie Viele haſt du heute umgebracht?" —
„Gebt meinem Schecken zu ſaufen," und eine Stunde
drauf antwortet er: „Ein Stücker vierzehn; Baga=
tell! Bagatell!"

Wie kurz, ſo entzückend iſt die Scene, wo wir
den wirklichen Haushalt des Percy und ſeiner Frau
ſehen, wo dieſe den brauſenden Helden mit den
leckſten Liebesworten zügelt:

Komm, komm, du Papagei! antworte mir
Geradezu auf Das, was ich dich frage.
Ich breche dir den kleinen Finger, Heinrich,
Willſt du mir nicht die ganze Wahrheit ſagen.

Percy.

Fort! Fort!
Du Tändlerin! — Lieben? — Ich lieb' dich nicht,
Ich frage nicht nach dir. Iſt dies 'ne Welt
Zum Puppenſpielen und Mit=Lippen=fechten?
Nein, jezo muß es blut'ge Naſen geben,
Zerbrochne Kronen, die wir doch im Handel
Für voll anbringen. — Alle Welt, mein Pferd!
Was ſagſt du, Käthchen? wollteſt du mir was?

Lady Percy.

Ihr liebt mich nicht? Ihr liebt mich wirklich nicht?
Gut, laßt es nur; denn, weil Ihr mich nicht liebt,

Lieb' ich mich selbst nicht mehr. Ihr liebt mich nicht?
Nein, sagt mir, ob Das Scherz ist oder Ernst?

Percy.

Komm, willst mich reiten sehn?
Wenn ich zu Pferde bin, so will ich schwören:
Ich liebe dich unendlich. Doch höre, Käthchen:
Du mußt mich ferner nicht mit Fragen quälen,
Wohin ich geh', noch rathen, was es soll.
Wohin ich muß, muß ich; und kurz zu sein,
Heut Abend muß ich von dir, liebes Käthchen.
Ich kenne dich als weise, doch nicht weiser
Als Heinrich Percy's Frau; standhaft bist du,
Jedoch ein Weib, und an Verschwiegenheit
Ist keine besser, denn ich glaube sicher:
Du wirst nicht sagen, was du selbst nicht weißt —
Und so weit, liebes Käthchen, trau ich dir.

Prinzessin Catharina.

(König Heinrich V.)

———

Hat Shakspeare wirklich die Scene geschrieben,
wo die Prinzessin Katharina Unterricht in der eng=
lischen Sprache nimmt, und sind überhaupt von
ihm alle jene französischen Redensarten, womit sie
John Bull ergötzt? Ich zweifle. Unser Dichter
hätte dieselben komischen Effekte mittelst eines eng=
lischen Jargons hervorbringen können, um so mehr,
da die englische Sprache die Eigenschaft besitzt,
daß sie, ohne von den Regeln der Grammatik ab=
zuweichen, durch bloße Anwendung romanischer
Worte und Konstruktionen eine gewisse französische
Geistesrichtung hervortreten lassen kann. In ähn=
licher Weise könnte ein englischer Schauspieldichter
eine gewisse germanische Sinnesart andeuten, wenn
er sich nur altsächsischer Ausdrücke und Wendun=
gen bedienen wollte. Denn die englische Sprache

besteht aus zwei heterogenen Elementen, dem ro-
manischen und dem germanischen Element, die,
nur zusammengedrückt, nicht zu einem organischen
Ganzen vermischt sind; und sie fallen leicht auseinander, und alsdann weiß man doch nicht genau
zu bestimmen, auf welcher Seite sich das legitime
Englisch befindet. Man vergleiche nur die Sprache
des Doktor Johnson oder Addison's mit der Sprache
Byron's oder Cobbett's. Shakspeare hätte wahrlich nicht nöthig gehabt, die Prinzessin Catharina
Französisch sprechen zu lassen.

Dieses führt mich zu einer Bemerkung, die
ich schon an einem andern Orte aussprach. Es ist
nämlich ein Mangel in den geschichtlichen Dramen
von Shakspeare, daß er den normannisch-franzö-
sischen Geist des hohen Adels nicht mit dem säch-
sisch-brittischen Geist des Volks durch eigenthüm-
lichere Sprachformen kontrastieren läßt. Walter
Scott that Dieses in seinen Romanen, und erreichte
dadurch seine farbigsten Effekte. —

Der Künstler, der uns zu dieser Galerie das
Konterfei der französischen Prinzessin geliefert, hat
ihr, wahrscheinlich aus englischer Malice, weniger
schöne als drollige Züge geliehen. Sie hat hier
ein wahres Vogelgesicht, und die Augen sehen aus
wie geborgt. Sind es etwa Papageienfedern, die

fie auf dem Haupte trägt, und foll damit ihre nach=
plappernde Gelehrigkeit angedeutet werden? Sie
hat kleine, weiße, neugierige Hände. Eitel Putzliebe
und Gefallfucht ift ihr ganzes Wefen, und fie weiß
mit dem Fächer allerliebft zu fpielen. Ich wette,
ihre Füßchen kokettieren mit dem Boden, worauf fie
wandeln.

Jeanne d'Arc.

(König Heinrich VI. Erster Theil.)

———

Heil dir, großer deutscher Schiller, der du das
hohe Standbild wieder glorreich gesäubert hast von
dem schmutzigen Witze Voltaire's und den schwarzen Flecken, die ihm sogar Shakspeare angedichtet!
... Ja, war es brittischer Nationalhaß oder mit-
telalterlicher Aberglaube, was seinen Geist um-
nebelte, unser Dichter hat das heldenmüthige Mädchen als eine Hexe dargestellt, die mit den dunkeln
Mächten der Hölle verbündet ist. Er läßt die
Dämonen der Unterwelt von ihr beschwören, und
gerechtfertigt wird durch solche Annahme ihre grausame Hinrichtung. — Ein tiefer Unmuth erfaßt
mich jedesmal, wenn ich zu Rouen über den kleinen Marktplatz wandle, wo man die Jungfrau verbrannte, und eine schlechte Statue diese schlechte That
verewigt. Qualvoll tödten! Das war also schon

damals eure Handlungsweise gegen überwundene
Feinde! Nächst dem Felsen von St. Helena giebt
der erwähnte Marktplatz von Rouen das empö=
rendste Zeugnis von der Großmuth der Engländer.

Ja, auch Shakspeare hat sich an der Pucelle
versündigt, und wo nicht mit entschiedener Feind=
schaft, behandelt er sie doch unfreundlich und lieblos,
die edle Jungfrau, die ihr Vaterland befreite! Und
hätte sie es auch mit Hilfe der Hölle gethan, sie
verdiente dennoch Ehrfurcht und Bewunderung!

Oder haben die Kritiker Recht, welche dem
Stücke, worin die Pucelle auftritt, wie auch dem
zweiten und dritten Theile „Heinrichs VI.," die
Autorschaft des großen Dichters absprechen? Sie
behaupten, diese Trilogie gehöre zu den ältern Dra=
men, die er nur bearbeitet habe. Ich möchte gern,
der Jungfrau von Orleans wegen, einer solchen
Annahme beipflichten. Aber die vorgebrachten Argu=
mente sind nicht haltbar. Diese bestrittenen Dramen
tragen in manchen Stellen allzu sehr das Vollge=
präge des Shakspeare'schen Geistes.

Margaretha.

(König Heinrich VI. Erster Theil.)

———

Hier sehen wir die schöne Tochter des Grafen
Reignier noch als Mädchen. Suffolk tritt auf und
führt sie vor als Gefangene, doch ehe er sich Dessen
versieht, hat sie ihn selber gefesselt. Er mahnt uns
ganz an den Rekruten, der von einem Wachtposten
aus seinem Hauptmann entgegenschrie: „Ich habe
einen Gefangenen gemacht." — „So bringt ihn zu
mir her," antwortete der Hauptmann. „Ich kann
nicht," erwiederte der arme Rekrut, „denn mein
Gefangener läßt mich nicht mehr los."
    Suffolk spricht:

Sei nicht beleidigt, Wunder der Natur!
Von mir gefangen werden ist dein Loos.
So schützt der Schwan die flaumbedeckten Schwänlein,
Mit seinen Flügeln sie gefangen haltend;

Allein sobald dich kränkt die Sklaverei,
So geh, und sei als Suffolk's Freundin frei.

(Sie wendet sich weg, als wollte sie gehen.)

O bleib! Mir fehlt die Kraft, sie zu entlassen,
Befrein will sie die Hand, das Herz sagt Nein.
Wie auf krystallnem Strom die Sonne spielt
Und blinkt mit zweitem nachgeahmten Strahl,
So scheint die lichte Schönheit meinen Augen.
Ich würbe gern, doch wag' ich nicht zu reden;
Ich fordre Tint' und Feder, ihr zu schreiben.
Pfui, De la Poole! entherze dich nicht selbst.
Hast keine Zung'? ist sie nicht da?
Verzagst du vor dem Anblick eines Weibs?
Ach ja! der Schönheit hohe Majestät
Verwirrt die Zung', und macht die Sinne wüst.

Margaretha.
Sag, Graf von Suffolk (wenn du so dich nennst),
Was gilt's zur Lösung, eh' du mich entlässest?
Denn wie ich seh', bin ich bei dir Gefangne.

Suffolk (beiseit).
Wie weißt du, ob sie deine Bitte weigert,
Eh' du um ihre Liebe dich versucht?

Margaretha.
Du sprichst nicht. Was für Lösung muß ich zahlen?

Suffolk (beiseit).

Ja, sie ist schön, drum muß man um sie werben;
Sie ist ein Weib, drum kann man sie gewinnen.

Er findet endlich das beste Mittel, die Gefangene zu behalten, indem er sie seinem Könige anvermählt, und zugleich ihr öffentlicher Unterthan und ihr heimlicher Liebhaber wird.

Ist dieses Verhältnis zwischen Margarethen und Suffolk in der Geschichte begründet? Ich weiß nicht. Aber Shakspeare's divinatorisches Auge sieht oft Dinge, wovon die Chronik Nichts meldet, und die dennoch wahr sind. Er kennt sogar jene flüchtigen Träume der Vergangenheit, die Klio aufzuzeichnen vergaß. Bleiben vielleicht auf dem Schauplatz der Begebenheiten allerlei bunte Abbilder derselben zurück, die nicht wie gewöhnliche Schatten mit den wirklichen Erscheinungen verschwinden, sondern gespenstisch haften bleiben am Boden, unbemerkt von den gewöhnlichen Werkeltagsmenschen, die ahnungslos darüberhin ihre Geschäfte treiben, aber manchmal ganz farben- und formenbestimmt sichtbar werdend für das sehende Auge jener Sonntagskinder, die wir Dichter nennen?

Königin Margaretha.

(König Heinrich VI. Zweiter und dritter Theil.)

——

In diesem Bildnis sehen wir dieselbe Mar=
garetha als Königin, als Gemahlin des sechsten
Heinrich's. Die Knospe hat sich entfaltet, sie ist
jetzt eine vollblühende Rose; aber ein widerlicher
Wurm liegt darin verborgen. Sie ist ein hartes,
frevelhaftes Weib geworden. Beispiellos grausam
in der wirklichen wie in der gedichteten Welt ist
die Scene, wo sie dem weinenden York das gräss=
liche, in das Blut seines Sohnes getauchte Tuch
überreicht, und ihn verhöhnt, daß er seine Thränen
damit trocknen möge. Entsetzlich sind ihre Worte:

Sieh, York! dies Tuch befleckt' ich mit dem Blut,
Das mit geschärftem Stahl der tapfre Clifford
Hervor ließ strömen aus des Knaben Busen;
Und kann dein Aug' um seinen Tod sich feuchten,
So geb' ich dir's, die Wangen abzutrocknen.

Ach, armer York! haßt' ich nicht tödlich dich,
So würd' ich deinen Jammerstand beklagen.
So gräm dich doch, mich zu belust'gen, York!
Wie? dörrte so das feur'ge Herz dein Innres,
Daß keine Thräne fällt um Rutland's Tod?
Warum geduldig, Mann? Du solltest rasen;
Ich höhne dich, um rasend dich zu machen.
Stampf, tob und knirsch, damit ich sing' und tanze!

Hätte der Künstler, welcher die schöne Margaretha für diese Galerie zeichnete, ihr Bildniß
mit noch weiter geöffneten Lippen dargestellt, so
würden wir bemerken, daß sie spitzige Zähne hat
wie ein Raubthier.

In einem folgenden Drama, in „Richard III.,"
erscheint sie auch physisch scheußlich, denn die Zeit
hat ihr alsdann die spitzigen Zähne ausgebrochen,
sie kann nicht mehr beißen, sondern nur noch fluchen,
und als ein gespenstisch altes Weib wandelt sie
durch die Königsgemächer, und das zahnlose böse
Maul murmelt Unheilreden und Verwünschungen.

Durch ihre Liebe für Suffolk, den wilden
Suffolk, weiß uns Shakspeare sogar für dieses
Unweib einige Rührung abzugewinnen. Wie ver-
brecherisch auch diese Liebe ist, so dürfen wir derselben dennoch weder Wahrheit noch Innigkeit

abſprechen. Wie entzückend ſchön iſt das Abſchieds-
geſpräch der beiden Liebenden! Welche Zärtlichkeit
in den Worten Margarethens:

Ach, rede nicht mit mir! gleich eile fort! —
O, geh' noch nicht! So herzen ſich und küſſen
Verdammte Freund', und ſcheiden tauſendmal,
Vor Trennung hundertmal ſo bang als Tod.
Doch nun fahr wohl! fahr wohl mit dir mein Leben!

    Hierauf antwortet Suffolk:

Mich kümmert nicht das Land, wärſt du von hinnen;
Volkreich genug iſt eine Wüſtenei,
Hat Suffolk deine himmliſche Geſellſchaft.
Denn wo du biſt, da iſt die Welt ja ſelbſt,
Mit all' und jeden Freuden in der Welt;
Und wo du nicht biſt, Öde nur und Trauer.

    Wenn ſpäterhin Margaretha, das blutige Haupt
des Geliebten in der Hand tragend, ihre wildeſte
Verzweiflung ausjammert, mahnt ſie uns an die
furchtbare Chriemhilde des Nibelungenlieds. Welche
gepanzerte Schmerzen, woran alle Troſtworte ohnmächtig abgleiten! —

    Ich habe bereits im Eingange angedeutet, daß
ich in Beziehung auf Shakſpeare's Dramen aus
der engliſchen Geſchichte mich aller hiſtoriſchen und

philosophischen Betrachtungen enthalten werde. Das Thema jener Dramen ist noch immer nicht ganz abgehandelt, so lange der Kampf der modernen Industrie-Bedürfnisse mit den Resten des mittelalterlichen Feudalwesens unter allerlei Transformationen fortdauert. Hier ist es nicht so leicht wie bei den römischen Dramen, ein entschiedenes Urtheil auszusprechen, und jede starke Freimüthigkeit könnte einer mißlichen Aufnahme begegnen. Nur eine Bemerkung kann ich hier nicht zurückweisen.

Es ist mir nämlich unbegreiflich, wie einige deutsche Kommentatoren ganz bestimmt für die Engländer Partei nehmen, wenn sie von jenen französischen Kriegen reden, die in den historischen Dramen des Shakspeare's dargestellt werden. Wahrlich, in jenen Kriegen war weder das Recht noch die Poesie auf Seiten der Engländer, die eines Theils unter nichtigen Successionsvorwänden die roheste Plünderungslust verbargen, anderen Theils nur im Solde gemeiner Krämerinteressen sich herumschlugen ... ganz wie zu unserer eignen Zeit, nur daß es sich im neunzehnten Jahrhundert mehr um Kaffe und Zucker, hingegen im vierzehnten und fünfzehnten Jahrhundert mehr um Schafswolle handelte.

Michelet, in seiner französischen Geschichte,
dem genialen Buche, bemerkt ganz richtig:

„Das Geheimnis der Schlachten von Crecy,
von Poitiers u. s. w. befindet sich im Komptoir
der Kaufleute von London, von Bordeaux, von
Bruges." — — — — „Wolle und Fleisch be-
gründeten das ursprüngliche England und die englische Race. Bevor England für die ganze Welt
eine große Baumwollspinnerei und Eisenmanufaktur
wurde, war es eine Fleischfabrik. Von jeher trieb
dieses Volk vorzugsweise Viehzucht und nährte sich
von Fleischspeisen. Daher diese Frische des Teints,
diese Kraft, diese (kurznasige und hinterkopflose)
Schönheit. — Man erlaube mir bei dieser Gelegenheit eines persönlichen Eindrucks zu erwähnen:

„Ich hatte London und einen großen Theil
Englands und Schottlands gesehen; ich hatte mehr
angestaunt als begriffen. Erst auf meiner Rückreise,
als ich von York nach Manchester ging, die Insel
in ihrer Breite durchschneidend, empfing ich eine
wahrhafte Anschauung Englands. Es war eines
Morgens bei feuchtem Nebel; das Land erschien
mir nicht bloß umgeben, sondern überschwemmt
vom Ocean. Eine bleiche Sonne färbte kaum die
Hälfte der Landschaft. Die neuen ziegelrothen Häuser hätten allzu schroff gegen die saftig grünen

Rasen abgestochen, wären diese schreienden Farben
nicht von den flatternden Seenebeln gedämpft worden. Fette Weideplätze, bedeckt mit Schafen, und
überragt von den flammenden Schornsteinen der
Fabriköfen. Viehzucht, Ackerbau, Industrie, Alles
war in diesem kleinen Raume zusammengedrängt,
Eins über das Andre, Eins das Andre ernährend;
das Gras lebte vom Nebel, das Schaf vom Grase,
der Mensch von Blut.

„Der Mensch in diesem verzehrenden Klima,
wo er immer von Hunger geplagt ist, kann nur
durch Arbeit sein Leben fristen. Die Natur zwingt
ihn dazu. Aber er weiß sich an ihr zu rächen: er
läßt sie selber arbeiten, er unterjocht sie durch
Eisen und Feuer. Ganz England keucht von diesem
Kampfe. Der Mensch ist dort wie erzürnt, wie
außer sich. Seht dieses rothe Gesicht, dieses irr-
glänzende Auge... Man könnte leicht glauben, er
sei trunken. Aber sein Kopf und seine Hand sind
fest und sicher. Er ist nur trunken von Blut und
Kraft. Er behandelt sich selbst wie eine Dampf-
maschine, welche er bis zum Übermaß mit Nah-
rung vollstopft, um so viel Thätigkeit und Schnel-
ligkeit als nur irgend möglich daraus zu gewinnen.

„Im Mittelalter war der Engländer ungefähr
was er jetzt ist: zu stark genährt, angetrieben zum

Handeln, und kriegerisch in Ermanglung einer industriellen Beschäftigung.

„England, obgleich Ackerbau und Viehzucht treibend, fabricierte noch nicht. Die Engländer lieferten den rohen Stoff; Andere mussten ihn zu bearbeiten. Die Wolle war auf der einen Seite des Kanals, der Arbeiter war auf der andern Seite. Während die Fürsten stritten und haderten, lebten doch die englischen Viehhändler und die flämischen Tuchfabrikanten in bester Einigkeit, im unzerstörbarsten Bündnis. Die Franzosen, welche dieses Bündnis brechen wollten, mussten dieses Beginnen mit einem hundertjährigen Kriege büßen. Die englischen Könige wollten zwar die Eroberung Frankreichs, aber das Volk verlangte nur Freiheit des Handels, freie Einfuhrplätze, freien Markt für die englische Wolle. Versammelt um einen großen Wollsack, hielten die Kommünen Rath über die Forderungen des Königs, und bewilligten ihm gern hinlängliche Hilfsgelder und Armeen.

„Eine solche Mischung von Industrie und Chevalerie verleiht dieser ganzen Geschichte ein wunderliches Ansehen. Jener Eduard, welcher auf der Tafelrunde einen stolzen Eid geschworen hat, Frankreich zu erobern, jene gravitätisch närrischen

Ritter, welche in Folge ihres Gelübdes ein Auge
mit rothem Tuch bedeckt tragen, sie sind doch keine
so großen Narren, als daß sie auf eigne Kosten
ins Feld zögen. Die fromme Einfalt der Kreuz-
fahrten ist nicht mehr an der Zeit. Diese Ritter
sind im Grunde doch nichts Anders als käufliche
Söldner, als bezahlte Handelsagenten, als bewaff-
nete Kommis-Voyageurs der Londoner und Genter
Kaufleute. Eduard selbst muß sich sehr verbürgern,
muß allen Stolz ablegen, muß den Beifall der
Tuchhändler- und Webergilde erschmeicheln, muß
seinem Gevatter, dem Bierbrauer Artevelde, die
Hand reichen, muß auf den Schreibtisch eines Vieh-
händlers steigen, um das Volk anzureden.

„Die englischen Tragödien des vierzehnten
Jahrhunderts haben sehr komische Partien. In
den nobelsten Rittern steckte immer etwas Falstaff.
In Frankreich, in Italien, in Spanien, in den
schönen Ländern des Südens, zeigen sich die Engländer eben so gefräßig wie tapfer. Das ist Her-
kules der Ochsenverschlinger. Sie kommen, im wahren Sinne des Wortes, um das Land aufzufressen.
Aber das Land übt Wiedervergeltung, und besiegt
sie durch seine Früchte und Weine. Ihre Fürsten
und Armeen übernehmen sich in Speis' und Trank,
und sterben an Indigestionen und Dyssentrie."

Mit diesen gedungenen Fraßhelden vergleiche
man die Franzosen, das mäßigste Volk, das weniger
durch seine Weine berauscht wird, als vielmehr
durch seinen angebornen Enthusiasmus. Letzterer
war immer die Ursache ihrer Mißgeschicke, und so
sehen wir schon in der Mitte des vierzehnten Jahrhunderts, wie sie im Kampfe mit den Engländern
eben durch ihr Übermaß von Ritterlichkeit unterliegen mußten. Das war bei Crech, wo die Franzosen schöner erscheinen durch ihre Niederlage, als
die Engländer durch ihren Sieg, den sie in unrit-
terlicher Weise durch Fußvolk erfochten... Bisher
war der Krieg nur ein großes Turnier von eben-
bürtigen Reitern; aber bei Crech wird diese romantische Kavallerie, diese Poesie, schmählich niederge-
schossen von der modernen Infanterie, von der
Prosa in strengstilisierter Schlachtordnung, ja, hier
kommen sogar die Kanonen zum Vorschein... Der
greise Böhmenkönig, welcher, blind und alt, als
ein Vasall Frankreichs dieser Schlacht beiwohnte,
merkte wohl, daß eine neue Zeit beginne, daß es
mit dem Ritterthum zu Ende sei, daß künftig der
Mann zu Roß von dem Mann zu Fuß überwältigt werde, und er sprach zu seinen Rittern: „Ich
bitte euch angelegentlichst, führt mich so weit ins
Treffen hinein, daß ich noch einmal mit einem

guten Schwertstreich dreinschlagen kann!" Sie ge-
horchten ihm, banden ihre Pferde an das seinige,
jagten mit ihm in das wildeste Getümmel, und
des andern Morgens fand man sie Alle todt auf
den Rücken ihrer todten Pferde, welche noch immer
zusammengebunden waren. Wie dieser Böhmenkönig
und seine Ritter, so fielen die Franzosen bei Crecy,
bei Poitiers; sie starben, aber zu Pferde. Für England war der Sieg, für Frankreich war der Ruhm.
Ja, sogar durch ihre Niederlagen wissen die Franzosen ihre Gegner in den Schatten zu stellen. Die
Triumphe der Engländer sind immer eine Schande
der Menschheit, seit den Tagen von Crecy und
Poitiers bis auf Waterloo. Klio ist immer ein
Weib, trotz ihrer parteilosen Kälte ist sie empfind-
lich für Ritterlichkeit und Heldensinn; und ich bin
überzeugt, nur mit knirschendem Herzen verzeichnet
sie in ihre Denktafeln die Siege der Engländer.

Lady Gray.

(König Heinrich VI. Dritter Theil.)

Sie war eine arme Wittwe, welche zitternd vor König Eduard trat und ihn anflehte, ihren Kindern das Gütchen zurückzugeben, das nach dem Tode ihres Gemahls den Feinden anheimgefallen war. Der wollüstige König, welcher ihre Keuschheit nicht zu kirren vermag, wird so sehr von ihren schönen Thränen bezaubert, daß er ihr die Krone aufs Haupt setzt. Wie viel Kümmernisse für Beide dadurch entstanden, meldet die Weltgeschichte.

Hat Shakspeare wirklich den Charakter des erwähnten Königs ganz treu nach der Historie geschildert? Ich muß wieder auf die Bemerkung zurückkommen, daß er verstand, die Lakunen der Historie zu füllen. Seine Königscharaktere sind immer so wahr gezeichnet, daß man, wie ein englischer Schriftsteller bemerkt, manchmal meinen sollte,

er sei während seines ganzen Lebens der Kanzler
des Königs gewesen, den er in irgend einem Drama
agieren läßt. Für die Wahrheit seiner Schilde-
rungen bürgt nach meinem Bedünken auch die
frappante Ähnlichkeit, welche sich zwischen seinen
alten Königen und jenen Königen der Jetztzeit
kundgiebt, die wir als Zeitgenossen am besten zu
beurtheilen vermögen.

Was Friedrich Schlegel von dem Geschichtschreiber sagt, gilt ganz eigentlich von unserem Dichter: Er ist ein in die Vergangenheit schauender
Prophet. Wäre es mir erlaubt, einem der berühm-
testen unserer gekrönten Zeitgenossen den Spiegel
vorzuhalten, so würde Jeder einsehen, daß ihm
Shakspeare schon vor zwei Jahrhunderten seinen
Steckbrief ausgefertigt hat. In der That, beim
Anblick dieses großen, vortrefflichen und gewiß auch
glorreichen Monarchen überschleicht uns ein gewisses
Schauergefühl, das wir zuweilen empfinden, wenn
wir im wachen Tageslichte einer Gestalt begegnen,
die wir schon in nächtlichen Träumen erblickt haben.
Als wir ihn vor acht Jahren durch die Straßen
der Hauptstadt reiten sahen, „barhäuptig und demüthig nach allen Seiten grüßend," dachten wir
immer an die Worte, womit York des Bolingbroke's Einzug in London schildert. Sein Vetter,

der neuere Richard II., kannte ihn sehr gut, durch-
schaute ihn immer und äußerte einst ganz richtig:

> Wir selbst und Bushy, Bagot hier und Green
> Sahn sein Bewerben beim geringen Volk,
> Wie er sich wollt' in ihre Herzen tauchen
> Mit traulicher, demüth'ger Höflichkeit;
> Was für Verehrung er an Knechte wegwarf,
> Handwerker mit des Lächelns Kunst gewinnend
> Und ruhigem Ertragen seines Looses,
> Als wollt' er ihre Neigung mit verbannen.
> Vor einem Austerweib zieht er die Mütze,
> Ein paar Karrnzieher grüßten: „Gott geleit' euch!"
> Und ihnen ward des schmeid'gen Knies Tribut,
> Nebst: „Dank, Landsleute! meine güt'gen Freunde!"

Ja, die Ähnlichkeit ist erschreckend. Ganz wie
der ältere, entfaltete sich vor unseren Augen der
heutige Bolingbroke, der nach dem Sturze seines
königlichen Vetters den Thron bestieg, sich allmählig
darauf befestigte: ein schlauer Held, ein kriechender
Riese, ein Titan der Verstellung, entsetzlich, ja em-
pörend ruhig, die Tatze in einem sammtnen Hand-
schuh, und damit die öffentliche Meinung streichelnd,
den Raub schon in weiter Ferne erspähend, und
nie darauf losspringend, bis er in sicherster Nähe..

Möge er immer seine schnaubenden Feinde besiegen und dem Reiche den Frieden erhalten, bis zu seiner Todesstunde, wo er zu seinem Sohn jene Worte sprechen wird, die Shakspeare schon längst für ihn aufgeschrieben:

Komm her, mein Sohn, und setz' dich an mein Bett,
Und hör' den letzten Rathschlag, wie ich glaube,
Den ich je athmen mag. Gott weiß, mein Sohn,
Durch welche Nebenschlich' und krumme Wege
Ich diese Kron' erlangt; ich selbst weiß wohl,
Wie lästig sie auf meinem Haupte saß.
Dir fällt sie heim nunmehr mit besserer Ruh',
Mit besserer Meinung, besserer Bestät'gung;
Denn jeder Flecken der Erlangung geht
Mit mir ins Grab. An mir erschien sie nur
Wie eine Ehr', erhascht mit heft'ger Hand;
Und Viele lebten noch, mir vorzurücken,
Daß ich durch ihren Beistand sie gewonnen,
Was täglich Zwist und Blutvergießen schuf,
Dem vorgegebnen Frieden Wunden schlagend.
All' diese dreisten Schrecken, wie du siehst,
Hab' ich bestanden mit Gefahr des Lebens;
Denn all' mein Regiment war nur ein Auftritt,
Der diesen Inhalt spielte; nun verändert
Mein Tod die Weise; denn was ich erjagt,

Das fällt dir nun mit schönerm Anspruch heim,
Da du durch Erblichkeit die Krone trägst.
Und, stehst du sichrer schon als ich es konnte,
Du bist nicht fest genug, solang die Klagen
So frisch noch sind; und allen meinen Freunden,
Die du zu beinen Freunden machen musst,
Sind' Zähn' und Stachel kürzlich nur entnommen,
Die durch gewaltsam Thun mich erst befördert,
Und deren Macht wohl Furcht erregen konnte
Vor neuer Absetzung; was zu vermeiden
Ich sie verdarb, und nun des Sinnes war,
Zum heil'gen Lande Viele fortzuführen,
Daß Ruh' und Stilleliegen nicht zu nah
Mein Reich sie prüfen ließ. Darum, mein Sohn,
Beschäft'ge stets die schwindlichten Gemüther
Mit fremdem Zwist, daß Wirken in der Fern'
Das Angedenken vor'ger Tage banne.
Mehr wollt' ich, doch die Lung' ist so erschöpft,
Daß kräft'ge Rede gänzlich mir versagt ist.
Wie ich zur Krone kam, o Gott! vergebe,
Daß sie bei dir in wahrem Frieden lebe!

Lady Anna.

(König Richard III.)

———

Die Gunst der Frauen, wie das Glück überhaupt, ist ein freies Geschenk, man empfängt es,
ohne zu wissen wie, ohne zu wissen warum. Aber
es giebt Menschen, die es mit eisernem Willen vom
Schicksal zu ertrotzen verstehen, und Diese gelangen
zum Ziele, entweder durch Schmeichelei, oder indem
sie den Weibern Schrecken einflößen, oder indem
sie ihr Mitleiden anregen, oder indem sie ihnen
Gelegenheit geben sich aufzuopfern . . . Letzteres,
nämlich das Geopfertsein, ist die Lieblingsrolle der
Weiber, und kleidet sie so schön vor den Leuten,
und gewährt ihnen auch in der Einsamkeit so viel
thränenreiche Wehmuthsgenüsse.

Lady Anna wird durch alles Dieses zu gleicher
Zeit bezwungen. Wie Honigseim gleiten die Schmei-
chelworte von den furchtbaren Lippen . . . Richard

ſchmeichelt ihr, derſelbe Richard, welcher ihr alle
Schrecken der Hölle einflößt, welcher ihren geliebten
Gemahl und den väterlichen Freund getödtet, den
ſie eben zu Grabe beſtattet . . . Er befiehlt den
Leichenträgern mit herriſcher Stimme, den Sarg
niederzuſetzen, und in dieſem Moment richtet er
ſeine Liebeswerbung an die ſchöne Leidtragende . . .
Das Lamm ſieht ſchon mit Entſetzen das Zähne-
fletſchen des Wolfes, aber dieſer ſpitzt plötzlich die
Schnauze zu den ſüßeſten Schmeicheltönen . . . Die
Schmeichelei des Wolfes wirkt ſo erſchütternd, ſo
berauſchend auf das arme Lammgemüth, daß alle
Gefühle darin eine plötzliche Umwandlung erleiden
. . . Und König Richard ſpricht von ſeinem Kummer, von ſeinem Gram, ſo daß Anna ihm ihr
Mitleid nicht verſagen kann, um ſo mehr, da dieſer
wilde Menſch nicht ſehr klageſüchtig von Natur iſt
. . . Und dieſer unglückliche Mörder hat Gewiſ-
ſensbiſſe, ſpricht von Reue, und eine gute Frau
könnte ihn vielleicht auf den beſſeren Weg leiten,
wenn ſie ſich für ihn aufopfern wollte . . . Und
Anna entſchließt ſich, Königin von England zu
werden.

Königin Catharina.

(König Heinrich VIII.)

———

Ich hege ein unüberwindliches Vorurtheil gegen
diese Fürstin, welcher ich dennoch die höchsten Tugenden zugestehen muß. Als Ehefrau war sie ein
Muster häuslicher Treue. Als Königin betrug sie
sich mit höchster Würde und Majestät. Als Christin
war sie die Frömmigkeit selbst. Aber den Doktor
Samuel Johnson hat sie zum überschwänglichsten
Lobe begeistert, sie ist unter allen Shakspeare'schen
Frauen sein auserlesener Liebling, er spricht von
ihr mit Zärtlichkeit und Rührung . . . Das ist
nicht zu ertragen. Shakspeare hat alle Macht seines
Genius aufgeboten, die gute Frau zu verherrlichen,
doch diese Bemühung wird vereitelt, wenn man
sieht, daß Dr. Johnson, der große Porterkrug, bei
ihrem Anblick in süßes Entzücken geräth und von
Lobeserhebungen überschäumt. Wär' sie meine Frau,

ich könnte mich von ihr scheiden lassen ob solcher
Lobeserhebungen. Vielleicht war es nicht der Liebreiz von Anna Bullen, was den armen König
Heinrich von ihr losriß, sondern der Enthusiasmus,
womit sich irgend ein damaliger Dr. Johnson über
die treue, würdevolle und fromme Catharina aussprach. Hat vielleicht Thomas Morus, der bei all
seiner Vortrefflichkeit etwas pedantisch und ledern
und unverdaulich wie Dr. Johnson war, zu sehr
die Königin in den Himmel erhoben? Dem wackern
Kanzler freilich kam sein Enthusiasmus etwas theuer
zu stehen; der König erhob ihn deßhalb selbst in
den Himmel.

Ich weiß nicht, was ich am meisten bewundern
soll: daß Catharina ihren Gemahl ganze fünfzehn
Jahre lang ertrug, oder daß Heinrich seine Gattin
während so langer Zeit ertragen hat? Der König
war nicht bloß sehr launenhaft, jähzornig und in
beständigem Widerspruch mit allen Neigungen seiner
Frau — Das findet sich in vielen Ehen, die sich
trotzdem, bis der Tod allem Zank ein Ende macht,
aufs beste erhalten — aber der König war auch
Musiker und Theolog, und Beides in vollendeter
Miserabilität. Ich habe unlängst als ergötzliche
Kuriosität einen Choral von ihm gehört, der eben
so schlecht war wie sein Traktat de septem sacra-

mentis. Er hat gewiß mit seinen mufikalifchen
Kompofitionen und seiner theologischen Schrift-
stellerei die arme Frau sehr beläftigt. Das Befte
an Heinrich war sein Sinn für plastische Kunst,
und aus Vorliebe für das Schöne entstanden vielleicht seine schlimmsten Sympathien und Antipa-
thien. Catharina von Arragonien war nämlich noch
hübsch in ihrem vierundzwanzigften Jahre, als
Heinrich achtzehn Jahr alt war und sie heirathete,
obgleich sie die Wittwe seines Bruders gewefen.
Aber ihre Schönheit hat wahrscheinlich mit den
Jahren nicht zugenommen, um so mehr da sie aus
Frömmigkeit mit Geißelung, Faften, Nachtwachen
und Betrübungen ihr Fleisch beständig kafteite. Über
diese asketischen Übungen beklagte sich ihr Gemahl
oft genug, und auch uns wären Dergleichen an
einer Frau sehr fatal gewefen.

Aber es giebt noch einen andern Umstand,
der mich in meinem Vorurtheil gegen diese Königin beftärkt: Sie war die Tochter der Isabella von
Kaftilien und die Mutter der blutigen Maria. Was
soll ich von dem Baume denken, der solcher bösen
Saat entsprossen, und solche böse Frucht gebar?

Wenn sich auch in der Geschichte keine Spuren
ihrer Grausamkeit vorfinden, so tritt dennoch der
wilde Stolz ihrer Race bei jeder Gelegenheit hervor,

wo sie ihren Rang vertreten oder geltend machen will. Trotz ihrer wohleingeübten christlichen Demuth, gerieth sie doch jedesmal in einen fast heidnischen Zorn, wenn man einen Verstoß gegen die herkömm= liche Etikette machte oder gar ihr den königlichen Titel verweigerte. Bis in den Tod bewahrte sie diesen unauslöschbaren Hochmuth, und auch bei Shakspeare sind ihre letzten Worte:

Ihr sollt mich balsamieren, dann zur Schau
Ausstellen, zwar entkönigt, doch begrabt mich
Als Königin und eines Königs Tochter.
Ich kann nicht mehr!

Anna Bullen.

(König Heinrich VIII.)

———

Die gewöhnliche Meinung geht dahin, daß König Heinrich's Gewissensbisse ob seiner Ehe mit Catharinen durch die Reize der schönen Anna entstanden seien. Sogar Shakspeare verräth diese Meinung, und wenn in dem Krönungszug die neue Königin auftritt, legt er einem jungen Edelmann folgende Worte in den Mund:

. . . . Gott sei mit dir!
Solch süß Gesicht als deins erblickt' ich nie!
Bei meinem Leben, Herr, sie ist ein Engel,
Der König hält ganz Indien in den Armen,
Und Viel, Viel mehr, wenn er dies Weib umfängt;
Ich table sein Gewissen nicht.

Von der Schönheit der Anna Bullen giebt uns der Dichter auch in der folgenden Scene einen

Begriff, wo er den Enthusiasmus schildert, den ihr Anblick bei der Krönung hervorbrachte.

Wie sehr Shakspeare seine Gebieterin, die hohe Elisabeth, liebte, zeigt sich vielleicht am schönsten in der Umständlichkeit, womit er die Krönungsfeier ihrer Mutter darstellt. Alle diese Details sanktionieren das Thronrecht der Tochter, und ein Dichter wußte die bestrittene Legitimität seiner Königin dem ganzen Publikum zu veranschaulichen. Aber diese Königin verdiente solchen Liebeseifer! Sie glaubte ihrer Königswürde Nichts zu vergeben, wenn sie dem Dichter gestattete, alle ihre Vorfahren, und sogar ihren eigenen Vater, mit entsetzlicher Unparteilichkeit auf der Bühne darzustellen! Und nicht bloß als Königin, sondern auch als Weib wollte sie nie die Rechte der Poesie beeinträchtigen; wie sie unserem Dichter in politischer Hinsicht die höchste Redefreiheit gewährte, so erlaubte sie ihm auch die kecksten Worte in geschlechtlicher Beziehung, sie nahm keinen Anstoß an den ausgelassensten Witzen einer gesunden Sinnlichkeit, und sie, the maiden queen, die königliche Jungfrau, verlangte sogar, daß Sir John Falstaff sich einmal als Liebhaber zeige. Ihrem lächelnden Wink verdanken wir „Die lustigen Weiber von Windsor."

Shakspeare konnte seine englischen Geschichtsdramen nicht besser schließen, als indem er am
Ende von „Heinrich VIII." die neugeborne Elisabeth,
gleichsam die bessere Zukunft in Windeln, über die
Bühne tragen läßt.

Hat aber Shakspeare wirklich den Charakter
Heinrich's VIII., des Vaters seiner Königin, ganz
geschichtstreu geschildert? Ja, obgleich er die
Wahrheit nicht in so grellen Lauten wie in seinen
übrigen Dramen verkündete, so hat er sie doch
jedenfalls ausgesprochen, und der leisere Ton macht
jeden Vorwurf desto eindringlicher. Dieser Heinrich
VIII. war der schlimmste aller Könige, denn während alle andere böse Fürsten nur gegen ihre Feinde
wütheten, raste Jener gegen seine Freunde, und seine
Liebe war immer weit gefährlicher als sein Haß.
Die Ehestandsgeschichten dieses königlichen Blau-
barts sind entsetzlich. In alle Schrecknisse derselben
mischte er obendrein eine gewisse blödsinnig grauenhafte Galanterie. Als er Anna Bullen hinzurichten
befahl, ließ er ihr vorher sagen, daß er für sie
den geschicktesten Scharfrichter von ganz England
bestellt habe. Die Königin dankte ihm gehorsamst
für solche zarte Aufmerksamkeit, und in ihrer
leichtsinnig heitern Weise umspannte sie mit beiden
weißen Händen ihren Hals und rief: Ich bin sehr

leicht zu köpfen, ich hab' nur ein kleines schmales
Hälschen.

Auch ist das Beil, womit man ihr das Haupt
abschlug, nicht sehr groß. Man zeigte es mir in
der Rüstkammer des Towers zu London, und wäh=
rend ich es in den Händen hielt, beschlichen mich
sehr sonderbare Gedanken.

Wenn ich Königin von England wäre, ich
ließe jenes Beil in die Tiefe des Oceans versenken.

cbeth ift ein Liebling ber Kritiker, bie hier

eit finben, ihre Anfichten über bie antike

3tragöbie, in Vergleichung mit ber Auffaſ=

Fatums bei mobernen Tragikern, bes Brei=

zeinanber zu ſeßen. Ich erlaube mir über

'egenſtanb nur eine flüchtige Bemerkung.

Schickſalsibee bes Shakſpeare iſt von ber

Schickſals bei ben Alten in gleicher Weiſe

n, wie bie wahrſagenben Frauen, bie kro=

ßenb in ber alten norbiſchen Legenbe bem

begegnen, von jener Hexenſchweſterſchaft

n ſinb, bie man in ber Shakſpeare'ſchen

auftreten ſieht. Jene wunderſamen Frauen

alten norbiſchen Legenbe ſinb offenbar

l, ſchauerliche Luftgöttinnen, bie, über ben

elbern einherſchwebenb, Sieg ober Nieber=

cheiben, unb als bie eigentlichen Lenkerin=

Menſchenſchickſals zu betrachten ſinb, ba

im kriegeriſchen Norben zunächſt vom Aus=

Schwertkämpfe abhängig war. Shakſpeare

lte ſie in unheilſtiftenbe Hexen, entkleibete

furchtbaren Grazie bes norbiſchen Zauber=

r machte ſie zu zwitterhaften Mißweibern,

heuerlichen Spuk zu treiben wiſſen, unb

n brauen aus hämiſcher Schabenfreube

Geheiß ber Hölle; ſie ſinb bie Dienerinnen

Lady Macbeth.

(Macbeth.)

———

Von den eigentlich historischen Dramen wende ich mich zu jenen Tragödien, deren Fabel entweder rein ersonnen oder aus alten Sagen und Novellen geschöpft ist. Macbeth bildet einen Übergang zu diesen Dichtungen, worin der Genius des großen Shakspeare am freiesten und keckſten seine Flügel entfaltet. Der Stoff ist einer alten Legende entlehnt, er gehört nicht zur Historie, und dennoch macht dieses Stück einige Ansprüche an geschichtlichen Glauben, da der Ahnherr des königlichen Hauses von England darin eine Rolle spielte. Macbeth ward nämlich unter Jakob I. aufgeführt, welcher bekanntlich von dem schottischen Banquo abstammen sollte. In dieser Beziehung hat der Dichter auch einige Prophezeiungen zur Ehre der regierenden Dynastie seinem Drama eingewebt.

Macbeth ist ein Liebling der Kritiker, die hier Gelegenheit finden, ihre Ansichten über die antike Schicksalstragödie, in Vergleichung mit der Auffassung des Fatums bei modernen Tragikern, des Breitesten auseinander zu setzen. Ich erlaube mir über diesen Gegenstand nur eine flüchtige Bemerkung.

Die Schicksalsidee des Shakspeare ist von der Idee des Schicksals bei den Alten in gleicher Weise verschieden, wie die wahrsagenden Frauen, die kronenverheißend in der alten nordischen Legende dem Macbeth begegnen, von jener Hexenschwesterschaft verschieden sind, die man in der Shakspeare'schen Tragödie auftreten sieht. Jene wundersamen Frauen in der alten nordischen Legende sind offenbar Walküren, schauerliche Luftgöttinnen, die, über den Schlachtfeldern einherschwebend, Sieg oder Niederlage entscheiden, und als die eigentlichen Lenkerinnen des Menschenschicksals zu betrachten sind, da letzteres im kriegerischen Norden zunächst vom Ausgang der Schwertkämpfe abhängig war. Shakspeare verwandelte sie in unheilstiftende Hexen, entkleidete sie aller furchtbaren Grazie des nordischen Zauberthums, er machte sie zu zwitterhaften Mißweibern, die ungeheuerlichen Spuk zu treiben wissen, und Verderben brauen aus hämischer Schadenfreude oder auf Geheiß der Hölle; sie sind die Dienerinnen

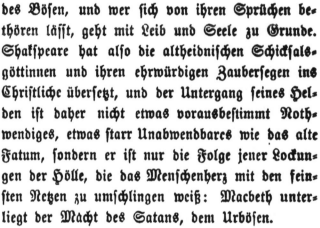

des Bösen, und wer sich von ihren Sprüchen be-
thören läßt, geht mit Leib und Seele zu Grunde.
Shakspeare hat also die altheidnischen Schicksals-
göttinnen und ihren ehrwürdigen Zaubersegen ins
Christliche übersetzt, und der Untergang seines Helden ist daher nicht etwas vorausbestimmt Noth-
wendiges, etwas starr Unabwendbares wie das alte
Fatum, sondern er ist nur die Folge jener Lockun-
gen der Hölle, die das Menschenherz mit den feinsten Netzen zu umschlingen weiß: Macbeth unterliegt der Macht des Satans, dem Urbösen.

Interessant ist es, wenn man die Shakspeare'-
schen Hexen mit den Hexen anderer englischer Dichter vergleicht. Man bemerkt, daß Shakspeare sich
dennoch von der altheidnischen Anschauungsweise
nicht ganz losreißen konnte, und seine Zauber-
schwestern sind daher auffallend grandioser und re-
spektabler als die Hexen von Middleton, die weit
mehr eine böse Bettelnatur bekunden, auch weit
kleinlichere Tücken ausüben, nur den Leib beschä-
digen, über den Geist wenig vermögen, und höchstens mit Eifersucht, Mißgunst, Lüsternheit und
ähnlichem Gefühlsaussatz unsere Herzen zu über-
krusten wissen.

Die Renommée der Lady Macbeth, die man
während zwei Jahrhunderten für eine sehr böse

Perſon hielt, hat ſich vor etwa zwölf Jahren in Deutſchland ſehr zu ihrem Vortheil verbeſſert. Der fromme Franz Horn machte nämlich im Brockhau=ſiſchen Konverſations=Blatt die Bemerkung, daß die arme Lady bisher ganz verkannt worden, daß ſie ihren Mann ſehr liebte, und überhaupt ein liebevolles Gemüth beſäße. Dieſe Meinung ſuchte bald darauf Herr Ludwig Tieck mit all ſeiner Wiſſenſchaft, Gelahrtheit und philoſophiſchen Tiefe zu unterſtützen, und es dauerte nicht lange, ſo ſahen wir Madame Stich auf der königlichen Hof=bühne in der Rolle der Lady Macbeth ſo gefühl=voll girren und turteltäubeln, daß kein Herz in Berlin vor ſolchen Zärtlichkeitstönen ungerührt blieb, und manches ſchöne Auge von Thränen über=floß beim Anblick der juten Macbeth. — Das ge=ſchah, wie geſagt, vor etwa zwölf Jahren, in jener ſanften Reſtaurationszeit, wo wir ſo viel Liebe im Leibe hatten. Seitdem iſt ein großer Bankrott aus=gebrochen, und wenn wir jetzt mancher gekrönten Perſon nicht die überſchwängliche Liebe widmen, die ſie verdient, ſo ſind Leute daran Schuld, die, wie die Königin von Schottland, während der Reſtaurations=Periode unſre Herzen ganz ausge=beutelt haben.

Ob man in Deutschland die Liebens⸗
keit der besagten Lady noch immer verficht
ich nicht. Seit der Juliusrevolution haben
doch die Ansichten in vielen Dingen geänder
man hat vielleicht sogar in Berlin einsehen
daß die jute Macbeth eine sehr bese Bestie

Ophelia.

(Hamlet.)

---

s ist die arme Ophelia, die Hamlet der
liebt hat. Es war ein blondes schönes
, und besonders in ihrer Sprache lag ein
der mir schon damals das Herz rührte,
nach Wittenberg reisen wollte und zu ihrem
ing, um ihm Lebewohl zu sagen. Der alte
r so gütig, mir alle jene guten Lehren,
r selber so wenig Gebrauch machte, auf
mitzugeben, und zuletzt rief er Ophelien,
uns Wein bringe zum Abschiedstrunk. Als
be Kind sittsam und anmuthig mit dem
eller zu mir herantrat, und das strahlend
uge gegen mich aufhob, griff ich in der
ung zu einem leeren statt zu einem gefüll-
er. Sie lächelte über meinen Mißgriff. Ihr
war schon damals so wundersam glänzend,

es zog sich über ihre Lippen schon jener berau
schende Schmelz, der wahrscheinlich von den Küs
elfen herrührte, die in den Mundwinkeln lauschten.

Als ich von Wittenberg heimkehrte und das
Lächeln Ophelia's mir wieder entgegenleuchtete, vergaß ich darüber alle Spitzfindigkeiten der Schola-
stik, und mein Nachgrübeln betraf nur die holden
Fragen: Was bedeutet jenes Lächeln? Was bedeutet jene Stimme, jener geheimnißvoll schmachtende Flötenton? Woher empfangen jene Augen
ihre seligen Strahlen? Ist es ein Abglanz des
Himmels, oder erglänzt der Himmel nur von dem
Wiederschein dieser Augen? Steht jenes Lächeln
im Zusammenhang mit der stummen Musik des
Sphärentanzes, oder ist es nur die irdische Signatur der übersinnlichsten Harmonien? Eines Tages,
als wir im Schloßgarten zu Helsingör uns ergin-
gen, zärtlich scherzend und kosend, die Herzen in
voller Sehnsuchtsblüthe . . . es bleibt mir unvergeßlich, wie bettelhaft der Gesang der Nachtigallen
abstach gegen die himmelhauchende Stimme Ophelia's, und wie armselig blöde die Blumen aussahen mit ihren bunten Gesichtern ohne Lächeln,
wenn ich sie zufällig verglich mit dem holdseligen
Munde Ophelia's! Die schlanke Gestalt, wie wand-
lende Lieblichkeit schwebte sie neben mir einher.

Ach, Das ist der Fluch schwacher Menschen,
ß sie jedesmal, wenn ihnen eine große Unbill
iderfährt, zunächst an dem Besten und Liebsten,
as sie besitzen, ihren Unmuth auslassen. Und der
me Hamlet zerstörte zunächst seine Vernunft, das
rrliche Kleinod, stürzte sich durch verstellte Gei=
sverwirrung in den entsetzlichen Abgrund der
irklichen Tollheit, und quälte sein armes Mädchen
it höhnischen Stachelreden . . . Das arme Ding!
as fehlte noch, daß der Geliebte ihren Vater
r eine Ratte hielt und ihn todtstach . . . Da
ßte sie ebenfalls von Sinnen kommen! Aber
Wahnsinn ist nicht so schwarz und brütend
er wie der Hamlet'sche, sondern er gaukelt
hsam besänftigend mit süßen Liedern um ihr
es Haupt. . . . Ihre sanfte Stimme schmilzt
in Gesang, und Blumen und wieder Blumen
n sich durch all ihr Denken. Sie singt und
t Kränze und schmückt damit ihre Stirn, und
mit ihrem strahlenden Lächeln, armes Kind!...

eigt ein Weidenbaum sich übern Bach,
eigt im klaren Strom sein grünes Laub,
elchem sie phantastisch Kränze wand
ahnfuß, Nesseln, Maßlieb, Kuckucksblumen.
ls sie aufklomm, um ihr Laubgewinde

anen erregt. Die Expofitionen
Shakſpeare's Tragödien bewun-
urch dieſe erften Eingangs-Sce-
on gleich aus unſeren Werkel-
unftgedanken herausgeriſſen, und
ungeheuern Begebenheiten ver-
ichter unſere Seelen erſchüttern

So eröffnet ſich die Tragödie
der Begegnung der Heren, und
oruch Derſelben unterjocht nicht
ſchottiſchen Feldherrn, den wir
eten ſehen, ſondern auch unſer
z, das jetzt nicht mehr loskann,
o beendigt iſt. Wie in „Macbeth"
etäubende Grauen der blutigen
m Beginn uns erfaſſt, ſo über-
chauer des bleichen Geiſterreichs
i Scenen des „Hamlet," und wir
nicht loswinden von den geſpen-
en, von dem Alpdrücken der un-
bis Alles vollbracht, bis Däne-
n Menſchenfäulnis geſchwängert
gereinigt iſt.

Scenen des „Lear" werden wir
unmittelbar hineingezogen in die
, die ſich vor unſeren Augen

19*

An den gesenkten Ästen aufzuhängen,
Zerbrach ein falscher Zweig, und nieder fielen
Die rankenden Trophäen und sie selbst
Ins weinende Gewässer. Ihre Kleider
Verbreiteten sich weit, und trugen sie
Sirenengleich ein Weilchen noch empor,
Indeß sie Stellen alter Weisen sang,
Als ob sie nicht die eigne Noth begriffe,
Wie ein Geschöpf, geboren und begabt
Für dieses Element. Doch lange währt' es nicht,
Bis ihre Kleider, die sich schwer getrunken,
Das arme Kind von ihren Melodien
Hinunterzogen in den schlamm'gen Tod.

Doch was erzähl' ich euch diese kummervolle
Geschichte! Ihr kennt sie Alle von frühester Jugend, und ihr habt oft genug geweint über die
alte Tragödie von Hamlet dem Dänen, welcher
die arme Ophelia liebte, weit mehr liebte als tausend Brüder mit ihrer Gesammtliebe sie zu lieben
vermochten, und welcher verrückt wurde, weil ihm
der Geist seines Vaters erschien, und weil die Welt
aus ihren Angeln gerissen war und er sich zu
schwach fühlte, um sie wieder einzufügen, und weil
er im deutschen Wittenberg vor lauter Denken das
Handeln verlernt hatte, und weil ihm die Wahl

stand, entweder wahnsinnig zu werden oder eine
rasche That zu begehen, und weil er als Mensch
überhaupt große Anlagen zur Tollheit in sich trug.

Wir kennen diesen Hamlet wie wir unser
eigenes Gesicht kennen, das wir so oft im Spiegel
erblicken, und das uns dennoch weniger bekannt
ist, als man glauben sollte; denn begegnete uns
Jemand auf der Straße, der ganz so aussähe wie
wir selber, so würden wir das befremdlich wohl=
bekannte Antlitz nur instinktmäßig und mit geheimem
Schreck anglotzen, ohne jedoch zu merken, daß es
unsere eignen Gesichtszüge sind, die wir eben er=
blickten.

— · — · — · —

Cordelia.

(König Lear.)

In diesem Stücke liegen Fußangeln und Selbst-
schüsse für den Leser, sagt ein englischer Schriftsteller. Ein Anderer bemerkt, diese Tragödie sei ein
Labyrinth, worin sich der Kommentator verirren
und am Ende Gefahr laufen könne, von dem Minotaur, der dort haust, erwürgt zu werden; er
möge hier das kritische Messer nur zur Selbstver-
theidigung gebrauchen. Und in der That, ist es jedenfalls eine mißliche Sache, den Shakspeare zu kriti-
siren, ihn, aus dessen Worten uns beständig die
schärfste Kritik unserer eignen Gedanken und Handlungen entgegen lacht: so ist es fast unmöglich, ihn
in dieser Tragödie zu beurtheilen, wo sein Genius
bis zur schwindligsten Höhe sich emporschwang.

Ich wage mich nur bis an die Pforte dieses
Wunderbaus, nur bis zur Exposition, die schon

gleich unſer Erſtaunen erregt. Die Expoſitionen
ſind überhaupt in Shakſpeare's Tragödien bewun=
derungswürdig. Durch dieſe erſten Eingangs=Sce=
nen werden wir ſchon gleich aus unſeren Werkel=
tagsgefühlen und Zunftgedanken herausgeriſſen, und
in die Mitte jener ungeheuern Begebenheiten ver=
ſetzt, womit der Dichter unſere Seelen erſchüttern
und reinigen will. So eröffnet ſich die Tragödie
des Macbeth mit der Begegnung der Hexen, und
der weiſſagende Spruch Derſelben unterjocht nicht
bloß das Herz des ſchottiſchen Feldherrn, den wir
ſiegestrunken auftreten ſehen, ſondern auch unſer
eignes Zuſchauerherz, das jetzt nicht mehr loskann,
bis Alles erfüllt und beendigt iſt. Wie in „Macbeth‟
das wüſte, ſinnebetäubende Grauen der blutigen
Zauberwelt ſchon im Beginn uns erfaſſt, ſo über=
fröſtelt uns der Schauer des bleichen Geiſterreichs
bereits in den erſten Scenen des „Hamlet,‟ und wir
können uns hier nicht loswinden von den geſpen=
ſtiſchen Nachtgefühlen, von dem Alpdrücken der un=
heimlichſten Ängſte, bis Alles vollbracht, bis Däne=
marks Luft, die von Menſchenfäulnis geſchwängert
war, wieder ganz gereinigt iſt.

In den erſten Scenen des „Lear‟ werden wir
auf gleiche Weiſe unmittelbar hineingezogen in die
fremden Schickſale, die ſich vor unſeren Augen

ankündigen, entfalten und abschließen. Der Dichter
gewährt uns hier ein Schauspiel, das noch entsetzlicher ist als alle Schrecknisse der Zauberwelt und
des Geisterreichs; er zeigt uns nämlich die menschliche Leidenschaft, die alle Vernunftdämme durch-
bricht, und in der furchtbaren Majestät eines königlichen Wahnsinns hinaustobt, wetteifernd mit
der empörten Natur in ihrem wildesten Aufruhr.
Aber ich glaube, hier endet die außerordentliche
Obmacht, die spielende Willkür, womit Shakspeare
seinen Stoff immer bewältigen konnte; hier beherrscht ihn sein Genius weit mehr als in den
erwähnten Tragödien, in „Macbeth" und „Hamlet," wo er mit künstlerischer Gelassenheit neben den
dunkelsten Schatten der Gemüthsnacht die rosigsten
Lichter des Witzes, neben den wildesten Handlungen
das heiterste Stillleben hinmalen konnte. Ja, in
der Tragödie „Macbeth" lächelt uns eine sanfte be-
friedete Natur entgegen; an den Fensterfliesen des
Schlosses, wo die blutigste Unthat verübt wird,
kleben stille Schwalbennester; ein freundlicher schottischer Sommer, nicht zu warm, nicht zu kühl, weht
durch das ganze Stück; überall schöne Bäume und
grünes Laubwerk, und am Ende gar kommt ein
ganzer Wald einhermarschiert, Birnam-Wald kommt
nach Dunsinan. Auch in „Hamlet" kontrastiert die

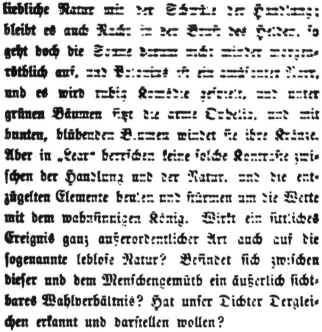

liebliche Natur mit der Schärfe der Handlung:
bleibt es auch Nacht in der Brust des Helden, so
geht doch die Sonne darum nicht minder morgen-
röthlich auf, und Britanien ist ein anmuthiges Land,
und es wird ruhig Komödie gespielt, und unter
grünen Bäumen sitzt die arme Cordelia, und mit
bunten, blühenden Blumen windet sie ihre Kränze.
Aber in „Lear" herrschen keine solche Kontraste zwischen der Handlung und der Natur, und die ent-
zügelten Elemente heulen und stürmen um die Wette
mit dem wahnsinnigen König. Wirkt ein sittliches
Ereignis ganz; außerordentlicher Art auch auf die
sogenannte leblose Natur? Befindet sich zwischen
dieser und dem Menschengemüth ein äußerlich sichtbares Wahlverhältnis? Hat unser Dichter Dergleichen erkannt und darstellen wollen?

Mit der ersten Scene dieser Tragödie werden
wir, wie gesagt, schon in die Mitte der Ereignisse
geführt, und wie klar auch der Himmel ist, ein
scharfes Auge kann das künftige Gewitter schon
voraussehen. Da ist ein Wölkchen im Verstande
Lear's, welches sich später zur schwärzesten Geistes-
nacht verdichten wird. Wer in dieser Weise Alles
verschenkt, Der ist schon verrückt. Wie das Gemüth
des Helden, so lernen wir auch den Charakter der
Töchter schon in der Expositionsscene kennen, und

namentlich rührt uns schon gleich die schweigsame
Zärtlichkeit Cordelia's, der modernen Antigone, die
an Innigkeit die antike Schwester noch übertrifft.
Ja, sie ist ein reiner Geist, wie es der König erst
im Wahnsinn einsieht. Ganz rein? Ich glaube, sie
ist ein bischen eigensinnig, und dieses Fleckchen ist
ein Vatermal. Aber wahre Liebe ist sehr verschämt
und haßt allen Wortkram; sie kann nur weinen
und verbluten. Die wehmüthige Bitterkeit, womit
Cordelia auf die Heuchelei der Schwestern anspielt,
ist von der zartesten Art, und trägt ganz den Charakter jener Ironie, deren sich der Meister aller
Liebe, der Held des Evangeliums, zuweilen bediente.
Ihre Seele entladet sich des gerechtesten Unwillens
und offenbart zugleich ihren ganzen Adel in den
Worten:

> Fürwahr, nie heirath' ich wie meine Schwe-
> stern, um bloß meinen Vater zu lieben.

Julie.

(Romeo und Julie.)

In der That, jedes Shakspeare'sche Stück hat sein besonderes Klima, seine bestimmte Jahrszeit und seine lokalen Eigenthümlichkeiten. Wie die Personen in jedem dieser Dramen, so hat auch der Boden und der Himmel, der darin sichtbar wird, eine besondere Physiognomie. Hier, in „Romeo und Julie," sind wir über die Alpen gestiegen und befinden uns plötzlich in dem schönen Garten, welcher Italien heißt . . .

Kennst du das Land, wo die Citronen blühn,
Im dunkeln Laub die Goldorangen glühn? —

Es ist das sonnige Verona, welches Shakspeare zum Schauplatze gewählt hat für die Großthaten der Liebe, die er in „Romeo und Julie" ver-

herrlichen wollte. Ja, nicht das benannte Menschen-
paar, sondern die Liebe selbst ist der Held in diesem
Drama. Wir sehen hier die Liebe jugendlich übermüthig auftreten, allen feindlichen Verhältnissen
Trotz bietend, und Alles besiegend ... Denn sie
fürchtet sich nicht, in dem großen Kampfe zu dem
schrecklichsten aber sichersten Bundesgenossen, dem
Tode, ihre Zuflucht zu nehmen. Liebe im Bünd-
nisse mit dem Tode ist unüberwindlich. Liebe! Sie
ist die höchste und siegreichste aller Leidenschaften.
Ihre weltbezwingende Stärke besteht aber in ihrer
schrankenlosen Großmuth, in ihrer fast übersinnlichen
Uneigennützigkeit, in ihrer aufopferungssüchtigen
Lebensverachtung. Für sie giebt es kein Gestern
und sie denkt an kein Morgen ... Sie begehrt
nur des heutigen Tages, aber diesen verlangt sie
ganz, unverkürzt, unverkümmert... Sie will Nichts
davon aufsparen für die Zukunft und verschmäht
die aufgewärmten Reste der Vergangenheit ...
„Vor mir Nacht, hinter mir Nacht" ... Sie ist
eine wandelnde Flamme zwischen zwei Finsternissen
... Woher entsteht sie? ... Aus unbegreiflich
winzigen Fünkchen! ... Wie endet sie? ... Sie
erlöscht spurlos, eben so unbegreiflich... Je wilder
sie brennt, desto früher erlöscht sie ... Aber Das

Hindert sie nicht, sich ihren lodernden Trieben ganz
hinzugeben, als dauerte ewig dieses Feuer . . .

Ach, wenn man zum zweitenmal im Leben
von der großen Gluth erfaßt wird, so fehlt leider
dieser Glaube an ihre Unsterblichkeit, und die schmerz-
lichste Erinnerung sagt uns, daß sie sich am Ende
selber aufzehrt . . . Daher die Verschiedenheit der
Melancholie bei der ersten Liebe und bei der zweiten . . . Bei der ersten denken wir, daß unsere
Leidenschaft nur mit tragischem Tode endigen müsse,
und in der That, wenn nicht anders die entgegen-
drohenden Schwierigkeiten zu überwinden sind, entschließen wir uns leicht, mit der Geliebten ins Grab
zu steigen . . . Hingegen bei der zweiten Liebe
liegt uns der Gedanke im Sinne, daß unsere wildesten und herrlichsten Gefühle sich mit der Zeit
in eine zahme Lauheit verwandeln, daß wir die
Augen, die Lippen, die Hüften, die uns jetzt so
schauerlich begeistern, einst mit Gleichgültigkeit betrachten werden . . . Ach! dieser Gedanke ist me-
lancholischer als jede Todesahnung! . . . Das ist
ein trostloses Gefühl, wenn wir im heißesten Rausche
an künftige Nüchternheit und Kühle denken, und
aus Erfahrung wissen, daß die hochpoetischen heroischen Leidenschaften ein so kläglich prosaisches
Ende nehmen! . . .

Diese hochpoetischen heroischen Leidenschaften!
Wie die Theaterprinzessinnen gebärden sie sich, und
sind hochroth geschminkt, prachtvoll kostümiert, mit
funkelndem Geschmeide beladen, und wandeln stolz
einher und deklamieren in gemessenen Jamben ...
Wenn aber der Vorhang fällt, zieht die arme
Prinzessin ihre Werkeltagskleider wieder an, wischt
sich die Schminke von den Wangen, sie muß den
Schmuck dem Garderobemeister überliefern, und
schlotternd hängt sie sich an den Arm des ersten
besten Stadtgerichtsreferendarii, spricht schlechtes
Berliner Deutsch, steigt mit ihm in eine Mansarde,
und gähnt und legt sich schnarchend aufs Ohr, und
hört nicht mehr die süßen Betheuerungen: „Sie
spielten jettlich, auf Ehre!" ...

Ich wage es nicht, Shakspeare im mindesten
zu tadeln, und nur meine Verwunderung möchte
ich darüber aussprechen, daß er den Romeo erst
eine Leidenschaft für Rosalinde empfinden läßt,
ehe er ihn Julien zuführt. Trotzdem, daß er sich
der zweiten Liebe ganz hingiebt, nistet doch in seiner
Seele eine gewisse Skepsis, die sich in ironischen
Redensarten kundgiebt, und nicht selten an Hamlet
erinnert. Oder ist die zweite Liebe bei dem Manne
die stärkere, eben weil sie alsdann mit klarem Selbst-
bewusstsein gepaart ist? Bei dem Weibe giebt es

keine zweite Liebe, seine Natur ist zu zart, als daß
sie zweimal das furchtbarste Erdbeben des Gemüthes
überstehen könnte. Betrachtet Julie! Wäre sie im
Stande zum zweiten Male die überschwänglichen
Seligkeiten und Schrecknisse zu ertragen, zum zwei=
ten Male, aller Angst Trotz bietend, den schauder=
haften Kelch zu leeren? Ich glaube, sie hat genug
am ersten Male, diese arme Glückliche, dieses reine
Opfer der großen Passion.

Julie liebt zum ersten Male, und liebt mit
voller Gesundheit des Leibes und der Seele. Sie
ist vierzehn Jahre alt, was in Italien so Viel gilt
wie siebzehn Jahre nordischer Währung. Sie ist
eine Rosenknospe, die eben vor unseren Augen
von Romeo's Lippen aufgeküßt ward, und sich in
jugendlicher Pracht entfaltet. Sie hat weder aus
weltlichen noch aus geistlichen Büchern gelernt, was
Liebe ist; die Sonne hat es ihr gesagt, und der
Mond hat es ihr wiederholt, und wie ein Echo
hat es ihr Herz nachgesprochen, als sie sich nächt=
lich unbelauscht glaubte. Aber Romeo stand unter
dem Balkone und hat ihre Reden gehört, und
nimmt sie beim Wort. Der Charakter ihrer Liebe
ist Wahrheit und Gesundheit. Das Mädchen athmet
Gesundheit und Wahrheit, und es ist rührend an=
zuhören, wenn sie sagt:

Du weißt, die Nacht verschleiert mein Gesicht,
Sonst färbte Mädchenröthe meine Wangen
Um Das, was du vorhin mich sagen hörteſt.
Gern hielt' ich ſtreng auf Sitte, möchte gern
Verleugnen, was ich ſprach — doch weg mit Förmlichkeit!
Sag, liebſt du mich? Ich weiß, du wirſt's bejahn,
Und will dem Worte traun; doch wenn du ſchwörſt,
So kannſt du treulos werden; wie ſie ſagen,
Lacht Jupiter des Meineids der Verliebten.
O holder Romeo, wenn du mich liebſt,
Sag's ohne Falſch! Doch dächteſt du, ich ſei
Zu ſchnell beſiegt, ſo will ich finſter blicken,
Will widerſpenſtig ſein und Nein dir ſagen,
So du dann werben willſt — ſonſt nicht um Alles.
Gewiß, mein Montague, ich bin zu herzlich;
Du könnteſt denken, ich ſei leichten Sinns.
Doch glaube, Mann, ich werde treuer ſein
Als ſie, die fremd zu thun geſchickter ſind.
Auch ich, bekenn' ich, hätte fremd gethan,
Wär' ich von dir, eh ich's gewahrte, nicht
Belauſcht in Liebesklagen.   Drum vergieb!
Schilt dieſe Hingebung nicht Flatterliebe,
Die ſo die ſtille Nacht verrathen hat!

Desdemona.

(Othello.)

———

Ich habe oben beiläufig angedeutet, daß der Charakter des Romeo etwas Hamletisches enthalte. In der That, ein nordischer Ernst wirft seine Streif-schatten über dieses glühende Gemüth. Vergleicht man Julie mit Desdemona, so wird ebenfalls in Jener ein nordisches Element bemerkbar; bei aller Gewalt ihrer Leidenschaft bleibt sie doch immer ihrer selbst bewußt, und im klarsten Selbstbewußt-sein Herrin ihrer That. Julie liebt und denkt und handelt. Desdemona liebt und fühlt und gehorcht, nicht dem eignen Willen, sondern dem stärkern An-trieb. Ihre Vortrefflichkeit besteht darin, daß das Schlechte auf ihre edle Natur keine solche Zwangs-macht ausüben kann wie das Gute. Sie wäre gewiß immer im Palazzo ihres Vaters geblieben, ein schüchternes Kind, den häuslichen Geschäften

obliegend; aber die Stimme des Mohren drang in
ihr Ohr, und obgleich sie die Augen niederschlug,
sah sie doch sein Antlitz in seinen Worten, in seinen
Erzählungen, oder wie sie sagt: „in seiner Seele"
... und dieses leidende, großmüthige, schöne, weiße
Seelenantlitz übte auf ihr Herz den unwiderstehlich
hinreißenden Zauber. Ja, er hat Recht, ihr Vater,
Seine Wohlweisheit der Herr Senator Brabantio:
eine mächtige Magie war Schuld daran, daß sich
das bange zarte Kind zu dem Mohren hingezogen
fühlte und jene häßlich schwarze Larve nicht fürchtete,
welche der große Haufe für das wirkliche Gesicht
Othello's hielt ...

Julia's Liebe ist thätig, Desdemona's Liebe
ist leidend. Sie ist die Sonnenblume, die selber
nicht weiß, daß sie immer dem hohen Tagesgestirn
ihr Haupt zuwendet. Sie ist die wahre Tochter
des Südens, zart, empfindsam, geduldig, wie jene
schlanken, großäugigen Frauenlichter, die aus sans-
kritischen Dichtungen so lieblich, so sanft, so träumerisch hervorstrahlen. Sie mahnt mich immer an
die Sakontala des Kalidasa, des indischen Shakspeare's.

Der englische Kupferstecher, dem wir das vor-
stehende Bildnis der Desdemona verdanken, hat
ihren großen Augen vielleicht einen zu starken Aus-

druck von Leidenschaft verliehen. Aber ich glaube
bereits angedeutet zu haben, daß der Kontrast des
Gesichtes und des Charakters immer einen inte-
ressanten Reiz ausübt. Jedenfalls aber ist dieses
Gesicht sehr schön, und namentlich dem Schreiber
dieser Blätter muß es sehr gefallen, da es ihn an
jene hohe Schöne erinnert, die Gottlob! an seinem
eignen Antlitz nie sonderlich gemäkelt hat und dasselbe bis jetzt nur in seiner Seele sah . . .

Ihr Vater liebte mich, lud oft mich ein.
Er fragte die Geschichte meines Lebens
Von Jahr zu Jahr; Belagerungen, Schlachten
Und jedes Schicksal, das ich überstand.
Ich lief sie durch, von meinem Knabenalter
Bis zu dem Augenblick, wo er gebot,
Sie zu erzählen. Sprechen mußt' ich da
Von höchst unglücklichen Ereignissen,
Von rührendem Geschick zu See und Land,
Wie in der Bresche ich gewissem Tod
Kaum um die Breite eines Haars entwischte;
Wie mich ein trotz'ger Feind gefangen nahm,
Der Sklaverei verkaufte; wie ich mich
Daraus gelöst, und die Geschichte Dessen,
Wie ich auf meinen Reisen mich benahm.
Von öden Höhlen, unfruchtbaren Wüsten,

Ein eben so abenteuerliches und bedeutsames
Beispiel der Liebe zu einem Mohren, wie wir in
„Titus Andronikus“ und „Othello“ sehen, findet man
in „Tausend und eine Nacht,“ wo eine schöne Fürstin,
die zugleich eine Zauberin ist, ihren Gemahl in
einer statuenähnlichen Starrheit gefesselt hält, und
ihn täglich mit Ruthen schlägt, weil er ihren Geliebten, einen häßlichen Neger, getödtet hat. Herz-
zerreißend sind die Klagetöne der Fürstin am Lager
der schwarzen Leiche, die sie durch ihre Zauberkunst
in einer Art von Scheinleben zu erhalten weiß
und mit verzweiflungsvollen Küssen bedeckt, und
durch einen noch größeren Zauber, durch die Liebe,
aus dem dämmernden Halbtode zu voller Lebens-
wahrheit erwecken möchte. Schon als Knabe frappierte mich in den arabischen Märchen dieses Bild
leidenschaftlicher und unbegreiflicher Liebe.

Jessika.

(Der Kaufmann von Venedig.)

Als ich dieses Stück in Drurylane aufführen sah, stand hinter mir in der Loge eine schöne blasse Brittin, welche am Ende des vierten Aktes heftig weinte und mehrmals ausrief: The poor man is wronged! (dem armen Mann geschieht Unrecht!) Es war ein Gesicht vom edelsten griechischen Schnitt, und die Augen waren groß und schwarz. Ich habe sie nie vergessen können, diese großen und schwarzen Augen, welche um Shylock geweint haben!

Wenn ich aber an jene Thränen denke, so muß ich den „Kaufmann von Venedig" zu den Tragödien rechnen, obleich der Rahmen des Stückes von den heiterſten Masken, Satyrbildern und Amoretten verziert ist, und auch der Dichter eigentlich ein Lustspiel geben wollte. Shakspeare hegte vielleicht

20*

die Abficht, zur Ergötzung des großen Haufens
einen gedrillten Währwolf darzuftellen, ein verhaff-
tes Fabelgeschöpf, das nach Blut lechzt, und dabei
feine Tochter und feine Dukaten einbüßt und obendrein verfpottet wird. Aber der Genius des Dichters, der Weltgeift, der in ihm waltet, fteht immer
höher als fein Privatwille, und fo gefchah es, daß
er in Shylock, trotz der grellen Fratzenhaftigkeit,
die Juftifikation einer unglücklichen Sekte ausfprach,
welche von der Vorfehung aus geheimnisvollen
Gründen mit dem Haß des niedern und vornehmen
Pöbels belaftet worden, und diefen Haß nicht immer
mit Liebe vergelten wollte.

Aber was fag' ich? der Genius des Shakfpeare erhebt fich noch über den Kleinhader zweier
Glaubensparteien, und fein Drama zeigt uns eigentlich weder Juden noch Chriften, fondern Unterdrücker
und Unterdrückte und das wahnfinnig fchmerzliche
Aufjauchzen diefer Letztern, wenn fie ihren über-
müthigen Quälern die zugefügten Kränkungen mit
Zinfen zurückzahlen können. Von Religionsver-
fchiedenheit ift in diefem Stücke nicht die geringfte
Spur, und Shakfpeare zeigt in Shylock nur einen
Menfchen, dem die Natur gebietet feinen Feind zu
haffen, wie er in Antonio und deffen Freunden
keineswegs die Jünger jener göttlichen Lehre fchil-

dert, die uns befiehlt unsere Feinde zu lieben. Wenn
Shylock dem Manne, der von ihm Geld borgen will,
folgende Worte sagt:

> Signor Antonio, viel und oftermals
> Habt Ihr auf dem Rialto mich geschmäht
> Um meine Gelder, und um meine Zinsen;
> Stets trug ich's mit geduld'gem Achselzucken,
> Denn dulden ist das Erbtheil unsers Stamms.
> Ihr scheltet mich abtrünnig, einen Bluthund,
> Und speit auf meinen jüdischen Rocklor,
> Und Alles, weil ich nutz', was mir gehört.
> Gut denn, nun zeigt sich's, Ihr braucht meine Hülfe;
> Ei freilich, ja, Ihr kommt zu mir, Ihr sprecht:
> „Shylock, wir wünschten Gelder." So sprecht Ihr,
> Der mir den Auswurf auf den Bart geleert,
> Und mich getreten, wie Ihr von der Schwelle
> Den fremden Hund stoßt; Geld ist Eur Begehren.
> Wie sollt' ich sprechen nun? Sollt' ich nicht sprechen:
> „Hat ein Hund Geld? Ist's möglich, daß ein Spitz
> Dreitausend Dukaten leihn kann?" Oder soll ich
> Mich bücken, und in eines Schuldners Ton,
> Demüthig wispernd, mit verhaltnem Odem,
> So sprechen: „Schöner Herr, am letzten Mittwoch
> Spiet Ihr mich an; Ihr tratet mich den Tag;
> Ein andermal hießt Ihr mich einen Hund —

Für diese Höflichkeiten will ich Euch
Die und die Gelder leihn"

da antwortet Antonio:

Ich könnte leichtlich wieder dich so neu
Dich wieder anspein, ja mit Füßen tret

Wo steckt da die christliche Liebe! Wa
Shakspeare würde eine Satire auf das Eh
thum gemacht haben, wenn er es von jenen
sonen repräsentieren ließe, die dem Shylock
lich gegenüber stehen, aber dennoch kaum
sind, Demselben die Schuhriemen zu lösen.
bankrotte Antonio ist ein weichliches Gemüth
Energie, ohne Stärke des Hasses und also
ohne Stärke der Liebe, ein trübes Wurmherz,
Fleisch wirklich zu nichts Besserm taugt, als „
damit zu angeln." Die abgeborgten dreit
Dukaten stattet er übrigens dem geprellten
keineswegs zurück. Auch Bassanio giebt ihr
Geld nicht wieder, und Dieser ist ein echter fo
hunter, nach dem Ausdruck eines englischen
lers; er borgt Geld, um sich etwas prächtig h
zustaffieren und eine reiche Heirath, einen
Brautschatz zu erbeuten; denn, sagt er zu
Freunde:

Euch ist nicht unbekannt, Antonio,
Wie sehr ich meinen Glücksstand hab' erschöpft,
Indem ich glänzender mich eingerichtet,
Als meine schwachen Mittel tragen konnten.
Auch jammr' ich jetzt nicht, daß die große Art
Mir untersagt ist; meine Sorg' ist bloß,
Mit Ehren von den Schulden loszukommen,
Worin mein Leben, etwas zu verschwendrisch,
Mich hat verstrickt. — —

Was gar den Lorenzo betrifft, so ist er der
Mitschuldige eines der infamsten Hausdiebstähle,
und nach dem preußischen Landrecht würde er zu
fünfzehn Jahren Zuchthaus verurtheilt und gebrand=
markt und an den Pranger gestellt werden; obgleich
er nicht bloß für gestohlene Dukaten und Juwelen,
sondern auch für Naturschönheiten, Landschaften im
Mondlicht und für Musik sehr empfänglich ist.
Was die andern edlen Venetianer betrifft, die wir
als Gefährten des Antonio auftreten sehen, so
scheinen sie ebenfalls das Geld nicht sehr zu hassen,
und für ihren armen Freund, wenn er ins Un=
glück gerathen, haben sie Nichts als Worte, ge=
münzte Luft. Unser guter Pietist Franz Horn macht
hierüber folgende sehr wässrige, aber ganz richtige
Bemerkung: „Hier ist nun billig die Frage aufzu=

werfen: wie war es möglich, daß es mit Antonio
Unglück so weit kam? Ganz Venedig kannte und
schätzte ihn, seine guten Bekannten wußten genau
um die furchtbare Verschreibung, und daß der Jud
auch nicht einen Punkt derselben würde auslöschen
lassen. Dennoch lassen sie einen Tag nach dem
andern verstreichen, bis endlich die drei Monate
vorüber sind, und mit denselben jede Hoffnung auf
Rettung. Es würde jenen guten Freunden, deren
der königliche Kaufmann ja ganze Scharen um sich
zu haben scheint, doch wohl ziemlich leicht geworden sein, die Summe von dreitausend Dukaten zusammen zu bringen, um ein Menschenleben — und
welch eines! — zu retten; aber Dergleichen ist denn
doch immer ein wenig unbequem, und so thun die
lieben guten Freunde, eben weil es nur sogenannte
Freunde oder, wenn man will, halbe oder drei-
viertel Freunde sind, — Nichts und wieder Nichts
und gar Nichts. Sie bedauern den vortrefflichen
Kaufmann, der ihnen früher so schöne Feste veranstaltet hat, ungemein, aber mit gehöriger Be-
quemlichkeit, schelten, was nur das Herz und die
Zunge vermag, auf Shylock, was gleichfalls ohne
alle Gefahr geschehen kann, und meinen dann vermuthlich Alle, ihre Freundschaftspflicht erfüllt zu
haben. So sehr wir Shylock hassen müssen, so

würden wir doch selbst ihm nicht verdenken können,
wenn er diese Leute ein wenig verachtete, was er
denn auch wohl thun mag. Ja, er scheint zuletzt
auch den Graziano, den Abwesenheit entschuldigt,
mit Jenen zu verwechseln und in Eine Klasse zu
werfen, wenn er die frühere Thatlosigkeit und jetzige
Wortfülle mit der schneidenden Antwort abfertigt:

Bis du von meinem Schein das Siegel wegschiltst,
Thust du mit Schrein nur deiner Lunge weh.
Stell deinen Witz her, guter junger Mensch,
Sonst fällt er rettungslos in Trümmern dir.
Ich stehe hier um Recht.

Oder sollte etwa gar Lanzelot Gobbo als
Repräsentant des Christenthums gelten? Sonderbar genug, hat sich Shakspeare über letzteres nirgends so bestimmt geäußert wie in einem Gespräche,
das dieser Schalk mit seiner Gebieterin führt. Auf
Jessika's Äußerung:

„Ich werde durch meinen Mann selig werden,
er hat mich zu einer Christin gemacht"

antwortet Lanzelot Gobbo:

„Wahrhaftig, da ist er sehr zu tadeln. Es
gab unser vorher schon Christen genug, grade so

viele als neben einander gut bestehen konnte. Dies Christenmachen wird den Preis der Schweine steigern; wenn wir alle Schweinefleischesser werden, so ist in Kurzem kein Schnittchen Speck in der Pfanne für Geld mehr zu haben."

Wahrlich, mit Ausnahme Porzia's ist Shylock die respektabelste Person im ganzen Stück. Er liebt das Geld, er verschweigt nicht diese Liebe, er schreit sie aus auf öffentlichem Markte . . . Aber es giebt Etwas, was er dennoch höher schätzt als Geld, nämlich die Genugthuung für sein beleidigtes Herz, die gerechte Wiedervergeltung unsäglicher Schmähungen; und obgleich man ihm die erborgte Summe zehnfach anbietet, er schlägt sie aus, und die dreitausend, die zehnmal dreitausend Dukaten gereuen ihn nicht, wenn er ein Pfund Herzfleisch seines Feindes damit erkaufen kann. „Was willst du mit diesem Fleische?" fragt ihn Salarino. Und er antwortet:

„Fisch' mit zu angeln. Sättigt es sonst Niemanden, so sättigt es doch meine Rache. Er hat mich beschimpft, mir eine halbe Million gehindert, meinen Verlust belacht, meinen Gewinn bespottet, mein Volk geschmäht, meinen Handel

gekreuzt, meine Freunde verleitet, meine Feinde
gehetzt. Und was hat er für Grund? Ich bin
ein Jude. Hat nicht ein Jude Augen? Hat nicht
ein Jude Hände, Gliedmaßen, Werkzeuge, Sinne,
Neigungen, Leidenschaften? Mit derselben Speise
genährt, mit denselben Waffen verletzt, denselben
Krankheiten unterworfen, mit denselben Mitteln
geheilt, gewärmt und gekältet von eben dem
Winter und Sommer, als ein Christ? Wenn
ihr uns stecht, bluten wir nicht? Wenn ihr uns
kitzelt, lachen wir nicht? Wenn ihr uns vergiftet,
sterben wir nicht? Und wenn ihr uns beleidigt,
sollen wir uns nicht rächen? Sind wir euch in
allen Dingen ähnlich, so wollen wir's euch auch
darin gleich thun. Wenn ein Jude einen Christen
beleidigt, was ist seine Demuth? Rache. Wenn
ein Christ einen Juden beleidigt, was muß seine
Geduld sein nach christlichem Vorbild? Nu,
Rache. Die Bosheit, die ihr mich lehrt, die
will ich ausüben, und es muß schlimm hergehn,
oder ich will es meinen Meistern zuvorthun."

Nein, Shylock liebt zwar das Geld, aber es
liebt Dinge, die er noch weit mehr liebt, unter
andern auch seine Tochter, „Jessika, mein Kind."
Obgleich er in der höchsten Leidenschaft des Zorns

sie verwünscht und todt zu seinen Füßen liegen
sehen möchte, mit den Juwelen in den Ohren, mit
den Dukaten im Sarg, so liebt er sie doch mehr
als alle Dukaten und Juwelen. Aus dem öffentlichen Leben, aus der christlichen Societät zurück-
gedrängt in die enge Umfriedung häuslichen Glückes, blieben ja dem armen Juden nur die Familien-
gefühle, und diese treten bei ihm hervor mit der
rührendsten Innigkeit. Den Türkis, den Ring, den
ihm einst seine Gattin, seine Lea, geschenkt, er
hätte ihn nicht „für einen Wald von Affen“ hin-
gegeben. Wenn in der Gerichtsscene Bassanio folgende Worte zum Antonio spricht:

> Ich hab' ein Weib zur Ehe, und sie ist
> So lieb mir als mein Leben selbst, doch gilt
> Sie höher als dein Leben nicht bei mir.
> Ich gäbe Alles hin, ja opfert' Alles,
> Das Leben selbst, mein Weib und alle Welt,
> Dem Teufel da, um dich nur zu befrein —

wenn Graziano ebenfalls hinzusetzt:

> Ich hab' ein Weib, die ich, auf Ehre! liebe;
> Doch wünscht' ich sie im Himmel, könnt' sie
>   Mächte
> Dort flehn, den hünd'schen Juden zu erweichen —

dann regt sich in Shylock die Angst ob dem Schicksal seiner Tochter, die unter Menschen, welche ihre
Weiber aufopfern könnten für ihre Freunde, sich
verheirathet hat, und nicht laut, sondern „bei Seite"
sagt er zu sich selber:

> So sind die Christenmänner! Ich hab' 'ne Tochter;
> Wär' irgend wer vom Stamm des Barnabas
> Ihr Mann geworden, lieber als ein Christ! —

Diese Stelle, dieses leise Wort begründet das
Verdammungsurtheil, welches wir über die schöne
Jessika aussprechen müssen. Es war kein liebloser
Vater, den sie verließ, den sie beraubte, den sie
verrieth. . . . Schändlicher Verrath! Sie macht
sogar gemeinschaftliche Sache mit den Feinden
Shylock's, und wenn diese zu Belmont allerlei
Mißreden über ihn führen, schlägt Jessika nicht
die Augen nieder, erbleichen nicht die Lippen Jessika's, sondern Jessika spricht von ihrem Vater das
Schlimmste. . . . Entsetzlicher Frevel! Sie hat
kein Gemüth, sondern abenteuerlichen Sinn. Sie
langweilte sich in dem streng verschlossenen „ehrbaren" Hause des bittermüthigen Juden, das ihr
endlich eine Hölle dünkte. Das leichtfertige Herz
ward allzusehr angezogen von den heiteren Tönen
der Trommel und der quergehalsten Pfeife. Hat

Shakspeare hier eine Jüdin schildern wollen? Wahrlich, nein; er schildert nur eine Tochter Eva's, einen
jener schönen Vögel, die, wenn sie flügge geworden,
aus dem väterlichen Neste fortflattern zu den geliebten Männchen. So folgte Desdemona dem
Mohren, so Imogen dem Postumus. Das ist weibliche Sitte. Bei Jessika ist besonders bemerkbar
eine gewisse zagende Scham, die sie nicht überwinden kann, wenn sie Knabentracht anlegen soll. Vielleicht in diesem Zuge möchte man jene sonderbare
Keuschheit erkennen, die ihrem Stamme eigen ist,
und den Töchtern desselben einen so wunderbaren
Liebreiz verleiht. Die Keuschheit der Juden ist vielleicht die Folge einer Opposition, die sie von jeher
gegen jenen orientalischen Sinnen- und Sinnlich-
keitsdienst bildeten, der einst bei ihren Nachbaren,
den Ägyptern, Phöniciern, Assyrern und Babylo-
niern in üppigster Blüthe stand, und sich in beständiger Transformation bis auf heutigen Tag
erhalten hat. Die Juden sind ein keusches, enthalt-
sames, ich möchte fast sagen: abstraktes Volk, und
in der Sittenreinheit stehen sie am nächsten den
germanischen Stämmen. Die Züchtigkeit der Frauen
bei Juden und Germanen ist vielleicht von keinem
absoluten Werthe, aber in ihrer Erscheinung macht
sie den lieblichsten, anmuthigsten und rührendsten

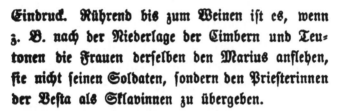

Eindruck. Rührend bis zum Weinen ist es, wenn
z. B. nach der Niederlage der Cimbern und Teu=
tonen die Frauen derselben den Marius anflehen,
sie nicht seinen Soldaten, sondern den Priesterinnen
der Vesta als Sklavinnen zu übergeben.

Es ist in der That auffallend, welche innige
Wahlverwandtschaft zwischen den beiden Völkern
der Sittlichkeit, den Juden und Germanen, herrscht.
Diese Wahlverwandtschaft entstand nicht auf histo=
rischem Wege, weil etwa die große Familien=Chro=
nik der Juden, die Bibel, der ganzen germanischen
Welt als Erziehungsbuch diente, auch nicht weil
Juden und Germanen von früh an die unerbitt=
lichsten Feinde der Römer, und also natürliche
Bundesgenossen waren; sie hat einen tiefern Grund,
und beide Völker sind sich ursprünglich so ähnlich,
daß man das ehemalige Palästina für ein orien=
talisches Deutschland ansehen könnte, wie man das
heutige Deutschland für die Heimat des heiligen
Wortes, für den Mutterboden des Prophetenthums,
für die Burg der reinen Geistheit halten sollte.

Aber nicht bloß Deutschland trägt die Phy=
siognomie Palästina's, sondern auch das übrige
Europa erhebt sich zu den Juden. Ich sage erhebt
sich, denn die Juden trugen schon im Beginne das

moderne Princip in sich, welches sich heute erst
bei den europäischen Völkern sichtbar entfaltet.

Griechen und Römer hingen begeistert an dem
Boden, an dem Vaterlande. Die spätern nordischen
Einwanderer in die Römer- und Griechenwelt hingen an der Person ihrer Häuptlinge, und an die
Stelle des antiken Patriotismus trat im Mittelalter die Vasallentreue, die Anhänglichkeit an die
Fürsten. Die Juden aber, von jeher, hingen nur
an dem Gesetz, an dem abstrakten Gedanken, wie
unsre neueren kosmopolitischen Republikaner, die
weder das Geburtsland noch die Person der Fürsten, sondern die Gesetze als das Höchste achten.
Ja, der Kosmopolitismus ist ganz eigentlich dem
Boden Judäa's entsprossen, und Christus, der troz
dem Mißmuthe des früher erwähnten Hamburger
Specereihändlers ein wirklicher Jude war, hat
ganz eigentlich eine Propaganda des Weltbürger-
thums gestiftet. Was den Republikanismus der Juden betrifft, so erinnere ich mich im Josephus gelesen zu haben, daß es zu Jerusalem Republikaner
gab, die sich den königlich-gesinnten Herodianern
entgegensetzten, am muthigsten fochten, Niemanden
den Namen „Herr" gaben, und den römischen Ab-
solutismus aufs ingrimmigste haßten; Freiheit und
Gleichheit war ihre Religion. Welcher Wahn!

Was ist aber der letzte Grund jenes Hasses,
n wir in Europa zwischen den Anhängern der
oſaiſchen Geſetze und der Lehre Chriſti bis auf
eutigen Tag gewahren, und wovon uns der
Dichter, indem er das Allgemeine im Beſondern
veranſchaulichte, im „Kaufmann von Venedig" ein
ſchauerliches Bild geliefert hat? Iſt es der ur-
ſprüngliche Bruderhaß, den wir ſchon gleich nach
Erſchaffung der Welt ob der Verſchiedenheit des
Gottesdienſtes zwiſchen Kain und Abel entlodern
hen? Oder iſt die Religion überhaupt nur
orwand, und die Menſchen haſſen ſich, um ſich
haſſen, wie ſie ſich lieben, um ſich zu lie-
? Auf welcher Seite iſt die Schuld bei dieſem
ll? Ich kann nicht umhin, zur Beantwortung
: Frage eine Stelle aus einem Privatbriefe
theilen, die auch die Gegner Shylock's juſti-
:

Ich verdamme nicht den Haß, womit das
e Volk die Juden verfolgt; ich verdamme
: unglückſeligen Irrthümer, die jenen Haß
u. Das Volk hat immer Recht in der Sache,
haſſe wie ſeiner Liebe liegt immer ein ganz
Inſtinkt zu Grunde, nur weiß es nicht,
pfindungen richtig zu formulieren, und
Sache trifft ſein Groll gewöhnlich die

verſichern, „daß man auf Erden ſei, u
beben und trotz Hunger und Durſt der
zu gehorchen" — ſo hat doch das Vo
heime Sehnſucht nach den Mitteln des
und es haßt Diejenigen, in deren Kiſten 1
Dergleichen aufgeſpeichert liegt; es haſſ
chen und iſt froh, wenn ihm die Religio
ſich dieſem Haſſe mit vollem Gemüthe h
Das gemeine Volk haßte in den Juden
die Geldbeſitzer, es war immer das a
Metall, welches die Blitze ſeines Zorn
Juden herabzog. Der jedesweilige Zei
nun immer jenem Haſſe ſeine Parole. J
alter trug dieſe Parole die düſtre Farbe
liſchen Kirche, und man ſchlug die Juden
plünderte ihre Häuſer, „weil ſie Chriſt
zigt" — ganz mit derſelben Logik, wi
Dominga, einige ſchwarze Chriſten zur

„Mein Freund, Sie lachen über die armen
Reger; ich verſichere Sie, die weſtindiſchen Pflan-
zer lachten damals nicht, und wurden niederge-
metzelt zur Sühne Chriſti, wie einige Jahrhunderte
früher die europäiſchen Juden. Aber die ſchwarzen
Chriſten auf St. Domingo hatten in der Sache
ebenfalls Recht! Die Weißen lebten müßig in der
Fülle aller Genüſſe, während der Reger im Schweiße
ſeines ſchwarzen Angeſichts für ſie arbeiten mußte,
und zum Lohne nur ein bischen Reismehl und ſehr
viele Peitſchenhiebe erhielt; die Schwarzen waren
das gemeine Volk. —

„Wir leben nicht mehr im Mittelalter, auch
das gemeine Volk wird aufgeklärter, ſchlägt die
Juden nicht mehr auf einmal todt, und beſchönigt
ſeinen Haß nicht mehr mit der Religion; unſere Zeit
iſt nicht mehr ſo naiv glaubensheiß, der traditionelle
Groll kleidet ſich in moderne Redensarten, und
der Pöbel in den Bierſtuben wie in den Deputier-
tenkammern deklamiert wider die Juden mit merkantiliſchen, induſtriellen, wiſſenſchaftlichen oder gar
philoſophiſchen Argumenten. Nur abgefeimte Heuch-
ler geben noch heute ihrem Haſſe eine religiöſe
Färbung und verfolgen die Juden um Chriſti willen; die große Menge geſteht offenherzig, daß hier
materielle Intereſſen zu Grunde liegen, und ſie

will den Juden durch alle möglichen Mittel die
Ausübung ihrer industriellen Fähigkeiten erschweren.
Hier in Frankfurt z. B. dürfen jährlich nur vier-
undzwanzig Bekenner des mosaischen Glaubens
heirathen, damit ihre Population nicht zunimmt
und für die christlichen Handelsleute keine allzu-
starke Konkurrenz erzeugt wird. Hier tritt der wirkliche Grund des Judenhasses mit seinem wahren
Gesichte hervor, und dieses Gesicht trägt keine düster fanatische Mönchsmiene, sondern die schlaffen
aufgeklärten Züge eines Krämers, der sich ängstigt,
im Handel und Wandel von dem israelitischen Geschäftsgeist überflügelt zu werden.

„Aber ist es die Schuld der Juden, daß sich
dieser Geschäftsgeist bei ihnen so bedrohlich entwickelt hat? Die Schuld liegt ganz an jenem Wahnsinn, womit man im Mittelalter die Bedeutung
der Industrie verkannte, den Handel als etwas
Unedles und gar die Geldgeschäfte als etwas
Schimpfliches betrachtete, und deßhalb den einträg-
lichsten Theil solcher Industriezweige, namentlich
die Geldgeschäfte, in die Hände der Juden gab;
so daß Diese, ausgeschlossen von allen anderen Ge-
werben, nothwendigerweise die raffiniertesten Kaufleute und Bankiers werden mußten. Man zwang
sie reich zu werden, und haßte sie dann wegen ihres

Reichthums; und obgleich jetzt die Christenheit ihre
Vorurtheile gegen die Industrie aufgegeben hat,
und die Christen in Handel und Gewerb eben so
große Spitzbuben und eben so reich wie die Juden
geworden sind, so ist dennoch an diesen Letztern
der traditionelle Volkshaß haften geblieben, das
Volk sieht in ihnen noch immer die Repräsentanten
des Geldbesitzes und haßt sie. Sehen Sie, in der
Weltgeschichte hat Jeder Recht, sowohl der Hammer
als der Amboß."

Porzia.

(Der Kaufmann von Venedig.)

.

———

„Wahrscheinlich wurden alle Kunstrichter von Shylock's erstaunlichem Charakter so geblendet und befangen, daß sie ihrerseits Porzia ihr Recht nicht widerfahren ließen, da doch ausgemacht Shylock's Charakter in seiner Art nicht kunstreicher, noch vollendeter ist als Porzia's in der ihrigen. Die zwei glänzenden Figuren sind beide ehrenwerth — werth, zusammen in dem reichen Bann bezaubernder Dichtung und prachtvoller, anmuthiger Formen zu stehen Neben dem schrecklichen, unerbittlichen Juden, gege seine gewaltigen Schatten durch ihre Glanzlichte abstechend, hängt sie wie ein prächtiger, schönhei athmender Tizian neben einem herrlichen Rembrant

„Porzia hat ihr gehöriges Theil von den a genehmen Eigenschaften, die Shakspeare über di seiner weiblichen Charaktere ausgegossen; neben

Wimer wei, der Süßigkeit und Zartlichkeit, welche
ihr Geschlecht überhaupt auszeichnen, auch noch
ganz eigenthümliche, besondere Gaben: hohe geistige
Kraft, begeisterte Stimmung, entschiedene Festigkeit
und Allem obschwebende Munterkeit. Diese sind
angeboren; sie hat aber noch andere ausgezeichnete
äußerlichere Eigenschaften, die aus ihrer Stellung
und ihren Bezügen hervorgehen. So ist sie Erbin
eines fürstlichen Namens und unberechenbaren Reichthums; ein Gefolg dienstwilliger Lustbarkeiten hat
sie stets umgeben; von Kindheit an hat sie eine
mit Wohlgerüchen und Schmeicheldüften durchwürzte
Luft geathmet. Daher eine gebieterische Anmuth,
eine vornehme, hehre Zierlichkeit, ein Geist der
Pracht in Allem, was sie thut und sagt, als die
von Geburt an mit dem Glanze Vertraute. Sie
wandelt einher wie in Marmorpalästen, unter gold-
verzierten Decken, auf Fußböden von Ceder und
Mosaiken von Jaspis und Porphyr, in Gärten
mit Standbildern, Blumen und Quellen und geister-
artig flüsternder Musik. Sie ist voll eindringender
Weisheit, unverfälschter Zärtlichkeit und lebhaften
Witzes. Da sie aber nie Mangel, Gram, Furcht
oder Mißerfolg gekannt, so hat ihre Weisheit
keinen Zug von Düsterheit oder Trübheit; all
ihre Regungen sind mit Glauben, Hoffnung, Freude

versetzt; und ihr Witz ist nicht im mindesten bös-
willig oder beißend."

Obige Worte entlehne ich einem Werke der
Frau Jameson, welches „Moralische, poetische und
historische Frauen-Charaktere" betitelt. Es ist in
diesem Buche nur von Shakspeare'schen Weibern
die Rede, und die angeführte Stelle zeugt von dem
Geiste der Verfasserin, die wahrscheinlich von Geburt eine Schottin ist. Was sie über Porzia im
Gegensatz zu Shylock sagt, ist nicht bloß schön, sondern auch wahr. Wollen wir Letzteren, in üblicher
Auffassung, als den Repräsentanten des starren,
ernsten, kunstfeindlichen Judäa's betrachten, so erscheint uns dagegen Porzia als die Repräsentantin
jener Nachblüthe des griechischen Geistes, welche
von Italien aus im sechzehnten Jahrhundert
ihren holden Duft über die Welt verbreitete, und
welche wir heute noch unter dem Namen „die Renaissance" lieben und schätzen. Porzia ist zugleich
die Repräsentantin des heitern Glückes im Gegensatze zu dem düstern Mißgeschick, welches Shylock
repräsentiert. Wie blühend, wie rosig, wie rein-
klingend ist all ihr Denken und Sprechen, wie
freudewarm sind ihre Worte, wie schön alle ihre
Bilder, die meistens der Mythologie entlehnt sind!
Wie trübe, kneifend und häßlich sind dagegen die

Gedanken und Reden des Shylock, der im Gegentheil nur alttestamentalische Gleichnisse gebraucht!
Sein Witz ist krampfhaft und ätzend, seine Me-
taphern sucht er unter den widerwärtigsten Gegenständen, und sogar seine Worte sind zusammenge-
quetschte Mißlaute, schrill, zischend und quirrend.
Wie die Personen, so ihre Wohnungen. Wenn wir
sehen, wie der Diener Jehovah's weder ein Abbild Gottes noch des Menschen, des erschaffenen
Konterfei Gottes, in seinem „ehrbaren Hause“ dul-
det, und sogar die Ohren desselben, die Fenster,
verstopft, damit die Töne des heidnischen Mummen-
schanzes nicht hineindringen in sein „ehrbares Haus“
… so sehen wir im Gegentheil das kostbarste
und geschmackvollste Villeggiatura=Leben in dem
schönen Palazzo zu Belmont, wo lauter Licht
und Musik, wo unter Gemälden, marmornen Statuen und hohen Lorberbäumen die geschmückten
Freier lustwandeln und über Liebesräthsel sinnen,
und inmitten aller Herrlichkeit Signora Porzia,
gleich einer Göttin hervorglänzt,

Das sonnige Haar die Schläf' umwallend.

Durch solchen Kontrast werden die beiden
Hauptpersonen des Dramas so individualisiert, daß
man darauf schwören möchte, es seien nicht Phan-

tafiebilder eines Dichters, sondern wirkliche, weib=
geborene Menschen. Ja, sie erscheinen uns noch
lebendiger als die gewöhnlichen Naturgeschöpfe, da
weder Zeit noch Tod ihnen Etwas anhaben kann,
und in ihren Adern das unsterblichste Blut, die
ewige Poesie, pulsiert. Wenn du nach Venedig
kommst und den Dogenpallast durchwandelst, so
weißt du sehr gut, daß du weder im Saal der
Senatoren noch auf der Riesentreppe dem Marino
Falieri begegnen wirst; — an den alten Dandolo
wirst du im Arsenale zwar erinnert, aber auf keiner
der goldenen Galeren wirst du den blinden Helden
suchen; — siehst du an einer Ecke der Straße
Santa eine Schlange in Stein gehauen, und an
der andern Ecke den geflügelten Löwen, welcher das
Haupt der Schlange in der Tatze hält, so kömmt
dir vielleicht der stolze Carmagnole in den Sinn,
doch nur auf einen Augenblick. Aber weit mehr
als an alle solche historische Personen denkst du zu
Venedig an Shakspeare's Shylock, der immer noch
lebt, während Jene im Grabe längst vermodert sind,
— und wenn du über den Rialto steigst, so sucht
ihn dein Auge überall, und du meinst, er müsse
dort hinter irgend einem Pfeiler zu finden sein,
mit seinem jüdischen Rockelor, mit seinem miß=
trauisch berechnenden Gesicht, und du glaubst

manchmal sogar seine kreischende Stimme zu hören:
„Dreitausend Dukaten — gut!"

Ich wenigstens, wandelnder Traumjäger, wie
ich bin, ich sah mich auf dem Rialto überall um,
ob ich ihn irgend fände, den Shylock. Ich hätte
ihm Etwas mitzutheilen gehabt, was ihm Vergnügen
machen konnte, daß z. B. sein Vetter, Herr von
Shylock zu Paris, der mächtigste Baron der Chri=
stenheit geworden, und von Ihrer katholischen Ma=
jestät jenen Isabellenorden erhalten hat, welcher
einst gestiftet ward, um die Vertreibung der Juden
und Mauren aus Spanien zu verherrlichen. Aber
ich bemerkte ihn nirgends auf dem Rialto, und ich
entschloß mich daher, den alten Bekannten in der
Synagoge zu suchen. Die Juden feierten hier eben
ihren heiligen Versöhnungstag und standen einge=
wickelt in ihren weißen Schaufäden-Talaren, mit
unheimlichen Kopfbewegungen, fast aussehend wie
eine Versammlung von Gespenstern. Die armen
Juden, sie standen dort, fastend und betend, vom
frühesten Morgen, hatten seit dem Vorabend weder
Speise noch Trank zu sich genommen, und hatten
auch vorher alle ihre Bekannten um Verzeihung
gebeten für etwaige Beleidigungen, die sie ihnen
im Laufe des Jahres zugefügt, damit ihnen Gott
ebenfalls ihre Sünden verzeihe, — ein schöner

Gebrauch, welcher ſich ſonderbarer Weiſe bei di

Leuten findet, denen doch die Lehre Chriſti

fremd geblieben iſt!

Indem ich, nach dem alten Shylock um

ſpähend, all' die blaſſen, leidenden Judengeſi

aufmerkſam muſterte, machte ich eine Entdeck

die ich leider nicht verſchweigen kann. Ich l

nämlich denſelben Tag das Irrenhaus San C

beſucht, und jetzt in der Synagoge fiel es

auf, daß in dem Blick der Juden derſelbe fa

halb ſtiere halb unſtäte, halb pfiffige halb b

Glanz flimmerte, welchen ich kurz vorher in

Augen der Wahnſinnigen zu San Carlo ben

hatte. Dieſer unbeſchreibliche, räthſelhafte

zeugte nicht eigentlich von Geiſtesabweſenheit,

vielmehr von der Oberherrſchaft einer fixen

Iſt etwa der Glaube an jenen außerweltlichen

nergott, den Moſes ausſprach, zur fixen Idee

ganzen Volks geworden, das, trotzdem daß

es ſeit zwei Jahrtauſenden in die Zwange

ſteckte und ihm die Douche gab, dennoch nicht b

ablaſſen will — gleich jenem verrückten Advoka

ben ich in San Carlo ſah, und der ſich eben

nicht ausreden ließ, daß die Sonne ein engli

Käſe ſei, daß die Strahlen derſelben aus la

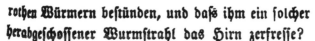

rothen Würmern beständen, und daß ihm ein solcher herabgeschossener Wurmstrahl das Hirn zerfresse?

Ich will hiermit keineswegs den Werth jener fixen Idee bestreiten, sondern ich will nur sagen, daß die Träger derselben zu schwach sind, um sie zu beherrschen, und davon niedergedrückt und inkurabel werden. Welches Martyrthum haben sie schon um dieser Idee willen erduldet! welches größere Martyrthum steht ihnen noch bevor! Ich schaudre bei diesem Gedanken, und ein unendliches Mitleid rieselt mir durchs Herz. Während des ganzen Mittelalters bis zum heutigen Tag stand die herrschende Weltanschauung nicht in direktem Widerspruch mit jener Idee, die Moses den Juden aufgebürdet, ihnen mit heiligen Riemen angeschnallt, ihnen ins Fleisch eingeschnitten hatte; ja, von Christen und Mahomedanern unterschieden sie sich nicht wesentlich, unterschieden sie sich nicht durch eine entgegengesetzte Synthese, sondern nur durch Auslegung und Schiboleth. Aber siegt einst Satan, der sündhafte Pantheismus, vor welchem uns sowohl alle Heiligen des alten und des neuen Testaments als auch des Korans bewahren mögen, so zieht sich über die Häupter der armen Juden ein Verfolgungsgewitter, das ihre früheren Erduldungen noch weit überbieten wird . . .

stiger betend als seine ub[...]
mit stürmischer Wildheit, [...]
betend zum Throne Jehova[...]
königs! Ich sah ihn nicht.

nach dem Glauben der Zu[...]
Himmels geschlossen werden[...]
Einlaß erhält, hörte ich eine[...]
nen rieselten, wie sie nie mi[...]
werden . . . Es war ein G[...]
Stein in Mitleid zu rühren[...]
waren Schmerzlaute, wie sie[...]
kommen konnten, die all da[...]
ches ein ganzes gequältes Vol[...]
hunderten ertragen hat, in sic[...]
Es war das Röcheln einer S[...]
niedersinkt vor den Stu[...]

Komödien.

Miranda.

(Der Sturm. Akt III, Scene I.)

Ferdinand.

Warum weint Ihr?

Miranda.

Um meinen Unwerth, daß ich nicht darf bieten,
Was ich zu geben wünschte; noch viel minder,
Wonach ich todt mich sehnen werde, nehmen.
Doch Das heißt tändeln, und je mehr es sucht
Sich zu verbergen, um so mehr erscheint's
In seiner ganzen Macht. Fort, blöde Schlauheit!
Führ du das Wort mir, schlichte, heil'ge Unschuld!
Ich bin Eu'r Weib, wenn Ihr mich haben wollt,
Sonst sterb' ich Eure Magd; Ihr könnt mir's weigern,
Gefährtin Euch zu sein, doch Dienerin
Will ich Euch sein, Ihr wollet oder nicht.

Ferdinand.

Geliebte, Herrin, und auf immer ich
So unterthänig!

Miranda.

Mein Gatte denn?

Ferdinand.

Ja, mit so will'gem H
Als Dienstbarkeit sich je zur Freiheit wand
Hier habt Ihr meine Hand.

Titania.

(Ein Sommernachtstraum. Akt II, Scene II.)

—— —

(Titania kommt mit ihrem Gefolge.)

Titania.

Kommt! einen Ringel=, einen Feenſang!
Dann auf das Drittel 'ner Minute fort!
Ihr, tödtet Raupen in den Roſenknoſpen!
Ihr Andern führt mit Fledermäuſen Krieg,
Bringt ihrer Flügel Balg als Beute heim,
Den kleinen Elfen Röcke draus zu machen!
Ihr endlich, ſollt den Kauz, der nächtlich kreiſcht
Und über unſre ſchmucken Geiſter ſtaunt,
Von uns verſcheuchen! Singt mich nun in Schlaf;
An eure Dienſte dann, und laſſt mich ruhn!

—— —— —

Perdita.

— — Netz

ein Spiel, n

Imogen.

(Cymbeline. Akt II, Scene II.)

Imogen.

>   Ihr Götter!
In euren Schutz empfehl' ich mich! Beschützt
Vor Feen mich und nächtlichen Versuchern!

(Sie schläft ein. Jachimo steigt aus der Kiste.)

Jachimo.

Die Grille singt, des Menschen müde Sinne
Erholen sich im Schlaf. So drückt' Tarquin
Die Binsen sanft, eh er die Keuschheit weckte,
Die er verletzte! — Cytherea, wie
Du hold dein Lager schmückst! Du frische Lilie!
Und weißer als dein Bettgewand! O könnt'
Ich dich berühren, küssen, einmal küssen!
Rubinen sonder Gleichen, o wie hold
Muß Euer Kuß sein! Ist's ihr Athem doch,
Der dieses Zimmer so erfüllt mit Duft.
Des Lichtes Flamme neigt sich gegen sie,
Und guckte gern ihr unters Augenlied,
Das dort verschloßne Licht zu schaun — —

Julia.

(Die beiden Veroneser. Akt IV, Scene IV.)

———

Julia.

Ob viele Fraun wohl brächten solche Botschaft?
Ach, armer Proteus! einen Fuchs hast du
Zum Hirten deiner Lämmer angenommen.
Ach, arme Thörin! du bedauerst ihn,
Der so von ganzem Herzen dich verachtet!
Weil er sie liebt, so schätzt er mich gering;
Weil ich ihn liebe, muß ich ihn bedauern.
Bei unserm Abschied gab ich ihm den Ring,
Zu fesseln die Erinnrung meiner Liebe.
Nun werd' ich — Unglücksbote! — hingesandt,
Das zu erflehn, was ich nicht wünschen kann;
Zu fordern, was ich gern verweigert sähe;
Die Treu' zu preisen, die ich tadeln muß!
Ich bin die treue Liebe meines Herrn,
Doch kann ich treu nicht dienen meinem Herrn,
Will ich mir selber kein Verräther sein.
Zwar will ich für ihn werben, doch so kalt,
Als, weiß es Gott! es hätte keine Eil'.

Silvia.

(Die beiden Veroneser. Akt IV, Scene IV.)

———

Silvia.

— — — Jüngling! da du so
Dein Fräulein liebst, verehr' ich dir dies Geld.
Gehab dich wohl!

(Sie geht ab.)

Julia.

Wenn du sie je erkennst, sagt sie dir Dank.
Ein tugendhaftes Mädchen, mild und schön!
Ich hoffe, kalt empfängt sie meinen Herrn,
Da meines Fräuleins Liebe sie so ehrt.
Wie Liebe mit sich selber tändelt! — Ach,
Hier ist ihr Bild. Ich will doch sehn. Mich dünkt,
Mein Antlitz wäre — hätt' ich solchen Schmuck —
Gewiß so reizend als ihr Angesicht.
Und doch der Maler schmeichelt ihr ein wenig,
Wenn ich mir selbst zu viel nicht schmeicheln mag;
Ihr Haar ist braun, mein Haar vollkommen gelb.
Ist Dieses seines Leichtsinns einz'ger Grund,

So schmück' ich mich mit falschem, braunem Haar.
Ihr Aug' ist grau wie Glas; so ist auch meins.
Ja, doch die Stirn ist niedrig, meine hoch.
Was kann's nur sein, was er an i h r so schätzt,
An m i r ich ihn nicht schätzend machen kann?

Hero.

(Viel Lärm um Nichts. Akt IV, Scene I.)

———

Mönch.

Herrin, wer ist's, mit dem man Euch beschuldigt?

Hero.

Die mich beschuld'gen, wissen's — ich weiß Nichts,
Denn weiß ich mehr von irgend einem Mann,
Als Keuschheit reiner Jungfrau es gestattet,
So fehl' all' meinen Sünden Gnade. Vater!
Beweist sich's, daß zu unanständ'gen Stunden
Mit mir ein Mann sprach, oder daß ich gestern
Zu Nacht mit irgend Einem Wort gewechselt,
So haßt — verstoßt mich — martert mich zu Tode.

Beatrice.

(Biel Lärm um Nichts. Akt III, Scene I.)

———

Hero.

Doch schuf Natur noch nie ein weiblich Herz
Von spröderm Stoff, als das der Beatrice.
Hohn und Verachtung sprüht ihr funkelnd Auge
Und schmäht, worauf sie blickt; so hoch im Preise
Stellt sie den eignen Witz, daß alles Andre
Ihr nur gering erscheint; sie kann nicht lieben,
Noch Liebe fassen und in sich entwerfen.
So eigenliebig ist sie.

Ursula.

Gewiß, solch Mäkeln ist nicht zu empfehlen.

Hero.

O nein, so schroff, so außer aller Form,
Wie Beatrice, ist nicht lobenswerth.
Wer aber darf's ihr sagen? Wollt' ich reden,
Zerstäubte sie mit Spott mich, lachte mich

Aus mir heraus, erdrückte mich mit Witz.
Mag Benedikt drum, wie verdecktes Feuer,
Zergehn in Seufzern, innerlich hinschmelzen,
Ein beſſrer Tod wär's immer als an Spott,
Was eben ist wie todtgekitzelt werden.

Helena.

(Ende gut, Alles gut. Akt I, Scene III.)

———

Helena.

So bekenn' ich
Hier auf den Knien vor Euch und Gott dem Herrn,
Daß ich vor Euch und nächst dem Herrn des Himmels
Lieb' Euren Sohn.
Mein Stamm war arm, doch ehrsam; so mein Lieben.
Zürnt nicht darüber! thut's ihm doch kein Leid,
Daß er von mir geliebt wird. Ich verfolg' ihn
Mit keinem Zeichen dringlicher Bewerbung;
Noch möcht' ich ihn, bis ich mir ihn verdient;
Weiß aber nicht, wie mir Das werden sollte.
Ich weiß, ich lieb' umsonst und wider Hoffnung;
Und doch in dies unhaltbar weite Sieb
Gieß' ich beständig meiner Liebe Fluth,
Die nimmer doch erschöpft wird; gleich dem Inder,

ꞁubig fromm, andächtig bet' ich an
nne, die da schauet auf den Beter,
ehr von ihm nicht weiß. O theure Herrin,
ꞃren Haß nicht meine Liebe treffen,
: Daſſelbe liebt wie Ihr! — — —

Celia.

(Wie es euch gefällt. Akt I, Scene II.)

———

Rosalinde.

Das will ich von nun an, Mühmchen, und c
Späße denken. Laß sehen, was hältst du vom B
lieben?

Celia.

Ei ja, thu's, um Spaß damit zu treiben. A
liebe keinen Mann in wahrem Ernst, auch zum Sp
nicht weiter, als daß du mit einem unschuldigen C
röthen in Ehren wieder davon kommen kannst.

Rosalinde.

Was wollen wir denn für Spaß haben?

Celia.

Laß uns sitzen und die ehrliche Hausmutter Fo
tuna von ihrem Rade weglästern, damit ihre Gab
künftig gleicher ausgetheilt werden mögen.

Rosalinde.

Ich wollte, wir könnten Das; denn ihre Wohl=
thaten sind oft gewaltig übel angebracht, und am
meisten versieht sich die freigebige blinde Frau mit
ihren Geschenken an Frauen.

Celia.

Das ist wahr; denn Die, welche sie schön macht,
macht sie selten ehrbar, und Die, welche sie ehrbar
macht, macht sie sehr häßlich.

Rosalinde.

(Wie es euch gefällt. Akt III, Scene II.)

———

Celia.

Hast du diese Verse gehört?

Rosalinde.

O ja, ich hörte sie alle und noch was drüber, denn einige hatten mehr Füße als die Verse tragen konnten.

Celia.

Das thut Nichts, die Füße konnten die Verse tragen.

Rosalinde.

Ja, aber die Füße waren lahm und konnten sich nicht außerhalb des Verses bewegen, und darum standen sie so lahm im Verse.

Celia.

Aber hast du gehört, ohne dich zu wundern, daß dein Name an den Bäumen hängt und eingeschnitten ist?

· Rosalinde.

Ich war schon sieben Tage in der Woche über alles Wundern hinaus, ehe du kamst; denn sieh nur, was ich an einem Palmbaum fand. Ich bin nicht so bereimt worden seit Pythagoras' Zeiten, wo ich eine Ratte war, die sie mit schlechten Versen vergifteten, dessen ich mich kaum noch erinnern kann.

Olivia.

(Was ihr wollt. Akt I, Scene V.)

———

Biola.

Liebes Fräulein, laßt mich Euer Gesicht ſ

Olivia.

Habt Ihr irgend einen Auftrag von Eurem ₤ mit meinem Gesicht zu verhandeln? Jetzt ſeit aus Eurem Text gekommen. Doch will ich den hang wegziehn, und Euch das Gemälde weisen. entschleiert sich.) Seht, Herr, ſo ſah ich in dieſem A blick aus. Iſt die Arbeit nicht gut?

Biola.

Vortrefflich, wenn ſie Gott allein gemacht

Olivia.

Es iſt echte Farbe, Herr; es hält Wind Wetter aus.

Biola.

'S ift reine Schönheit, deren Roth und Weiß
Natur mit zarter, schlauer Hand verschmelzte.
Fräulein, Ihr seid die Grausamste, die lebt,
Wenn Ihr zum Grabe diese Reize tragt,
Und laßt der Welt kein Abbild.

Viola.

(Was ihr wollt. Akt II, Scene V.)

Viola.

Mein Vater hatt' eine Tochter, welche liebte,
Wie ich vielleicht, wär' ich ein Weib, mein Fürst
Euch lieben würde.

Herzog.

Was war ihr Lebenslauf?

Viola.

        Ein leeres Blatt,
Mein Fürst. Sie sagte ihre Liebe nie,
Und ließ Verheimlichung, wie in der Knospe
Den Wurm, an ihrer Purpurwange nagen.
Sich härmend, und in bleicher, welker Schwermuth
Saß sie wie die Geduld auf einer Gruft,
Dem Grame lächelnd. Sagt, war Das nicht Liebe?
Wir Männer mögen leicht mehr sprechen, schwören,
Doch der Verheißung steht der Wille nach —
Wir sind in Schwüren stark, doch in der Liebe schwach.

Herzog.

Starb deine Schwester denn an ihrer Liebe?

Viola.

Ich bin, was aus des Vaters Haus von Töchtern
Und auch von Brüdern blieb — — —

Maria.

(Was ihr wollt. Akt I, Scene III.)

———

Junker Andreas.

— — — Schönes Frauenzimmer, denkt Ihr,
Ihr hättet Narren am Seile?

Maria.

Nein, ich habe Euch nicht am Seile.

Junker Andreas.

Ihr sollt mich aber am Seile haben; hier ist
meine Hand.

Maria.

Nun, Herr, Gedanken sind zollfrei; aber mich
däucht, Ihr könntet sie immer ein bischen in den Keller
tragen, und ihnen zu trinken geben.

Junker Andreas.

Wozu, mein Engelchen? Was soll die verblümte
Redensart?

Maria.

Sie ist trocken, Herr.

———

Isabella.

(Maß für Maß. Alt II, Scene IV.)

———

Angelo.

Nehmt an, kein Mittel wär', ihn zu befrein —
(Zwar gelten laſſ' ich's nicht, noch Eines ſonſt,
Doch ſo zum Beiſpiel nur) — daß Ihr, die Schweſter,
Geliebt Euch fändet von ſolch einem Mann,
Deß hoher Rang, deß Einfluß auf den Richter
Euch wohl den Bruder könnt' entfeſſeln vom
Allbindenden Geſetz, und übrig wär'
Ihm gar kein Rettungsmittel, als entweder
Ihr übergäbt das Kleinod Eures Leibs
Dem Mann da, oder ließt den Bruder leiden. —
Was thätet Ihr?

Isabella.

Das für den armen Bruder, was für mich.
Das heißt: wär' über mich erkannt der Tod:
Der Geißel Striemen trüg' ich als Rubinen,
Enthüllte mich zum Tode, wie zum Bett,
Das ich verlangt' in Sehnſucht, eh' ich gäbe
Den Leib der Schmach.

Prinzessin von Frankreich.

(Der Liebe Müh umsonst. Akt III, Scene I.)

———

Schädel.

Gottes schönster Gruß Euch! Sagt, wer ist
Hauptdame?

Prinzessin.

Du wirst sie erkennen, Freund, an den Übrig
die ohne Haupt sind.

Schädel.

Wer ist die größte Dame, die höchste?

Prinzessin.

Die Dickste und die Längste.

Schädel.

Die Dickst' und die Längste! So ist's; wahr ist wa
War Euch schmächtig der Leib, wie der Witz n
o Frau,
Ein Gürtel der Jungfrau da paßt' Euch genau.
Seid Ihr nicht die Hauptfrau? die Dickste seid J

Die Abtiffin.

(Die Komödie der Irrungen. Akt V, Scene I.)

———

Abtiffin.

Daher kam's eben, daß er rafend ward.
Der gift'ge Lärm der eiferfücht'gen Frau
Vergiftet mehr als toller Hunde Zahn.
Du hindertest durch Schelten feinen Schlaf,
Und davon hat sich fein Gehirn entzündet.
Mit deinem Tadel würzteft du fein Mahl;
Gestörte Mahlzeit hindert das Verdaun,
Und daher rührt des Fiebers Raferei.
Denn, was ist Fieber, als ein Wahnfinns=Hauch?
Du störteft stets mit Schelten fein Ergötzen;
Erholung, die fo füße! was wird draus,
Verfperrt man ihr die Thür? Melancholie,
Die Blutsfreundin untröftlicher Verzweiflung,
Und hinter ihr ein ungeheures Heer

Von bleichen Kränklichkeiten, Lebensfeinden!
Beim Mahl, im Scherz, bei lebensnähr'nder R
Gestöret stets, muß Mensch und Thier verrück:
Und daraus folgt: vor deiner Eifersucht,
Ergriff der Witz des Gatten hier die Flucht.

Frau Page.

(Die luſtigen Weiber von Windſor. Akt II, Scene II.)

———

Jungfer Quickly.

Nun, Das wäre wahrhaftig ein ſchöner Spaß!
Für ſo einfältig halt' ich ſie nicht. Das wäre ein
Streich! Meiner Seele! Frau Page aber läſſt Euch
um aller Liebe willen bitten, ihr Euren kleinen Jun=
gen zu ſchicken, ihr Mann hat eine unbeſchreibliche
Zuneigung zu dem kleinen Jungen; und Herr Page
iſt wahrhaftig ein ſehr rechtſchaffener Mann. Kein
Weib in ganz Windſor führt ein beſſeres Leben als
ſie. Sie thut, was ſie will; ſie ſagt, was ſie will; ſie
nimmt Alles, bezahlt Alles, geht zu Bette, wenn ſie
Luſt hat, ſteht auf, wenn ſie Luſt hat, und Alles wie
ſie will. Und ſie verdient es, wahrhaftig! denn wenn
es in Windſor nur irgend eine gutmüthige Frau
giebt, ſo iſt ſie's. Es hilft Nichts, Ihr müſſt ihr
Euren Knaben ſchicken.

Frau Ford.

(Die lustigen Weiber von Windsor. Act I, Scene III.)

Falstaff.

Jetzt keine Possen, Pistol! Freilich geht mein
Wanst zwei Ellen hinaus; aber jetzt will ich nicht
auf unnützen Aufwand, sondern auf gute Wirthschaft
hinaus. Kurz, ich beabsichtige einen Liebeshandel mit
Ford's Frau. Ich spüre Unterhaltung bei ihr. Sie
schwatzt, sie schneidet vor, und ihre Blicke sind einladend. Ich kann mir den Inhalt ihrer vertraulichen
Gespräche erklären, und der ungünstigste Ausdruck
ihres Betragens ist in deutlichen Worten: Ich bin
Sir John Falstaff's.

Anne Page.

(Die luftigen Weiber von Windsor. Akt I, Scene I.)

Anne.

Nun? Ift's Euch nicht auch gefällig hereinzu=
kommen, hochgeehrter Herr?

Slender.

Nein, ich danke Euch, wahrhaftig! von ganzem
Herzen. Ich befinde mich hier recht wohl.

Anne.

Man wartet mit dem Essen auf Euch, lieber
Herr.

Slender.

Ich bin gar nicht so hungrig. Ich danke Euch,
wahrhaftig! (Zu Simpel:) Geh, Bursche! und wenn du
gleich mein Diener bist, so warte dennoch meinem
Herrn Vetter Shallow auf. Ein Friedensrichter kann
manchmal seinem Freunde um eines Dieners willen
verpflichtet werden. Bis zum Tode meiner Mutter

halte ich mir nur noch drei Leute und einen B:
Wenn Das aber auch ist, so leb' ich doch imm
so gut als ein armer Junker.

Anne.

Ohne Euer Gestrengen darf ich nicht
kommen. Man wird sich nicht eher setzen,
Ihr kommt.

Catharina.

(Die gezähmte Keiferin. Akt II, Scene I.)

———

Petruchio.

Nimm an, sie schmählt; nun, ruhig sag' ich ihr,
Sie singe lieblich wie die Nachtigall.
Nimm an, sie mault, ich sag', ihr Blick sei klar
Wie Morgenrosen, frisch getränkt vom Thau.
Nimm an, sie muckt und redet nicht ein Wort;
Dann preis' ich ihre Zungenfertigkeit
Und ihres Vortrags zaubrische Gewalt.
Ruft sie mir: Packt Euch fort! ich sag' ihr Dank,
Als ob sie sagte: Bleib die Woche hier!
Schlägt sie die Heirath ab: „Wann", frag' ich, „soll
Das Aufgebot sein, wann der Hochzeitstag?" —
Doch seht, sie kommt; nun sprich, Petruchio!
Guten Morgen, Käth'; ich hör', Eu'r Nam' ist Das.

Catharina.

Ihr hörtet recht, obgleich halbtauben Ohrs;
Man sagt Cathrina, redet man von mir.

Petruchio.

Ihr lügt fürwahr; bloß Käthe nennt man Euch,
Und rasche Käth', auch wohl erzböse Käth'.

In den einleitenden Blättern dieses Bilder-
saals habe ich berichtet, auf welchen Wegen sich die
Popularität Shakspeare's in England und Deutschland verbreitete, und wie hier und dort ein Verständnis seiner Werke befördert ward. Leider konnte
ich in Bezug auf romanische Länder keine so er-
freuliche Nachrichten mittheilen; in Spanien ist
der Name unseres Dichters bis auf heutigen Tag
ganz unbekannt geblieben; Italien ignoriert ihn
vielleicht absichtlich, um den Ruhm seiner großen
Poeten vor transalpinischer Nebenbuhlerschaft zu
beschützen; und Frankreich, die Heimat des herkömmlichen Geschmacks und des gebildeten Tons,
glaubte lange Zeit den großen Britten hinlänglich
zu ehren, wenn es ihn einen genialen Barbaren
nannte, und über seine Roheit so wenig als möglich

spöttelte. Indessen, die politische Revolution, welche
dieses Land erlebte, hat auch eine literarische hervorgebracht, die vielleicht an Terrorismus die erstere überbietet, und Shakspeare ward bei dieser
Gelegenheit auf den Schild gehoben. Freilich, wie
in ihren politischen Umwälzungsversuchen, sind die
Franzosen selten ganz ehrlich in ihren literärischen
Revolutionen; wie dort, so auch hier preisen und
feiern sie irgend einen Helden, nicht ob seinem
wahren inwohnenden Werthe, sondern wegen des
momentanen Vortheils, den ihre Sache durch solche
Anpreisung und Feier gewinnen kann; und so geschieht es, daß sie heute emporrühmen, was sie
morgen wieder herabwürdigen müssen, und umgekehrt. Shakspeare ist seit zehn Jahren in Frankreich für die Partei, welche die literarische Revolution durchkämpft, ein Gegenstand der blindesten
Anbetung. Aber ob er bei diesen Männern der
Bewegung eine wirkliche gewissenhafte Anerkennung,
oder gar ein richtiges Verständnis gefunden hat,
ist die große Frage. Die Franzosen sind zu sehr
die Kinder ihrer Mütter, sie haben zu sehr die
gesellschaftliche Lüge mit der Ammenmilch eingesogen, als daß sie dem Dichter, der die Wahrheit
der Natur in jedem Worte athmet, sehr viel Geschmack abgewinnen oder gar ihn verstehen könnten.

Es herrscht freilich bei ihren Schriftstellern seit
einiger Zeit ein unbändiges Streben nach solcher
Natürlichkeit; sie reißen sich gleichsam verzweiflungs=
voll die konventionellen Gewänder vom Leibe, und
zeigen sich in der schrecklichsten Nacktheit ... Aber
irgend ein modischer Fetzen, welcher ihnen dennoch
immer anhängen bleibt, giebt Kunde von der über=
lieferten Unnatur, und entlockt dem deutschen Zu=
schauer ein ironisches Lächeln. Diese Schriftsteller
mahnen mich immer an die Kupferstiche gewisser
Romane, wo die unsittlichen Liebschaften des acht=
zehnten Jahrhunderts abkonterfeit sind, und, trotz
dem paradisischen Naturkostüme der Herren und
Damen, jene ihre Zopfperücken, diese ihre Thurm=
frisuren und ihre Schuhe mit hohen Absätzen bei=
behalten haben.

Nicht durch direkte Kritik, sondern indirekt
durch dramatische Schöpfungen, die dem Shak=
speare mehr oder minder nachgebildet sind, gelangen
die Franzosen zu einigem Verständnis des großen
Dichters. Als ein Vermittler in dieser Weise ist
Viktor Hugo ganz besonders zu rühmen. Ich will
ihn hiermit keineswegs als bloßen Nachahmer des
Britten im gewöhnlichen Sinne betrachtet wissen.
Viktor Hugo ist ein Genius von erster Größe,
und bewunderungswürdig ist sein Flug und seine

nicht gern zur Tränke,
den frischen Fluthen sich
unter den Ruinen der L
seiner Erlabung jene ve
einst das hohe Flügelroß
unsterblichen Durst gelösc
jene alten Quellen, halbv
keinen reinen Trunk meh
Hugo's dramatische Gedi
trüben Moder als den b
englischen Hippokrene, es
Klarheit und die harmoni
ich muß gestehen, zuweiler
liche Gedanke, dieser Bikto
eines englischen Poeten
Elisabeth, ein todter Dich
Grabe entstiegen, um in ei
in einer anderen Periode.

großen Zeitgenoſſen ſo ähnlich waren, und nur
ſeinen Tiefblick und Schönheitsſinn, ſeine furchtbare
und lächelnde Grazie, ſeine offenbarende Naturſen=
dung entbehrten . . . Und ach! zu den Mängeln
eines Marlow's, Decker's und Heywood's geſellt
ſich bei Viktor Hugo noch das ſchlimmſte Entbehr=
nis: es fehlt ihm das Leben. Jene litten an ko=
chender Überfülle, an wildeſter Vollblütigkeit, und
ihr poetiſches Schaffen war geſchriebenes Athmen,
Jauchzen und Schluchzen; aber Viktor Hugo, bei
aller Verehrung, die ich ihm zolle, ich muß es
geſtehen, hat etwas Verſtorbenes, Unheimliches,
Spukhaftes, etwas grabentſtiegen Vampyriſches . . .
Er weckt nicht die Begeiſterung in unſern Herzen,
ſondern er ſaugt ſie heraus . . . Er verſöhnt nicht
unſere Gefühle durch poetiſche Verklärung, ſondern
er erſchreckt ſie durch widerwärtiges Zerrbild . . .
Er leidet an Tod und Häßlichkeit.

Eine junge Dame, die mir ſehr nahe ſteht,
äußerte ſich jüngſt über dieſe Häßlichkeitsſucht der
Hugo'ſchen Muſe mit ſehr treffenden Worten. Sie
ſagte nämlich: Die Muſe des Viktor Hugo mahnt
mich an das Märchen von der wunderlichen Prin=
zeſſin, die nur den häßlichſten Mann heirathen
wollte, und in dieſer Abſicht im ganzen Lande das
Aufgebot ergehen ließ, daß ſich alle Junggeſellen

glauben das Perſonal ein

ſich zu ſehen ... Aber C

nach Hauſe.

Nach Victor Hugo i

xander Dumas erwähnei

Verſtändnis des Shakſpea

vorgearbeitet. Wenn Zen

Häßlichen die Franzoſen be

nicht bloß die ſchöne Dr

zu ſuchen, ſo bewirkte Dun

an dem natürlichen Ausbru

Gefallen gewannen. Aber

als das Höchſte, und in

pierte ſie den Platz der ?

wirkte er deſto mehr auf i

das Publikum in dieſer S}

der Leidenſchaften, an die

Shakſpeare; und wer einma

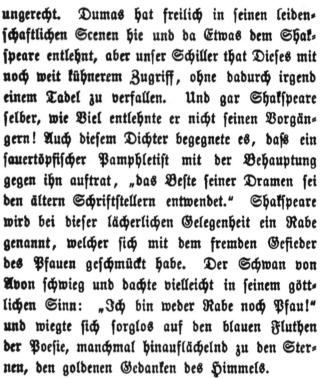

ungerecht. Dumas hat freilich in seinen leidenschaftlichen Scenen hie und da Etwas dem Shakspeare entlehnt, aber unser Schiller that Dieses mit
noch weit kühnerem Zugriff, ohne dadurch irgend
einem Tadel zu verfallen. Und gar Shakspeare
selber, wie Viel entlehnte er nicht seinen Vorgängern! Auch diesem Dichter begegnete es, daß ein
sauertöpfischer Pamphletist mit der Behauptung
gegen ihn auftrat, „das Beste seiner Dramen sei
den ältern Schriftstellern entwendet." Shakspeare
wird bei dieser lächerlichen Gelegenheit ein Rabe
genannt, welcher sich mit dem fremden Gefieder
des Pfauen geschmückt habe. Der Schwan von
Avon schwieg und dachte vielleicht in seinem göttlichen Sinn: „Ich bin weder Rabe noch Pfau!"
und wiegte sich sorglos auf den blauen Fluthen
der Poesie, manchmal hinauflächelnd zu den Sternen, den goldenen Gedanken des Himmels.

Des Grafen Alfred de Vigny muß hier ebenfalls Erwähnung geschehen. Dieser Schriftsteller,
des englischen Idioms kundig, beschäftigte sich am
gründlichsten mit den Werken des Shakspeare, übersetzte einige derselben mit großem Geschick, und
dieses Studium übte auch auf seine Originalar-
beiten den günstigsten Einfluß. Bei dem feinhörigen
und scharfäugigen Kunstsinn, den man dem Grafen

de Vigny zuerkennen muß, darf man annehmen, daß er den Geist Shakspeare's tiefer behorcht und beobachtet habe, als die meisten seiner Landsleute. Aber das Talent dieses Mannes, wie auch seine Denk- und Gefühlsart, ist auf das Zierliche und Miniaturmäßige gerichtet, und seine Werke sind besonders kostbar durch ihre ausgearbeitete Feinheit. Ich kann mir's daher wohl denken, daß er manchmal wie verblüfft stehen blieb vor jenen ungeheuren Schönheiten, die Shakspeare gleichsam aus den gewaltigsten Granitblöcken der Poesie ausgehauen hat ... Er betrachtete sie gewiß mit ängstlicher Bewunderung, gleich einem Goldschmied, der in Florenz jene kolossalen Pforten des Baptisterii anstarrt, die, einem einzigen Metallguß entsprungen, dennoch zierlich und lieblich, wie ciseliert, ja wie die feinste Bijouterie-Arbeit aussehen.

Wird es den Franzosen schon schwer genug, die Tragödien Shakspeare's zu verstehen, so ist ihnen das Verständnis seiner Komödien fast ganz versagt. Die Poesie der Leidenschaft ist ihnen zugänglich; auch die Wahrheit der Charakteristik können sie bis auf einen gewissen Grad begreifen, denn ihre Herzen haben brennen gelernt, das Passionierte ist so recht ihr Fach, und mit ihrem analytischen Verstande wissen sie jeden gegebenen Charakter in

seine feinsten Bestandtheile zu zerlegen, und die Pha-
sen zu berechnen, worin er jedesmal gerathen wird,
wenn er mit bestimmten Weltrealitäten zusammen-
stößt. Aber im Zaubergarten der Shakspeare'schen
Komödie ist ihnen all dieses Erfahrungswissen von
wenig Hilfe. Schon an der Pforte bleibt ihnen
der Verstand stehen, und ihr Herz weiß keinen Bescheid, und es fehlt ihnen die geheimnisvolle Wün-
schelruthe, deren bloße Berührung das Schloß
sprengt. Da schauen sie mit verwunderten Augen
durch das goldene Gitter, und sehen, wie Ritter
und Edelfrauen, Schäfer und Schäferinnen, Narren
und Weise unter den hohen Bäumen einherwan-
deln; wie der Liebende und seine Geliebte im kühlen
Schatten lagern und zärtliche Reden tauschen; wie
dann und wann ein Fabelthier, etwa ein Hirsch
mit silbernem Geweih, vorüberjagt, oder gar ein
keusches Einhorn aus dem Busche springt und der
schönen Jungfrau sein Haupt in den Schoß legt
. . . Und sie sehen, wie aus den Bächen die
Wasserfrauen mit grünem Haar und glänzenden
Schleiern hervortauchen, und wie plötzlich der
Mond aufgeht . . . Und sie hören dann, wie die
Nachtigall schlägt . . . Und sie schütteln ihre klugen
Köpflein über all das unbegreiflich närrische Zeug!
Ja, die Sonne können die Franzosen allenfalls

begreifen, aber nicht den Mond, und am allerwenig=
ſten das ſelige Schluchzen und melancholiſch ent=
zückte Trillern der Nachtigallen ...

Ja, weder ihre empiriſche Bekanntſchaft mit
den menſchlichen Paſſionen, noch ihre poſitive Welt=
kenntnis iſt den Franzoſen von einigem Nutzen,
wenn ſie die Erſcheinungen und Töne enträthſeln
wollen, die ihnen aus dem Zaubergarten der Shak=
ſpeare'ſchen Komödie entgegen glänzen und klingen
... Sie glauben manchmal ein Menſchengeſicht
zu ſehen, und bei näherem Hinblick iſt es eine
Landſchaft, und was ſie für Augenbrauen hielten,
war ein Haſelbuſch, und die Naſe war ein Felſen
und der Mund eine kleine Quelle, wie wir Der=
gleichen auf den bekannten Vexierbildern ſchauen...
Und umgekehrt, was die armen Franzoſen für einen
bizarrgewachſenen Baum oder wunderlichen Stein
anſahen, das präſentiert ſich bei genauerer Betrach=
tung als ein wirkliches Menſchengeſicht von unge=
heurem Ausdruck. Gelingt es ihnen etwa mit höchſter
Anſtrengung des Ohres irgend ein Wechſelgeſpräch
der Liebenden, die im Schatten der Bäume lagern,
zu belauſchen, ſo gerathen ſie in noch größere Ver=
legenheit ... Sie hören bekannte Worte, aber
dieſe haben einen ganz anderen Sinn; und ſie be=
haupten dann, dieſe Leute verſtünden Nichts von

der flammenden Leidenschaft, von der großen Passion,
Das sei witziges Eis, was sie einander zur Erfri=
schung böten, nicht lobernder Liebestrunk ... Und
sie merkten nicht, daß diese Leute nur verkleidete
Vögel sind, und in einer Koteriesprache konver=
sieren, die man nur im Traume oder in der frü=
hesten Kindheit erlernen kann ... Aber am schlimm=
sten geht es den Franzosen da draußen an den
Gitterpforten der Shakspeare'schen Komödie, wenn
manchmal ein heiterer Westwind über ein Blumen=
beet jenes Zaubergartens dahinstreicht, und ihnen
die unerhörtesten Wohlgerüche in die Nase weht ...
„Was ist Das?"

Die Gerechtigkeit verlangt, daß ich hier eines
französischen Schriftstellers erwähne, welcher mit
einigem Geschick die Shakspeare'schen Komödien
nachahmte, und schon durch die Wahl seiner Muster
eine seltene Empfänglichkeit für wahre Dichtkunst
beurkundete. Dieser ist Herr Alfred de Musset. Er
hat vor etwa fünf Jahren einige kleine Dramen
geschrieben, die, was den Bau und die Weise be=
trifft, ganz den Komödien des Shakspeare nachge=
bildet sind. Besonders hat er sich die Kaprice
(nicht den Humor), der in denselben herrscht, mit
französischer Leichtigkeit zu eigen gemacht. Auch an
einiger, zwar sehr dünndrähtiger, aber doch probe=

haltiger Poesie fehlte es nicht in diesen hübschen
Kleinigkeiten. Nur war zu bedauern, daß der damals jugendliche Verfasser, außer der französischen
Übersetzung des Shakspeare, auch die des Byron
gelesen hatte, und dadurch verleitet ward, im Kostüme des spleenigen Lords jene Übersättigung und
Lebenssattheit zu affektieren, die in jener Periode
unter den jungen Leuten zu Paris Mode war. Die
rosigsten Knäbchen, die gesundesten Gelbschnäbel
behaupteten damals, ihre Genußfähigkeit sei erschöpft, sie erheuchelten eine greisenhafte Erkältung
des Gemüthes, und gaben sich ein zerstörtes und
gähnendes Aussehen.

Seitdem freilich ist unser armer Monsieur
Musset von seinem Irrthume zurückgekommen, und
er spielt nicht mehr den Blasé in seinen Dichtungen, — aber ach! seine Dichtungen enthalten
jetzt, statt der simulierten Zerstörnis, die weit trost-
loseren Spuren eines wirklichen Verfalls seiner
Leibes= und Seelenkräfte ... Ach! dieser Schriftsteller erinnert mich an jene künstlichen Ruinen,
die man in den Schloßgärten des achtzehnten Jahrhunderts zu erbauen pflegte, an jene Spielereien
einer kindischen Laune, die aber im Laufe der Zeit
unser wehmüthigstes Mitleid in Anspruch nehmen,

wenn sie in allem Ernste verwittern und vermodern und in wahrhafte Ruinen sich verwandeln.

Die Franzosen sind, wie gesagt, wenig geeignet, den Geist der Shakspeare'schen Komödien aufzufassen, und unter ihren Kritikern habe ich, mit Ausnahme eines Einzigen, Niemand gefunden, der auch nur eine Ahnung von diesem seltsamen Geiste besäße. Wer ist Das? Wer ist jene Ausnahme? Gutzkow sagt, der Elephant sei der Doktrinär unter den Thieren. Und ein solcher verständiger und sehr schwerfälliger Elephant hat das Wesen der Shakspeare'schen Komödie am scharfsinnigsten aufgefasst. Ja, man sollte es kaum glauben, es ist Herr Guizot, welcher über jene graziösen und muthwilligsten Luftgebilde der modernen Muse das Beste geschrieben hat, und zu Verwunderung und Belehrung des Lesers übersetze ich hier eine Stelle aus einer Schrift, die im Jahr 1822 bei Ladvocat in Paris erschienen, und „De Shakspeare et de la Poésie dramatique, par F. Guizot" betitelt ist.

„Jene Shakspeare'schen Komödien gleichen weder der Komödie des Molière noch des Aristophanes oder der Römer. Bei den Griechen, und in der neuern Zeit bei den Franzosen, entstand die Komödie durch eine zwar freie, aber aufmerksame Beobachtung des wirklichen Weltlebens, und die Dar-

stellung desselben auf der Bühne war ihre Aufgabe.
Die Unterscheidung einer komischen und einer tragischen Gattung findet man schon im Beginn der
Kunst, und mit der Ausbildung derselben hat sich
die Trennung beider Gattungen immer bestimmter
ausgesprochen. Sie trägt ihren Grund in den
Dingen selbst. Die Bestimmung wie die Natur
des Menschen, seine Leidenschaften und seine Geschäfte, der Charakter und die Ereignisse, Alles in
uns und um uns hat sowohl seine ernsthafte wie
spaßhafte Seite, und kann sowohl unter dem einen
wie dem andern Gesichtspunkte betrachtet und dargestellt werden. Diese Zweiseitigkeit des Menschen
und der Welt hat der dramatischen Poesie zwei
natürlichermaßen verschiedene Bahnen angewiesen;
aber während sie die eine oder die andere zu ihrem
Tummelplatz erwählte, hat die Kunst sich dennoch
nie von der Beobachtung und Darstellung der
Wirklichkeit abgewendet. Mag Aristophanes mit
unumschränkter Phantasiefreiheit die Laster und
Thorheiten der Athener geißeln; mag Molière die
Gebrechen der Leichtgläubigkeit, des Geizes, der
Eifersucht, der Pedanterei, der adlichen Hoffart,
der bürgerlichen Eitelkeit und der Tugend selbst
durchhecheln; — was liegt daran, daß beide Dichter ganz verschiedene Gegenstände behandeln; —

daß der Eine das ganze Leben und das ganze Volk,
der Andere hingegen die Vorfälle des Privatlebens,
das Innere der Familien und die Lächerlichkeiten
des Individuums auf die Bühne gebracht hat — diese
Verschiedenheit der komischen Stoffe ist eine Folge
der Verschiedenheit der Zeit, des Ortes und der
Civilisation . . . Aber dem Aristophanes wie dem
Molière dient die Realität, die wirkliche Welt
immer als Boden ihrer Darstellungen. Es sind die
Sitten und die Ideen ihres Jahrhunderts, die
Laster und Thorheiten ihrer Mitbürger, überhaupt,
es ist die Natur und das Leben der Menschen,
was ihre poetische Laune entzündet und erhält. Die
Komödie entspringt daher aus der Welt, welche
den Poeten umgiebt, und sie schmiegt sich noch
viel enger als die Tragödie an die äußeren Thatsachen der Wirklichkeit . . .

„Nicht so bei Shakspeare. Zu seiner Zeit
hatte in England der Stoff der dramatischen Kunst,
Natur und Menschengeschick, noch nicht von den
Händen der Kunst jene Unterscheidung und Klassi-
fikation empfangen. Wenn der Dichter diesen Stoff
für die Bühne bearbeiten wollte, so nahm er ihn
in seiner Ganzheit, mit allen seinen Beimischungen,
mit allen Kontrasten die sich darin begegneten, und
der Geschmack des Publikums gerieth keineswegs

in Versuchung, sich über solches Verfahren zu beklagen. Das Komische, dieser Theil der menschlichen
Wirklichkeit, durfte sich überall hinstellen, wo die
Wahrheit seine Gegenwart verlangte oder duldete;
und·es war ganz im Charakter jener englischen
Civilisation, daß die Tragödie, indem man ihr
solchermaßen das Komische beigesellte, keineswegs
ihre Wahrheitswürde einbüßte. Bei solchem Zustand
der Bühne und solcher Neigung des Publikums,
was konnte sich da als die eigentliche Komödie dar-
bieten? Wie konnte letztere als besondere Gattung
gelten und ihren bestimmten Namen „Komödie" führen? Es gelang ihr, indem sie sich von jenen Rea-
litäten lossagte, wo ja doch die Grenzen ihres
natürlichen Gebietes weder geschützt noch anerkannt
wurden. Diese Komödie beschränkte sich nicht mehr
auf die Darstellung bestimmter Sitten und durch-
geführter Charaktere; sie suchte nicht mehr die Dinge
und die Menschen unter einer zwar lächerlichen,
aber wahren Gestalt zu schildern, sondern sie ward
ein phantastisches und romantisches Geisteswerk, ein
Zufluchtsort für alle jene ergötzlichen Unwahrschein-
lichkeiten, welche die Phantasie aus Trägheit oder
Laune nur an einem dünnen Faden zusammenreiht,
um daraus allerlei bunte Verknüpfungen zu bilden,
die uns erheitern und interessieren, ohne eben dem

Urtheil der Vernunft Stand zu halten. Anmuthige
Gemälde, Überraschungen, heitere Intriguen, ge=
reizte Neugier, getäuschte Erwartungen, Verwechs=
lungen, witzige Aufgaben, welche Verkleidungen her=
beiführen, Das ward der Stoff jener harmlosen,
leicht zusammengewürfelten Spiele. Die Kontextur
der spanischen Stücke, woran man in England Ge=
schmack zu finden begann, lieferte diesen Spielen
allerlei verschiedene Rahmen und Muster, die sich
auch sehr gut anpassen ließen auf jene Chroniken
und Balladen, auf jene französischen und italiänischen
Novellen, welche nebst den Ritterromanen eine
Lieblingslektüre des Publikums waren. Es ist be=
greiflich, wie diese reiche Fundgrube und diese leichte
Gattung die Aufmerksamkeit Shakspeare's schon
frühe auf sich zog. Man darf sich nicht wundern,
daß seine junge und glänzende Einbildungskraft
sich gern in jenen Stoffen wiegte, wo sie, des stren=
gen Vernunftjoches bar, auf Kosten der Wahr=
scheinlichkeit alle möglichen ernsten und starken Effekte
bereiten konnte. Dieser Dichter, dessen Geist und
Hand mit gleicher Rastlosigkeit sich bewegten, dessen
Manuskripte fast keine Spur von Verbesserungen
enthielten, er mußte sich gewiß mit besonderer Lust
jenen ungezügelten und abenteuerlichen Spielen hin=
geben, worin er ohne Anstrengung alle seine ver=

schiedenartigen Fähigkeiten entfalten durfte. Er
konnte Alles in seine Komödien hineinschütten, und,
in der That, er goß Alles hinein, ausgenommen
was mit einem solchem Systeme ganz unverträglich
war, nämlich jene logische Verknüpfung, welche
jeden Theil des Stückes dem Zwecke des Ganzen
unterordnet, und in jeder Einzelheit die Tiefe, Größe
und Einheit des Werks bekundet. In den Tragödien des Shakspeare findet man schwerlich irgend
eine Konception, eine Situation, einen Akt der
Leidenschaft, einen Grad des Lasters oder der Tugend, welchen man nicht ebenfalls in einer seiner
Komödien wiederfände; aber was sich dort in die
abgründlichste Tiefe erstreckt, was sich fruchtbar an
erschütternden Folgerungen erweist, .was sich streng
in eine Reihe von Ursachen und Wirkungen einfügt,
Das ist hier kaum angedeutet, nur für einen Augenblick hingeworfen, um einen flüchtigen Effekt zu
erzielen und sich eben so schnell in einer neuen Verknüpfung zu verlieren."

In der That, der Elephant hat Recht: das
Wesen der Shakspeare'schen Komödie besteht in der
bunten Schmetterlingslaune, womit sie von Blume
zu Blume dahingaukelt, selten den Boden der Wirklichkeit berührend. Nur im Gegensatz zu der rea-
listischen Komödie der Alten und der Franzosen

läßt sich von der Shakspeare'schen Komödie etwas
Bestimmtes aussagen.

Ich habe vorige Nacht lange darüber nachge-
grübelt, ob ich nicht dennoch von dieser unendlichen
und unbegrenzten Gattung, von der Komödie des
Shakspeare, eine positive Erklärung geben könnte.
Nach langem Hin- und Hersinnen schlief ich endlich ein, und mir träumte, es sei sternhelle Nacht
und ich schwämme in einem kleinen Kahn auf einem
weiten, weiten See, wo allerlei Barken, angefüllt
mit Masken, Musikanten und Fackeln, tönend und
glänzend, manchmal nah, manchmal ferne, an mir
vorbeifuhren. Das waren Kostüme aus allen Zeiten
und Landen, altgriechische Tuniken, mittelalterliche
Rittermäntel, orientalische Turbane, Schäferhüte
mit flatternden Bändern, wilde und zahme Thier-
larven ... Zuweilen nickte mir eine wohlbekannte
Gestalt ... Zuweilen grüßten vertraute Weisen
... Aber Das zog immer schnell vorüber, und
lauschte ich eben den Tönen der freudigen Melodie,
die mir aus einer dahingleitenden Barke entgegen-
jubelten, so verhallten sie bald, und anstatt der
lustigen Fiedeln erseufzten neben mir die melancholischen Waldhörner einer anderen Barke ... Manchmal trug der Nachtwind Beides zu gleicher Zeit
an mein Ohr, und da bildeten diese gemischten

Töne eine selige Harmonie ... Die Waffer erklangen von unerhörtem Wohllaut, und brannten
im magischen Wiederschein der Fackeln, und die buntbewimpelten Luftschiffe mit ihrer abenteuerlichen
Maskenwelt schwammen in Licht und Musik ...
Eine anmuthige Frauengestalt, die am Steuer einer
jener Barken stand, rief mir im Vorbeifahren:
Nicht wahr, mein Freund, du hättest gern eine
Definition von der Shakspeare'schen Komödie? Ich
weiß nicht, ob ich es bejahte, aber das schöne Weib
hatte zu gleicher Zeit ihre Hand ins Waffer ge-
taucht und mir die klingenden Funken ins Gesicht
gespritzt, so daß ein allgemeines Gelächter erscholl,
und ich davon erwachte.

Wer war jene anmuthige Frauengestalt, die
mich solchermaßen im Traume neckte? Auf ihrem
idealisch schönen Haupte saß eine buntscheckige ge-
hörnte Schellenkappe, ein weißes Atlaskleid mit
flatternden Bändern umschloß die fast allzu schlanken Glieder, und vor der Brust trug sie eine roth-
blühende Distel. Es war vielleicht die Göttin der
Kaprice, jene sonderbare Muse, die bei der Geburt
Rosalindens, Beatrice's, Titania's, Viola's und wie
sie sonst heißen, die lieblichen Kinder der Shakspeare'schen Komödie, zugegen war und ihnen die
Stirne küßte. Sie hat wohl alle ihre Launen und

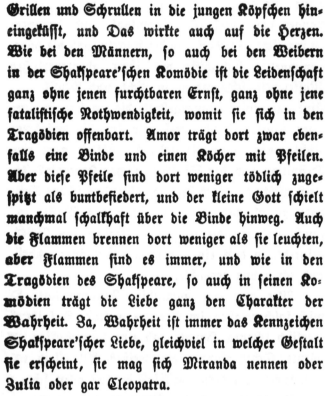

Grillen und Schrullen in die jungen Köpfchen hin-
eingeküßt, und Das wirkte auch auf die Herzen.
Wie bei den Männern, so auch bei den Weibern
in der Shakspeare'schen Komödie ist die Leidenschaft
ganz ohne jenen furchtbaren Ernst, ganz ohne jene
fatalistische Nothwendigkeit, womit sie sich in den
Tragödien offenbart. Amor trägt dort zwar ebenfalls eine Binde und einen Köcher mit Pfeilen.
Aber diese Pfeile sind dort weniger tödlich zuge-
spitzt als buntbefiedert, und der kleine Gott schielt
manchmal schalkhaft über die Binde hinweg. Auch
die Flammen brennen dort weniger als sie leuchten,
aber Flammen sind es immer, und wie in den
Tragödien des Shakspeare, so auch in seinen Ko=
mödien trägt die Liebe ganz den Charakter der
Wahrheit. Ja, Wahrheit ist immer das Kennzeichen
Shakspeare'scher Liebe, gleichviel in welcher Gestalt
sie erscheint, sie mag sich Miranda nennen oder
Julia oder gar Cleopatra.

Indem ich diese Namen eher zufällig als ab=
sichtlich zusammen erwähne, bietet sich mir die Bemerkung, daß sie auch die drei bedeutungsvollsten
Typen der Liebe bezeichnen. Miranda ist die Re=
präsentantin einer Liebe, welche ohne historische
Einflüsse, als Blume eines unbefleckten Bodens,
den nur Geisterfüße betreten durften, ihre höchste

Idealität entfalten konnte. Ariel's Melodien haben
ihr Herz gebildet, und die Sinnlichkeit erschien ihr
nie anders als in der abschreckend häßlichen Gestalt eines Kaliban. Die Liebe, welche Ferdinand
in ihr erregt, ist daher nicht eigentlich naiv, sondern von seliger Treuherzigkeit, von urweltlicher,
fast schauerlicher Reinheit. Julia's Liebe trägt, wie
ihre Zeit und Umgebung, einen mehr romantisch
mittelalterlichen, schon der Renaissance entgegen-
blühenden Charakter; sie ist farbenglänzend wie der
Hof der Scaliger, und zugleich stark wie jene edlen
Geschlechter der Lombardei, die mit germanischem
Blute verjüngt worden, und eben so kräftig liebten, wie sie haßten. Julia repräsentiert die Liebe
einer jugendlichen, noch etwas rohen, aber unver-
dorbenen, gesunden Periode. Sie ist ganz durchdrungen von der Sinnengluth und von der Glau-
bensstärke einer solchen Zeit, und selbst der kalte
Moder der Todtengruft kann weder ihr Vertrauen
erschüttern, noch ihre Flamme dämpfen. Unsere
Cleopatra, ach! sie repräsentiert die Liebe einer
schon erkrankten Civilisation, einer Zeit, deren
Schönheit schon abwelkt, deren Locken zwar mit
allen Künsten gekräuselt, mit allen Wohldüften ge-
salbt, aber auch mit manchem grauen Haar durch-
flochten sind, einer Zeit, die den Kelch, der zur

Reige geht, um so haftiger leeren will. Diese Liebe
ist ohne Glauben und ohne Treue, aber darum nicht
minder wild und glühend. Im ärgerlichen Be=
wusstsein, daß diese Gluth nicht zu dämpfen ist,
gießt das ungeduldige Weib noch Öl hinein, und
stürzt sich bacchantisch in die lodernden Flammen.
Sie ist feige, und dennoch getrieben von eigner
Zerstörungsluft. Die Liebe ist immer eine Art Wahn=
sinn, mehr oder minder schön; aber bei dieser
ägyptischen Königin steigert sie sich zur gräulichsten
Tollheit . . . Diese Liebe ist ein rasender Komet,
der mit seinem Flammenschweif in den unerhör=
testen Kreisläufen am Himmel dahinstürmt, alle
Sterne auf seinem Wege erschreckt, wo nicht gar
beschädigt, und endlich, kläglich zusammenkrachend,
wie eine Rakete in tausend Funken zerstiebt.

Ja, du glichest einem furchtbaren Kometen,
schöne Cleopatra, und du glühtest nicht bloß zu
deinem eignen Verderben, sondern du bedeutetest
auch Unglück für deine Zeitgenossen . . . Mit An=
tonius nimmt auch das alte heroische Römerthum
ein jämmerliches Ende.

Womit soll ich aber euch vergleichen, Julia
und Miranda? Ich schaue wieder nach dem Himmel
und suche dort euer Ebenbild. Es befindet sich viel=
leicht hinter den Sternen, wo mein Blick nicht

hindringt. Vielleicht, wenn die glühende Sonne auch die Milde des Mondes beſäße, ich könnte dich mit ihr vergleichen, Julia! Wäre der milde Mond zugleich begabt mit der Gluth der Sonne, ich würde dich damit vergleichen, Miranda!

Wien. Druck von Jacob & Holzhauſen.

H. Heine's

sämmtliche Werke.

Heinrich Heine's

sämmtliche Werke.

Rechtmäßige Original-Ausgabe.

Vierter Band.

Novellistische Fragmente.

Hamburg.

Hoffmann und Campe.

1861.

Novellistische Fragmente

von

Heinrich Heine.

Hamburg.

Hoffmann und Campe.

1861.

Vorwort des Herausgebers.

————

Von den in diesem Bande enthaltenen novelli=
schen Fragmenten wurden „Der Rabbi von Bacha=
rach" zuerst 1840 im vierten, die „Memoiren des
Herrn von Schnabelewopski" 1834 im ersten, und
die „Florentinischen Nächte" 1837 im dritten Bande
des „Salon" abgedruckt.

„Der Rabbi von Bacharach" wurde, wenn
man dem sonst unzuverlässigen Steinmann diesmal
glauben darf, bereits 1821 in Berlin begonnen*),
und gehört jedenfalls zu Heine's älteren Arbeiten.
Bei einer Feuersbrunst im Hause seiner Mutter zu
Hamburg verbrannte, nebst vielen anderen Papieren

————

*) H. Heine; Denkwürdigkeiten und Erlebnisse 2c. von
Friedrich Steinmann S. 146.

des Dichters, auch das Manuſkript dieſer Novelle.
Vermuthlich beſaß der Verfaſſer noch eine Abſchrift
der erſten Kapitel und begann ſpäter die Fortſetzung
aus der Erinnerung zu reproducieren; wenigſtens
iſt in dem mir vorliegenden Manuſkripte nur das
unvollendete dritte Kapitel und die Bemerkung, daß
der Schluß ohne Verſchulden des Autors verloren
gegangen, von Heine's eigener Hand geſchrieben.

In den franzöſiſchen Ausgaben fehlt dies No-
vellen-Fragment gänzlich.

Die „Memoiren des Herrn von Schnabel-
wopſki" ſind in der franzöſiſchen Geſammtausgabe
dem erſten Bande der „Reiſebilder" eingefügt.

Ich ergänzte nach dieſer Ausgabe:

S. 85 (Man muß gleichfalls nieſen, wenn
man dieſen Namen richtig ausſprechen will)

S. 139 und Zampettis, nach den Fegatellis,

S. 174 Wer ließ den Marcus Tullius Cicero
ermorden?

S. 181 Welch eine Dummheit! ſeufzte der
Kleine. Van Moeulen fuhr fort:

In der franzöſiſchen Ausgabe finden ſich folgende Auslaſſungen und Varianten:

S. 83 Statt 1795 ſteht: 1805.

S. 96 fehlen die Worte: „und noch immer
lare darauf — die ehemalige Centralkaffe."

S. 100—101 fehlt die Stelle: „ganz nach dem-
ben Plane — das Werk ift nicht zu Stande ge-
nmen."

S. 103 und 105 Statt „Seligmann" ftept:
Rofes Offenbach."

S. 105 Statt „Seligmann's felige Wittwe"
ht: „Wittwe Offenbach und Israel Offenbach
ohn."

S. 111—123 Kapitel V. fehlt.

S. 126—127 fehlt die Stelle: „Die Ufer-
genden der Elbe — Gold und Affen."

S. 149 fehlen die Worte: „ihres Jehovah,"
vie in der letzten Zeile: „und damals Jehovah
heißen hat."

S. 161 Statt „der nackten" ftept: „der tugend-
ften."

S. 163 Statt „bei den Juden — dem Gei-
rvolk." ftept: „bei den alten Juden, und erreichte
ine höchste Blüthe bei den modernen Juden, die
r Christen nennen."

S. 169 Statt „Italiänerin" ftept: „Spanierin."

Heine's dramatisch-lebhafte Schilderung der
affführung des „Fliegenden Holländers" im Thea-
: zu Amsterdam (S. 130 ff.) hat bekanntlich

~" „Florentinisc

französischen Ausgabe d

des der „Reisebilder" (

Ich habe nach diese

ergänzt:

S. 248 Seine Du

— Pfeife mit ihm gerau

S. 276 der auf den

ben Pfeife geraucht.

S. 280 der großen

S. 280 Graffini san

S. 288 Ich hielt die

nicht seine Lösung.

---

*) „Der fliegende Holländer,
ich auf der See gemacht hatte,
Phantasie; dazu machte ich die B
eigenthümlicher Anwendung dieser
„Salons." Besonders die von He
lische Siehen…

S. 291 und wieder ebenso geschmeidig — in eine Arme glitt.

In der französischen Ausgabe finden sich nach=hende Auslassungen und Varianten:

S. 208 Statt „Da ist es der Mühe werth," :ht: „Bei gewissen Passagen Rossini's ist es ein ergnügen,"

S. 208 fehlen in der letzten Zeile die Worte: ›der Meyerbeer."

S. 212 Statt „blutschänderisch, weltunter=ıngsmäßig." steht: „haarsträubend."

S. 212—213 fehlt die Stelle: „Ja, wenn an mit ihm — die sich kaum verbeißen ließ."

S. 237 fehlen die Worte: „die man nicht hr oft an ihm bemerkt hat, und"

S. 239 Statt „acht" steht: „neun" Jahre.

S. 252 Statt „Vestris" steht: „Herr Taglioni."

S. 252 Statt: „in dem Sinne wie — sagen ürde." steht: „comme l'entendrait un Jeune-rance."

S. 259 Statt „die Tour de Nesle" steht: ›ie Tour de Nesle von Alexander Dumas."

S. 267 Statt „Nachher spielte er — Hoch=itstages komponiert hat." steht: „Dann spielte er n Stück aus einer jener phantastischen Sympho=en von Berlioz, wo das Genie des jungen fran=

zöfischen Maestro demjenigen Beethoven's gleich-
kommt, den er zuweilen an wahnsinniger Begeisterung — an furor francese — übertrifft.   Berlioz
ist unbestritten der größte und originellste Musiker,
den Frankreich der Welt gegeben hat. Das von Liszt
gespielte Stück that seine Wirkung."

S. 268 fehlt der Satz: „Die Weiber sind —
Etwas vorgespielt hat."

S. 272 Statt „Herr Casimir Perrier" steht:
„der Premierminister"

S. 274 fehlen die Worte: „in der Sorbonne."

S. 287 Statt „Vergessen Sie nur nicht das
Bett, theurer Freund!" steht: „Sagen Sie, was
Ihnen gefällt, theurer Freund! Ich schlafe."

Der Rabbi von Bacharach.

(Ein Fragment.)

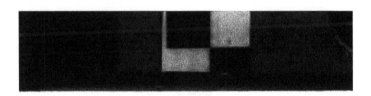

Seinem geliebten Freunde

Heinrich Laube

widmet die Legende

׃

Rabbi von Bacharach

heiter grüßend

Kapitel I.

Unterhalb des Rheingaus, wo die Ufer des Stromes ihre lachende Miene verlieren, Berg und Felsen mit ihren abenteuerlichen Burgruinen sich trotziger gebärden, und eine wildere, ernstere Herrlichkeit emporsteigt, dort liegt, wie eine schaurige Sage der Vorzeit, die finstre, uralte Stadt Bacharach. Nicht immer waren so morsch und verfallen diese Mauern mit ihren zahnlosen Zinnen und blinden Wartthürmchen, in deren Luken der Wind pfeift und die Spatzen nisten; in diesen armselig häßlichen Lehmgassen, die man durch das zerrissene Thor erblickt, herrschte nicht immer jene öde Stille, die nur dann und wann unterbrochen wird von schreienden Kindern, keifenden Weibern und brüllenden Kühen. Diese Mauern waren einst stolz und stark, und in diesen Gassen bewegte sich

frisches, freies Leben, Macht und Pracht, Luft und
Leid, viel Liebe und viel Haß. Bacharach gehört
einst zu jenen Municipien, welche von den Römern
während ihrer Herrschaft am Rhein gegründet worden, und die Einwohner, obgleich die folgenden
Zeiten sehr stürmisch und obgleich sie späterhin
unter Hohenstaufische und zuletzt unter Wittelsbacher
Oberherrschaft geriethen, wußten dennoch, nach
dem Beispiel andrer rheinischen Städte, ein ziemlich freies Gemeinwesen zu erhalten. Dieses bestand aus einer Verbindung einzelner Körperschaften,
wovon die der patricischen Altbürger und die der
Zünfte, welche sich wieder nach ihren verschiedenen
Gewerken unterabtheilten, beiderseitig nach der
Alleinmacht rangen, so daß sie sämmtlich nach
außen zu Schutz und Trutz gegen den nachbarlichen
Raubadel fest verbunden standen, nach innen aber
wegen streitender Interessen in beständiger Spal-
tung verharrten; und daher unter ihnen wenig
Zusammenleben, viel Mißtrauen, oft sogar thät-
liche Ausbrüche der Leidenschaft. Der herrschaft-
liche Vogt saß auf der hohen Burg Sareck, und
wie sein Falke schoß er herab, wenn man ihn rief,
und auch manchmal ungerufen. Die Geistlichkeit
herrschte im Dunkeln durch die Verdunkelung des
Geistes. Eine am meisten vereinzelte, ohnmächtige

und vom Bürgerrechte allmählig verdrängte Kör-
perschaft war die kleine Judengemeinde, die schon
zur Römerzeit in Bacharach sich niedergelassen,
und späterhin während der großen Judenverfolgung
ganze Scharen flüchtiger Glaubensbrüder in sich
aufgenommen hatte.

Die große Judenverfolgung begann mit den
Kreuzzügen und wüthete am grimmigsten um die
Mitte des vierzehnten Jahrhunderts, am Ende der
großen Pest, die, wie jedes andre öffentliche Unglück, durch die Juden entstanden sein sollte, indem
man behauptete, sie hätten den Zorn Gottes herab-
geflucht und mit Hilfe der Aussätzigen die Brunnen
vergiftet. Der gereizte Pöbel, besonders die Hor-
den der Flagellanten, halbnackte Männer und Weiber, die, zur Buße sich selbst geißelnd und ein
tolles Marienlied singend, die Rheingegend und
das übrige Süddeutschland durchzogen, ermordeten
damals viele tausend Juden, oder marterten sie,
oder tauften sie gewaltsam. Eine andere Beschul-
digung, die ihnen schon in früherer Zeit, das ganze
Mittelalter hindurch bis Anfang des vorigen Jahrhunderts, viel Blut und Angst kostete, Das war
das läppische, in Chroniken und Legenden bis zum
Ekel oft wiederholte Märchen, daß die Juden geweihte Hostien stählen, die sie mit Messern durch-

ftächen, bis das Blut herausfließe, und daß sie
an ihrem Paschafeste Christenkinder schlachteten, um
das Blut derselben bei ihrem nächtlichen Gottes-
dienste zu gebrauchen. Die Juden, hinlänglich ver-
haßt wegen ihres Glaubens, ihres Reichthums
und ihrer Schuldbücher, waren an jenem Festtage
ganz in den Händen ihrer Feinde, die ihr Verderben nur gar zu leicht bewirken konnten, wenn
sie das Gerücht eines solchen Kindermords verbreiteten, vielleicht gar einen blutigen Kinderleichnam
in das verfehmte Haus eines Juden heimlich hin-
einschwärzten und dort nächtlich die betende Juden-
familie überfielen, wo alsbann gemordet, geplündert und getauft wurde, und große Wunder ge-
schahen durch das vorgefundene todte Kind, welches die Kirche am Ende gar kanonisierte. Sankt
Werner ist ein solcher Heiliger, und ihm zu Ehren
ward zu Oberwesel jene prächtige Abtei gestiftet,
die jetzt am Rhein eine der schönsten Ruinen bildet, und mit der gothischen Herrlichkeit ihrer langen
spitzbögigen Fenster, stolz emporschießenden Pfeiler
und Steinschnitzeleien uns so sehr entzückt, wenn
wir an einem heitergrünen Sommertage vorbeifahren und ihren Ursprung nicht kennen. Zu Ehren
dieses Heiligen wurden am Rhein noch drei andre große Kirchen errichtet, und unzählige Juden

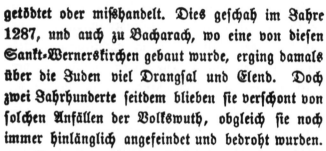

getödtet oder mißhandelt. Dies geschah im Jahre
1287, und auch zu Bacharach, wo eine von diesen
Sankt-Wernerskirchen gebaut wurde, erging damals
über die Juden viel Drangsal und Elend. Doch
zwei Jahrhunderte seitdem blieben sie verschont von
solchen Anfällen der Volkswuth, obgleich sie noch
immer hinlänglich angefeindet und bedroht wurden.

Je mehr aber der Haß sie von außen be-
drängte, desto inniger und traulicher wurde das
häusliche Zusammenleben, desto tiefer wurzelte die
Frömmigkeit und Gottesfurcht der Juden von Bacharach. Ein Muster gottgefälligen Wandels war
der dortige Rabbiner, genannt Rabbi Abraham,
ein noch jugendlicher Mann, der aber weit und breit
wegen seiner Gelahrtheit berühmt war. Er war
geboren in dieser Stadt, und sein Vater, der dort
ebenfalls Rabbiner gewesen, hatte ihm in seinem
letzten Willen befohlen, sich demselben Amt zu
widmen und Bacharach nie zu verlassen, es sei
denn wegen Lebensgefahr. Dieser Befehl und ein
Schrank mit seltenen Büchern war Alles, was sein
Vater, der bloß in Armuth und Schriftgelahrtheit
lebte, ihm hinterließ. Dennoch war Rabbi Abraham ein sehr reicher Mann; verheirathet mit der
einzigen Tochter seines verstorbenen Vaterbruders,
welcher den Juwelenhandel getrieben, erbte er Dessen

alte Geschichten zu e

vor seiner Reise nach

Sara — man hieß j

— und wie Sara

bis der Rabbi aus

er sie gegen den Wil

gegen ihre eigne Zusti

geheirathet hatte. Se

ein jüdisches Mädchen

weibe machen, wenn es

an den Finger zu stecke

sprechen: „Ich nehme d

den Sitten von Moses

wähnung Spaniens pfle

eine ganz eigne Weise z

schatz wohl wegen eines

Rabbi Abraham auf der

zwar emsig

standen. Im Innern ihrer Seele aber glaubten
jene Fuchsbärte sehr wenig an die Wahrheit des
angedeuteten Gerüchts. Denn überaus rein, fromm
und ernst war seit seiner Rückkehr aus Spanien
die Lebensweise des Rabbi, die kleinlichsten Glau-
bensgebräuche übte er mit ängstlicher Gewissenhaf-
tigkeit, alle Montag und Donnerstag pflegte er zu
fasten, nur am Sabbath oder anderen Feiertagen genoß er Fleisch und Wein, sein Tag ver-
floß in Gebet und Studium, des Tages erklärte
er das göttliche Gesetz im Kreise der Schüler, die
der Ruhm seines Namens nach Bacharach gezogen,
und des Nachts betrachtete er die Sterne des Himmels oder die Augen der schönen Sara. Kinder-
los war die Ehe des Rabbi; dennoch fehlte es nicht
um ihn her an Leben und Bewegung. Der große
Saal seines Hauses, welches neben der Synagoge
lag, stand offen zum Gebrauche der ganzen Gemeinde; hier ging man aus und ein ohne Umstände, verrichtete schleunige Gebete, oder holte
Neuigkeiten, oder hielt Berathung in allgemeiner
Noth; hier spielten die Kinder am Sabbathmorgen,
während in der Synagoge der wöchentliche Abschnitt verlesen wurde; hier versammelte man sich
bei Hochzeit- und Leichenzügen, und zankte sich und
versöhnte sich; hier fand der Frierende einen warmen

seiner Frau gemeinsc

eine weitläuftige Si

als Familienhaupt bet.

früh und spät verkehr

sämmtlich dort zu spei

schaftliche Familienmal

ganz besonders statt b

Pascha, eines uralten, r

jetzt die Juden in der

des vierzehnten Tages

ewigen Gedächtnisse ihre

Knechtschaft, folgenderm

　　Sobald es Nacht is

Lichter an, spreitet das

legt in die Mitte desse

ungesäuerten Bröten, ve

viette, und stellt auf di

kleine Schüsse

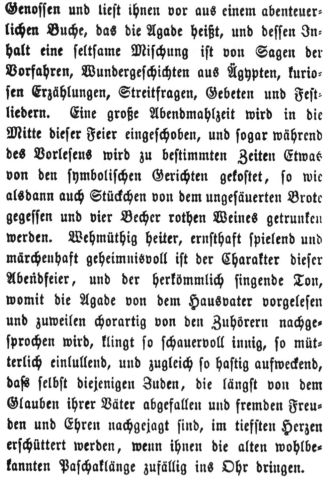

Genossen und liest ihnen vor aus einem abenteuer=
lichen Buche, das die Agade heißt, und dessen In=
halt eine seltsame Mischung ist von Sagen der
Vorfahren, Wundergeschichten aus Ägypten, kurio=
sen Erzählungen, Streitfragen, Gebeten und Fest=
liedern. Eine große Abendmahlzeit wird in die
Mitte dieser Feier eingeschoben, und sogar während
des Vorlesens wird zu bestimmten Zeiten Etwas
von den symbolischen Gerichten gekostet, so wie
alsdann auch Stückchen von dem ungesäuerten Brote
gegessen und vier Becher rothen Weines getrunken
werden. Wehmüthig heiter, ernsthaft spielend und
märchenhaft geheimnißvoll ist der Charakter dieser
Abendfeier, und der herkömmlich singende Ton,
womit die Agade von dem Hausvater vorgelesen
und zuweilen chorartig von den Zuhörern nachge=
sprochen wird, klingt so schauervoll innig, so müt=
terlich einlullend, und zugleich so hastig aufweckend,
daß selbst diejenigen Juden, die längst von dem
Glauben ihrer Väter abgefallen und fremden Freu=
den und Ehren nachgejagt sind, im tiefsten Herzen
erschüttert werden, wenn ihnen die alten wohlbe=
kannten Paschaklänge zufällig ins Ohr dringen.

Im großen Saale seines Hauses saß einst
Rabbi Abraham, und mit seinen Anverwandten,
Schülern und übrigen Gästen beging er die Abend=

Ofen und der Hungrige einen gedeckten Tisch.
Außerdem bewegten sich um den Rabbi noch eine
Menge Verwandte, Brüder und Schwestern mit
ihren Weibern und Kindern, so wie auch seine und
seiner Frau gemeinschaftliche Öhme und Muhmen,
eine weitläuftige Sippschaft, die Alle den Rabbi
als Familienhaupt betrachteten, im Hause Desselben
früh und spät verkehrten, und an hohen Festtagen
sämmtlich dort zu speisen pflegten. Solche gemeinschaftliche Familienmahle im Rabbinerhause fanden
ganz besonders statt bei der jährlichen Feier des
Pascha, eines uralten, wunderbaren Festes, das noch
jetzt die Juden in der ganzen Welt am Vorabend
des vierzehnten Tages im Monat Nissen, zum
ewigen Gedächtnisse ihrer Befreiung aus ägyptischer
Knechtschaft, folgendermaßen begehen.

Sobald es Nacht ist, zündet die Hausfrau die
Lichter an, spreitet das Tafeltuch über den Tisch,
legt in die Mitte desselben drei von den platten
ungesäuerten Bröten, verdeckt sie mit einer Serviette, und stellt auf diesen erhöhten Platz sechs
kleine Schüsseln, worin symbolische Speisen enthalten, nämlich ein Ei, Lattich, Mairettigwurzel,
ein Lammknochen, und eine braune Mischung von
Rosinen, Zimmet und Nüssen. An diesen Tisch
setzt sich der Hausvater mit allen Verwandten und

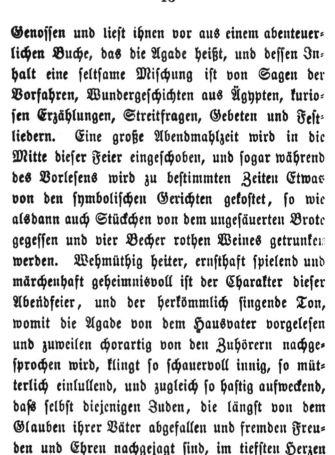

Genossen und liest ihnen vor aus einem abenteuer=
lichen Buche, das die Agade heißt, und dessen In=
halt eine seltsame Mischung ist von Sagen der
Vorfahren, Wundergeschichten aus Ägypten, kurio=
sen Erzählungen, Streitfragen, Gebeten und Fest=
liedern. Eine große Abendmahlzeit wird in die
Mitte dieser Feier eingeschoben, und sogar während
des Vorlesens wird zu bestimmten Zeiten Etwas
von den symbolischen Gerichten gekostet, so wie
alsdann auch Stückchen von dem ungesäuerten Brote
gegessen und vier Becher rothen Weines getrunken
werden. Wehmüthig heiter, ernsthaft spielend und
märchenhaft geheimnisvoll ist der Charakter dieser
Abendfeier, und der herkömmlich singende Ton,
womit die Agade von dem Hausvater vorgelesen
und zuweilen chorartig von den Zuhörern nachge=
sprochen wird, klingt so schauervoll innig, so müt=
terlich einlullend, und zugleich so haftig aufweckend,
daß selbst diejenigen Juden, die längst von dem
Glauben ihrer Väter abgefallen und fremden Freu=
den und Ehren nachgejagt sind, im tiefsten Herzen
erschüttert werden, wenn ihnen die alten wohlbe=
kannten Paschaklänge zufällig ins Ohr dringen.

Im großen Saale seines Hauses saß einst
Rabbi Abraham, und mit seinen Anverwandten,
Schülern und übrigen Gästen beging er die Abend=

wen mit den symbolisch.
hohen weingefüllten Bech
heilige Geschichten von
Männer saßen in ihr
schwarzen Platthüten und
Frauen, in ihren wunde
von lombardischen Stoffe
Hals ihr Gold- und Pe
silberne Sabbathlampe goß
die andächtig vergnügten (
Zungen. Auf den purpurr
mehr als die übrigen erha
gelehnt, wie es der Gebra
Abraham und las und sam
bunte Chor stimmte ein ob
vorgeschriebenen Stellen. De
sein schwarzes Festkleid, seine
strengen Züge w

ebenfalls erhabenen Sammetseſſel an ſeiner Seite
ſaß, trug als Wirthin Nichts von ihrem Ge=
ſchmeide, nur weißes Linnen umſchloß ihren ſchlan=
ken Leib und ihr frommes Antlitz. Dieſes Ant=
litz war rührend ſchön, wie denn überhaupt die
Schönheit der Jüdinnen von eigenthümlich rühren=
der Art iſt; das Bewußtſein des tiefen Elends,
der bittern Schmach und der ſchlimmen Fahrniſſe,
worinnen ihre Verwandte und Freunde leben, ver=
breitet über ihre holden Geſichtszüge eine gewiſſe
leidende Innigkeit und beobachtende Liebesangſt,
die unſere Herzen ſonderbar bezaubern. So ſaß
heute die ſchöne Sara und ſah beſtändig nach den
Augen ihres Mannes; dann und wann ſchaute ſie
auch nach der vor ihr liegenden Agade, dem hüb=
ſchen, in Gold und Sammet gebundenen Perga=
mentbuche, einem alten Erbſtück mit verjährten
Weinflecken aus den Zeiten ihres Großvaters, und
worin ſo viele keck und bunt gemalte Bilder, die
ſie ſchon als kleines Mädchen am Paſcha=Abend
ſo gerne betrachtete, und die allerlei bibliſche Ge=
ſchichten darſtellten, als da ſind: wie Abraham die
ſteinernen Götzen ſeines Vaters mit dem Hammer
entzwei klopft, wie die Engel zu ihm kommen, wie
Moſes den Mizri todtſchlägt, wie Pharao präch=
tig auf dem Throne ſitzt, wie ihm die Fröſche

sogar bei Tische keine Ruhe lassen, wie er, Gott
sei Dank! versäuft, wie die Kinder Israel vorsichtig durch das rothe Meer gehen, wie sie offnen
Maules mit ihren Schafen, Kühen und Ochsen
vor dem Berge Sinai stehen, dann auch wie der
fromme König David die Harfe spielt, und endlich wie Jerusalem mit den Thürmen und Zinnen
seines Tempels bestrahlt wird vom Glanze der
Sonne!

Der zweite Becher war schon eingeschenkt, die
Gesichter und Stimmen wurden immer heller, und
der Rabbi, indem er eins der ungesäuerten Oster-
bröte ergriff und heiter grüßend empor hielt, las
er folgende Worte aus der Agade: „Siehe! Das
ist die Kost, die unsere Väter in Aegypten genossen!
Jeglicher, den es hungert, er komme und genieße!
Jeglicher, der da traurig, er komme und theile
unsere Paschafreude! Gegenwärtigen Jahres feiern
wir hier das Fest, aber zum kommenden Jahre im
Lande Israel's! Gegenwärtigen Jahres feiern wir
es noch als Knechte, aber zum kommenden Jahre
als Söhne der Freiheit!“

Da öffnete sich die Saalthüre, und herein
traten zwei große blasse Männer, in sehr weite
Mäntel gehüllt, und der Eine sprach: „Friede sei
mit euch, wir sind reisende Glaubensgenossen und

wünschen das Paschafest mit euch zu feiern." Und
der Rabbi antwortete rasch und freundlich: „Mit
euch sei Frieden, setzt euch nieder in meiner Nähe!"
Die beiden Fremdlinge setzten sich alsbald zu Tische,
und der Rabbi fuhr fort im Vorlesen. Manchmal
während die Übrigen noch im Zuge des Nachspre=
chens waren, warf er kosende Worte nach seinem
Weibe, und anspielend auf den alten Scherz, daß
ein jüdischer Hausvater sich an diesem Abend für
einen König hält, sagte er zu ihr: „Freue dich,
meine Königin!" Sie aber antwortete, wehmüthig
lächelnd: „Es fehlt uns ja der Prinz!" und damit
meinte sie den Sohn des Hauses, der, wie eine
Stelle in der Agade es verlangt, mit vorgeschrie=
benen Worten seinen Vater um die Bedeutung des
Festes befragen soll. Der Rabbi erwiderte Nichts
und zeigte bloß mit dem Finger nach einem eben
aufgeschlagenen Bilde in der Agade, wo überaus
anmuthig zu schauen war, wie die drei Engel zu
Abraham kommen, um ihm zu verkünden, daß ihm
ein Sohn geboren werde von seiner Gattin Sara,
welche unterdessen weiblich pfiffig hinter der Zelt=
thüre steht, um die Unterredung zu belauschen.
Dieser leise Wink goß dreifaches Roth über die
Wangen der schönen Frau, sie schlug die Augen
nieder, und sah dann wieder freundlich empor nach

sich die ganze Nacht vor
aus Häupten unterhielt
und ihnen zuriefen, es
zoge verlese man schon

Derweilen nun die
hörte und ihren Mann
sie, wie plötzlich sein An
rung erstarrte, das Blut
Lippen verschwand, und f
hervorglotzten; — aber f
sah sie, wie seine Züge
und Heiterkeit annahmen,
Wangen sich wieder röthet
umherkreisten, ja, wie sog
fremde tolle Laune sein ga
schöne Sara erschrak wie
Leben erschrocken war, un
kältend in i

sein Barett spielend von einem Ohre nach dem
andern, zupfte und kräuselte possierlich seine Bart=
locken, sang den Agadetext nach der Weise eines
Gassenhauers, und bei der Aufzählung der ägyp=
tischen Plagen, wo man mehrmals den Zeigefinger
in den vollen Becher eintunkt und den anhängenden
Weintropfen zur Erde wirft, besprißte der Rabbi
die jüngern Mädchen mit Rothwein, und es gab
großes Klagen über verdorbene Halskrausen, und
schallendes Gelächter. Immer unheimlicher ward
es der schönen Sara bei dieser krampfhaft spru=
delnden Lustigkeit ihres Mannes, und beklommen
von namenloser Bangigkeit schaute sie in das sum=
mende Gewimmel der buntbeleuchteten Menschen,
die sich behaglich breit hin und her schaukelten, an
den dünnen Paschabröten knoperten, oder Wein
schlürften, oder mit einander schwaßten, oder laut
sangen, überaus vergnügt.

Da kam die Zeit, wo die Abendmahlzeit ge=
halten wird; Alle standen auf, um sich zu waschen,
und die schöne Sara holte das große silberne, mit
getriebenen Goldfiguren reichverzierte Waschbecken,
das sie jedem der Gäste vorhielt, während ihm
Wasser über die Hände gegossen wurde. Als sie
auch dem Rabbi diesen Dienst erwies, blinzelte ihr
Dieser bedeutsam mit den Augen, und schlich sich

2*

auf die Landstraße,
Bingen fuhrt.

Es war eine jen
lau genug und hellgest
mit seltsamen Schauer
teten die Blumen; sch
beängstigt zwitscherten
heimtückisch gelbe Strei
murmelnden Strom; d
Ufers schienen bedrohlic
der Thurmwächter auf .
melancholische Weise; un
gellend das Sterbeglöck
kirche. Die schöne Sara
das silberne Waschbecken,
noch immer gefaßt, und
ger eiskalt waren und wi

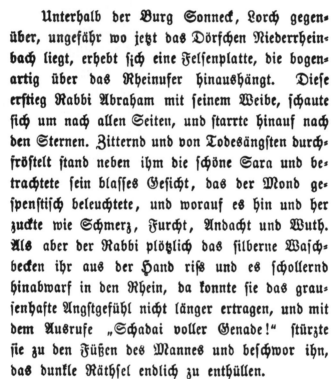

Unterhalb der Burg Sonneck, Lorch gegenüber, ungefähr wo jetzt das Dörfchen Niederrhein-
bach liegt, erhebt sich eine Felsenplatte, die bogen-
artig über das Rheinufer hinaushängt. Diese
erstieg Rabbi Abraham mit seinem Weibe, schaute
sich um nach allen Seiten, und starrte hinauf nach
den Sternen. Zitternd und von Todesängsten durchfröstelt stand neben ihm die schöne Sara und betrachtete sein blasses Gesicht, das der Mond gespenstisch beleuchtete, und worauf es hin und her
zuckte wie Schmerz, Furcht, Andacht und Wuth.
Als aber der Rabbi plötzlich das silberne Waschbecken ihr aus der Hand riß und es schollernd
hinabwarf in den Rhein, da konnte sie das grau-
senhafte Angstgefühl nicht länger ertragen, und mit
dem Ausrufe „Schadai voller Genade!“ stürzte
sie zu den Füßen des Mannes und beschwor ihn,
das dunkle Räthsel endlich zu enthüllen.

Der Rabbi, des Sprechens ohnmächtig, bewegte mehrmals lautlos die Lippen, und endlich
rief er: „Siehst du den Engel des Todes? Dort
unten schwebt er über Bacharach! Wir aber sind
seinem Schwerte entronnen. Gelobt sei der Herr!“
Und mit einer Stimme, die noch vor innerem Entsetzen bebte, erzählte er: wie er wohlgemuth die
Agade hinsingend und angelehnt saß, und zufällig

unter den Tisch schaute, habe er dort zu seinen
Füßen den blutigen Leichnam eines Kindes erblickt.
„Da merkte ich" — setzte der Rabbi hinzu —
„daß unsre zwei späte Gäste nicht von der Gemeinde Israel's waren, sondern von der Versammlung der Gottlosen, die sich berathen hatten, jenen
Leichnam heimlich in unser Haus zu schaffen, um
uns des Kindermordes zu beschuldigen und das
Volk aufzureizen, uns zu plündern und zu ermorden. Ich durfte nicht merken lassen, daß ich das
Werk der Finsternis durchschaut; ich hätte dadurch
nur mein Verderben beschleunigt, und nur die List
hat uns Beide gerettet. Gelobt sei der Herr! Äng-
stige dich nicht, schöne Sara; auch unsre Freunde
und Verwandte werden gerettet sein. Nur nach
meinem Blute lechzten die Ruchlosen; ich bin ihnen
entronnen, und sie begnügen sich mit meinem Silber und Golde. Komm mit mir, schöne Sara, nach
einem anderen Lande, wir wollen das Unglück hinter uns lassen, und damit uns das Unglück nicht
verfolge, habe ich ihm das Letzte meiner Habe, das
silberne Becken, zur Versöhnung hingeworfen. Der
Gott unserer Väter wird uns nicht verlassen. —
Komm herab, du bist müde; dort unten steht bei
seinem Kahne der stille Wilhelm; er fährt uns den
Rhein hinauf."

Lautlos und wie mit gebrochenen Gliedern
war die schöne Sara in die Arme des Rabbi hin=
gesunken, und langsam trug er sie hinab nach dem
Ufer. Hier stand der stille Wilhelm, ein taub=
stummer, aber bildschöner Knabe, der zum Unter=
halt seiner alten Pflegemutter, einer Nachbarin
des Rabbi, den Fischfang trieb und hier seinen
Kahn angelegt hatte. Es war aber, als erriethe
er schon gleich die Absicht des Rabbi, ja es schien,
als habe er eben auf ihn gewartet; um seine ge=
schlossenen Lippen zog sich das lieblichste Mitleid,
bedeutungstief ruhten seine großen blauen Augen
auf der schönen Sara, und sorgsam trug er sie in
den Kahn.

Der Blick des stummen Knaben weckte die
schöne Sara aus ihrer Betäubung, sie fühlte auf
einmal, daß Alles, was ihr Mann ihr erzählt,
kein bloßer Traum sei, und Ströme bitterer Thrä=
nen ergossen sich über ihre Wangen, die jetzt so
weiß wie ihr Gewand. Da saß sie nun in der
Mitte des Kahns, ein weinendes Marmorbild;
neben ihr saßen ihr Mann und der stille Wilhelm,
welche emsig ruderten.

Sei es nun durch den einförmigen Ruder=
schlag, oder durch das Schaukeln des Fahrzeugs,
oder durch den Duft jener Bergesufer, worauf die

der alte, gutherzige Va
wenn seine Kinder wei
sie auf seinen treuen
seine schönsten Märchen
goldigsten Schätze, viell
kenen Niblungshort. Au
Sara flossen immer mil
waltigsten Schmerzen w
flüsternden Wellen, die
Grauen, und die heima
zum zärtlichsten Lebewohl
traulich, ihr Lieblingsberg
seiner seltsamen Mondbe
stände wieder oben ein Fr
gestreckten Armen, als kro
wimmelnd aus ihren Felse
ein Reiter den Berg hin
Galopp, und

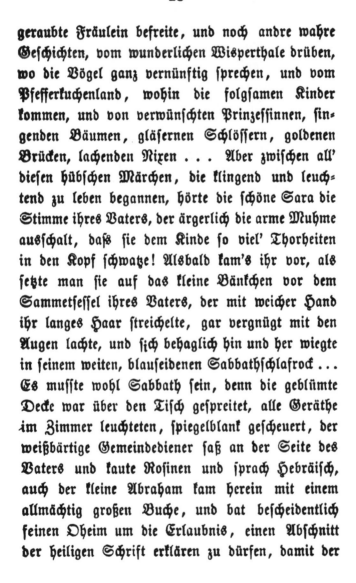

geraubte Fräulein befreite, und noch andre wahre
Geschichten, vom wunderlichen Wisperthale drüben,
wo die Vögel ganz vernünftig sprechen, und vom
Pfefferkuchenland, wohin die folgsamen Kinder
kommen, und von verwünschten Prinzessinnen, sin=
genden Bäumen, gläsernen Schlössern, goldenen
Brücken, lachenden Nixen . . . Aber zwischen all'
diesen hübschen Märchen, die klingend und leuch=
tend zu leben begannen, hörte die schöne Sara die
Stimme ihres Vaters, der ärgerlich die arme Muhme
ausschalt, daß sie dem Kinde so viel' Thorheiten
in den Kopf schwatze! Alsbald kam's ihr vor, als
setzte man sie auf das kleine Bänkchen vor dem
Sammetsessel ihres Vaters, der mit weicher Hand
ihr langes Haar streichelte, gar vergnügt mit den
Augen lachte, und sich behaglich hin und her wiegte
in seinem weiten, blauseidenen Sabbathschlafrock . . .
Es mußte wohl Sabbath sein, denn die geblümte
Decke war über den Tisch gespreitet, alle Geräthe
im Zimmer leuchteten, spiegelblank gescheuert, der
weißbärtige Gemeindediener saß an der Seite des
Vaters und kaute Rosinen und sprach Hebräisch,
auch der kleine Abraham kam herein mit einem
allmächtig großen Buche, und bat bescheidentlich
seinen Oheim um die Erlaubnis, einen Abschnitt
der heiligen Schrift erklären zu dürfen, damit der

Sessels, und erklärte d
Rahel, wie Jakob seine
geweint, als er sein M
blickte, wie er so trau
gesprochen, wie er siebe
musste, und wie sie ihm
wie er die Rahel geheirat
geliebt hat . . . Auf ein
schöne Sara, daß ihr V
Tone ausrief: „Willst du
chen Sara heirathen?" w
ernsthaft antwortete: „Do
sieben Jahr' warten."
Bilder durch die Seele d
wie sie und ihr kleiner
und ihr Mann geworde
in der Lauberhütte spielte
götten an h—

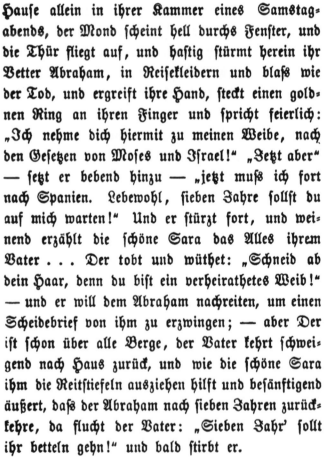

Hauſe allein in ihrer Kammer eines Samstag=
abends, der Mond ſcheint hell durchs Fenſter, und
die Thür fliegt auf, und haſtig ſtürmt herein ihr
Vetter Abraham, in Reiſekleidern und blaß wie
der Tod, und ergreift ihre Hand, ſteckt einen gold=
nen Ring an ihren Finger und ſpricht feierlich:
„Ich nehme dich hiermit zu meinen Weibe, nach
den Geſetzen von Moſes und Iſrael!“ „Jetzt aber“
— ſetzt er bebend hinzu — „jetzt muß ich fort
nach Spanien. Lebewohl, ſieben Jahre ſollſt du
auf mich warten!“ Und er ſtürzt fort, und wei=
nend erzählt die ſchöne Sara das Alles ihrem
Vater . . . Der tobt und wüthet: „Schneid ab
dein Haar, denn du biſt ein verheirathetes Weib!“
— und er will dem Abraham nachreiten, um einen
Scheidebrief von ihm zu erzwingen; — aber Der
iſt ſchon über alle Berge, der Vater kehrt ſchwei=
gend nach Haus zurück, und wie die ſchöne Sara
ihm die Reitſtiefeln ausziehen hilft und beſänftigend
äußert, daß der Abraham nach ſieben Jahren zurück=
kehre, da flucht der Vater: „Sieben Jahr’ ſollt
ihr betteln gehn!“ und bald ſtirbt er.

So zogen der ſchönen Sara die alten Ge=
ſchichten durch den Sinn, wie ein haſtiges Schatten=
ſpiel; die Bilder vermiſchten ſich auch wunderlich,
und zwiſchendurch ſchauten halb bekannte, halb

groß und verzerrt,
Abraham zerschlagt a
die sich immer hastig n
setzen; der Mizri wehr
ergrimmten Moses; de
flammt; der König Ph
Meere, mit den Zähne
Goldkrone festhaltend; F
schwimmen hintendrein,
und brausen, und eine
drohend daraus hervor.

Das war Hatto's M
schoß eben durch den Bir
Sara ward dadurch etwas
gerüttelt, und schaute nach
auf deren Spitzen die S
und an deren Fuß die mor
sich hinzogen.

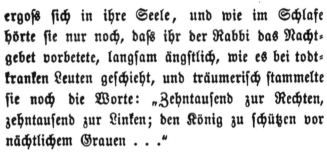

ergoß sich in ihre Seele, und wie im Schlafe hörte sie nur noch, daß ihr der Rabbi das Nacht= gebet vorbetete, langsam ängstlich, wie es bei todt= kranken Leuten geschieht, und träumerisch stammelte sie noch die Worte: „Zehntausend zur Rechten, zehntausend zur Linken; den König zu schützen vor nächtlichem Grauen . . ."

Da verzog sich plötzlich all das eindringende Dunkel und Grausen, der düstre Vorhang ward vom Himmel fortgerissen, es zeigte sich oben die heilige Stadt Jerusalem mit ihren Thürmen und Thoren; in goldner Pracht leuchtete der Tempel; auf dem Vorhofe desselben erblickte die schöne Sara ihren Vater in seinem gelben Sabbathschlaf= rock und vergnügt mit den Augen lachend; aus den runden Tempelfenstern grüßten fröhlich alle ihre Freunde und Verwandte; im Allerheiligsten kniete der fromme König David mit Purpurmantel und funkelnder Krone, und lieblich ertönte sein Ge= sang und Saitenspiel — und selig lächelnd ent= schlief die schöne Sara.

Kapitel II.

———

Als die schöne Sara die Augen aufschlug, ward sie fast geblendet von den Strahlen der Sonne. Die hohen Thürme einer großen Stadt erhoben sich, und der stumme Wilhelm stand mit der Hakenstange aufrecht im Kahne und leitete denselben durch das lustige Gewühl vieler buntbewimpelten Schiffe, deren Mannschaft entweder müßig hinabschaute auf die Vorbeifahrenden, oder vielhändig beschäftigt war mit dem Ausladen von Kisten, Ballen und Fässern, die auf kleineren Fahrzeugen ans Land gebracht wurden, wobei ein betäubender Lärm, das beständige Hallohrufen der Barkenführer, das Geschrei der Kaufleute vom Ufer her und das Keifen der Zöllner, die in ihren rothen Röcken mit weißen Stäbchen und weißen Gesichtern von Schiff zu Schiff hüpften.

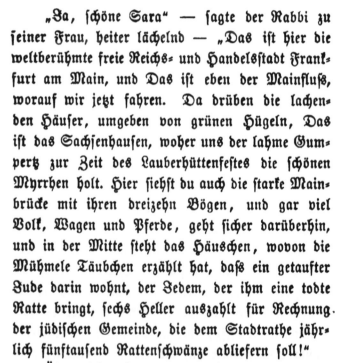

„Ja, schöne Sara" — sagte der Rabbi zu
seiner Frau, heiter lächelnd — „Das ist hier die
weltberühmte freie Reichs= und Handelsstadt Frank=
furt am Main, und Das ist eben der Mainfluß,
worauf wir jetzt fahren. Da drüben die lachen=
den Häuser, umgeben von grünen Hügeln, Das
ist das Sachsenhausen, woher uns der lahme Gum=
pertz zur Zeit des Lauberhüttenfestes die schönen
Myrrhen holt. Hier siehst du auch die starke Main=
brücke mit ihren dreizehn Bögen, und gar viel
Volk, Wagen und Pferde, geht sicher darüberhin,
und in der Mitte steht das Häuschen, wovon die
Mühmele Täubchen erzählt hat, daß ein getaufter
Jude darin wohnt, der Jedem, der ihm eine todte
Ratte bringt, sechs Heller auszahlt für Rechnung
der jüdischen Gemeinde, die dem Stadtrathe jähr=
lich fünftausend Rattenschwänze abliefern soll!"

Über diesen Krieg, den die Frankfurter Juden
mit den Ratten zu führen haben, mußte die schöne
Sara laut lachen; das klare Sonnenlicht und die
neue bunte Welt, die vor ihr auftauchte, hatte
alles Grauen und Entsetzen der vorigen Nacht aus
ihrer Seele verscheucht, und als sie aus dem lan=
benden Kahne von ihrem Manne und dem stummen
Wilhelm aufs Ufer gehoben worden, fühlte sie sich
wie durchdrungen von freudiger Sicherheit. Der

stumme Wilhelm aber mit seinen schönen, tiefblauen
Augen sah ihr lange ins Gesicht, halb schmerzlich,
halb heiter, dann warf er noch einen bedeutenden
Blick nach dem Rabbi, sprang zurück in seinen
Kahn, und bald war er damit verschwunden.

„Der stumme Wilhelm hat doch viele Ähnlichkeit mit meinem verstorbenen Bruder," bemerkte
die schöne Sara. „Die Engel sehen sich alle ähnlich," erwiderte leichthin der Rabbi, und sein Weib
bei der Hand ergreifend, führte er sie durch das
Menschengewimmel des Ufers, wo jetzt, weil es
die Zeit der Ostermesse, eine Menge hölzerner
Krambuden aufgebaut standen. Als sie durch das
dunkle Mainthor in die Stadt gelangten, fanden
sie nicht minder lärmigen Verkehr. Hier in einer
engen Straße erhob sich ein Kaufmannsladen neben
dem andern, und die Häuser, wie überall in Frankfurt, waren ganz besonders zum Handel eingerichtet: im Erdgeschosse keine Fenster, sondern lauter
offene Bogenthüren, so daß man tief hineinschauen
und jeder Vorübergehende die ausgestellten Waaren
deutlich betrachten konnte. Wie staunte die schöne
Sara ob der Masse kostbarer Sachen und ihrer
niegesehenen Pracht! Da standen Venetianer, die
allen Luxus des Morgenlandes und Italiens feil
boten, und die schöne Sara war wie festgebannt

beim Anblick der aufgeschichteten Putzsachen und
Kleinodien, der bunten Mützen und Mieder, der
güldnen Armspangen und Halsbänder, des ganzen
Flitterkrams, den die Frauen sehr gern bewundern
und womit sie sich noch lieber schmücken. Die reich-
gestickten Sammet= und Seidenstoffe schienen mit
der schönen Sara sprechen und ihr allerlei Wunderliches ins Gedächtnis zurückfunkeln zu wollen, und
es war ihr wirklich zu Muthe, als wäre sie wieder
ein kleines Mädchen, und Mühmele Täubchen habe
ihr Versprechen erfüllt, und sie nach der Frankfurter Messe geführt, und jetzt eben stehe sie vor
den hübschen Kleidern, wovon ihr so Viel erzählt
worden. Mit heimlicher Freude überlegte sie schon,
was sie nach Bacharach mitbringen wolle, welchem
von ihren beiden Bäschen, dem kleinen Blümchen
oder dem kleinen Vögelchen, der blauseidne Gürtel
am besten gefallen würde, ob auch die grünen
Höschen dem kleinen Gottschalk passen mögen, —
doch plötzlich sagte sie zu sich selber: Ach Gott!
Die sind ja unterdessen großgewachsen und gestern
umgebracht worden! Sie schrak heftig zusammen,
und die Bilder der Nacht wollten schon mit all
ihrem Entsetzen wieder in ihr aufsteigen; doch die
goldgestickten Kleider blinzelten nach ihr wie mit
tausend Schelmenaugen und redeten ihr alles Dunkle

aus dem Sinn, und wie sie hinaufsah nach dem
Antlitz ihres Mannes, so war dieses unumwölkt,
und trug seine gewöhnliche ernste Milde. „Mach
die Augen zu, schöne Sara" — sagte der Rabbi,
und führte seine Frau weiter durch das Menschen-
gedränge.

Welch ein buntes Treiben! Zumeist waren es
Handelsleute, die laut mit einander feilschten, oder
auch mit sich selber sprechend an den Fingern rechneten, oder auch von einigen hochbepackten Markt-
helfern, die in kurzem Hundetrab hinter ihnen her-
liefen, ihre Einkäufe nach der Herberge schleppen
ließen. Andere Gesichter ließen merken, daß bloß
die Neugier sie herbeigezogen. Am rothen Mantel
und der goldenen Halskette erkannte man den
breiten Rathsherrn. Das schwarze, wohlhabend
bauschige Wams verrieth den ehrsamen stolzen
Altbürger. Die eiserne Pickelhaube, das gelblederne
Wams und die klirrenden Pfundsporen verkün-
digten den schweren Reitersknecht. Unterm schwarzen Sammethäubchen, das in einer Spitze auf der
Stirne zusammenlief, barg sich ein rosiges Mäd-
chengesicht, und die jungen Gesellen, die gleich
witternden Jagdhunden hinterdrein sprangen, zeigten
sich als vollkommene Stutzer durch ihre keckbefie-
derten Barette, ihre klingenden Schnabelschuhe und

ihre seidnen Kleider von getheilter Farbe, wo die
rechte Seite grün, die linke Seite roth, oder die
eine regenbogenartig gestreift, die andre buntscheckig
gewürfelt war, so daß die närrischen Burschen
aussahen, als wären sie in der Mitte gespalten.
Von der Menschenströmung fortgezogen, gelangte
der Rabbi mit seinem Weibe nach dem Römer.
Dieses ist der große, mit hohen Giebelhäusern
umgebene Marktplatz der Stadt, seinen Namen
führend von einem ungeheuren Hause, das „Zum
Römer" hieß und vom Magistrate angekauft und
zu einem Rathhause geweiht wurde. In diesem
Gebäude wählte man Deutschlands Kaiser, und vor
demselben wurden oft edle Ritterspiele gehalten.
Der König Maximilian, der Dergleichen leiden=
schaftlich liebte, war damals in Frankfurt anwesend,
und Tags zuvor hatte man ihm zu Ehren vor
dem Römer ein großes Stechen veranstaltet. An
den hölzernen Schranken, die jetzt von den Zimmer=
leuten abgebrochen wurden, standen noch viele
Müßiggänger und erzählten sich, wie gestern der
Herzog von Braunschweig und der Markgraf von
Brandenburg unter Pauken= und Trompetenschall
gegen einander gerannt, wie Herr Walter der Lump
den Bärenritter so gewaltig aus dem Sattel ge=
stoßen, daß die Lanzensplitter in die Luft flogen,

und wie der lange blonde König Max im Kreise
seines Hofgesindes auf dem Balkone stand und
sich vor Freude die Hände rieb. Die Decken von
goldnen Stoffen lagen noch auf der Lehne des
Balkons und der spitzbögigen Rathhausfenster.
Auch die übrigen Häuser des Marktplatzes waren
noch festlich geschmückt und mit Wappenschilden
verziert, besonders das Haus Limburg, auf dessen
Banner eine Jungfrau gemalt war, die einen Sper-
ber auf der Hand trägt, während ihr ein Affe
einen Spiegel vorhält. Auf dem Balkone dieses
Hauses standen viele Ritter und Damen, in lä-
chelnder Unterhaltung hinabblickend auf das Volk,
das unten in tollen Gruppen und Aufzügen hin-
und herwogte. Welche Menge Müßiggänger von
jedem Stande und Alter drängte sich hier, um ihre
Schaulust zu befriedigen! Hier wurde gelacht, ge-
greint, gestohlen, in die Lenden gekniffen, gejubelt,
und zwischendrein schmetterte gellend die Trompete
des Arztes, der im rothen Mantel mit seinem Hans-
wurst und Affen auf einem hohen Gerüste stand,
seine eigne Kunstfertigkeit recht eigentlich auspo-
saunte, seine Tinkturen und Wundersalben anpries,
oder ernsthaft das Uringlas betrachtete, das ihm
irgend ein altes Weib vorhielt, oder sich anschickte,
einem armen Bauer den Backzahn auszureißen.

Zwei Fechtmeister, in bunten Bändern einherflat-
ternd, ihre Rappiere schwingend, begegneten sich
hier wie zufällig und stießen mit Scheinzorn auf
einander; nach langem Gefechte erklärten sie sich
wechselseitig für unüberwindlich, und sammelten
einige Pfennige. Mit Trommler und Pfeifer mar-
schierte jetzt vorbei die neu errichtete Schützengilde.
Hierauf folgte, angeführt von dem Stöcker, der
eine rothe Fahne trug, ein Rudel fahrender Fräulein, die aus dem Frauenhause „Zum Esel" von
Würzburg herkamen und nach dem Rosenthale hinzogen, wo die hochlöbliche Obrigkeit ihnen für die
Meßzeit ihr Quartier angewiesen. „Mach die
Augen zu, schöne Sara!" — sagte der Rabbi. Denn
jene phantastisch und allzu knapp bekleideten Weibsbilder, worunter einige sehr hübsche, gebärdeten
sich auf die unzüchtigste Weise, entblößten ihren
weißen, frechen Busen, neckten die Vorübergehenden
mit schamlosen Worten, schwangen ihre langen
Wanderstöcke, und indem sie auf letzteren wie auf
Steckenpferden die Sankt-Katharinenpforte hinab-
ritten, sangen sie mit gellender Stimme das
Hexenlied:

„Wo ist der Bock, das Höllenthier?
Wo ist der Bock? Und fehlt der Bock,

So reiten wir, so reiten wir,
So reiten wir auf dem Stock!"

Dieser Singsang, den man noch in der Ferne hören konnte, verlor sich am Ende in den kirchlich langgezogenen Tönen einer herannahenden Procession. Das war ein trauriger Zug von kahlköpfigen und barfüßigen Mönchen, welche brennende Wachslichter oder Fahnen mit Heiligenbildern oder auch große silberne Krucifixe trugen. An ihrer Spitze gingen roth- und weißgeröckte Knaben mit dampfenden Weihrauchkesseln. In der Mitte des Zuges unter einem prächtigen Baldachin sah man Geistliche in weißen Chorhemden von kostbaren Spitzen oder in buntseidenen Stolen, und Einer Derselben trug in der Hand ein sonnenartig goldnes Gefäß, das er, bei einer Heiligennische der Marktecke anlangend, hoch empor hob, während er lateinische Worte halb rief, halb sang . . . Zugleich erklingelte ein kleines Glöckchen, und alles Volk ringsum verstummte, fiel auf die Kniee und bekreuzte sich. Der Rabbi aber sprach zu seinem Weibe: „Mach die Augen zu, schöne Sara!" — und hastig zog er sie von hinnen nach einem schmalen Nebengäßchen, durch ein Labyrinth von engen und krummen Straßen, und endlich über den unbewohnten,

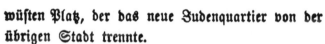

wüſten Platz, der das neue Judenquartier von der
übrigen Stadt trennte.

Vor jener Zeit wohnten die Juden zwiſchen
dem Dom und dem Mainufer, nämlich von der
Brücke bis zum Lumpenbrunnen und von der
Mehlwage bis zu Sankt Bartholomäi. Aber die
katholiſchen Prieſter erlangten eine päpſtliche Bulle,
die den Juden verwehrte, in ſolcher Nähe der
Hauptkirche zu wohnen, und der Magiſtrat gab
ihnen einen Platz auf dem Wollgraben, wo ſie das
heutige Judenquartier erbauten. Dieſes war mit
ſtarken Mauern verſehen, auch mit eiſernen Ketten
vor den Thoren, um ſie gegen Pöbelandrang zu
ſperren. Denn hier lebten die Juden ebenfalls in
Druck und Angſt, und mehr als heut zu Tage in
der Erinnerung früherer Nöthen. Im Jahre 1240
hatte das entzügelte Volk ein großes Blutbad unter
ihnen angerichtet, welches man die erſte Judenſchlacht nannte, und im Jahre 1349, als die Geißler bei ihrem Durchzuge die Stadt anzündeten und
die Juden des Brandſtiftens anklagten, wurden
Dieſe von dem aufgereizten Volke zum größten
Theile ermordet, oder ſie fanden den Tod in den
Flammen ihrer eigenen Häuſer, welches man die
zweite Judenſchlacht nannte. Später bedrohte man
die Juden noch oft mit dergleichen Schlachten, und

bei inneren Unruhen Frankfurt's, besonders bei
einem Streite des Rathes mit den Zünften, stand
der Christenpöbel oft im Begriff das Judenquartier zu stürmen. Letzteres hatte zwei Thore, die
an katholischen Feiertagen von außen, an jüdischen
Feiertagen von innen geschlossen wurden, und vor
jedem Thor befand sich ein Wachthaus mit Stadt-
soldaten.

Als der Rabbi mit seinem Weibe an das
Thor des Judenquartiers gelangte, lagen die Lands-
knechte, wie man durch die offnen Fenster sehen
konnte, auf der Pritsche ihrer Wachtstube, und
draußen vor der Thüre im vollen Sonnenschein
saß der Trommelschläger und phantasierte auf seiner
großen Trommel. Das war eine schwere, dicke
Gestalt; Wams und Hosen von feuergelbem Tuch,
an Armen und Lenden weit aufgepufft und, als
wenn unzählige Menschenzungen daraus hervor-
leckten, von oben bis unten besäet mit kleinen ein-
genähten rothen Wülstchen; Brust und Rücken ge-
panzert mit schwarzen Tuchpolstern, woran die
Trommel hing; auf dem Kopfe eine platte, runde
schwarze Kappe; das Gesicht eben so platt und
rund, auch orangegelb und mit rothen Schwärchen
gespickt, und verzogen zu einem gähnenden Lächeln.
So saß der Kerl und trommelte die Melodie des

Liedes, das einst die Geißler bei der Judenschlacht gesungen, und mit seinem rauhen Viertone gurgelte er die Worte:

> „Unsre liebe Fraue,
> Die ging im Morgenthaue,
> Kyrie eleison!"

„Hans, Das ist eine schlechte Melodie" — rief eine Stimme hinter dem verschlossenen Thore des Judenquartiers — „Hans, auch ein schlecht Lied, passt nicht für die Trommel, passt gar nicht, und bei Leibe nicht in der Messe und am Ostermorgen, schlecht Lied, gefährlich Lied, Hans, Hänschen, klein Trommelhänschen, ich bin ein einzelner Mensch, und wenn du mich lieb hast, wenn du den Stern lieb hast, den langen Stern, den langen Nasenstern, so hör auf!"

Diese Worte wurden von dem ungesehenen Sprecher theils angstvoll haftig, theils aufseufzend langsam hervorgestoßen, in einem Tone, worin das ziehend Weiche und das heiser Harte schroff abwechselte, wie man ihn bei Schwindsüchtigen findet. Der Trommelschläger blieb unbewegt, und in der vorigen Melodie forttrommelnd sang er weiter:

„Da kam ein kleiner Junge,
Sein Bart war ihm entsprungen,
Halleluja!"

„Hans" — rief wieder die Stimme des oben-
erwähnten Sprechers — „Hans, ich bin ein einzelner Mensch, und es ist ein gefährlich Lied, und
ich hör' es nicht gern, und ich hab' meine Gründe,
und wenn du mich lieb hast, singst du was And-
res, und morgen trinken wir . . ."

Bei dem Wort „Trinken" hielt der Hans
inne mit seinem Trommeln und Singen, und bie-
dern Tones sprach er: „Der Teufel hole die Juden,
aber du, lieber Nasenstern, bist mein Freund, ich
beschütze dich, und wenn wir noch oft zusammen
trinken, werde ich dich auch bekehren. Ich will dein
Pathe sein; wenn du getauft wirst, wirst du selig,
und wenn du Genie hast und fleißig bei mir lernst,
kannst du sogar noch Trommelschläger werden. Ja,
Nasenstern, du kannst es noch weit bringen, ich
will dir den ganzen Katechismus vortrommeln,
wenn wir morgen zusammen trinken — aber jetzt
mach mal das Thor auf, da stehen zwei Fremde
und begehren Einlaß."

„Das Thor auf?" — schrie der Nasenstern,
und die Stimme versagte ihm fast. „Das geht

nicht so schnell, lieber Hans, man kann nicht wissen, man kann gar nicht wissen, und ich bin ein einzelner Mensch. Der Veitel Rindskopf hat den Schlüssel und steht jetzt still in der Ecke und brümmelt sein Achtzehngebet; da darf man sich nicht unterbrechen lassen. Jäkel der Narr ist auch hier, aber er schlägt jetzt sein Wasser ab. Ich bin ein einzelner Mensch!"

„Der Teufel hole die Juden!" — rief der Trommelhans, und über diesen eignen Witz laut lachend, trollte er sich nach der Wachtstube und legte sich ebenfalls auf die Pritsche.

Während nun der Rabbi mit seinem Weibe jetzt ganz allein vor dem großen verschlossenen Thore stand, erhub sich hinter demselben eine schnarrende, näselnde, etwas spöttisch gezogene Stimme: „Sternchen, dröhnle nicht so lange, nimm die Schlüssel aus Rindsköpfchen's Rocktasche, oder nimm deine Nase, und schließe damit das Thor auf. Die Leute stehen schon lange und warten."

„Die Leute?" — schrie ängstlich die Stimme des Mannes, den man den Nasenstern nannte — „ich glaubte, es wäre nur Einer, und ich bitte dich, Narr, lieber Jäkel Narr, guck mal heraus, wer da ist."

Da öffnete sich im Thore ein kleines wohl-
vergittertes Fensterlein, und zum Vorschein kam
eine gelbe, zweihörnige Mütze und darunter das
drollig verschnörkelte Lustigmachergesicht Zäkel's
des Narren. In demselben Augenblicke schloß sich
wieder die Fensterluke, und ärgerlich schnarrte es:
„Mach auf, mach auf, draußen ist nur ein Mann
und ein Weib.“

„Ein Mann und ein Weib!“ — ächzte der
Nasenstern. — „Und wenn das Thor aufgemacht
wird, wirft das Weib den Rock ab, und es ist
auch ein Mann, und es sind dann zwei Männer,
und wir sind nur unser Drei!“

„Sei kein Hase“ — erwiederte Zäkel der
Narr — „und sei herzhaft und zeige Kourage!“

„Kourage!“ — rief der Nasenstern und lachte
mit verdrießlicher Bitterkeit — „Hase! Hase ist
ein schlechter Vergleich, Hase ist ein unreines
Thier. Kourage! Man hat mich nicht der Kourage wegen hiehergestellt, sondern der Vorsicht
halber. Wenn zu Viele kommen, soll ich schreien.
Aber ich selbst kann sie nicht zurückhalten. Mein
Arm ist schwach, ich trage eine Fontanelle, und
ich bin ein einzelner Mensch. Wenn man auf
mich schießt, bin ich todt. Dann sitzt der reiche
Mendel Reiß am Sabbath bei Tische, und wischt

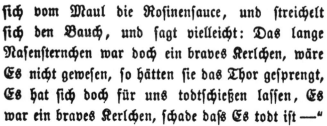

sich vom Maul die Rosinensauce, und streichelt sich den Bauch, und sagt vielleicht: Das lange Nasensternchen war doch ein braves Kerlchen, wäre Es nicht gewesen, so hätten sie das Thor gesprengt, Es hat sich doch für uns todtschießen lassen, Es war ein braves Kerlchen, schade daß Es todt ist —"

Die Stimme wurde hier allmählig weich und weinerlich, aber plötzlich schlug sie über in einen hastigen, fast erbitterten Ton: „Kourage! Und damit der reiche Mendel Reiß sich die Rosinensauce vom Maul abwischen und sich den Bauch streicheln und mich braves Kerlchen nennen möge, soll ich mich todtschießen lassen? Kourage! Herzhaft! Der kleine Strauß war herzhaftig, und hat gestern auf dem Römer dem Stechen zugesehen, und hat geglaubt, man kenne ihn nicht, weil er einen violetten Rock trug von Sammet, drei Gulden die Elle, mit Fuchsschwänzchen, ganz goldgestickt, ganz prächtig — und sie haben ihm den violetten Rock so lange geklopft, bis er abfärbte und auch sein Rücken violett geworden ist und nicht mehr menschenähnlich sieht. Kourage! Der krumme Leser war herzhaftig, nannte unseren lumpigen Schuldheiß einen Lump, und sie haben ihn an den Füßen aufgehängt zwischen zwei Hunden, und der Trommelhans trommelte. Kourage! Sei kein Hase! Unter ben vielen Hunden ist der Hase verloren, ich bin ein einzelner Mensch, und ich habe wirklich Furcht!"

„Schwör mal!" — rief Zäkel der Narr.

„Ich habe wirklich Furcht!" — wiederholte seufzend der Nasenstern — „ich weiß, die Furcht liegt im Geblüt, und ich habe es von meiner seligen Mutter —"

„Ja, ja!" — unterbrach ihn Zäkel der Narr — „und deine Mutter hatte es von ihrem Vater, und Der hatte es wieder von dem seinigen, und so hatten es deine Voreltern Einer vom Andern, bis auf deinen Stammvater, welcher unter König Saul gegen die Philister zu Felde zog und der Erste war, welcher Reißaus nahm. — Aber sieh mal, Rindsköpfchen ist gleich fertig, er hat sich bereits zum viertenmal gebückt, schon hüpft er wie ein Floh bei dem dreimaligen Worte Heilig, und jetzt greift er vorsichtig in die Tasche . . ."

In der That, die Schlüssel rasselten, knarrend öffnete sich ein Flügel des Thores, und der Rabbi und sein Weib traten in die ganz menschenleere Judengasse. Der Aufschließer aber, ein kleiner Mann mit gutmüthig sauerm Gesichte, nickte träumerisch wie Einer, der in seinen Gedanken nicht gern gestört sein möchte, und nachdem er das Thor wieder sorgsam verschlossen, schlappte er, ohne ein

Wort zu reden, nach einem Winkel hinter dem Thore, beständig Gebete vor sich hinmurmelnd. Minder schweigsam war Zäkel der Narr, ein untersetzter, etwas krummbeiniger Gesell, mit einem lachend vollrothen Antlitz und einer unmenschlich großen Fleischhand, die er aus den weiten Ärmeln seiner buntscheckigen Jacke zum Willkomm hervorstreckte. Hinter ihm zeigte oder vielmehr barg sich eine lange magere Gestalt, der schmale Hals weiß befiedert von einer feinen batistnen Krause, und das dünne, blasse Gesicht gar wundersam geziert mit einer fast unglaublich langen Nase, die sich neugierig angstvoll hin und her bewegte.

„Gott willkommen! zum guten Festtag!" — rief Zäkel der Narr — „wundert euch nicht, daß jetzt die Gasse so leer und still ist. Alle unsere Leute sind jetzt in der Synagoge, und ihr kommt eben zur rechten Zeit, um dort die Geschichte von der Opferung Isaak's vorlesen zu hören. Ich kenne sie, es ist eine interessante Geschichte, und wenn ich sie nicht schon dreiunddreißig Mal angehört hätte, so würde ich sie gern dies Jahr noch einmal hören. Und es ist eine wichtige Geschichte, denn wenn Abraham den Isaak wirklich geschlachtet hätte, und nicht den Ziegenbock, so wären jetzt mehr Ziegenböcke und weniger Juden auf der

Welt." — Und mit wahnsinnig luftiger Grimasse
fing der Jäckel an, folgendes Lied aus der Agade
zu singen:

„Ein Böcklein, ein Böcklein, das gekauft
Väterlein, er gab dafür zwei Suslein; ein Böcklein! ein Böcklein!

„Es kam ein Kätzlein, und aß das Böcklein,
das gekauft Väterlein, er gab dafür zwei Suslein; ein Böcklein, ein Böcklein!

„Es kam ein Hündlein, und biß das Kätzlein, das gefressen das Böcklein, das gekauft Väterlein, er gab dafür zwei Suslein; ein Böcklein,
ein Böcklein!

„Es kam ein Stöcklein, und schlug das Hünd-
lein, das gebissen das Kätzlein, das gefressen das
Böcklein, das gekauft Väterlein, er gab dafür zwei
Suslein; ein Böcklein, ein Böcklein!

„Es kam ein Feuerlein, und verbrannte das
Stöcklein, das geschlagen das Hündlein, das gebissen das Kätzlein, das gefressen das Böcklein,
das gekauft Väterlein, er gab dafür zwei Suslein;
ein Böcklein, ein Böcklein!

„Es kam ein Wässerlein, und löschte das
Feuerlein, das verbrannt das Stöcklein, das geschlagen das Hündlein, das gebissen das Kätzlein,
das gefressen das Böcklein, das gekauft Väter-

lein, er gab dafür zwei Suslein; ein Böcklein,
ein Böcklein!

„Es kam ein Öchslein, und soff das Wässerlein, das gelöscht das Feuerlein, das verbrannt
das Stöcklein, das geschlagen das Hündlein, das
gebissen das Kätzlein, das gefressen das Böcklein,
das gekauft Väterlein, er gab dafür zwei Suslein; ein Böcklein, ein Böcklein!

„Es kam ein Schlächterlein, und schlachtete
das Öchslein, das gesoffen das Wässerlein, das
gelöscht das Feuerlein, das verbrannt das Stöcklein, das geschlagen das Hündlein, das gebissen
das Kätzlein, das gefressen das Böcklein, das gekauft Väterlein, er gab dafür zwei Suslein; ein
Böcklein, ein Böcklein!

„Es kam ein Todesenglein, und schlachtete
das Schlächterlein, das geschlachtet das Öchslein,
das gesoffen das Wässerlein, das gelöscht das
Feuerlein, das verbrannt das Stöcklein, das geschlagen das Hündlein, das gebissen das Kätzlein,
das gefressen das Böcklein, das gekauft Väterlein,
er gab dafür zwei Suslein; ein Böcklein, ein
Böcklein!

„Ja, schöne Frau“ — fügte der Sänger hinzu
— „einst kommt der Tag, wo der Engel des
Todes den Schlächter schlachten wird, und all

unfer Blut kommt über Edom; denn Gott ist ein
rächender Gott — — —"

Aber plötzlich den Ernst, der ihn unwillkürlich
beschlichen, gewaltsam abstreifend stürzte sich Jäkel
der Narr wieder in seine Possenreißereien und fuhr
fort mit schnarrendem Lustigmachertone: „Fürchtet
Euch nicht, schöne Frau, der Nasenstern thut Euch
Nichts zu Leid. Nur für die alte Schnapper=Elle
ist er gefährlich. Sie hat sich in seine Nase ver=
liebt, aber die verdient es auch. Sie ist schön
wie der Thurm, der gen Damaskus schaut und
erhaben wie die Ceder des Libanon's. Auswendig
glänzt sie wie Glimmgold und Sirup, und inwen=
dig ist lauter Musik und Lieblichkeit. Im Sommer
blüht sie, im Winter ist sie zugefroren, und Som=
mer und Winter wird sie gehätschelt von Schnap=
per=Elle's weißen Händen. Ja, die Schnapper=
Elle ist verliebt in ihn, ganz vernarrt. Sie pflegt
ihn, sie füttert ihn, und sobald er fett genug ist,
wird sie ihn heirathen, und für ihr Alter ist sie
noch jung genug, und wer mal nach dreihundert
Jahren hieher nach Frankfurt kömmt, wird den
Himmel nicht sehen können vor lauter Nasensternen!"

„Ihr seid Jäkel der Narr" — rief lachend
der Rabbi — „ich merk' es an Euren Worten.
Ich habe oft von Euch sprechen gehört."

„Ja, ja" — erwiederte Jener mit drolliger Bescheidenheit — „ja, ja, Das macht der Ruhm. Man ist oft weit und breit für einen größern Narren bekannt als man selbst weiß. Doch ich gebe mir viele Mühe ein Narr zu sein, und springe und schüttle mich, damit die Schellen klingeln. Andre haben's leichter . . . Aber sagt mir, Rabbi, warum reiset Ihr am Feiertage?"

„Meine Rechtfertigung" — versetzte der Befragte — „steht im Talmud, und es heißt: Gefahr vertreibt den Sabbath."

„Gefahr!" — schrie plötzlich der lange Nasenstern und gebärdete sich wie in Todesangst — „Gefahr! Gefahr! Trommelhans, trommel, trommle, Gefahr! Gefahr! Trommelhans . . ."

Draußen aber rief der Trommelhans mit seiner dicken Bierstimme: „Tausend Donner-Sakrament! Der Teufel hole die Juden! Das ist schon das dritte Mal, daß du mich heute aus dem Schlafe weckst, Nasenstern! Mach mich nicht rasend! Wenn ich rase, werde ich wie der leibhaftige Satanas, und dann, so wahr ich ein Christ bin, dann schieße ich mit der Büchse durch die Gitterluke des Thores, und dann hüte Jeder seine Nase!"

„Schieß nicht! schieß nicht! ich bin ein einzelner Mensch" — wimmerte angstvoll der Nasen-

4*

stern und drückte sein Gesicht fest an die nächste
Mauer, und in dieser Stellung verharrte er zitternd und leise betend.

„Sagt, sagt, was ist passiert?" — rief jetzt
auch Jäkel der Narr mit all jener hastigen Neugier, die schon damals den Frankfurter Juden
eigenthümlich war.

Der Rabbi aber riß sich von ihm los und
ging mit seinem Weibe weiter die Judengasse
hinauf. „Sieh, schöne Sara," — sprach er seufzend — „wie schlecht geschützt ist Israel! Falsche
Freunde hüten seine Thore von außen, und drinnen sind seine Hüter Narrheit und Furcht!"

Langsam wanderten die Beiden durch die
lange, leere Straße, wo nur hie und da ein blühender Mädchenkopf zum Fenster hinausguckte,
während sich die Sonne in den blanken Scheiben
festlich heiter bespiegelte. Damals nämlich waren
die Häuser des Judenviertels noch neu und nett,
auch niedriger wie jetzt, indem erst späterhin die
Juden, als sie in Frankfurt sich sehr vermehrten
und doch ihr Quartier nicht erweitern durften, dort
immer ein Stockwerk über das andere bauten, sar-
dellenartig zusammenrückten und dadurch an Leib
und Seele verkrüppelten. Der Theil des Judenquartiers, der nach dem großen Brande stehen

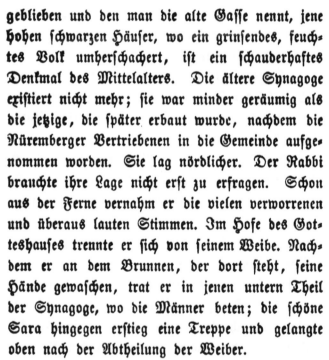

geblieben und den man die alte Gasse nennt, jene
hohen schwarzen Häuser, wo ein grinsendes, feuch-
tes Volk umherschachert, ist ein schauderhaftes
Denkmal des Mittelalters. Die ältere Synagoge
existiert nicht mehr; sie war minder geräumig als
die jetzige, die später erbaut wurde, nachdem die
Nüremberger Vertriebenen in die Gemeinde aufgenommen worden. Sie lag nördlicher. Der Rabbi
brauchte ihre Lage nicht erst zu erfragen. Schon
aus der Ferne vernahm er die vielen verworrenen
und überaus lauten Stimmen. Im Hofe des Got-
teshauses trennte er sich von seinem Weibe. Nachdem er an dem Brunnen, der dort steht, seine
Hände gewaschen, trat er in jenen untern Theil
der Synagoge, wo die Männer beten; die schöne
Sara hingegen erstieg eine Treppe und gelangte
oben nach der Abtheilung der Weiber.

Diese obere Abtheilung war eine Art Galerie
mit drei Reihen hölzerner, braunroth angestriche-
ner Sitze, deren Lehne oben mit einem hängenden
Brette versehen war, das, um das Gebetbuch darauf zu legen, sehr bequem aufgeklappt werden
konnte. Die Frauen saßen hier schwatzend neben
einander, oder standen aufrecht, inbrünstig betend;
manchmal auch traten sie neugierig an das große
Gitter, das sich längs der Morgenseite hinzog, und

... und in Seinem Sinnen derb
treu und leise betend.

„Sagt, sagt, was ist deißter
und Sala, der Narr mit all je
..., die schon damals den
eigenthümlich war.

Der Rabbi aber riß
... mit seinem Weibe
... „Sieb, schöne ...
... — wie schlecht ...
Freunde hüten seine ...
... und seine Hüte ...

Langsam war ...
lange, leere Stra... ... scheinbar getragen
bender Mädch... ... übrigen Ravitlern,
während sich ... ... gar lieblich empor
festlich heiter ... ... einem Vorhang von kostb...
die Häuser ... ... mit Goldblumen, Perlen
auch nied ... ... eine fromme Inschrift gestickt
Juden, ... Schächtus Ampel und
und de ... ... eine vergoldete Bühne, auf
imme ... ... allerlei heilige Geräthe bes...
dell ... ... der siebenarmige Tempel-Leuchter
u... ... das Antlitz gegen die Lade.
... Vollem Glanz instrumenten

" Stimmen feiner beiben
' des Diskantfängers.
wirkliche Inftru=
't, wähnenb,
auffteige
..8 kalten
..th die fchöne
trefflicher Tenor,
..uralten, ernften Me=
..e, in noch nie geahneter
..uheten, während der Baffift
. tiefen, bunkeln Töne hinein=
..a ben Zwifchenpaufen ber Diskant=
unb füß trillerte. Solchen Gefang
fchöne Sara in der Synagoge von Ba=
..y niemals gehört, benn der Gemeindevorfteher,
..avib Levi, machte dort den Vorfänger, und wenn
biefer fchon bejahrte zitternde Mann mit feiner
zerbröckelten, meckernben Stimme wie ein junges
Mäbchen trillern wollte, unb in folch gewaltfamer
Anftrengung feinen fchlaff herabhängenden Arm
fieberhaft fchüttelte, fo reizte Dergleichen wohl
mehr zum Lachen als zur Andacht.

Ein frommes Behagen, gemifcht mit weib=
licher Neugier, zog die fchöne Sara ans Gitter,
wo fie hinabfchauen konnte in die untere Abthei-

durch deſſen dünne grüne Latten man hinabſchauen
konnte in die untere Abtheilung der Synagoge.
Dort, hinter hohen Betpulten, ſtanden die Männer in ihren ſchwarzen Mänteln, die ſpitzen Bärte
herabſchießend über die weißen Halskrauſen, und
die plattbedeckten Köpfe mehr oder minder verhüllt
von einem viereckigen, mit den geſetzlichen Schau-
fäden verſehenen Tuche, das aus weißer Wolle
oder Seide beſtand, mitunter auch mit goldnen
Treſſen geſchmückt war. Die Wände der Synagoge
waren ganz einförmig geweißt, und man ſah dort
keine andere Zierat als etwa das vergoldete Eiſen-
gitter um die viereckige Bühne, wo die Geſetzab-
ſchnitte verleſen werden, und die heilige Lade, ein
koſtbar gearbeiteter Kaſten, ſcheinbar getragen von
marmornen Säulen mit üppigen Kapitälern, deren
Blumen- und Laubwerk gar lieblich emporrankte,
und bedeckt mit einem Vorhang von kornblauem
Sammet, worauf mit Goldflittern, Perlen und
bunten Steinen eine fromme Inſchrift geſtickt war.
Hier hing die ſilberne Gedächtnis-Ampel und erhob ſich ebenfalls eine vergitterte Bühne, auf deren
Geländer ſich allerlei heilige Geräthe befanden,
unter andern der ſiebenarmige Tempel-Leuchter und
vor demſelben, das Antlitz gegen die Lade, ſtand
der Vorſänger, deſſen Geſang inſtrumentenartig

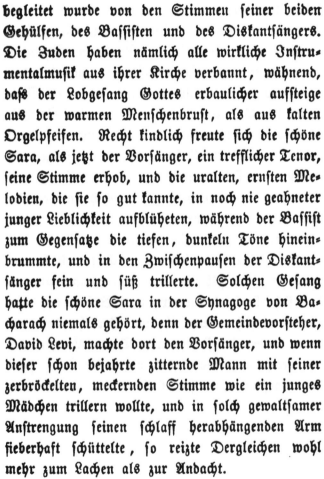

begleitet wurde von den Stimmen seiner beiden
Gehülfen, des Bassisten und des Diskantsängers.
Die Juden haben nämlich alle wirkliche Instru-
mentalmusik aus ihrer Kirche verbannt, während,
daß der Lobgesang Gottes erbaulicher aufsteige
aus der warmen Menschenbrust, als aus kalten
Orgelpfeifen. Recht kindlich freute sich die schöne
Sara, als jetzt der Vorsänger, ein trefflicher Tenor,
seine Stimme erhob, und die uralten, ernsten Melodien, die sie so gut kannte, in noch nie geahnter
junger Lieblichkeit aufblüheten, während der Bassist
zum Gegensatze die tiefen, dunkeln Töne hinein-
brummte, und in den Zwischenpausen der Diskant-
sänger fein und süß trillerte. Solchen Gesang
hatte die schöne Sara in der Synagoge von Bacharach niemals gehört, denn der Gemeindevorsteher,
David Levi, machte dort den Vorsänger, und wenn
dieser schon bejahrte zitternde Mann mit seiner
zerbröckelten, meckernden Stimme wie ein junges
Mädchen trillern wollte, und in solch gewaltsamer
Anstrengung seinen schlaff herabhängenden Arm
fieberhaft schüttelte, so reizte Dergleichen wohl
mehr zum Lachen als zur Andacht.

Ein frommes Behagen, gemischt mit weib-
licher Neugier, zog die schöne Sara ans Gitter,
wo sie hinabschauen konnte in die untere Abthei-

Menschen, die ih
gemeinschaftliche Abstamm
den. Aber noch viel be
des Weibes, als drei al
vor die heilige Lade trate
hang an die Seite schobe
und sorgsam jenes Buch
mit heilig eigner Hand g
Erhaltung die Juden so
Elend und Haß, Schmach,
jähriges Martyrthum. D
Pergamentrolle, war wie
einem buntgestickten Mänte
mel gehüllt; oben auf
steckten zwei silberne Geh
Granaten und Glöckchen si
klingelten, und vorn an si
goldne Schilde mit bunten

hin und her, drückte es an seine Brust und,
durchschauert von solcher Berührung, erhub er
seine Stimme zu einem so jauchzend frommen
Dankliede, daß es der schönen Sara bedünkte,
als ob die Säulen der heiligen Lade zu blühen
begönnen, und die wunderbaren Blumen und Blätter der Kapitäler immer höher hinaufwüchsen, und
die Töne des Diskantisten sich in lauter Nachtigallen verwandelten, und die Wölbung der Synagoge gesprengt würde von den gewaltigen Tönen
des Bassisten, und die Freudigkeit Gottes herab-
strömte aus dem blauen Himmel. Das war ein
schöner Psalm. Die Gemeinde wiederholte chorartig
die Schlußverse, und nach der erhöhten Bühne
in der Mitte der Synagoge schritt langsam der
Vorsänger mit dem heiligen Buche, während Männer und Knaben sich hastig hinzudrängten, um die
Sammethülle desselben zu küssen oder auch nur zu
berühren. Auf der erwähnten Bühne zog man
von dem heiligen Buche das sammtne Mäntelchen
so wie auch die mit bunten Buchstaben beschrie-
benen Windeln, womit es umwickelt war, und aus
der geöffneten Pergamentrolle, in jenem singenden
Tone, der am Paschafeste noch gar besonders mo-
duliert wird, las der Vorsänger die erbauliche Geschichte von der Versuchung Abraham's.

Die schöne Sara war bescheiden vom Gitter
zurückgewichen, und eine breite, putzbeladene Frau
von mittlerem Alter und gar gespreizt wohlwollen-
dem Wesen hatte ihr mit stummem Nicken die Mit-
einsicht in ihrem Gebetbuche vergönnt. Diese Frau
mochte wohl keine große Schriftgelehrtin sein; denn
als sie die Gebete murmelnd vor sich hinlas, wie
die Weiber, da sie nicht laut mitsingen dürfen, zu
thun pflegen, so bemerkte die schöne Sara, daß
sie viele Worte allzusehr nach Gutdünken aussprach
und manche gute Zeile ganz überschlupperte. Nach
einer Weile aber hoben sich schmachtend langsam
die wasserklaren Augen der guten Frau, ein flaches
Lächeln glitt über das porzellanhaft roth' und
weiße Gesicht, und mit einem Tone, der so vornehm als möglich hinschmelzen wollte, sprach sie
zur schönen Sara: „Er singt sehr gut. Aber ich
habe doch in Holland noch viel besser singen hören.
Sie sind fremd und wissen vielleicht nicht, daß es
der Vorsänger aus Worms ist, und daß man ihn
hier behalten will, wenn er mit jährlichen vier-
hundert Gulden zufrieden. Es ist ein lieber Mann,
und seine Hände sind wie Alabaster. Ich halte
viel von einer schönen Hand. Eine schöne Hand
ziert den ganzen Menschen!" — Dabei legte die
gute Frau selbstgefällig ihre Hand, die wirklich

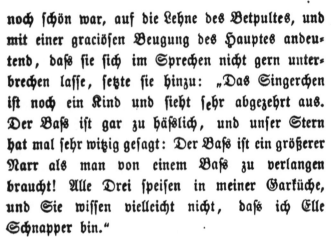

noch schön war, auf die Lehne des Betpultes, und
mit einer graciösen Beugung des Hauptes andeutend, daß sie sich im Sprechen nicht gern unterbrechen lasse, setzte sie hinzu: „Das Singerchen
ist noch ein Kind und sieht sehr abgezehrt aus.
Der Baß ist gar zu häßlich, und unser Stern
hat mal sehr witzig gesagt: Der Baß ist ein größerer
Narr als man von einem Baß zu verlangen
braucht! Alle Drei speisen in meiner Garküche,
und Sie wissen vielleicht nicht, daß ich Elle
Schnapper bin.“

Die schöne Sara dankte für diese Mittheilung, wogegen wieder die Schnapper-Elle ihr ausführlich erzählte, wie sie einst in Amsterdam gewesen, dort wegen ihrer Schönheit gar vielen
Nachstellungen unterworfen war, und wie sie drei
Tage vor Pfingsten nach Frankfurt gekommen und
den Schnapper geheirathet, wie Dieser am Ende
gestorben, wie er auf dem Todbette die rührendsten Dinge gesprochen, und wie es schwer sei, als
Vorsteherin einer Garküche die Hände zu konser-
vieren. Manchmal sah sie nach der Seite mit
wegwerfendem Blicke, der wahrscheinlich einigen
spöttischen jungen Weibern galt, die ihren Anzug
musterten. Merkwürdig genug war diese Kleidung:
ein weit ausgebauschter Rock von weißem Atlas,

um den Hals eine alte
Steiflinnen, so wie auch
allerlei Schaupfennige,
unter andern ein großes
dam, bis über den Buse
Kleidung der übrigen F
merkwürdig und bestand r
von Moden verschiedener
Weiblein, bedeckt mit Gol
einem wandelnden Juwelie
den Frankfurter Juden
Kleidung gesetzlich vorgeschr
scheidung von den Christe
an ihren Mänteln gelbe 9
an ihren Mützen hochauf
Schleier tragen. Jedoch im
diese obrigkeitliche Verordnun
dort, besonders

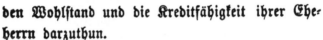

den Wohlstand und die Kreditfähigkeit ihrer Ehe-
herrn darzuthun.

Während nun unten in der Synagoge die
Gesetzabschnitte aus den Büchern Mosis vorgelesen
werden, pflegt dort die Andacht etwas nachzulassen.
Mancher macht es sich bequem und setzt sich nieder,
flüstert auch wohl mit einem Nachbar über weltliche Angelegenheiten, oder geht hinaus auf den
Hof, um frische Luft zu schöpfen. Kleine Knaben
nehmen sich unterdessen die Freiheit, ihre Mütter
in der Weiberabtheilung zu besuchen, und hier hat
alsdann die Andacht wohl noch größere Rück-
schritte gemacht; hier wird geplaudert, gerubbelt,
gelacht, und, wie es überall geschieht, die jünge-
ren Frauen scherzen über die alten, und Diese
klagen wieder über Leichtfertigkeit der Jugend und
Verschlechterung der Zeiten. Gleichwie es aber
unten in der Synagoge zu Frankfurt einen Vorsänger gab, so gab es in der oberen Abtheilung
eine Vorklatscherin. Das war Hündchen Reiß,
eine platte grünliche Frau, die jedes Unglück wit-
terte und immer eine skandalöse Geschichte auf der
Zunge trug. Die gewöhnliche Zielscheibe ihrer
Spitzreden war die arme Schnapper-Elle, sie wußte
gar drollig die erzwungen vornehmen Gebärden
derselben nachzuäffen, so wie auch den schmachten-

den Anstand, womit sie die schalkhaften Huldigungen der Jugend entgegen nimmt.

„Wißt ihr wohl," — rief jetzt Hündchen Reiß — „die Schnapper=Elle hat gestern gesagt: Wenn ich nicht schön und klug und geliebt wäre, so möchte ich nicht auf der Welt sein!"

Da wurde etwas laut gekichert, und die nahstehende Schnapper=Elle, merkend, daß es auf ihre Kosten geschah, hob verachtungsvoll ihr Auge empor, und wie ein stolzes Prachtschiff segelte sie nach einem entfernteren Platze. Die Vögele Ochs, eine runde, etwas täppische Frau, bemerkte mitleidig, die Schnapper=Elle sei zwar eitel und beschränkt, aber sehr bravmüthig, und sie thue sehr viel Gutes an Leute, die es nöthig hätten.

„Besonders an den Nasenstern" — zischte Hündchen Reiß. Und Alle, die das zarte Verhältnis kannten, lachten um so lauter.

„Wißt ihr wohl" — setzte Hündchen hämisch hinzu — „der Nasenstern schläft jetzt auch im Hause der Schnapper=Elle . . . Aber seht mal, dort unten die Süschen Flörsheim trägt die Halskette, die Daniel Fläsch bei ihrem Manne versetzt hat. Die Fläsch ärgert sich . . . Jetzt spricht sie mit der Flörsheim . . . Wie sie sich so freundlich die

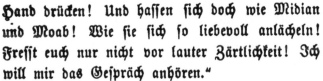

Hand drücken! Und haffen fich doch wie Midian
und Moab! Wie fie fich fo liebevoll anlächeln!
Freßt euch nur nicht vor lauter Zärtlichkeit! Ich
will mir das Gespräch anhören."

Und nun, gleich einem lauernden Thiere,
fchlich Hündchen Reiß hinzu und hörte, daß die
beiden Frauen theilnehmend einander klagten, wie
fehr fie fich verfloffene Woche abgearbeitet, um in
ihren Häufern aufzuräumen und das Küchenge-
fchirr zu fcheuern, was vor dem Pafchafefte ge-
fchehen muß, damit kein einziges Brofämchen der
gefäuerten Bröte daran kleben bleibe. Auch von
der Mühfeligkeit beim Backen der ungefäuerten
Bröte fprachen die beiden Frauen. Die Fläfch
hatte noch befondere Beklagniffe; im Backhaufe
der Gemeinde mußte fie viel Ärger erleiden, nach
der Entscheidung des Lofes konnte fie dort erft in
den letzten Tagen, am Vorabend des Feftes, und
erft fpät Nachmittags zum Backen gelangen, die
alte Hanne hatte den Teig fchlecht geknetet, die
Mägde rollten mit ihren Wergelhölzern den Teig
viel zu dünn, die Hälfte der Bröte verbrannte im
Ofen, und außerdem regnete es fo ftark, daß es
durch das bretterne Dach des Backhaufes beftändig tröpfelte, und fie mußten fich dort, naß und
müde, bis tief in die Nacht abarbeiten.

Leute zur Hilfeleistu
„Ach, Verzeihu
„meine Leute w
Meßwaaren müssen
jetzt so Viel zu thun,
„Ich weiß," —
dend haftigem Tone
ihr habt Viel zu thu
Geschäfte, und Halske
Eben wollte ein
der Sprecherin entgleiter
schon roth wie ein Kreb
Reiß laut aufkreischte:
fremde Frau liegt und stir
Die schöne Sara
wie der Tod, und um s
Schwarm von Weibern,
Die Eine hielt i

unter die Nase der Ohnmächtigen eine alte Citrone,
die, mit Gewürznägelchen durchstochen, noch vom
letzten Fasttage herrührte, wo sie zum nervenstär=
kenden Anriechen diente. Ermattet und tief seuf=
zend schlug endlich die schöne Sara die Augen auf,
und mit stummen Blicken dankte sie für die gütige
Sorgfalt. Doch jetzt ward unten das Achtzehn=
Gebet, welches Niemand versäumen darf, feierlich
angestimmt, und die geschäftigen Weiber eilten
zurück nach ihren Plätzen, und verrichteten jenes
Gebet, wie es geschehen muß, stehend und das
Gesicht gewendet gegen Morgen, welches die Him=
melsgegend, wo Jerusalem liegt. Vögele Ochs,
Schnapper=Elle und Hündchen Reiß verweilten am
längsten bei der schönen Sara; die beiden Ersteren,
indem sie ihr eifrigst ihre Dienste anboten, die
Letztere, indem sie sich nochmals bei ihr erkundigte,
weßhalb sie so plötzlich ohnmächtig geworden.

Die Ohnmacht der schönen Sara hatte aber
eine ganz besondere Ursache. Es ist nämlich Ge=
brauch in der Synagoge, daß Jemand, welcher
einer großen Gefahr entronnen, nach der Verle=
sung der Gesetzabschnitte öffentlich hervortritt und
der göttlichen Vorsicht für seine Rettung dankt.
Als nun Rabbi Abraham zu solcher Danksagung
unten in der Synagoge sich erhob, und die schöne

Sara die Stimme ihres Mannes erkannte, merkte
sie, wie der Ton derselben allmählig in das trübe
Gemurmel des Todtengebetes überging, sie hörte
die Namen ihrer Lieben und Verwandten, und
zwar begleitet von jenem segnenden Beiwort, das
man den Verstorbenen ertheilt; und die letzte Hoffnung schwand aus der Seele der schönen Sara,
und ihre Seele ward zerrissen von der Gewißheit,
daß ihre Lieben und Verwandte wirklich ermordet
worden, daß ihre kleine Nichte todt sei, daß auch
ihre Bäschen, Blümchen und Vögelchen, todt
seien, auch der kleine Gottschalk todt sei, Alle
ermordet und todt! Von dem Schmerze dieses
Bewußtseins wäre sie schier selber gestorben, hätte
sich nicht eine wohlthätige Ohnmacht über ihre
Sinne ergossen.

Kapitel III.

———

Als die schöne Sara nach beendigtem Got=
tesdienste in den Hof der Synagoge hinabstieg,
stand dort der Rabbi, harrend seines Weibes. Er
nickte ihr mit heiterem Antlitz und geleitete sie
hinaus auf die Straße, wo die frühere Stille
ganz verschwunden und ein lärmiges Menschen=
gewimmel zu schauen war. Bärtige Schwarzröcke,
wie Ameisenhaufen; Weiber, glanzreich hinflat=
ternd, wie Goldkäfer; neugekleidete Knaben, die
den Alten die Gebetbücher nachtrugen; junge Mäd=
chen, die, weil sie nicht in die Synagoge gehen
dürfen, jetzt aus den Häusern ihren Eltern ent=
gegen hüpfen, vor ihnen die Lockenköpfchen beugen,
um den Segen zu empfangen — Alle heiter und
freudig, und die Gasse auf und ab spazierend im
seligen Vorgefühl eines guten Mittagmahls, dessen

In diesem Gen
die Gestalt eines ju
jugendlichen Gesichts
welche die Frauen g
Liebe, die Männer l
schreiben. Sein Gan
schlendernd, hatte denn
lichkeit; die Federn se
mehr durch das vorn
als durch das Wehen d
nothwendig klirrten sei
das Wehrgehänge seines
Arme zu tragen schien,
hervorblitzte aus dem
seine schlanken Glieder sch
und dennoch den sorgfälti
Hin und wieder, theils
Kennermienen

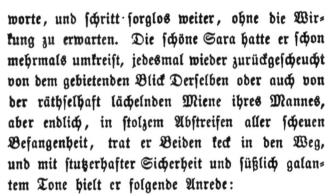

worte, und schritt·sorglos weiter, ohne die Wir=
kung zu erwarten. Die schöne Sara hatte er schon
mehrmals umkreist, jedesmal wieder zurückgescheucht
von dem gebietenden Blick Derselben oder auch von
der räthselhaft lächelnden Miene ihres Mannes,
aber endlich, in stolzem Abstreifen aller scheuen
Befangenheit, trat er Beiden keck in den Weg,
und mit stutzerhafter Sicherheit und süßlich galan=
tem Tone hielt er folgende Anrede:

„Sennora, ich schwöre! Hört, Sennora, ich
schwöre! Bei den Rosen beider Kastilien, bei den
arragonesischen Hyacinthen und andalusischen Gra=
natblüthen! Bei der Sonne, die ganz Spanien
mit all' seinen Blumen, Zwiebeln, Erbsensuppen,
Wäldern, Bergen, Mauleseln, Ziegenböcken und
Alt=Christen beleuchtet! Bei der Himmelsdecke,
woran diese Sonne nur ein goldner Quast ist!
Und bei dem Gott, der auf der Himmelsdecke
sitzt, und Tag und Nacht über neue Bildung hold=
seliger Frauengestalten nachsinnt . . . Ich schwöre,
Sennora, Ihr seid das schönste Weib, das ich im
deutschen Lande gesehen habe, und so Ihr gewillet
seid, meine Dienste anzunehmen, so bitte ich Euch
um die Gunst, Huld und Erlaubnis, mich Euren
Ritter nennen zu dürfen, und in Schimpf und
Ernst Eure Farben zu tragen!"

Ein erröthender Schmerz glitt über das Antlitz
der schönen Sara, und mit einem Blicke, der um
so schneidender wirkt, je sanfter die Augen sind,
die ihn versenden, und mit einem Tone, der um
so vernichtender, je bebend weicher die Stimme,
antwortete die tiefgekränkte Frau:

„Edler Herr! Wenn Ihr mein Ritter sein
wollt, so müßt Ihr gegen ganze Völker kämpfen,
und in diesem Kampfe giebt es wenig Dank und
noch weniger Ehre zu gewinnen! Und wenn Ihr
gar meine Farben tragen wollt, so müßt Ihr gelbe
Ringe auf Euren Mantel nähen oder eine blaugestreifte Schärpe umbinden; denn Dieses sind meine
Farben, die Farben meines Hauses, des Hauses,
welches Israel heißt, und sehr elend ist, und auf
den Gassen verspottet wird von den Söhnen des
Glücks!"

Plötzliche Purpurröthe bedeckte die Wangen
des Spaniers, eine unendliche Verlegenheit arbei-
tete in allen seinen Zügen, und fast stotternd
sprach er:

„Sennora . . . Ihr habt mich mißverstan-
den . . . unschuldiger Scherz . . . aber, bei Gott,
kein Spott, kein Spott über Israel . . . ich stamme
selber aus dem Hause Israel . . . mein Großvater
war ein Jude, vielleicht sogar mein Vater . . ."

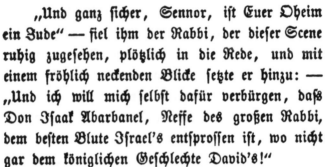

„Und ganz sicher, Sennor, ist Euer Oheim ein Jude“ — fiel ihm der Rabbi, der dieser Scene ruhig zugesehen, plötzlich in die Rede, und mit einem fröhlich neckenden Blicke setzte er hinzu: — „Und ich will mich selbst dafür verbürgen, daß Don Isaak Abarbanel, Neffe des großen Rabbi, dem besten Blute Israel’s entsprossen ist, wo nicht gar dem königlichen Geschlechte David’s!“

Da klirrte das Schwertgehänge unter dem Mantel des Spaniers, seine Wangen erblichen wieder bis zur fahlsten Blässe, auf seiner Ober= lippe zuckte es wie Hohn, der mit dem Schmerze ringt, aus seinen Augen grinste der zornigste Tod, und in einem ganz verwandelten, eiskalten, scharf= gehackten Tone sprach er:

„Sennor Rabbi! Ihr kennt mich. Nun wohlan, so wißt Ihr auch, wer ich bin. Und weiß der Fuchs, daß ich der Brut des Löwen angehöre, so wird er sich hüten, und seinen Fuchsbart nicht in Lebensgefahr bringen und meinen Zorn nicht reizen! Wie will der Fuchs den Löwen richten? Nur wer wie der Löwe fühlt, kann seine Schwä= chen begreifen . . .“

„O, ich begreife es wohl,“ — antwortete der Rabbi, und wehmüthiger Ernst zog über seine Stirne — „ich begreife es wohl, wie der stolze

...........ren Thiere
verleugnet? Aber b
nicht geschaffen für
Das Wasser — (du
— ist dein Unglück
Nicht im Wasser ist
Forelle kann besser d
des Waldes. Weißt d
des Tago verschlingen
　　In ein lautes Gel
Isaak plötzlich dem Ra
seinen Mund mit Küssei
Freude in die Höhe, da
zurückschraken, und in sei
ren Tone rief er:
　　„Wahrhaftig, du b
rach! Und es war ein s
ein Freundschaftskuß

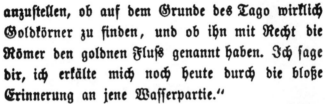

anzustellen, ob auf dem Grunde des Tago wirklich
Goldkörner zu finden, und ob ihn mit Recht die
Römer den goldnen Fluß genannt haben. Ich sage
dir, ich erkälte mich noch heute durch die bloße
Erinnerung an jene Wasserpartie.“

Bei diesen Worten gebärdete sich der Spanier, als wollte er anhängende Wassertropfen von
sich abschütteln. Das Antlitz des Rabbi aber war
gänzlich aufgeheitert. Er drückte seinem Freunde
wiederholentlich die Hand, und jedesmal sagte er:
„Ich freue mich!“

„Und ich freue mich ebenfalls,“ — sprach der
Andere — „wir haben uns seit sieben Jahren
nicht gesehen; bei unserem Abschied war ich noch
ein ganz junger Gelbschnabel, und du, du warst
schon so gesetzt und ernsthaft ... Was ward aber
aus der schönen Donna, die dir damals so viele
Seufzer kostete, wohlgereimte Seufzer, die du mit
Lautenklang begleitet hast ...“

„Still, still! die Donna hört uns, sie ist
mein Weib, und du selbst hast ihr heute eine
Probe deines Geschmackes und Dichtertalentes
dargebracht.“

Nicht ohne Nachwirkung der früheren Verlegenheit begrüßte der Spanier die schöne Frau,
welche mit anmuthiger Güte jetzt bedauerte, daß

sie durch Äußerungen des Unmuths einen Freund
ihres Mannes betrübt habe.

„Ach, Sennora,“ — antwortete Don Isaak
— „wer mit täppischer Hand nach einer Rose
griff, darf sich nicht beklagen, daß ihn die Dornen
verletzten! Wenn der Abendstern sich im blauen
Strome goldfunkelnd abspiegelt . . .“

„Ich bitte dich um Gotteswillen,“ — unterbrach ihn der Rabbi — „hör auf! . . . Wenn
wir so lange warten sollen, bis der Abendstern
sich im blauen Strome goldfunkelnd abspiegelt, so
verhungert meine Frau; sie hat seit gestern Nichts
gegessen und seitdem viel Ungemach und Mühsal
erlitten.“

„Nun, so will ich euch nach der besten Garküche Israel's führen“ — rief Don Isaak —
„nach dem Hause meiner Freundin Schnapper-
Elle, das hier in der Nähe. Schon rieche ich ihren
holden Duft, nämlich der Garküche. O wüßtest
du, Abraham, wie dieser Duft mich anspricht! Er
ist es, der mich, seit ich in dieser Stadt verweile,
so oft hinlockt nach den Zelten Jakob's. Der Verkehr mit dem Volke Gottes ist sonst nicht meine
Liebhaberei, und wahrlich nicht um hier zu beten,
sondern um zu essen, besuche ich die Judengasse . . .“

„Du hast uns nie geliebt, Don Isaak . . .“

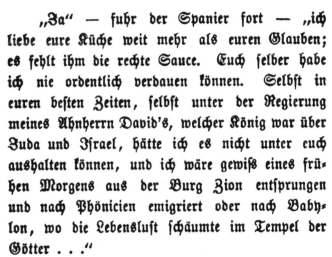

„Ja" — fuhr der Spanier fort — „ich liebe eure Küche weit mehr als euren Glauben; es fehlt ihm die rechte Sauce. Euch selber habe ich nie ordentlich verdauen können. Selbst in euren besten Zeiten, selbst unter der Regierung meines Ahnherrn David's, welcher König war über Juda und Israel, hätte ich es nicht unter euch aushalten können, und ich wäre gewiß eines frü= hen Morgens aus der Burg Zion entsprungen und nach Phönicien emigriert oder nach Baby= lon, wo die Lebensluft schäumte im Tempel der Götter . . ."

„Du lästerst, Isaak, den einzigen Gott," — murmelte finster der Rabbi — „du bist weit schlimmer als ein Christ, du bist ein Heide, ein Götzendiener . . ."

„Ja, ich bin ein Heide, und eben so zuwider wie die dürren, freudlosen Hebräer sind mir die trüben, qualsüchtigen Nazarener. Unsere liebe Frau von Sidon, die heilige Astarte, mag es mir ver= zeihen, daß ich vor der schmerzenreichen Mutter des Gekreuzigten niederknie und bete . . . Nur mein Knie und meine Zunge huldigt dem Tode, mein Herz blieb treu dem Leben! . . ."

„Aber schau nicht so sauer," — fuhr der Spanier fort in seiner Rede, als er sah, wie

wenig dieselbe den Rabbi zu erbauen schien —
„schau mich nicht an mit Abscheu. Meine Nase
ist nicht abtrünnig geworden. Als mich einst der
Zufall um Mittagszeit in diese Straße führte,
und aus den Küchen der Juden mir die wohlbekannten Düfte in die Nase stiegen, da erfasste mich
jene Sehnsucht, die unsere Väter empfanden, als
sie zurückdachten an die Fleischtöpfe Ägyptens;
wohlschmeckende Jugenderinnerungen stiegen in mir
auf; ich sah wieder im Geiste die Karpfen mit
brauner Rosinensauce, die meine Tante für den
Freitagabend so erbaulich zu bereiten wusste; ich
sah wieder das gedämpfte Hammelfleisch mit Knoblauch und Mairettig, womit man die Todten erwecken kann, und die Suppe mit schwärmerisch
schwimmenden Klößchen . . . und meine Seele
schmolz, wie die Töne einer verliebten Nachtigall,
und seitdem esse ich in der Garküche meiner Freundin Donna Schnapper-Elle!"

Diese Garküche hatte man unterdessen erreicht;
Schnapper-Elle selbst stand an der Thüre ihres
Hauses, die Messfremden, die sich hungrig hinein-
drängten, freundlich begrüßend. Hinter ihr, den
Kopf über ihre Schulter hinauslehnend, stand
der lange Nasenstern und musterte neugierig ängstlich die Ankömmlinge. Mit übertriebener Gran-

dezza nahte sich Don Isaak unserer Gastwirthin,
die seine schalkhaft tiefen Verbeugungen mit unend=
lichen Knixen erwiderte; darauf zog er den Hand=
schuh ab von seiner rechten Hand, umwickelte sie
mit dem Zipfel seines Mantels, ergriff damit die
Hand der Schnapper=Elle, strich sie langsam über
die Haare seines Stutzbartes und sprach:

„Sennora! Eure Augen wetteifern mit den
Gluthen der Sonne! Aber obgleich die Eier, je
länger sie gekocht werden, sich desto mehr verhärten,
so wird dennoch mein Herz nur um so weicher,
je länger es von den Flammenstrahlen Eurer
Augen gekocht wird! Aus der Dotter meines Her=
zens flattert hervor der geflügelte Gott Amur und
sucht ein trauliches Nestchen in Eurem Busen . . .
Diesen Busen, Sennora, womit soll ich ihn ver=
gleichen? Es giebt in der weiten Schöpfung keine
Blume, keine Frucht, die ihm ähnlich wäre! Die=
ses Gewächs ist einzig in seiner Art. Obgleich der
Sturm die zartesten Röslein entblättert, so ist doch
Euer Busen eine Winterrose, die allen Winden
trotzt! Obgleich die saure Citrone, je mehr sie
altert, nur desto gelber und runzlichter wird, so
wetteifert dennoch Euer Busen mit der Farbe und
Zartheit der süßesten Ananas! O Sennora, ist
auch die Stadt Amsterdam so schön, wie Ihr mir

geſtern und vorgeſtern und alle Tage erzählt habt,
ſo iſt doch der Boden, worauf ſie ruht, noch tauſendmal ſchöner . . ."

Der Ritter ſprach dieſe letztern Worte mit
erheuchelter Befangenheit und ſchielte ſchmachtend
nach dem großen Bilde, das an Schnapper-Elle's
Halſe hing; der Naſenſtern ſchaute von oben herab
mit ſuchenden Augen, und der belobte Buſen ſetzte
ſich in eine ſo wogende Bewegung, daß die Stadt
Amſterdam hin und her wackelte.

„Ach!" — ſeufzte die Schnapper-Elle —
„Tugend iſt mehr werth als Schönheit. Was
nützt mir die Schönheit? Meine Jugend geht vorüber, und ſeit Schnapper todt iſt — er hat wenigſtens ſchöne Hände gehabt — was hilft mir da
die Schönheit?"

Und dabei ſeufzte ſie wieder, und wie ein
Echo, faſt unhörbar, ſeufzte hinter ihr der Naſenſtern.

„Was Euch die Schönheit nützt?" — rief
Don Iſaak — „O, Donna Schnapper-Elle, ver-
ſündigt Euch nicht an der Güte der ſchaffenden
Natur! Schmäht nicht ihre holdeſten Gaben! Sie
würde ſich furchtbar rächen. Dieſe beſeligenden
Augen würden blöde verglaſen, dieſe anmuthigen

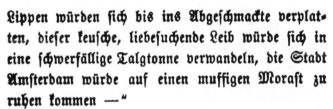

Lippen würden sich bis ins Abgeschmackte verplat-
ten, dieser keusche, liebesuchende Leib würde sich in
eine schwerfällige Talgtonne verwandeln, die Stadt
Amsterdam würde auf einen muffigen Morast zu
ruhen kommen —"

Und so schilderte er Stück vor Stück das
jetzige Aussehn der Schnapper-Elle, so daß der
armen Frau sonderbar beängstigend zu Muthe ward,
und sie den unheimlichen Reden des Ritters zu
entrinnen suchte. In diesem Augenblicke war sie
doppelt froh, als sie der schönen Sara ansichtig
ward und sich angelegentlichst erkundigen konnte,
ob sie ganz von ihrer Ohnmacht genesen. Sie
stürzte sich dabei in ein lebhaftes Gespräch, worin
sie alle ihre falsche Vornehmthuerei und echte Her-
zensgüte entwickelte, und mit mehr Weitläuftigkeit
als Klugheit die fatale Geschichte erzählte, wie sie
selbst vor Schrecken fast in Ohnmacht gefallen wäre,
als sie wildfremd mit der Trekschuite zu Amsterdam
ankam, und der spitzbübische Träger ihres Koffers
sie nicht in ein ehrbares Wirthshaus, sondern in
ein freches Frauenhaus brachte, was sie bald gemerkt an dem vielen Branntweingesöffe und den
unsittlichen Zumuthungen . . . und sie wäre, wie
gesagt, wirklich in Ohnmacht gefallen, wenn sie es
während der sechs Wochen, die sie in jenem ver-

fänglichen Hause zubrachte, nur einen Augenblick wagen durfte, die Augen zu schließen . . ."

„Meiner Tugend wegen" — setzte sie hinzu — „durfte ich es nicht wagen. Und das Alles passierte mir wegen meiner Schönheit! Aber Schönheit vergeht, und Tugend besteht."

Don Isaak war schon im Begriff, die Einzelheiten dieser Geschichte kritisch zu beleuchten, als glücklicherweise der schele Aron Hirschkuh von Homburg an der Lahn, mit der weißen Serviette im Maule, aus dem Hause hervorkam, und ärgerlich klagte, daß schon längst die Suppe aufgetragen sei und die Gäste zu Tische säßen und die Wirthin fehle. — — —

(Der Schluß und die folgenden Kapitel sind, ohne Verschulden des Autors, verloren gegangen.)

Aus den Memoiren
des
Herrn von Schnabelewopski.

Erstes Buch.

(1831.)

Kapitel I.

Mein Vater hieß Schnabelewopski, meine
Mutter hieß Schnabelewopska; als Beider ehelicher
Sohn wurde ich geboren den ersten April 1795
zu Schnabelewops. Meine Großtante, die alte
Frau von Pipitzka, pflegte meine erste Kindheit,
und erzählte mir viele schöne Märchen, und sang
mich oft in den Schlaf mit einem Liede, dessen
Worte und Melodie meinem Gedächtnisse entfallen.
Ich vergesse aber nie die geheimnisvolle Art, wie
sie mit dem zitternden Kopfe nickte, wenn sie es
sang, und wie wehmüthig ihr großer einziger Zahn,
der Einsiedler ihres Mundes, alsdann zum Vorschein kam. Auch erinnere ich mich noch manchmal
des Papageis, über dessen Tod sie oft bitterlich
weinte. Die alte Großtante ist jetzt ebenfalls todt,
und ich bin in der ganzen Welt wohl der einzige

6*

Mensch, der an ihren lieben Papagei noch denkt.
Unsere Katze hieß Mimi, und unser Hund hieß
Zoli. Er hatte viel Menschenkenntnis und ging
mir immer aus dem Wege, wenn ich zur Peitsche
griff. Eines Morgens sagte unser Bedienter, der
Hund trage den Schwanz etwas eingekniffen zwischen den Beinen und lasse die Zunge länger als
gewöhnlich hervorhängen; und der arme Zoli wurde,
nebst einigen Steinen, die man ihm an den Hals
festband, ins Wasser geworfen. Bei dieser Gelegenheit ertrank er. Unser Bedienter hieß Prrschtzztwitsch.
Man muß dabei niesen, wenn man diesen Namen
richtig aussprechen will. Unsere Magd hieß
Swurtszska, welches im Deutschen etwas rauh,
im Polnischen aber äußerst melodisch klingt. Es
war eine dicke, untersetzte Person mit weißen
Haaren und blonden Zähnen. Außerdem liefen
noch zwei schöne schwarze Augen im Hause herum,
welche man Seraphine nannte. Es war mein
schönes herzliebes Mühmelein, und wir spielten
zusammen im Garten, und belauschten die Haus-
haltung der Ameisen, und haschten Schmetterlinge,
und pflanzten Blumen. Sie lachte einst wie toll,
als ich meine kleinen Strümpfchen in die Erde
pflanzte, in der Meinung, daß ein Paar große

Hofen für meinen Vater daraus hervorwachsen
würden.

Mein Vater war die gütigste Seele von der
Welt und war lange Zeit ein wunderschöner Mann;
der Kopf gepudert, hinten ein niedlich geflochtenes
Zöpfchen, das nicht herabhing, sondern mit einem
Kämmchen von Schildkröte auf dem Scheitel befestigt war. Seine Hände waren blendend weiß,
und ich küßte sie oft. Es ist mir, als röche ich
noch ihren süßen Duft und er dränge mir stechend
ins Auge. Ich habe meinen Vater sehr geliebt;
denn ich habe nie daran gedacht, daß er sterben könne.

Mein Großvater väterlicher Seite war der
alte Herr von Schnabelewopski; ich weiß gar
Nichts von ihm, außer daß er ein Mensch und
daß mein Vater sein Sohn war. Mein Großvater
mütterlicher Seite war der alte Herr von Wlrffrnski
(man muß gleichfalls niesen, wenn man seinen
Namen richtig aussprechen will), und er ist abge-
malt in einem scharlachrothen Sammetrock und
einem langen Degen, und meine Mutter erzählte
mir oft, daß er einen Freund hatte, der einen
grünseidenen Rock, rosaseidne Hosen und weißseidne
Strümpfe trug, und wüthend den kleinen Cha-
peaubas hin und her schwenkte, wenn er vom König
von Preußen sprach.

Meine Mutter, Frau von Schnabelewopska, gab mir, als ich heranwuchs, eine gute Erziehung. Sie hatte Viel gelesen; als sie mit mir schwanger ging, las sie fast ausschließlich den Plutarch, und hat sich vielleicht an einem von Dessen großen Männern versehen, wahrscheinlich an einem von den Gracchen. Daher meine mystische Sehnsucht, das agrarische Gesetz in moderner Form zu verwirklichen. Mein Freiheits - und Gleichheitssinn ist vielleicht solcher mütterlicher Vorlektüre beizumessen. Hätte meine Mutter damals das Leben des Cartouche gelesen, so wäre ich vielleicht ein großer Bankier geworden. Wie oft als Knabe versäumte ich die Schule, um auf den schönen Wiesen von Schnabelewops einsam darüber nachzudenken, wie man die ganze Menschheit beglücken könnte. Man hat mich deßhalb oft einen Müßiggänger gescholten und als Solchen bestraft; und für meine Weltbeglückungsgedanken mußte ich schon damals viel Leid und Noth erdulden. Die Gegend um Schnabelewops ist übrigens sehr schön, es fließt dort ein Flüßchen, worin man des Sommers sehr angenehm badet, auch giebt es allerliebste Vogelnester in den Gehölzen des Ufers. Das alte Gnesen, die ehemalige Hauptstadt von Polen, ist nur drei Meilen davon entfernt. Dort im Dom ist der

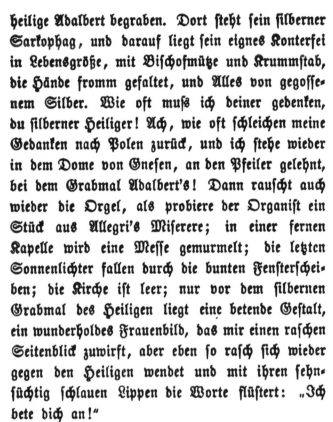

heilige Adalbert begraben. Dort steht sein silberner
Sarkophag, und darauf liegt sein eignes Konterfei
in Lebensgröße, mit Bischofmütze und Krummstab,
die Hände fromm gefaltet, und Alles von gegosse-
nem Silber. Wie oft muß ich deiner gedenken,
du silberner Heiliger! Ach, wie oft schleichen meine
Gedanken nach Polen zurück, und ich stehe wieder
in dem Dome von Gnesen, an den Pfeiler gelehnt,
bei dem Grabmal Adalbert's! Dann rauscht auch
wieder die Orgel, als probiere der Organist ein
Stück aus Allegri's Miserere; in einer fernen
Kapelle wird eine Messe gemurmelt; die letzten
Sonnenlichter fallen durch die bunten Fensterscheiben; die Kirche ist leer; nur vor dem silbernen
Grabmal des Heiligen liegt eine betende Gestalt,
ein wunderholdes Frauenbild, das mir einen raschen
Seitenblick zuwirft, aber eben so rasch sich wieder
gegen den Heiligen wendet und mit ihren sehnsüchtig schlauen Lippen die Worte flüstert: „Ich
bete dich an!"

In demselben Augenblick, als ich diese Worte
hörte, klingelte in der Ferne der Meßner, die
Orgel rauschte mit schwellendem Ungestüm, das
holde Frauenbild erhob sich von den Stufen des
Grabmals, warf ihren weißen Schleier über das
erröthende Antlitz, und verließ den Dom.

„Ich bete dich an!" Galten diese Worte mir
oder dem silbernen Adalbert? Gegen Diesen hatte
sie sich gewendet, aber nur mit dem Antlitz. Was
bedeutete jener Seitenblick, den sie mir vorher
zugeworfen und dessen Strahlen sich über meine
Seele ergossen, gleich einem langen Lichtstreif, den
der Mond über das nächtliche Meer dahingießt,
wenn er aus dem Wolkendunkel hervortritt und
sich schnell wieder dahinter verbirgt? In meiner
Seele, die eben so düster wie das Meer, weckte
jener Lichtstreif alle die Ungethüme, die im tiefen
Grunde schliefen, und die tollsten Haifische und
Schwertfische der Leidenschaft schossen plötzlich hervor, und tummelten sich, und bissen sich vor Wonne
in den Schwänzen, und dabei brauste und kreischte
immer gewaltiger die Orgel, wie Sturmgetöse auf
der Nordsee.

Den anderen Tag verließ ich Polen.

Kapitel II.

Meine Mutter packte selbst meinen Koffer;
mit jedem Hembe hat sie auch eine gute Lehre
hineingepackt. Die Wäscherinnen haben mir später=
hin alle diese Hembe mitsammt den guten Lehren
vertauscht. Mein Vater war tief bewegt; und er
gab mir einen langen Zettel, worin er artikelweis
aufgeschrieben, wie ich mich in dieser Welt zu ver=
halten habe. Der erste Artikel lautete, daß ich
jeden Dukaten zehnmal herumdrehen solle, ehe ich
ihn ausgäbe. Das befolgte ich auch im Anfang;
nachher wurde mir das beständige Herumdrehen
viel zu mühsam. Mit jenem Zettel überreichte mir
mein Vater auch die dazu gehörigen Dukaten.
Dann nahm er eine Schere, schnitt damit das
Zöpfchen von seinem lieben Haupte, und gab mir
das Zöpfchen zum Andenken. Ich besitze es noch,

und weine immer, wenn ich die gepuderten feinen
Härchen betrachte — —

Die Nacht vor meiner Abreise hatte ich folgenden Traum:

Ich ging einsam spazieren in einer heiter
schönen Gegend am Meer. Es war Mittag, und
die Sonne schien auf das Wasser, daß es wie
lauter Diamanten funkelte. Hie und da am Gestade
erhob sich eine große Aloe, die sehnsüchtig ihre
grünen Arme nach dem sonnigen Himmel empor-
streckte. Dort stand auch eine Trauerweide mit
lang herabhängenden Tressen, die sich jedesmal
emporhoben, wenn die Wellen heranspielten, so
daß sie alsdann wie eine junge Nixe aussah, die
ihre grünen Locken in die Höhe hebt, um besser
hören zu können, was die verliebten Luftgeister ihr
ins Ohr flüstern. In der That, Das klang manchmal wie Seufzer und zärtliches Gekose. Das Meer
erstrahlte immer blühender und lieblicher, immer
wohllautender rauschten die Wellen, und auf den
rauschenden glänzenden Wellen schritt einher der
silberne Adalbert, ganz wie ich ihn im Gnesener
Dome gesehen, den silbernen Krummstab in der
silbernen Hand, die silberne Bischofmütze auf dem
silbernen Haupte, und er winkte mir mit der Hand
und er nickte mir mit dem Haupte, und endlich,

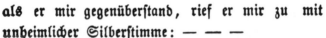

als er mir gegenüberstand, rief er mir zu mit
unheimlicher Silberstimme: — — —

Ja, die Worte habe ich wegen des Wellen-
geräusches nicht hören können. Ich glaube aber,
mein silberner Nebenbuhler hat mich verhöhnt.
Denn ich stand noch lange am Strande und weinte,
bis die Abenddämmerung heranbrach und Himmel
und Meer trüb und blaß wurden und traurig
über alle Maßen. Es stieg die Fluth. Aloe und
Weide krachten und wurden fortgeschwemmt von
den Wogen, die manchmal hastig zurückliefen und
desto ungestümer wieder heranschwollen, tosend,
schaurig, in schaumweißen Halbkreisen. Dann aber
auch hörte ich ein taktförmiges Geräusch wie Ruder-
schlag, und endlich sah ich einen Kahn mit der
Brandung herantreiben. Vier weiße Gestalten,
fahle Todtengesichter, eingehüllt in Leichentüchern,
saßen darin und ruderten mit Anstrengung. In
der Mitte des Kahnes stand ein blasses, aber
unendlich schönes Frauenbild, unendlich zart, wie
geformt aus Liljenduft — und sie sprang ans Ufer.
Der Kahn mit seinen gespenstischen Ruderknechten
schoß pfeilschnell wieder zurück ins hohe Meer,
und in meinen Armen lag Panna Jadviga und
weinte und lachte: „Ich bete dich an!"

Kapitel III.

———

Mein erster Ausflug, als ich Schnabelewops verließ, war nach Deutschland, und zwar nach Hamburg, wo ich sechs Monat blieb, statt gleich nach Leyden zu reisen und mich dort, nach dem Wunsche meiner Eltern, dem Studium der Gottesgelahrtheit zu ergeben. Ich muß gestehen, daß ich während jenes Semesters mich mehr mit weltlichen Dingen abgab als mit göttlichen.

Die Stadt Hamburg ist eine gute Stadt; lauter solide Häuser. Hier herrscht nicht der schändliche Macbeth, sondern hier herrscht Banko. Der Geist Banko's herrscht überall in diesem kleinen Freistaate, dessen sichtbares Oberhaupt ein hoch- und wohlweiser Senat. In der That, es ist ein Freistaat, und hier findet man die größte politische Freiheit. Die Bürger können hier thun, was sie

wollen, und der hoch= und wohlweise Senat kann
hier ebenfalls thun, was er will; Jeder ist hier
freier Herr seiner Handlungen. Es ist eine Repu=
blik. Hätte Lafayette nicht das Glück gehabt den
Ludwig Philipp zu finden, so würde er gewiß
seinen Franzosen die hamburgischen Senatoren und
Oberalten empfohlen haben. Hamburg ist die beste
Republik. Seine Sitten sind englisch, und sein
Essen ist himmlisch. Wahrlich, es giebt Gerichte
zwischen dem Wandrahmen und dem Dreckwall,
wovon unsere Philosophen keine Ahnung haben.
Die Hamburger sind gute Leute und essen gut.
Über Religion, Politik und Wissenschaft sind ihre
respektiven Meinungen sehr verschieden, aber in
Betreff des Essens herrscht das schönste Einver=
ständnis. Mögen die christlichen Theologen dort
noch so sehr streiten über die Bedeutung des Abend=
mahls: über die Bedeutung des Mittagsmahls
sind sie ganz einig. Mag es unter den Juden dort
eine Partei geben, die das Tischgebet auf Deutsch
spricht, während eine andere es auf Hebräisch ab=
singt: beide Parteien essen, und essen gut, und
wissen das Essen gleich richtig zu beurtheilen. Die
Advokaten, die Bratenwender der Gesetze, die so
lange die Gesetze wenden und anwenden, bis ein
Braten für sie dabei abfällt, Diese mögen noch

so sehr streiten, ob die Gerichte öffentlich sein sollen oder nicht: darüber sind sie einig, daß alle
Gerichte gut sein müssen, und Jeder von ihnen hat
sein Leibgericht. Das Militär denkt gewiß ganz
tapfer spartanisch, aber von der schwarzen Suppe
will es doch Nichts wissen. Die Ärzte, die in der
Behandlung der Krankheiten so sehr uneinig sind
und die dortige Nationalkrankheit (nämlich Magen-
beschwerden) als Brownianer durch noch größere
Portionen Rauchfleisch oder als Homöopathen durch
$\frac{1}{10000}$ Tropfen Absinth in einer großen Kumpe
Mockturtelsuppe zu kurieren pflegen: diese Ärzte
sind ganz einig, wenn von dem Geschmacke der
Suppe und des Rauchfleisches selbst die Rede ist.
Hamburg ist die Vaterstadt des letztern, des Rauchfleisches, und rühmt sich Dessen, wie Mainz sich
seines Johann Faust's und Eisleben sich seines Lu-
ther's zu rühmen pflegt. Aber was bedeutet die
Buchdruckerei und die Reformation in Vergleich
mit Rauchfleisch? Ob beide ersteren genutzt oder
geschadet, darüber streiten zwei Parteien in Deutschland; aber sogar unsere eifrigsten Jesuiten sind
eingeständig, daß das Rauchfleisch eine gute, für
den Menschen heilsame Erfindung ist.

Hamburg ist erbaut von Karl dem Großen
und wird bewohnt von 80,000 kleinen Leuten,

die Alle mit Karl dem Großen, der in Aachen
begraben liegt, nicht tauschen würden. Vielleicht
beträgt die Bevölkerung von Hamburg gegen
100,000; ich weiß es nicht genau, obgleich ich
ganze Tage lang auf den Straßen ging, um mir
dort die Menschen zu betrachten. Auch habe ich
gewiß manchen Mann übersehen, indem die Frauen
meine besondere Aufmerksamkeit in Anspruch nah=
men. Letztere fand ich durchaus nicht mager, son=
dern meistens sogar korpulent, mitunter reizend
schön, und im Durchschnitt von einer gewissen
wohlhabenden Sinnlichkeit, die mir bei Leibe nicht
mißfiel. Wenn sie in der romantischen Liebe sich
nicht allzu schwärmerisch zeigen und von der großen
Leidenschaft des Herzens wenig ahnen, so ist Das
nicht ihre Schuld, sondern die Schuld Amor's,
des kleinen Gottes, der manchmal die schärfsten
Liebespfeile auf seinen Bogen legt, aber aus
Schalkheit oder Ungeschick viel zu tief schießt, und
statt des Herzens der Hamburgerinnen nur ihren
Magen zu treffen pflegt. Was die Männer betrifft
so sah ich meistens untersetzte Gestalten, verstän=
dige kalte Augen, kurze Stirn, nachlässig herab=
hängende rothe Wangen, die Eßwerkzeuge beson=
ders ausgebildet, der Hut wie festgenagelt auf
dem Kopfe, und die Hände in beiden Hosentaschen,

wie Einer, der eben fragen will: Was hab' ich zu bezahlen?

Zu den Merkwürdigkeiten der Stadt gehören: 1) das alte Rathhaus, wo die großen Hamburger Bankiers, aus Stein gemeißelt und mit Scepter und Reichsapfel in Händen, abkonterfeit stehen. 2) Die Börse, wo sich täglich die Söhne Hammonia's versammeln, wie einst die Römer auf dem Forum, und wo über ihren Häuptern eine schwarze Ehrentafel hängt mit dem Namen ausgezeichneter Mitbürger. 3) Die schöne Marianne, ein außerordentlich schönes Frauenzimmer, woran der Zahn der Zeit schon seit zwanzig Jahren kaut — Nebenbei gesagt, der „Zahn der Zeit" ist eine schlechte Metapher, denn sie ist so alt, daß sie gewiß keine Zähne mehr hat, nämlich die Zeit — die schöne Marianne hat vielmehr jetzt noch alle ihre Zähne und noch immer Haare darauf, nämlich auf den Zähnen. 4) Die ehemalige Centralkasse. 5) Altona. 6) die Originalmanuskripte von Marr's Tragödien. 7) Der Eigenthümer des Röding'schen Kabinetts. 8) Die Börsenhalle. 9) Die Bacchushalle, und endlich 10) das Stadttheater. Letzteres verdient besonders gepriesen zu werden, seine Mitglieder sind lauter gute Bürger, ehrsame Hausväter, die sich nicht verstellen können und Niemanden täuschen,

Männer, die das Theater zum Gotteshause ma=
chen, indem sie den Unglücklichen, der an der
Menschheit verzweifelt, aufs wirksamste überzeugen,
daß nicht Alles in der Welt eitel Heuchelei und
Verstellung ist.

Bei Aufzählung der Merkwürdigkeiten der Re=
publik Hamburg kann ich nicht umhin zu erwähnen,
daß zu meiner Zeit der Apollosaal auf der Dreh=
bahn sehr brillant war. Jetzt ist er sehr herunter=
gekommen, und es werden dort philharmonische
Koncerte gegeben, Taschenspielerkünste gezeigt und
Naturforscher gefüttert. Einst war es anders! Es
schmetterten die Trompeten, es wirbelten die Pau=
ken, es flatterten die Straußfedern, und Heloise
und Minka rannten durch die Reihen der Oginski=
Polonaise, und Alles war sehr anständig. Schöne
Zeit, wo mir das Glück lächelte! Und das Glück
hieß Heloise! Es war ein süßes, liebes, beglücken=
des Glück mit Rosenwangen, Liljennäschen, heiß=
duftigen Nelkenlippen, Augen wie der blaue Berg=
see; aber etwas Dummheit lag auf der Stirne,
wie ein trüber Wolkenflor über einer prangenden
Frühlingslandschaft. Sie war schlank wie eine
Pappel und lebhaft wie ein Vogel, und ihre Haut
war so zart, daß sie zwölf Tage geschwollen blieb
durch den Stich einer Haarnadel. Ihr Schmollen,

als ich sie gestochen hatte, dauerte aber nur zwölf
Sekunden, nud dann lächelte sie — Schöne Zeit,
als das Glück mir lächelte! . . . Minka lächelte selte-
ner, denn sie hatte keine schöne Zähne. Desto schöner aber waren ihre Thränen, wenn sie weinte, und
sie weinte bei jedem fremden Unglück, und sie war
wohlthätig über alle Begriffe. Den Armen gab
sie ihren letzten Schilling; sie war sogar oft in
der Lage, wo sie ihr letztes Hemd weggab, wenn
man es verlangte. Sie war so seelengut. Sie
konnte Nichts abschlagen, ausgenommen ihr Wasser. Dieser weiche, nachgiebige Charakter kontrastierte gar lieblich mit ihrer äußeren Erscheinung.
Eine kühne, junonische Gestalt; weißer frecher
Nacken, umringelt von wilden schwarzen Locken,
wie von wollüstigen Schlangen; Augen, die unter
ihren düsteren Siegesbogen so weltbeherrschend
strahlten; purpurstolze, hochgewölbte Lippen; marmorne, gebietende Hände, worauf leider einige
Sommersprossen; auch hatte sie in der Form eines
kleinen Dolchs ein braunes Muttermal an der
linken Hüfte.

Wenn ich dich in sogenannte schlechte Gesellschaft gebracht, lieber Leser, so tröste dich damit,
daß sie dir wenigstens nicht so viel gekostet wie
mir. Doch wird es später in diesem Buche nicht

an idealischen Frauenspersonen fehlen, und schon
jetzt will ich dir zur Erholung zwei Anstandsdamen
vorführen, die ich damals kennen und verehren
lernte. Es ist Madame Pieper und Madame
Schnieper. Erstere war eine schöne Frau in ihren
reifsten Jahren, große schwärzliche Augen, eine
große weiße Stirne, schwarze falsche Locken, eine
kühne altrömische Nase, und ein Maul, das eine
Guillotine war für jeden guten Namen. In der
That, für einen Namen gab es keine leichtere Hin=
richtungsmaschine als Madame Pieper's Maul;
sie ließ ihn nicht lange zappeln, sie machte keine
langwichtige Vorbereitungen; war der beste gute
Name zwischen ihre Zähne gerathen, so lächelte sie
nur — aber dieses Lächeln war wie ein Fallbeil,
und die Ehre war abgeschnitten und fiel in den
Sack. Sie war immer ein Muster von Anstand, Ehr=
samkeit, Frömmigkeit und Tugend. Von Madame
Schnieper ließ sich Dasselbe rühmen. Es war eine
zarte Frau, kleine ängstliche Brüste, gewöhnlich
mit einem wehmüthig dünnen Flor umgeben, hell=
blonde Haare, hellblaue Augen, die entsetzlich klug
hervorstachen aus dem weißen Gesichte. Es hieß,
man könne ihren Tritt nie hören, und wirklich,
ehe man sich Dessen versah, stand sie oft neben
Einem, und verschwand dann wieder eben so ge=

7*

räuſchlos. Ihr Lächeln war ebenfalls töblich für
jeden guten Namen, aber minder wie ein Beil, als
vielmehr wie jener afrikaniſche Giftwind, von deſſen Hauch ſchon alle Blumen verwelken; elenbiglich
verwelken muſſte jeder gute Name, über den ſie
nur leiſe hinlächelte. Sie war immer ein Muſter
von Anſtand, Ehrſamkeit, Frömmigkeit und Tugend.

Ich würde nicht ermangeln, mehre von den
Söhnen Hammonia's ebenfalls hervorzuloben und
einige Männer, die man ganz beſonders hochſchätzt
— namentlich Diejenigen, welche man auf einige
Millionen Mark Banko zu ſchätzen pflegt — aufs
prächtigſte zu rühmen; aber ich will in dieſem
Augenblick meinen Enthuſiasmus unterdrücken, damit er ſpäterhin in deſto helleren Flammen emporlo-
bere. Ich habe nämlich nichts Geringeres im Sinn,
als einen Ehrentempel Hamburg's herauszugeben,
ganz nach demſelben Plane, welchen ſchon vor zehn
Jahren ein berühmter Schriftſteller entworfen hat,
der in dieſer Abſicht jeden Hamburger aufforderte,
ihm ein ſpecificiertes Inventarium ſeiner ſpeciellen
Tugenden, nebſt einem Species-Thaler, aufs ſchleu-
nigſte einzuſenden. Ich habe nie recht erfahren
können, warum dieſer Ehrentempel nicht zur Aus-
führung kam; denn die Einen ſagten, der Unter-
nehmer, der Ehrenmann, ſei, als er kaum von

Aaron bis Abendroth gekommen und gleichsam die
ersten Klötze eingerammt, von der Last des Mate=
rials schon ganz erdrückt worden; die Anderen
sagten, der hoch= und wohlweise Senat habe aus
allzugroßer Bescheidenheit das Projekt hintertrieben,
indem er dem Baumeister seines eignen Ehrentem=
pels plötzlich die Weisung gab, binnen vierund=
zwanzig Stunden das Hamburgische Gebiet mit
allen seinen Tugenden zu verlassen. Aber gleich=
viel aus welchem Grunde, das Werk ist nicht zu
Stande gekommen; und da ich ja doch einmal aus
angeborener Neigung etwas Großes thun wollte
in dieser Welt und immer gestrebt habe das Un=
mögliche zu leisten, so habe ich jenes ungeheure
Projekt wieder aufgefaßt, und ich liefere einen
Ehrentempel Hamburg's, ein unsterbliches Riesen=
buch, worin ich die Herrlichkeit aller seiner Ein=
wohner ohne Ausnahme beschreibe, worin ich edle
Züge von geheimer Mildthätigkeit mittheile, die
noch gar nicht in der Zeitung gestanden, worin
ich Großthaten erzähle, die Keiner glauben wird, .
und worin mein eignes Bildnis, wie ich auf dem
Jungfernstieg vor dem Schweizerpavillon sitze und
über Hamburg's Verherrlichung nachdenke, als
Vignette paradieren soll.

Kapitel IV.

———

Für Leser, denen die Stadt Hamburg nicht
bekannt ist — und es giebt Deren vielleicht in China
und Ober=Baiern — für diese muß ich bemerken,
daß der schönste Spaziergang der Söhne und
Töchter Hammonia's den rechtmäßigen Namen
Jungfernstieg führt; daß er aus einer Lindenallee
besteht, die auf der einen Seite von einer Reihe
Häuser, auf der anderen Seite von dem großen
Alsterbaffin begrenzt wird; und daß vor letzterem,
ins Wasser hineingebaut, zwei zeltartige luftige
Kaffehäuslein stehen, die man Pavillons nennt.
Besonders vor dem einen, dem sogenannten Schwei=
zerpavillon, läßt sich gut sitzen, wenn es Sommer
ist und die Nachmittagssonne nicht zu wild glüht,
sondern nur heiter lächelt und mit ihrem Glanze
die Linden, die Häuser, die Menschen, die Alster

und die Schwäne, die sich darauf wiegen, fast
märchenhaft lieblich übergießt. Da läßt sich gut
sitzen, und da saß ich gut gar manchen Sommer-
nachmittag, und dachte, was ein junger Mensch
zu denken pflegt, nämlich gar Nichts, und betrachtete, was ein junger Mensch zu betrachten pflegt,
nämlich die jungen Mädchen, die vorübergingen
— und da flatterten sie vorüber, jene holden Wesen
mit ihren geflügelten Häubchen und ihren verdeck-
ten Körbchen, worin Nichts enthalten ist — da
trippelten sie dahin, die bunten Vierländerinnen,
die ganz Hamburg mit Erdbeeren und eigener Milch
versehen, und deren Röcke noch immer viel zu lang
sind — da stolzierten die schönen Kaufmannstöchter,
mit deren Liebe man auch so viel bares Geld bekömmt — da hüpft eine Amme, auf den Armen
ein rosiges Knäbchen, das sie beständig küßt, während sie an ihren Geliebten denkt — da wandeln
Priesterinnen der schaumentstiegenen Göttin, han-
seatische Vestalen, Dianen, die auf die Jagd gehn,
Najaden, Dryaden, Hamadryaden und sonstige
Predigerstöchter — ach! da wandelt auch Minka
und Heloisa! Wie oft saß ich vor dem Pavillon
und sah sie vorüberwandeln in ihren rosagestreiften
Roben — die Elle kostet 4 Mark und 3 Schilling,
und Herr Seligmann hat mir versichert, die Rosa-

ſtreifen würden im Waſchen die Farbe behalten
— Prächtige Dirnen! riefen dann die tugendhaf-
ten Jünglinge, die neben mir ſaßen. — Ich erinnere mich, ein großer Aſſekuradeur, der immer
wie ein Pfingſtochs geputt ging, ſagte einſt: Die
Eine möcht' ich mir mal als Frühſtück und die
Andere als Abendbrot zu Gemüthe führen, und
ich würde an ſolchem Tage gar nicht zu Mittag
ſpeiſen — Sie iſt ein Engel! ſagte einſt ein See-
kapitän ganz laut, ſo daß ſich beide Mädchen zu
gleicher Zeit umſahen, und ſich dann einander
eiferſüchtig anblickten. — Ich ſelber ſagte nie Etwas,
und ich dachte meine ſüßeſten Garnichtsgedanken,
und betrachtete die Mädchen und den heiter ſanften Himmel und den langen Petrithurm mit der
ſchlanken Taille und die ſtille blaue Alſter, worauf
die Schwäne ſo ſtolz und ſo lieblich und ſo ſicher
umherſchwammen. Die Schwäne! Stundenlang
konnte ich ſie betrachten, dieſe holden Geſchöpfe
mit ihren ſanften langen Hälſen, wie ſie ſich üppig
auf den weichen Fluthen wiegten, wie ſie zuweilen
ſelig untertauchten und wieder auftauchten, und
übermüthig plätſcherten, bis der Himmel dunkelte,
und die goldnen Sterne hervortraten, verlangend,
verheißend, wunderbar zärtlich, verklärt. Die
Sterne! Sind es goldne Blumen am bräutlichen

Busen des Himmels? Sind es verliebte Engels-
augen, die sich sehnsüchtig spiegeln in den blauen
Gewässern der Erde und mit den Schwänen buhlen?

— — — Ach! Das ist nun lange her. Ich
war damals jung und thöricht. Jetzt bin ich alt
und thöricht. Manche Blume ist unterdessen verwelkt und manche sogar zertreten worden. Manches
seidne Kleid ist unterdessen zerrissen, und sogar
der rosagestreifte Kattun des Herrn Seligmann hat
unterdessen die Farbe verloren. Er selbst aber ist
ebenfalls verblichen — die Firma ist jetzt „Seligmann's selige Wittwe" — und Heloisa, das sanfte
Wesen, das geschaffen schien, nur auf weichbe-
blümten indischen Teppichen zu wandeln und mit
Pfauenfedern gefächelt zu werden, sie ging unter
in Matrosenlärm, Punsch, Tabaksrauch und schlechter Musik. Als ich Minka wiedersah — sie nannte
sich jetzt Kathinka und wohnte zwischen Hamburg
und Altona — da sah sie aus wie der Tempel
Salomonis, als ihn Nebukadnezar zerstört hatte,
und roch nach assyrischem Knaster — und als sie
mir Heloisa's Tod erzählte, weinte sie bitterlich
und riß sich verzweiflungsvoll die Haare aus, und
wurde schier ohnmächtig, und mußte ein großes
Glas Branntwein austrinken, um zur Besinnung
zu kommen.

Und die Stadt selbst, wie war sie verändert. Und der Jungfernstieg! Der Schnee lag auf den Dächern, und es schien, als hätten sogar die Häuser gealtert und weiße Haare bekommen. Die Linden des Jungfernstiegs waren nur todte Bäume mit dürren Ästen, die sich gespenstisch im kalten Winde bewegten. Der Himmel war schneidend blau und dunkelte hastig. Es war Sonntag, fünf Uhr, die allgemeine Fütterungsstunde, und die Wagen rollten, Herren und Damen stiegen aus mit einem gefrornen Lächeln auf den hungrigen Lippen — Entsetzlich! in diesem Augenblick durchschauerte mich die schreckliche Bemerkung, daß ein unergründlicher Blödsinn auf allen diesen Gesichtern lag, und daß alle Menschen, die eben vorbeigingen, in einem wunderbaren Wahnwitz befangen schienen. Ich hatte sie schon vor zwölf Jahren um dieselbe Stunde mit denselben Mienen, wie die Puppen einer Rathhausuhr, in derselben Bewegung gesehen, und sie hatten seitdem ununterbrochen in derselben Weise gerechnet, die Börse besucht, sich einander eingeladen, die Kinnbacken bewegt, ihre Trinkgelder bezahlt, und wieder gerechnet: zweimal zwei ist vier — Entsetzlich! rief ich, wenn Einem von diesen Leuten, während er auf dem Komptoirbock säße, plötzlich einfiele, daß

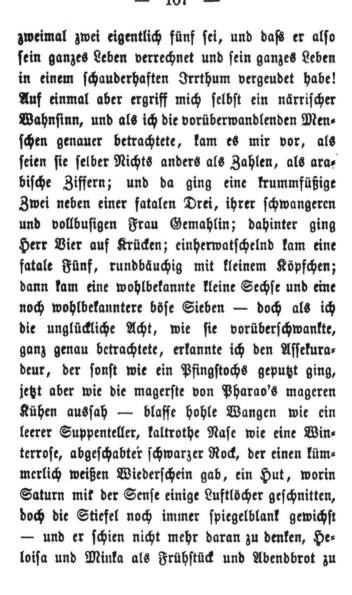

zweimal zwei eigentlich fünf sei, und daß er also
sein ganzes Leben verrechnet und sein ganzes Leben
in einem schauderhaften Irrthum vergeudet habe!
Auf einmal aber ergriff mich selbst ein närrischer
Wahnsinn, und als ich die vorüberwandelnden Menschen genauer betrachtete, kam es mir vor, als
seien sie selber Nichts anders als Zahlen, als arabische Ziffern; und da ging eine krummfüßige
Zwei neben einer fatalen Drei, ihrer schwangeren
und vollbusigen Frau Gemahlin; dahinter ging
Herr Vier auf Krücken; einherwatschelnd kam eine
fatale Fünf, rundbäuchig mit kleinem Köpfchen;
dann kam eine wohlbekannte kleine Sechse und eine
noch wohlbekanntere böse Sieben — doch als ich
die unglückliche Acht, wie sie vorüberschwankte,
ganz genau betrachtete, erkannte ich den Assekura-
deur, der sonst wie ein Pfingstochs geputzt ging,
jetzt aber wie die magerste von Pharao's mageren
Kühen aussah — blasse hohle Wangen wie ein
leerer Suppenteller, kaltrothe Nase wie eine Winterrose, abgeschabter schwarzer Rock, der einen kümmerlich weißen Wiederschein gab, ein Hut, worin
Saturn mit der Sense einige Luftlöcher geschnitten,
doch die Stiefel noch immer spiegelblank gewichst
— und er schien nicht mehr daran zu denken, Heloisa und Minka als Frühstück und Abendbrot zu

verzehren, er schien sich vielmehr nach einem Mittagessen von gewöhnlichem Rindfleisch zu sehnen.
Unter den vorüberrollenden Nullen erkannte ich
noch manchen alten Bekannten. Diese und die
anderen Zahlenmenschen rollten vorüber, hastig
und hungrig, während unfern längs den Häusern
des Jungfernstiegs noch grauenhafter drollig ein
Leichenzug sich hinbewegte. Ein trübsinniger Mum-
menschanz! hinter dem Trauerwagen, einherstelzend
auf ihren dünnen schwarzseidenen Beinchen, gleich
Marionetten des Todes, gingen die wohlbekannten
Rathsdiener, privilegierte Leidtragende in parodiert
altburgundischem Kostüm; kurze schwarze Mäntel
und schwarze Pluderhosen, weiße Perücken und
weiße Halsberge, wozwischen die rothen bezahlten
Gesichter gar possenhaft hervorgucken, kurze Stahl-
degen an den Hüften, unterm Arm ein grüner
Regenschirm.

Aber noch unheimlicher und verwirrender als
diese Bilder, die sich wie ein chinesisches Schattenspiel schweigend vorbeibewegten, waren die Töne,
die von einer anderen Seite in mein Ohr drangen.
Es waren heisere, schnarrende, metalllose Töne,
ein unsinniges Kreischen, ein ängstliches Plätschern
und verzweifelndes Schlürfen, ein Keichen und
Schollern, ein Stöhnen und Ächzen, ein unbe=

schreibbar eiskalter Schmerzlaut. Das Bassin der
Alster war zugefroren, nur nahe am Ufer war ein
großes breites Viereck in der Eisdecke ausgehauen,
und die entsetzlichen Töne, die ich eben vernommen,
kamen aus den Kehlen der armen weißen Geschöpfe,
die darin herumschwammen und in entsetzlicher
Todesangst schrieen, und ach! es waren dieselben
Schwäne, die einst so weich und heiter meine
Seele bewegten. Ach! die schönen weißen Schwäne,
man hatte ihnen die Flügel gebrochen, damit sie
im Herbst nicht auswandern konnten nach dem
warmen Süden, und jetzt hielt der Norden sie
festgebannt in seinen dunkeln Eisgruben — und
der Markeur des Pavillons meinte, sie befänden
sich wohl darin, und die Kälte sei ihnen gesund.
Das ist aber nicht wahr, es ist Einem nicht wohl,
wenn man ohnmächtig in einem kalten Pfuhl ein-
gekerkert ist, fast eingefroren, und Einem die Flügel gebrochen sind, und man nicht fortfliegen kann
nach dem schönen Süden, wo die schönen Blumen,
wo die goldnen Sonnenlichter, wo die blauen Berg-
seen — Ach! auch mir erging es einst nicht viel
besser, und ich verstand die Qual dieser armen
Schwäne; und als es gar immer dunkler wurde,
und die Sterne oben hell hervortraten, dieselben
Sterne, die einst in schönen Sommernächten so

liebeheiß mit den Schwänen gebuhlt, jetzt aber so
winterkalt, so frostig klar und fast verhöhnend auf
sie herabblickten — wohl begriff ich jetzt, daß die
Sterne keine liebende, mitfühlende Wesen sind,
sondern nur glänzende Täuschungen der Nacht,
ewige Trugbilder in einem erträumten Himmel,
goldne Lügen im dunkelblauen Nichts — —

Kapitel V.

———

Während ich das vorige Kapitel hinschrieb, dacht' ich unwillkürlich an ganz etwas Anderes. Ein altes Lied summte mir beständig im Gedächtnis, und Bilder und Gedanken verwirrten sich aufs unleidlichste; ich mag wollen oder nicht, ich muß von jenem Liede sprechen. Vielleicht auch gehört es hieher und es drängt sich mit Recht in mein Geschreibsel hinein. Ja, ich fange jetzt sogar an es zu verstehen, und ich verstehe jetzt auch den verdüsterten Ton, womit der Klas Hinrichson es sang; er war ein Jütländer und diente bei uns als Pferdeknecht. Er sang es noch den Abend vorher, ehe er sich in unserem Stall erhenkte. Bei dem Refrain: „Schau dich um, Herr Bonved!“ lachte er manchmal gar bitterlich; die Pferde wieherten dabei sehr angstvoll, und der Hofhund

nw, wenn nur seine

dricßlich nach Hause

Anfang bis zu Ende

was sang er am E

nachgedacht. Klas Hi

mal thränenweich, n

wurde allmählig raul

wenn ein Sturm her

Herr Bonved sitzt

Er schlägt die Go

Er schlägt die Go

Da kommt seine L

Schau dich

Das war seine L

die spricht zu ihm: M

dere die Harfe spiele

Herr Bonved bindet sein Schwert an die Seite,
Ihn lüstet mit Kämpfern zu streiten.
So wunderlich ist seine Fahrt:
Gar keinen Mann er drauf gewahrt.
        Schau dich um, Herr Bonved!

Sein Helm war blinkend,
Sein Sporn war klingend,
Sein Roß war springend,
Selbst der Herr war so schwingend.
        Schau dich um, Herr Bonved!

Ritt einen Tag, ritt drei darnach,
Doch nimmer eine Stadt er sah;
Eia, sagte der junge Mann,
Ist keine Stadt in diesem Land?
        Schau dich um, Herr Bonved!

Er ritt wohl auf dem Weg dahin,
Herr Thule Vang begegnet' ihm,
Herr Thule mit seinen Söhnen zumal,
Die waren gute Ritter all'.
        Schau dich um, Herr Bonved!

Mein jüngster Sohn, hör' du mein Wort:
Den Harnisch tausch mit mir sofort,
Unter uns tauschen wir das Panzerkleid,
Eh' wir schlagen diesen Helden frei.
    Schau dich um, Herr Bonved!

Herr Bonved reißt sein Schwert von der Seite,
Es lüstet ihn mit Kämpfern zu streiten;
Erst schlägt er den Herren Thule selbst,
Darnach all' seine Söhne zwölf.
    Schau dich um, Herr Bonved!

Herr Bonved bindet sein Schwert an die
Seite, es lüstet ihn weiter auszureiten. Da kommt
er zu dem Weidmann und verlangt von ihm die
Hälfte seiner Jagdbeute; Der aber will nicht
theilen, und muß mit ihm kämpfen, und wird erschlagen. Und

Herr Bonved bindet sein Schwert an die Seite,
Ihn lüstet weiter auszureiten;
Zum großen Berge der Held hinreit't,
Sieht, wie der Hirt das Vieh da treibt.
    Schau dich um, Herr Bonved!

Und hör du, Hirte, sag du mir:
Weß ist das Vieh, das du treibst vor dir?
Und was ist runder als ein Rad?
Wo wird getrunken fröhliche Weihnacht?
    Schau dich um, Herr Bonved!

Sag: wo steht der Fisch in der Fluth?
Und wo ist der rothe Vogel gut?
Wo mischet man den besten Wein?
Wo trinkt Vidrich mit den Kämpfern sein?
    Schau dich um, Herr Bonved!

Da saß der Hirt, so still sein Mund,
Davon er gar Nichts sagen kunnt'.
Er schlug nach ihm mit der Zunge,
Da fiel heraus Leber und Lunge.
    Schau dich um, Herr Bonved!

Und er kommt zu einer anderen Herde, und da
sitzt wieder ein Hirt, an den er seine Fragen richtet.
Dieser aber giebt ihm Bescheid, und Herr Bonved
nimmt einen Goldring und steckt ihn dem Hirten an
den Arm. Dann reitet er weiter und kommt zu
Thge Nold, und erschlägt ihn mitsammt seinen zwölf
Söhnen. Und wieder   8*

So kam er zu der di

Da saß ein Hirt mit

Hör du, guter Hirte

Du giebst mir gewiß

    Schau dich um,

Was ist runder als ei

Wo wird getrunken b

Wo geht die Sonne z

Und wo ruhn eines t

    Schau dich um,

Was füllet aus alle T

Wer trägt den Bart auf seinem Rück'?
Wer trägt die Naf' unter seinem Kinn?
Als ein Riegel was ist schwärzer noch mehr?
Und was ist rascher als ein Reh?
    Schau dich um, Herr Bonved!

Wo ist die allerbreiteste Brück'?
Was ist am meisten zuwider des Menschen Blick?
Wo wird gefunden der höchste Gang?
Wo wird getrunken der kälteste Trank?
    Schau dich um, Herr Bonved!

„Die Sonn' ist runder als ein Rad,
Im Himmel begeht man die fröhliche Weihnacht,
Gen Westen geht die Sonne zu ihrem Sitz,
Gen Osten ruhn eines todten Mannes Füß'.“
    Schau dich um, Herr Bonved!

„Der Schnee füllt aus alle Thale,
Am herrlichsten kleidet der Muth im Saale,
Der Donner ruft lauter als der Kranich kann,
Und Engel sind weißer als der Schwan.“
    Schau dich um, Herr Bonved!

„Das Eis macht die
Die Kröt' ist am meist
Zum Paradies geht
Da unten da trinkt u
Schau dich um,

„Weisen Spruch und
So wie ich ihn habe
Nun hab' ich so gutes
Viel' Kämpfer zu find
Schau dich um,

„Ich weiß' dich zu der

Er zog einen Goldring von der Hand,
Der wog wohl fünfzehn goldne Pfund;
Den thät er dem alten Hirten reichen,
Weil er ihm durft' die Helden anzeigen.
    Schau dich um, Herr Bonved!

Und er reitet ein in die Burg, und er
erschlägt zuerst den Randulf, hernach den
Strandulf,

Er schlug den starken Ege Under,
Er schlug den Ege Karl, seinen Bruder,
So schlug er in die Kreuz und Quer,
Er schlug die Feinde vor sich her.
    Schau dich um, Herr Bonved!

Herr Bonved steckt sein Schwert in die Scheide,
Er denkt noch weiter fort zu reiten.
Er findet da in der wilden Mark
Einen Kämpfer, und Der war viel stark.
    Schau dich um, Herr Bonved!

„In Osten steht dei

Im Norden wird ge

In Halland findst du

Mit Kämpfern und r

   Schau dich um,

Von der Brust Bonve

Den steckt er dem Kän

Sag, du wärst der let

Der Gold vom Herrn

   Schau dich um, :

Herr Bonved vor die h

Bot die Wat...

Sein Roß an einen Strick er band,
Darauf er sich zur Burgstube gewandt;
Er setzte sich oben an die Tafel sofort,
Dazu sprach er kein einziges Wort.
    Schau dich um, Herr Bonved!

Er aß, er trank, nahm Speise sich,
Den König fragt' er darum nicht; —
Gar nimmer bin ich ausgefahren,
Wo so viel' verfluchte Zungen waren.
    Schau dich um, Herr Bonved!

Der König sprach zu den Kämpfern sein:
„Der tolle Geselle muß gebunden sein;
Bindet ihr den fremden Gast nicht fest,
So dienet ihr mir nicht aufs best'."
    Schau dich um, Herr Bonved!

Nimm du fünf, nimm du zwanzig auch dazu,
Und komm zum Spiel du selbst herzu!
Einen Hurensohn, so nenn' ich dich,
Außer du bindest mich.
    Schau dich um, Herr Bonved!

„War Esmer, d

Und Frau Adeli.

So bist du Herr

Dazu meiner lie

  Schau dich

„Herr Bonved, n

Beides Ruhm un

Und willst du zu

Meine Ritter solle

  Schau dich 1

„Mein Gold soll 1

Herr Bonved ritt auf dem Weg dahin,
Er war so gram in seinem Sinn;
Und als er zur Burg geritten kam,
Da standen zwölf Zauberweiber daran.
     Schau dich um, Herr Bonved!

Standen mit Rocken und Spindeln vor ihm,
Schlugen ihn übers weiße Schienbein hin;
Herr Bonved mit seinem Roß herumbringt,
Die zwölf Zauberweiber schlägt er in einen Ring.
     Schau dich um, Herr Bonved!

Schlägt die Zauberweiber, die stehen da,
Sie finden bei ihm so kleinen Rath.
Seine Mutter genießt dasselbe Glück,
Er haut sie in fünftausend Stück'.
     Schau dich um, Herr Bonved!

So geht er in den Saal hinein,
Er ißt, und trinkt den klaren Wein,
Dann schlägt er die Goldharf' so lang',
Daß springen entzwei alle die Strang'.
     Schau dich um, Herr Bonved!

Es war aber e
als ich zum erstem
laſſen. Noch ſehe i
Sonnenlichter auf
ſpielen, und ich hö
geſungene Hoiho! d
im Frühling hat ü
lichkeit mit dem G
zum erſtenmal in die
mal auf die hohe S
noch ſind alle ſeine G

und das arme Schiff zerschellt an romantischen
Klippen oder strandet auf seicht prosaischem Sand
— oder vielleicht morsch und gebrochen, mit ge=
lapptem Mast, ohne ein einziges Anker der Hoff=
nung, gelangt es wieder heim in den alten Hafen,
und vermodert dort, abgetakelt kläglich, als elen=
des Wrack!

Aber es giebt auch Menschen, die nicht mit
gewöhnlichen Schiffen verglichen werden dürfen,
sondern mit Dampfschiffen. Diese tragen ein dunkles
Feuer in der Brust, und sie fahren gegen Wind
und Wetter — ihre Rauchflagge flattert wie der
schwarze Federbusch des nächtlichen Reiters, ihre
Zackenräder sind wie kolossale Pfundsporen, womit
sie das Meer in die Wellenrippen stacheln, und
das widerspenstig schäumende Element muß ihrem
Willen gehorchen wie ein Roß — aber sehr oft
platzt der Kessel, und der innere Brand verzehrt uns.

Doch ich will mich aus der Metapher wieder
herausziehn und auf ein wirkliches Schiff setzen,
welches von Hamburg nach Amsterdam fährt. Es
war ein schwedisches Fahrzeug, hatte außer dem
Helden dieser Blätter auch Eisenbarren geladen,
und sollte wahrscheinlich als Rückfracht eine Ladung
Stockfische nach Hamburg oder Eulen nach Athen
bringen.

Die Ufergegenden der Elbe sind wunderlieb-
lich, besonders hinter Altona, bei Rainville. Unfern
liegt Klopstock begraben. Ich kenne keine Gegend,
wo ein todter Dichter so gut begraben liegen kann
wie dort. Als lebendiger Dichter dort zu leben,
ist schon weit schwerer. Wie oft hab' ich dein
Grab besucht, Sänger des Messias, der du so
rührend wahr die Leiden Jesu besungen! Du hast
aber auch lang' genug auf der Königstraße hinter
dem Jungfernstieg gewohnt, um zu wissen, wie
Propheten gekreuzigt werden.

Den zweiten Tag gelangten wir nach Cuxhaven, welches eine hamburgische Kolonie. Die
Einwohner sind Unterthanen der Republik und
haben es sehr gut. Wenn sie im Winter frieren,
werden ihnen aus Hamburg wollene Decken geschickt, und in allzuheißen Sommertagen schickt
man ihnen auch Limonade. Als Prokonsul resi-
diert dort ein hoch- oder wohlweiser Senator. Er
hat jährlich ein Einkommen von 20,000 Mark und
regiert über 5000 Seelen. Es ist dort auch ein
Seebad, welches vor anderen Seebädern den Vortheil bietet, daß es zu gleicher Zeit ein Elbbad
ist. Ein großer Damm, worauf man spazieren
gehen kann, führt nach Ritzebüttel, welches ebenfalls zu Cuxhaven gehört. Das Wort kommt aus

dem Phönicischen; die Worte „Ritze" und „Büttel" heißen auf Phönicisch: „Mündung der Elbe." Manche Historiker behaupten, Karl der Große habe Hamburg nur erweitert, die Phönicier aber hätten Hamburg und Altona gegründet, und zwar zu derselben Zeit, als Sodom und Gomorrha zu Grunde gingen. Vielleicht haben sich Flüchtlinge aus diesen Städten nach der Mündung der Elbe gerettet. Man hat zwischen der Fuhlentwiete und der Kaffemacherei einige alte Münzen ausgegraben, die noch unter der Regierung von Bera XVI. und Byrsa X. geschlagen worden. Nach meiner Meinung ist Hamburg das alte Tharsis, woher Salomo ganze Schiffsladungen voll Gold, Silber, Elfenbein, Pfauen und Affen erhalten hat. Salomo, nämlich der König von Juda und Israel, hatte immer eine besondere Liebhaberei für Gold und Affen.

Unvergeßlich bleibt mir diese erste Seereise. Meine alte Großmuhme hatte mir so viele Wassermärchen erzählt, die jetzt alle wieder in meinem Gedächtnis aufblühten. Ich konnte ganze Stunden lang auf dem Verdecke sitzen und an die alten Geschichten denken, und wenn die Wellen murmelten, glaubte ich die Großmuhme sprechen zu hören. Wenn ich die Augen schloß, dann sah ich sie wieder

leibhaftig vor mir ſitzen, mit dem einzigen Zahn
in dem Munde, und haſtig bewegte ſie wieder die
Lippen, und erzählte die Geſchichte vom fliegenden
Holländer.

Ich hätte gern die Meernixen geſehen, die
auf weißen Klippen ſitzen und ihr grünes Haar
kämmen; aber ich konnte ſie nur ſingen hören.

Wie angeſtrengt ich auch manchmal in die
klare See hinabſchaute, ſo konnte ich doch nicht
die verſunkenen Städte ſehen, worin die Menſchen,
in allerlei Fiſchgeſtalten verwünſcht, ein tiefes,
wundertiefes Waſſerleben führen. Es heißt, die
Lachſe und alte Rochen ſitzen dort, wie Damen
geputzt, am Fenſter und fächern ſich und gucken
hinab auf die Straße, wo Schellfiſche in Raths-
herrentracht vorbeiſchwimmen, wo junge Mode-
heringe nach ihnen hinauflorgnieren, und wo Krab-
ben, Hummer und ſonſtig niedriges Krebsvolk
umherwimmelt. Ich habe aber nicht ſo tief hinab-
ſehen können, und nur die Glocken hörte ich unten
läuten.

In der Nacht ſah ich mal ein großes Schiff
mit ausgeſpannten blutrothen Segeln vorbeifahren,
daß es ausſah wie ein dunkler Rieſe in einem
weiten Scharlachmantel. War Das der fliegende
Holländer?

In Amsterdam aber, wo ich bald darauf an=
langte, sah ich ihn leibhaftig selbst, den grauen=
haften Mynheer, und zwar auf der Bühne. Bei
dieser Gelegenheit, im Theater zu Amsterdam,
lernte ich auch eine von jenen Nixen kennen, die
ich auf dem Meere selbst vergeblich gesucht. Ich
will ihr, weil sie gar zu lieblich war, ein beson=
deres Kapitel weihen.

———

Kapitel VII.

———

Die Fabel von dem fliegenden Holländer ist euch gewiß bekannt. Es ist die Geschichte von dem verwünschten Schiffe, das nie in den Hafen gelangen kann, und jetzt schon seit undenklicher Zeit auf dem Meere herumfährt. Begegnet es einem anderen Fahrzeuge, so kommen Einige von der unheimlichen Mannschaft in einem Boote herangefahren, und bitten, ein Packet Briefe gefälligst mitzunehmen. Diese Briefe muß man an den Mastbaum festnageln, sonst widerfährt dem Schiffe ein Unglück, besonders wenn keine Bibel an Bord oder kein Hufeisen am Fockmaste befindlich ist. Die Briefe sind immer an Menschen adressiert, die man gar nicht kennt, oder die längst verstorben, so daß zuweilen der späte Enkel einen Liebesbrief in Empfang nimmt, der an seine Urgroßmutter gerichtet

ift, die fchon feit hundert Jahr' im Grabe liegt.
Jenes hölzerne Gefpenft, jenes grauenhafte Schiff,
führt feinen Namen von feinem Kapitän, einem
Holländer, der einft bei allen Teufeln gefchworen,
daß er irgend ein Vorgebirge, deffen Namen mir
entfallen, troß des heftigften Sturms, der eben
wehte, umfchiffen wolle, und follte er auch bis
zum jüngften Tage fegeln müffen.   Der Teufel
hat ihn beim Wort gefaßt, er muß bis zum jüng=
ften Tage auf dem Meere herumirren, es fei denn,
daß er durch die Treue eines Weibes erlöft werde.
Der Teufel, dumm wie er ift, glaubt nicht an
Weibertreue, und erlaubte daher dem verwünfchten
Kapitän, alle fieben Jahr' einmal ans Land zu
fteigen und zu heirathen, und bei diefer Gelegen=
heit feine Erlöfung zu betreiben. Armer Holländer!
Er ift oft froh genug, von der Ehe felbft wieder
erlöft und feine Erlöferin los zu werden, und er
begiebt fich dann wieder an Bord.

Auf diefe Fabel gründete fich das Stück, das
ich im Theater zu Amfterdam gefehen. Es find
wieder fieben Jahr' verfloffen, der arme Holländer
ift des endlofen Umherirrens müder als jemals,
fteigt ans Land, fchließt Freundfchaft mit einem
fchottifchen Kaufmann, dem er begegnet, verkauft
ihm Diamanten zu fpottwohlfeilem Preife, und

9*

wie er hört, daß sein Kunde eine schöne Tochter
besitzt, verlangt er sie zur Gemahlin. Auch dieser
Handel wird abgeschlossen. Nun sehen wir das
Haus des Schotten; das Mädchen erwartet den
Bräutigam, zagen Herzens. Sie schaut oft mit
Wehmuth nach einem großen verwitterten Gemälde, welches in der Stube hängt und einen
schönen Mann in spanisch niederländischer Tracht
darstellt; es ist ein altes Erbstück, und nach der
Aussage der Großmutter ist es ein getreues Konterfei des fliegenden Holländers, wie man ihn vor
hundert Jahr' in Schottland gesehen, zur Zeit
König Wilhelm's von Oranien. Auch ist mit
diesem Gemälde eine überlieferte Warnung ver-
knüpft, daß die Frauen der Familie sich vor dem
Originale hüten sollten. Eben deßhalb hat das
Mädchen von Kind auf sich die Züge des gefähr-
lichen Mannes ins Herz geprägt. Wenn nun
der wirkliche fliegende Holländer leibhaftig herein-
tritt, erschrickt das Mädchen; aber nicht aus Furcht.
Auch Jener ist betroffen bei dem Anblick des Portraits. Als man ihm bedeutet, wen es vorstelle,
weiß er jedoch jeden Argwohn von sich fern zu
halten; er lacht über den Aberglauben, er spöttelt
selber über den fliegenden Holländer, den ewigen
Juden des Oceans; jedoch unwillkürlich in einen

wehmüthigen Ton übergehend, schildert er, wie
Mynheer auf der unermeßlichen Wasserwüste die
unerhörtesten Leiden erdulden müsse, wie sein Leib
Nichts anders sei als ein Sarg von Fleisch, worin
seine Seele sich langweilt, wie das Leben ihn von
sich stößt und auch der Tod ihn abweist; gleich
einer leeren Tonne, die sich die Wellen einander
zuwerfen und sich spottend einander zurückwerfen,
so werde der arme Holländer zwischen Tod und
Leben hin und her geschleudert, keins von beiden
wolle ihn behalten; sein Schmerz sei tief wie das
Meer, worauf er herumschwimmt, sein Schiff sei
ohne Anker und sein Herz ohne Hoffnung.

Ich glaube, Dieses waren ungefähr die Worte,
womit der Bräutigam schließt. Die Braut betrachtet ihn ernsthaft, und wirft manchmal Seitenblicke
nach seinem Konterfei. Es ist, als ob sie sein
Geheimnis errathen habe, und wenn er nachher
fragt: Katharina, willst du mir treu sein? antwortet sie entschlossen: Treu bis in den Tod.

Bei dieser Stelle, erinnere ich mich, hörte
ich lachen, und dieses Lachen kam nicht von unten
aus der Hölle, sondern von oben, vom Paradiese.
Als ich hinaufschaute, erblickte ich eine wunderschöne Eva, die mich mit ihren großen blauen
Augen verführerisch ansah. Ihr Arm hing über

Bei Gott, Mynheer, Das ist ein guter Gedanke! war die Antwort, die hastig und mit ent-
zückendem Wohllaut aus dem Herzen hervorklang.

Aber nein — die ganze Geschichte, die ich
hier zu erzählen dachte, und wozu der fliegende
Holländer nur als Rahmen dienen sollte, will ich
jetzt unterdrücken. Ich räche mich dadurch an den
Prüden, die dergleichen Geschichten mit Wonne
einschlürfen, und bis an den Nabel, ja noch tiefer,
davon entzückt sind, und nachher den Erzähler
schelten, und in Gesellschaft über ihn die Nase
rümpfen, und ihn als unmoralisch verschreien. Es
ist eine gute Geschichte, köstlich wie eingemachte
Ananas, oder wie frischer Kaviar, oder wie Trüffel
in Burgunder, und wäre eine angenehme Lektüre
nach der Betstunde; aber aus Ranküne, zur Strafe
für frühere Unbill, will ich sie unterdrücken. Ich
mache daher hier einen langen Gedankenstrich ———

Dieser Strich bedeutet ein schwarzes Sofa,
und darauf passierte die Geschichte, die ich nicht
erzähle. Der Unschuldige muß mit dem Schuldigen leiden, und manche gute Seele schaut mich
jetzt an mit einem bittenden Blick. Je nun, diesen
Besseren will ich im Vertrauen gestehen, daß ich
noch nie so wild geküsst worden, wie von jener
holländischen Blondine, und daß Diese das Vor-

der Galerie herab, und in der Hand hielt sie einen
Apfel, oder vielmehr eine Apfelsine. Statt mir aber
symbolisch die Hälfte anzubieten, warf sie mir bloß
metaphorisch die Schalen auf den Kopf. War es
Absicht oder Zufall? Das wollte ich wissen. Ich
war aber, als ich ins Paradies hinaufstieg, um die
Bekanntschaft fortzusetzen, nicht wenig befremdet,
ein weißes sanftes Mädchen zu finden, eine überaus weiblich weiche Gestalt, nicht schmächtig, aber
doch krystallig zart, ein Bild häuslicher Zucht und
beglückender Holdseligkeit. Nur um die linke Oberlippe zog sich Etwas, oder vielmehr ringelte sich
Etwas wie das Schwänzchen einer fortschlüpfenden
Eidechse. Es war ein geheimnisvoller Zug, wie
man ihn just nicht bei den reinen Engeln, aber
auch nicht bei häßlichen Teufeln zu finden pflegt.
Dieser Zug bedeutete weder das Gute noch das
Böse, sondern bloß ein schlimmes Wissen; es ist
ein Lächeln, welches vergiftet worden von jenem
Apfel der Erkenntnis, den der Mund genossen.
Wenn ich diesen Zug auf weichen, vollrosigen Mäd-
chenlippen sehe, dann fühl' ich in den eignen Lippen
ein krampfhaftes Zucken, ein zuckendes Verlangen
jene Lippen zu küssen; es ist Wahlverwandtschaft.

Ich flüsterte daher dem schönen Mädchen ins
Ohr: Juffrow! ich will deinen Mund küssen.

Bei Gott, Mynheer, Das ist ein guter Ge=
danke! war die Antwort, die hastig und mit ent=
zückendem Wohllaut aus dem Herzen hervorklang.

Aber nein — die ganze Geschichte, die ich
hier zu erzählen dachte, und wozu der fliegende
Holländer nur als Rahmen dienen sollte, will ich
jetzt unterdrücken. Ich räche mich dadurch an den
Prüden, die dergleichen Geschichten mit Wonne
einschlürfen, und bis an den Nabel, ja noch tiefer,
davon entzückt sind, und nachher den Erzähler
schelten, und in Gesellschaft über ihn die Nase
rümpfen, und ihn als unmoralisch verschreien. Es
ist eine gute Geschichte, köstlich wie eingemachte
Ananas, oder wie frischer Kaviar, oder wie Trüffel
in Burgunder, und wäre eine angenehme Lektüre
nach der Betstunde; aber aus Rankküne, zur Strafe
für frühere Unbill, will ich sie unterdrücken. Ich
mache daher hier einen langen Gedankenstrich ——

Dieser Strich bedeutet ein schwarzes Sofa,
und darauf passierte die Geschichte, die ich nicht
erzähle. Der Unschuldige muß mit dem Schul=
digen leiden, und manche gute Seele schaut mich
jetzt an mit einem bittenden Blick. Je nun, diesen
Besseren will ich im Vertrauen gestehen, daß ich
noch nie so wild geküßt worden, wie von jener
holländischen Blondine, und daß Diese das Vor=

urtheil, welches ich bisher gegen blonde Haare und
blaue Augen hegte, aufs siegreichste zerstört hat.
Jetzt erst begriff ich, warum ein englischer Dichter
solche Damen mit gefrorenem Champagner verglichen hat. In der eisigen Hülle lauert der heißeste
Extrakt. Es giebt nichts Pikanteres als der Kontrast jener äußeren Kälte und der inneren Gluth,
die bacchantisch emporlodert und den glücklichen
Zecher unwiderstehlich berauscht. Ja, weit mehr
als in Brünetten zehrt der Sinnenbrand in manchen scheinstillen Heiligenbildern mit goldenem Glo-
rienhaar und blauen Himmelsaugen und frommen
Lilienhänden. Ich weiß eine Blondine aus einem
der besten niederländischen Häuser, die zuweilen
ihr schönes Schloß am Zuydersee verließ, und
inkognito nach Amsterdam und dort ins Theater
ging, Jedem, der ihr gefiel, Apfelsinenschalen auf
den Kopf warf, zuweilen gar in Matrosenherbergen
die wüsten Nächte zubrachte, eine holländische
Messaline.
— — Als ich ins Theater noch einmal
zurückkehrte, kam ich eben zur letzten Scene des
Stücks, wo auf einer hohen Meerklippe das Weib
des fliegenden Holländers, die Frau fliegende Holländerin, verzweiflungsvoll die Hände ringt, während auf dem Meere, auf dem Verdeck seines

unheimlichen Schiffes, ihr unglücklicher Gemahl zu
schauen ist. Er liebt sie und will sie verlassen, um
sie nicht ins Verderben zu ziehen, und er gesteht
ihr sein grauenhaftes Schicksal und den schreck=
lichen Fluch, der auf ihm lastet. Sie aber ruft
mit lauter Stimme: Ich war dir treu bis zu dieser
Stunde, und ich weiß ein sicheres Mittel, wodurch
ich dir meine Treue erhalte bis in den Tod!

Bei diesen Worten stürzt sich das treue Weib
ins Meer, und nun ist auch die Verwünschung des
fliegenden Holländers zu Ende, er ist erlöst, und
wir sehen, wie das gespenstische Schiff in den Ab=
grund des Meeres versinkt.

Die Moral des Stückes ist für die Frauen,
daß sie sich in Acht nehmen müssen, keinen flie=
genden Holländer zu heirathen; und wir Männer
ersehen aus diesem Stücke, wie wir durch die Wei=
ber im günstigsten Falle zu Grunde gehn.

Kapitel VIII.

—

Aber nicht bloß in Amsterdam haben die Götter
sich gütigst bemüht, mein Vorurtheil gegen Blon=
dinen zu zerstören. Auch im übrigen Holland hatte
ich das Glück, meine früheren Irrthümer zu berich=
tigen. Ich will bei Leibe die Holländerinnen nicht
auf Kosten der Damen anderer Länder hervor=
streichen. Bewahre mich der Himmel vor solchem
Unrecht, welches von meiner Seite zugleich der
größte Undank wäre. Jedes Land hat seine beson=
dere Küche und seine besondere Weiblichkeiten, und
hier ist Alles Geschmacksache. Der Eine liebt ge=
bratene Hühner, der Andere gebratene Enten; was
mich betrifft, ich liebe gebratene Hühner und ge=
bratene Enten und noch außerdem gebratene Gänse.
Von hohem idealischen Standpunkte betrachtet,
haben die Weiber überall eine gewisse Ähnlichkeit

mit der Küche des Landes. Sind die brittischen
Schönen nicht eben so gesund, nahrhaft, solide,
konsistent, kunstlos und doch so vortrefflich wie
Altenglands einfach gute Kost: Rostbeef, Hammelbraten, Pudding in flammendem Kognac, Gemüse
in Wasser gekocht, nebst zwei Saucen, wovon die
eine aus zerlassener Butter besteht? Da lächelt kein
Frikassée, da täuscht kein flatterndes Vol-au-vent,
da seufzt kein geistreiches Ragout, da tändeln nicht
jene tausendartig gestopften, gesottenen, aufgehüpf-
ten, gerösteten, durchzückerten, pikanten, deklama-
torischen und sentimentalen Gerichte, die wir bei
einem französischen Restaurant finden, und die mit
den schönen Französinnen selbst die größte Ähnlichkeit bieten! Merken wir doch nicht selten, daß
bei Diesen ebenfalls der eigentliche Stoff nur als
Nebensache betrachtet wird, daß der Braten selber
manchmal weniger werth ist als die Sauce, daß
hier Geschmack, Grazie und Eleganz die Hauptsache
sind. Italiens gelbfette, leidenschaftgewürzte, humo-
ristisch garnierte, aber doch schmachtend idealische
Küche trägt ganz den Charakter der italiänischen
Schönen. O, wie sehne ich mich manchmal nach
den lombardischen Stuffados und Zampettis,
nach den Fegatellis, Tagliarinis und Broccolis
des holdseligen Toskana! Alles schwimmt in Öl,

träge und zärtlich, und trillert Roffini's füße Me=
lodien, und weint vor Zwiebelduft und Sehnfucht!
Den Makaroni muſſt du aber mit den Fingern
eſſen, und dann heißt er: Beatrice!

Nur gar zu oft denke ich an Italien, und am
öfteſten des Nachts. Vorgeſtern träumte mir, ich
befände mich in Italien und ſei ein bunter Har=
lekin, und läge recht faulenzeriſch unter einer
Trauerweide. Die herabhängenden Zweige dieſer
Trauerweide waren aber lauter Makaroni, die mir
lang und lieblich bis ins Maul hineinfielen; zwi=
ſchen dieſem Laubwerk von Makaroni floſſen ſtatt
Sonnenſtrahlen lauter gelbe Butterſtröme, und end=
lich fiel von oben herab ein weißer Regen von ge=
riebenem Parmeſankäſe.

Ach! von geträumtem Makaroni wird man
nicht ſatt — Beatrice!

Von der deutſchen Küche kein Wort. Sie
hat alle möglichen Tugenden und nur einen ein=
zigen Fehler; ich ſage aber nicht, welchen. Da
giebt's gefühlvolles, jedoch unentſchloſſenes Back=
werk, verliebte Eierſpeiſen, tüchtige Dampfnudeln,
Gemüthsſuppe mit Gerſte, Pfannkuchen mit Äpfeln
und Speck, tugendhafte Hausklöße, Sauerkohl —
wohl Dem, der es verdauen kann!

Was die holländische Küche betrifft, so unter=
scheidet sie sich von letzterer erstens durch die Rein=
lichkeit, zweitens durch die eigentliche Leckerkeit.
Besonders ist die Zubereitung der Fische unbe=
schreibbar liebenswürdig. Rührend inniger und
doch zugleich tiefsinnlicher Selleriebuft. Selbstbe=
wusste Naivetät und Knoblauch. Tadelhaft jedoch
ist es, dass sie Unterhosen von Flanell tragen;
nicht die Fische, sondern die schönen Töchter des
meerumspülten Hollands.

Aber zu Leyden, als ich ankam, fand ich das
Essen fürchterlich schlecht. Die Republik Hamburg
hatte mich verwöhnt; ich muss die dortige Küche
nachträglich noch einmal loben, und bei dieser
Gelegenheit preise ich noch einmal Hamburg's
schöne Mädchen und Frauen. O ihr Götter! in
den ersten vier Wochen, wie sehnte ich mich zurück
nach den Rauchfleischlichkeiten und nach den Mock=
turteltauben Hammonia's! Ich schmachtete an Herz
und Magen. Hätte sich nicht endlich die Frau
Wirthin zur rothen Kuh in mich verliebt, ich wäre
vor Sehnsucht gestorben.

Heil dir, Wirthin zur rothen Kuh!

Es war eine untersetzte Frau mit einem sehr
großen runden Bauche und einem sehr kleinen run=
den Kopfe. Rothe Wängelein, blaue Äugelein;

Rosen und Veilchen. Stundenlang saßen wir beisammen im Garten, und tranken Thee aus echt-
chinesischen Porzellantassen. Es war ein schöner
Garten, viereckige und dreieckige Beete, symmetrisch
bestreut mit Goldsand, Zinnober und kleinen blanken Muscheln. Die Stämme der Bäume hübsch
roth und blau angestrichen. Kupferne Käfige voll
Kanarienvögel. Die kostbarsten Zwiebelgewächse
in buntbemalten, glasierten Töpfen. Der Taxus
allerliebst künstlich geschnitten, mancherlei Obelisken, Pyramiden, Vasen, auch Thiergestalten bil-
dend. Da stand ein aus Taxus geschnittener
grüner Ochs, welcher mich fast eifersüchtig ansah,
wenn ich sie umarmte, die holde Wirthin zur
rothen Kuh.

Heil dir, Wirthin zur rothen Kuh!

Wenn Myfrow den Obertheil des Kopfes mit
den friesischen Goldplatten umschildet, den Bauch
mit ihrem buntgeblümten Damastrock eingepanzert,
und die Arme mit der weißen Fülle ihrer Braban-
ter Spitzen gar kostbar belastet hatte, dann sah
sie aus wie eine fabelhafte chinesische Puppe, wie
etwa die Göttin des Porzellans. Wenn ich alsdann in Begeisterung gerieth und sie auf beide
Backen laut küßte, so blieb sie ganz porzellanig
steif stehen und seufzte ganz porzellanig: Mynheer,

Alle Tulpen des Gartens schienen dann mitgerührt und mitbewegt zu sein und schienen mitzuseufzen: Mynheer!

Dieses delikate Verhältnis schaffte mir manchen delikaten Bissen. Denn jede solche Liebesscene influencierte auf den Inhalt der Esskörbe, welche mir die vortreffliche Wirthin alle Tage ins Haus schickte. Meine Tischgenossen, sechs andere Studenten, die auf meiner Stube mit mir aßen, konnten an der Zubereitnng des Kalbsbratens oder des Ochsenfilets jedesmal schmecken, wie sehr sie mich liebte, die Frau Wirthin zur rothen Kuh. Wenn das Essen einmal schlecht war, musste ich viele demüthige Spötteleien ertragen, und es hieß dann: Seht, wie der Schnabelewopski miserabel aussieht, wie gelb und runzlicht sein Gesicht, wie katzenjämmerlich seine Augen, als wollte er sie sich aus dem Kopfe herauskotzen, es ist kein Wunder, dass unsere Wirthin seiner überdrüssig wird und uns jetzt schlechtes Essen schickt. Oder man sagte auch: Um Gotteswillen, der Schnabelewopski wird täglich schwächer und matter, und verliert am Ende ganz die Gunst unserer Wirthin, und wir kriegen dann immer schlechtes Essen wie heut — wir müssen ihn tüchtig füttern, damit er wieder ein feuriges Äußere gewinnt. Und dann stopften sie mir just

die allerschlechtesten Stücke ins Maul, und nöthig-
ten mich, übergebührlich viel Sellerie zu essen.
Gab es aber magere Küche mehrere Tage hinter
einander, dann wurde ich mit den ernsthaftesten
Bitten bestürmt, für besseres Essen zu sorgen, das
Herz unserer Wirthin aufs Neue zu entflammen,
meine Zärtlichkeit für sie zu erhöhen, kurz, mich
fürs allgemeine Wohl aufzuopfern. In langen
Reden wurde mir dann vorgestellt, wie edel, wie
herrlich es sei, wenn Jemand für das Heil seiner
Mitbürger sich heroisch resigniert, gleich dem Re-
gulus, welcher sich in eine alte vernagelte Tonne
stecken ließ, oder auch gleich dem Theseus, welcher
sich in die Höhle des Minotaurs freiwillig begeben hat — und dann wurde der Livius citiert
und der Plutarch u. s. w. Auch sollte ich bildlich
zur Nacheiferung gereizt werden, indem man jene
Großthaten auf die Wand zeichnete, und zwar mit
grotesken Anspielungen; denn der Minotaur sah
aus wie die rothe Kuh auf dem wohlbekannten
Wirthshausschilde, und die karthaginiensische vernagelte Tonne sah aus wie meine Wirthin selbst.
Überhaupt hatten jene undankbaren Menschen die
äußere Gestalt der vortrefflichen Frau zur beständigen Zielscheibe ihres Witzes gewählt. Sie pflegten
gewöhnlich ihre Figur aus Äpfeln zusammen zu

feßen ober aus Brotfrumen zu kneten. Sie nahmen
bann ein kleines Äpfelchen, welches ber Kopf sein
sollte, seßten bieses auf einen ganz großen Apfel,
welcher ben Bauch vorstellte, unb bieser stanb
wieber auf zwei Zahnstochern, welche sich für
Beine ausgaben. Sie formten auch wohl aus
Brotfrumen bas Bild unserer Wirthin unb kne-
teten bann ein ganz winziges Püppchen, welches
mich selber vorstellen sollte, unb bieses seßten sie
bann auf bie große Figur, unb rissen babei bie
schlechtesten Vergleiche. Z. B. ber Eine bemerkte,
bie kleine Figur sei Hannibal, welcher über bie
Alpen steigt. Ein Anderer meinte hingegen, es sei
Marius, welcher auf ben Ruinen von Karthago
sißt. Dem sei nun, wie ihm wolle, wäre ich nicht
manchmal über bie Alpen gestiegen, ober hätte ich
mich nicht manchmal auf bie Ruinen von Karthago gesetzt, so würben meine Tischgenossen beständig schlechtes Essen bekommen haben.

Wenn der Braten
tierten wir über die E
Gott hatte aber immer
von der Tischgenossenscha
aber auch Diese ließen
wenigstens guten Käse zu
eifrigste Deist war der l
er mit dem langen Var
Gottes disputierte, wurd
lich, lief im Zimmer au
ständig: Das ist, bei G
je Van Pitter, ein m

Leyden stark beschäftigte. Er spöttelte über die
engen Köpfe, die dem lieben Gott eine Privatexi=
stenz zuschreiben, er beschuldigte sie sogar der Blas=
phemie, indem sie Gott mit Weisheit, Gerechtigkeit,
Liebe und ähnlichen menschlichen Eigenschaften ver=
sähen, die sich gar nicht für ihn schickten; denn
diese Eigenschaften seien gewissermaßen die Nega=
tion von menschlichen Gebrechen, da wir sie nur
als Gegensatz zu menschlicher Dummheit, Unge=
rechtigkeit und Haß aufgefaßt haben. Wenn aber
Van Pitter seine eigenen pantheistischen Ansichten
entwickelte, so trat der dicke Fichteaner, ein gewisser
Dricksen aus Utrecht, gegen ihn auf, und wußte
seinen vagen, in der Natur verbreiteten, also immer
im Raume existierenden Gott gehörig durchzuhecheln,
ja er behauptete, es sei Blasphemie, wenn man
auch nur von einer Existenz Gottes spricht, indem
„Existieren" ein Begriff sei, der einen gewissen
Raum, kurz etwas Substantielles voraussetze. Ja,
es sei Blasphemie, von Gott zu sagen: „Er ist;"
das reinste Sein könne nicht ohne sinnliche Be=
schränkung gedacht werden; wenn man Gott denken
wolle, müsse man von aller Substanz abstrahieren,
man müsse ihn nicht denken als eine Form der
Ausdehnung, sondern als eine Ordnung der Be=
gebenheiten; Gott sei kein Sein, sondern ein reines

10*

Zimmer herum, und schrie no(
Gott! Das ist, bei Gott! nid
Ich glaube, er hätte den dicke
gelt zur Ehre Gottes, wenn er
Ärmchen hatte. Manchmal stü
lich auf ihn los; dann aber
beiden Ärmchen des kleinen
ruhig fest, setzte ihm sein Syst
einander, ohne die Pfeise aus
men, und blies ihm dann sein
mitsammt dem dicksten Tabak
so daß der Kleine fast erstic
Ärger, und immer leiser un
merte: O Gott! O Gott! '
nie, obgleich er Dessen eigene

Trotz dieser göttlichen In(
fast menschlichen Undank Gott
unten nach der beständige (

bis auf diese Stunde eine gewisse Anhänglichkeit
für den lieben Gott bewahrt hat. Die Juden sind
immer die gehorsamsten Deisten, namentlich Die=
jenigen, welche, wie der kleine Simson, in der
freien Stadt Frankfurt geboren sind. Diese können
bei politischen Fragen so republikanisch als möglich
denken, ja sich sogar sanskülottisch im Kothe wälzen;
kommen aber religiöse Begriffe ins Spiel, dann
bleiben sie unterthänige Kammerknechte ihres Je=
hovah, des alten Fetischs, der doch von ihrer gan=
zen Sippschaft Nichts mehr wissen will und sich
zu einem gott=reinen Geist umtaufen lassen.

Ich glaube, dieser gott=reine Geist, dieser
Parvenü des Himmels, der jetzt so moralisch, so
kosmopolitisch und universell gebildet ist, hegt ein
geheimes Mißwollen gegen die armen Juden, die
ihn noch in seiner ersten rohen Gestalt gekannt
haben, und ihn täglich in ihren Synagogen an
seine ehemaligen obskuren Nationalverhältnisse er=
innern. Vielleicht will es der alte Herr gar nicht
mehr wissen, daß er palästinischen Ursprungs und
einst der Gott Abraham's, Isaak's und Jakob's
gewesen und damals Jehovah geheißen hat.

Kapitel

Mit dem kleinen Simson
sehr vielen Umgang, und er r
blättern noch oft erwähnt wer
ich am öftesten einen Anderen
den jungen Van Moeulen; ich
den lang sein schönes Gesicht
an seine Schwester denken,
und wovon ich nur wusste,
Frau im Waterland sei. Van
falls ein schönes Menschenbil
Apollo von Marmor, so

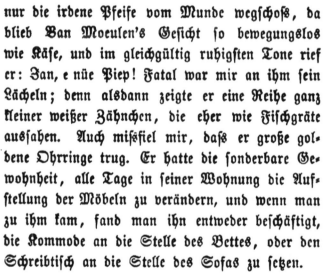

nur die irdene Pfeife vom Munde wegschoß, da
blieb Ban Moeulen's Gesicht so bewegungslos
wie Käse, und im gleichgültig ruhigsten Tone rief
er: Zan, e nüe Piep! Fatal war mir an ihm sein
Lächeln; denn alsdann zeigte er eine Reihe ganz
kleiner weißer Zähnchen, die eher wie Fischgräte
aussahen. Auch mißfiel mir, daß er große goldene Ohrringe trug. Er hatte die sonderbare Gewohnheit, alle Tage in seiner Wohnung die Auf-
stellung der Möbeln zu verändern, und wenn man
zu ihm kam, fand man ihn entweder beschäftigt,
die Kommode an die Stelle des Bettes, oder den
Schreibtisch an die Stelle des Sofas zu setzen.

Der kleine Simson bildete in dieser Beziehung den ängstlichsten Gegensatz. Er konnte nicht
leiden, daß man in seinem Zimmer das Mindeste
verrückte; er wurde sichtbar unruhig, wenn man
dort auch nur das Mindeste, sei es auch nur eine
Lichtschere, zur Hand nahm. Alles mußte liegen
bleiben, wie es lag. Denn seine Möbel und sonstigen Effekten dienten ihm als Hilfsmittel, nach
den Vorschriften der Mnemonik allerlei historische
Daten oder philosophische Sätze in seinem Gedächtnisse zu fixieren. Als einst die Hausmagd in seiner
Abwesenheit einen alten Kasten aus seinem Zimmer
fortgeschafft und seine Hembe und Strümpfe aus

der Kommode genommen, um sie waschen zu lassen,
da war er untröstlich, als er nach Hause kam, und
er behauptete, er wisse jetzt gar Nichts mehr von
der assyrischen Geschichte, und alle seine Beweise
für die Unsterblichkeit der Seele, die er so mühsam
in den verschiedenen Schubladen ganz systematisch
geordnet, seien jetzt in die Wäsche gegeben.

Zu den Originalen, die ich in Leyden kennen
gelernt, gehört auch Mynheer Van der Pissen, ein
Vetter Van Moeulen's, der mich bei ihm eingeführt. Er war Professor der Theologie an der
Universität, und ich hörte bei ihm das hohe Lied
Salomonis und die Offenbarung Johannis. Er
war ein schöner, blühender Mann, etwa fünfund-
dreißig Jahr' alt, und auf dem Katheder sehr ernst
und gesetzt. Als ich ihn aber einst besuchen wollte,
und in seinem Wohnzimmer Niemanden fand, sah
ich durch die halbgeöffnete Thür eines Seiten-
kabinetts ein gar merkwürdiges Schauspiel. Dieses
Kabinett war halb chinesisch, halb pompadourisch
verziert: an den Wänden goldig schillernde Da-
masttapeten; auf dem Boden der kostbarste persische
Teppich; überall wunderliche Porzellanpagoden,
Spielsachen von Perlmutter, Blumen, Straußfedern
und Edelsteine; die Sessel von rothem Sammet
mit Goldtrobbeln, und darunter ein besonders

erhöhter Sessel, der wie ein Thron aussah, und
worauf ein kleines Mädchen saß, das etwa drei
Jahr' alt sein mochte, und in blauem silbergestickten
Atlas, jedoch sehr altfränkisch, gekleidet war, und
in der einen Hand, gleich einem Scepter, einen
bunten Pfauenwedel und in der andern einen welken Lorberkranz emporhielt. Vor ihr aber auf
dem Boden wälzten sich Mynheer Van der Pissen,
sein kleiner Mohr, sein Pudel und sein Affe. Diese
Vier zausten sich und bissen sich unter einander,
während das Kind und der grüne Papagei, welcher
auf der Stange saß, beständig Bravo! riefen. Endlich erhob sich Mynheer vom Boden, kniete vor
dem Kinde nieder, rühmte in einer ernsthaften lateinischen Rede den Muth, womit er seine Feinde
bekämpft und besiegt, ließ sich von der Kleinen den
welken Lorberkranz auf das Haupt setzen, — und
Bravo! Bravo! rief das Kind und der Papagei
und ich, welcher jetzt ins Zimmer trat.

Mynheer schien etwas bestürzt, daß ich ihn
in seinen Wunderlichkeiten überrascht. Diese, wie
man mir später sagte, trieb er alle Tage; alle Tage
besiegte er den Mohr, den Pudel und den Affen; alle
Tage ließ er sich belorbeeren von dem kleinen Mädchen, welches nicht sein eignes Kind, sondern ein
Findling aus dem Waisenhause von Amsterdam war.

Kapitel XI.

———

Das Haus, worin ich zu Leyden logierte, be-
wohnte einst Jan Steen, der große Jan Steen,
den ich für eben so groß halte wie Raphael. Auch
als religiöser Maler war Jan eben so groß, und
Das wird man einst ganz klar einsehen, wenn die
Religion des Schmerzes erloschen ist, und die Religion der Freude den trüben Flor von den Rosen-
büschen dieser Erde fortreißt, und die Nachtigallen
endlich ihre lang' verheimlichten Entzückungen her-
vorjauchzen dürfen.

Aber keine Nachtigall wird je so heiter und
jubelnd singen, wie Jan Steen gemalt hat. Keiner
hat so tief wie er begriffen, daß auf dieser Erde
ewig Kirmes sein sollte; er begriff, daß unser Leben nur ein farbiger Kuß Gottes sei, und er

wusste, dass der heilige Geist sich am herrlichsten
offenbart im Licht und Lachen.

Sein Auge lachte ins Licht hinein, und das
Licht spiegelte sich in seinem lachenden Auge.

Und Jan blieb immer ein gutes, liebes Kind.
Als der alte strenge Prädikant von Leyden sich
neben ihm an den Herd setzte, und eine lange Ver-
mahnung hielt über sein fröhliches Leben, seinen
lachend unchristlichen Wandel, seine Trunkliebe, seine
ungeregelte Wirthschaft und seine verstockte Lustigkeit, da hat Jan ihm zwei Stunden lang ganz
ruhig zugehört und er verrieth nicht die mindeste
Ungeduld über die lange Strafpredigt, und nur
einmal unterbrach er sie mit den Worten: „Ja,
Domine, die Beleuchtung wäre dann viel besser, ja
ich bitte Euch, Domine, dreht Euren Stuhl ein klein
wenig dem Kamine zu, damit die Flamme ihren
rothen Schein über Euer ganzes Gesicht wirft
und der übrige Körper im Schatten bleibt — —"

Der Domine stand wüthend auf und ging
davon. Jan aber griff sogleich nach der Palette,
und malte den alten strengen Herrn, ganz wie er
ihm in jener Strafpredigtpositur, ohne es zu ahnen,
Modell gesessen. Das Bild ist vortrefflich und hing
in meinem Schlafzimmer zu Leyden.

• aus allen seinen G
lung derselben wä
Er hat oft mit
tiefsten Geheimniss
So glaube ich, sei
würfe gemacht übe
dem Gemälde, wo
und wo Jan mit
sitzt, da sehen wir
sen Weinkrug in d
ten wie die einer A
zeugt, die gute Fra:
und der Schalk hat
er, sondern seine Fi

Schmunzeln, trägt das jüngste Enkelchen auf dem
Arm; die Musikanten spielen ihre närrisch lustig=
sten Hopsamelodieen; und die sparsam bedächtige,
ökonomisch schmollende Hausfrau ist bei der ganzen
Nachwelt in den Verdacht hineingemalt, als sei sie
besoffen.

Wie oft, in meiner Wohnung zu Leyden,
konnte ich mich ganze Stunden lang in die häus=
lichen Scenen zurückdenken, die der vortreffliche
Jan dort erlebt und erlitten haben musste. Manch=
mal glaubte ich, ich sähe ihn leibhaftig selber an
seiner Staffelei sitzen, dann und wann nach dem
großen Henkelkrug greifen, „überlegen und dabei
trinken, und dann wieder trinken ohne zu über=
legen.“ Das war kein trübkatholischer Spuk, son=
dern ein modern heller Geist der Freude, der nach
dem Tode noch sein altes Atelier besucht, um lustige
Bilder zu malen und zu trinken. Nur solche Ge=
spenster werden unsere Nachkommen zuweilen schauen,
am lichten Tage, während die Sonne durch die
blanken Fenster schaut, und vom Thurme herab
keine schwarz dumpfe Glocken, sondern rothjauch=
zende Trompetentöne die liebliche Mittagstunde an=
kündigen.

Die Erinnerung an Jan Steen war aber das
Beste, oder vielmehr das einzig Gute an meiner

Wohnung zu Leyden. Ohne diesen gemüthlichen
Reiz hätte ich darin keine acht Tage ausgehalten.
Das Äußere des Hauses war elend und kläglich
und mürrisch, ganz unholländisch. Das dunkle
morsche Haus stand dicht am Wasser, und wenn
man an der anderen Seite des Kanals vorbeiging,
glaubte man eine alte Hexe zu sehen, die sich in
einem glänzenden Zauberspiegel betrachtete. Auf
dem Dache standen immer ein paar Störche, wie
auf allen holländischen Dächern. Neben mir logierte
die Kuh, deren Milch ich des Morgens trank, und
unter meinem Fenster war ein Hühnersteig. Meine
gefiederten Nachbarinnen lieferten gute Eier; aber
da ich immer, ehe sie deren zur Welt brachten,
ein langes Gackern, gleichsam die langweilige Vor-
rede zu den Eiern, anhören mußte, so wurde mir
der Genuß derselben ziemlich verleidet. Zu den
Unannehmlichkeiten meiner Wohnung gehörten aber
zwei der fatalsten Mißstände: erstens das Violin-
spielen, womit man meine Ohren während des
Tages belästigte, und dann die Störungen des
Nachts, wenn meine Wirthin ihren armen Mann
mit ihrer sonderbaren Eifersucht verfolgte.

Wer das Verhältnis meines Hauswirths zu
meiner Frau Wirthin kennen lernen wollte, brauchte
nur Beide zu hören, wenn sie mit einander Musik

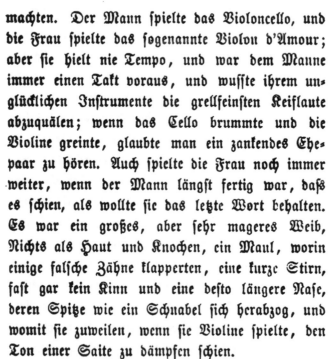

machten. Der Mann spielte das Violoncello, und
die Frau spielte das sogenannte Violon d'Amour;
aber sie hielt nie Tempo, und war dem Manne
immer einen Takt voraus, und wusste ihrem un=
glücklichen Instrumente die grellfeinsten Keiflaute
abzuquälen; wenn das Cello brummte und die
Violine greinte, glaubte man ein zankendes Ehe=
paar zu hören. Auch spielte die Frau noch immer
weiter, wenn der Mann längst fertig war, dass
es schien, als wollte sie das letzte Wort behalten.
Es war ein großes, aber sehr mageres Weib,
Nichts als Haut und Knochen, ein Maul, worin
einige falsche Zähne klapperten, eine kurze Stirn,
fast gar kein Kinn und eine desto längere Nase,
deren Spitze wie ein Schnabel sich herabzog, und
womit sie zuweilen, wenn sie Violine spielte, den
Ton einer Saite zu dämpfen schien.

Mein Hauswirth war etwa fünfzig Jahr' alt
und ein Mann von sehr dünnen Beinen, abgezehrt
bleichem Antlitz und ganz kleinen grünen Äuglein,
womit er beständig blinzelte, wie eine Schildwache,
welcher die Sonne ins Gesicht scheint. Er war
seines Gewerbes ein Bruchbandmacher und seiner
Religion nach ein Wiedertäufer. Er las sehr
fleißig in der Bibel. Diese Lektüre schlich sich in
seine nächtlichen Träume, und mit blinzelnden

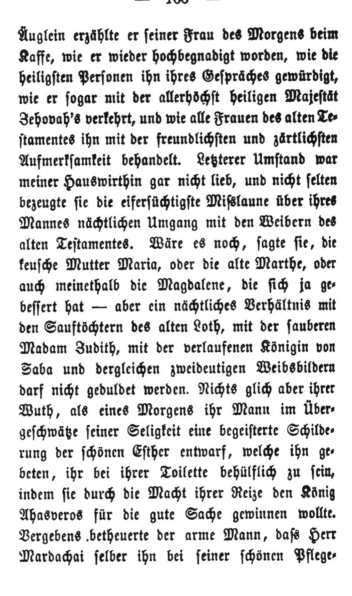

Äuglein erzählte er seiner Frau des Morgens beim
Kaffe, wie er wieder hochbegnadigt worden, wie die
heiligsten Personen ihn ihres Gespräches gewürdigt,
wie er sogar mit der allerhöchst heiligen Majestät
Jehovah's verkehrt, und wie alle Frauen des alten Testamentes ihn mit der freundlichsten und zärtlichsten
Aufmerksamkeit behandelt. Letzterer Umstand war
meiner Hauswirthin gar nicht lieb, und nicht selten
bezeugte sie die eifersüchtigste Mißlaune über ihres
Mannes nächtlichen Umgang mit den Weibern des
alten Testamentes. Wäre es noch, sagte sie, die
keusche Mutter Maria, oder die alte Marthe, oder
auch meinethalb die Magdalene, die sich ja ge-
bessert hat — aber ein nächtliches Verhältnis mit
den Sauftöchtern des alten Loth, mit der sauberen
Madam Judith, mit der verlaufenen Königin von
Saba und dergleichen zweideutigen Weibsbildern
darf nicht geduldet werden. Nichts glich aber ihrer
Wuth, als eines Morgens ihr Mann im Über-
geschwätze seiner Seligkeit eine begeisterte Schilderung der schönen Esther entwarf, welche ihn gebeten, ihr bei ihrer Toilette behülflich zu sein,
indem sie durch die Macht ihrer Reize den König
Ahasveros für die gute Sache gewinnen wollte.
Vergebens betheuerte der arme Mann, daß Herr
Mardachai selber ihn bei seiner schönen Pflege-

tochter eingeführt, daß diese schon halb bekleidet
war, daß er ihr nur die langen schwarzen Haare
ausgekämmt — vergebens! die erboste Frau schlug
den armen Mann mit seinen eignen Bruchbändern,
goß ihm den heißen Kaffe ins Gesicht, und sie
hätte ihn gewiß umgebracht, wenn er nicht aufs
heiligste versprach, allen Umgang mit den alttesta-
mentalischen Weibern aufzugeben, und künftig nur
mit Erzvätern und männlichen Propheten zu ver-
kehren.

Die Folge dieser Mißhandlung war, daß
Mynheer von nun an sein nächtliches Glück gar
ängstlich verschwieg; er wurde jetzt erst ganz ein
heiliger Roué; wie er mir gestand, hatte er den
Muth, sogar der nackten Susannah die unsittlichsten
Anträge zu machen; ja, er war am Ende frech
genug, sich in den Harem des Königs Salomon
hineinzuträumen und mit dessen tausend Weibern
Thee zu trinken.

———

Kap

Unglückselige Eifer
meiner schönsten Träu
das Leben des kleinen
Was ist Traum?
nur eine Unterbrechun
liches Aufhören desselbe
Vergangenheit und Zu
jedem Momente der Ge
können, ja, für Solche n
Wenn ihnen die beiden
entfallen, dann sinken si
— Und der T

führt, ein Leben mit allen Schrecknissen jener Schei=
dung, die wir eben zwischen Leben und Geist ge=
stiftet? Wenn einst in der Zukunft beide wieder
in unserem Bewusstsein vereinigt sind, dann giebt
es vielleicht keine Träume mehr, oder nur kranke
Menschen, Menschen, deren Harmonie gestört, wer=
den träumen. Nur leise und wenig träumten die
Alten; ein starker, gewaltiger Traum war bei ihnen
wie ein Ereignis und wurde in die Geschichts=
bücher eingetragen. Das rechte Träumen beginnt
erst bei den Juden, dem Volke des Geistes, und
erreichte seine höchste Blüthe bei den Christen, dem
Geistervolk. Unsere Nachkommen werden schaudern,
wenn sie einst lesen, welch ein gespenstiges Dasein
wir geführt, wie der Mensch in uns gespalten war
und nur die eine Hälfte ein eigentliches Leben ge=
führt. Unsere Zeit — und sie beginnt am Kreuze
Christi — wird als eine große Krankheitsperiode
der Menschheit betrachtet werden.

Und doch, welche süße Träume haben wir
träumen können! Unsere gesunden Nachkommen
werden es kaum begreifen. Um uns her verschwan=
den alle Herrlichkeiten der Welt, und wir fanden sie
wieder in unserer inneren Seele — in unsere Seele
flüchtete sich der Duft der zertretenen Rosen und der
lieblichste Gesang der verscheuchten Nachtigallen —

11*

und mich bedecte mit d[

ich manchmal unwillt[

Sinn, ich sei eine [

selbst. Dann schließe i[

schauerlichen Gedanke[

retten in das Land d[

Es war ein süß[

Der Himmel himmelb[

meergrün und still. U[

und darauf schwamm[

und auf dem Verdeck[

Radviga's. Schwärn[

selber auf rosige Papi[

ihr vor, heiter seufze[

gläubig geneigtem Oh[

und riß mir zuweilen[

Hand und warf sie in[

faßen, wie in einem gesellschaftlichen Kreise, die
schönen Nixen, und in ihrer Mitte stand ein junger
Nix, der mit gefühlvoll belebtem Angesicht meine
Liebeslieder deklamierte. Ein stürmischer Beifall er=
scholl bei jeder Strophe; die grünlockichten Schönen
applaudierten so leidenschaftlich, daß Brust und
Nacken errötheten, und sie lobten mit einer freu=
bigen, aber doch zugleich mitleidigen Begeisterung:
„Welche sonderbare Wesen sind diese Menschen!
Wie sonderbar ist ihr Leben! wie tragisch ihr gan=
zes Schicksal! Sie lieben sich und dürfen es mei=
stens nicht sagen, und dürfen sie es einmal sagen,
so können sie doch einander selten verstehn! Und
dabei leben sie nicht ewig wie wir, sie sind sterb=
lich, nur eine kurze Spanne Zeit ist ihnen vergönnt
das Glück zu suchen, sie müssen es schnell erhaschen,
haftig ans Herz drücken, ehe es entflieht — deß=
halb sind ihre Liebeslieder auch so zart, so innig,
so süß ängstlich, so verzweiflungsvoll lustig, ein so
seltsames Gemisch von Freude und Schmerz. Der
Gedanke des Todes wirft seinen melancholischen
Schatten über ihre glücklichsten Stunden und tröstet
sie lieblich im Unglück. Sie können weinen. Welche
Poesie in so einer Menschenthräne!"

Hörst du, sagte ich zu Jadviga, wie Die da
unten über uns urtheilen? — Wir wollen uns

Sie erblich, und ein
holde Gestalt. Sie
Marmor in meinen
todt gehalten, wenn
ströme unaufhaltsam
und diese Thränen üb
das holde Bild imme
men umschlang —

Da hörte ich pl
meiner Hauswirthin,
Traum. Sie stand v
Blendlaterne in der H
aufzustehn und sie zu
so häßlich gesehn. Si
verwitterten Brüste ver
eben durchs Fenster fiel
getrocknete Citronen. C

Lippen lächelten vor überschwänglichster Wonne,
spitzten sich manchmal krampfhaft wie zu einem
Kusse, und er röchelte und stammelte: Vasthi! Königin Vasthi! Majestät! Fürchte keinen Ahasveros!
Geliebte Vasthi!

Mit zornglühenden Augen beugte sich nun
das Weib über den schlafenden Gatten, legte ihr
Ohr an sein Haupt, als ob sie seine Gedanken er-
lauschen könnte, und flüsterte mir zu: Haben Sie
sich nun überzeugt, Mynheer Schnabelewopski?
Er hat jetzt eine Buhlschaft mit der Königin Vasthi!
Der schändliche Ehebrecher! Ich habe dieses un-
züchtige Verhältnis schon gestern Nacht entdeckt.
Sogar eine Heidin hat er mir vorgezogen! Aber
ich bin Weib und Christin, und Sie sollen sehen,
wie ich mich räche.

Bei diesen Worten riß sie erst die Bettdecke
von dem Leibe des armen Sünders — er lag im
Schweiß — alsdann ergriff sie ein hirschledernes
Bruchband, und schlug damit gottlästerlich los auf
die dünnen Gliedmaßen des armen Sünders. Dieser, also unangenehm geweckt aus seinem biblischen
Traum, schrie so laut, als ob die Hauptstadt Susa
in Feuer und Holland in Wasser stünde, und brachte
mit seinem Geschrei die Nachbarschaft in Aufruhr.

Fenster erblickt; und

gram war, und von

über dies Ereignis be

sie selber gesehen, w

Schlafzimmer einen n

Ich kann nicht o

dieses Ereignis denken.

Kapitel XIII.

———

Wäre die Wirthin zur rothen Kuh eine Italiänerin gewesen, so hätte sie vielleicht mein Essen
vergiftet; da sie aber eine Holländerin war, so
schickte sie mir sehr schlechtes Essen. Schon des andern
Mittags erduldeten wir die Folgen ihres weiblichen
Unwillens. Das erste Gericht war: keine Suppe.
Das war schrecklich, besonders für einen wohler-
zogenen Menschen wie ich, der von Jugend auf
alle Tage Suppe gegessen, der sich bis jetzt gar
keine Welt denken konnte, wo nicht des Morgens
die Sonne aufgeht und des Mittags die Suppe
aufgetragen wird. Das zweite Gericht bestand aus
Rindfleisch, welches kalt und hart war wie Myron's
Kuh. Drittens kam ein Schellfisch, der aus dem
Halse roch wie ein Mensch. Viertens kam ein
großes Huhn, das, weit entfernt unsern Hunger

sen, glaubst du noch

tigkeit? Die Frau B

belewopesi in der du

dafür schlecht essen a

    O Gott! Gott!

drießlich wegen solche

vielleicht auch wegen

Verdrießlichkeit stieg,

seine Witze gegen die

und die Ägypter lobte,

beln verehrten; denn e

letztere, wenn sie gesto

    Des kleinen Sin

durch solche Spotterei

und er schloß endlich

logie des Deismus: A

men ist, Das ist Gott

ſchlafen, oder träumen von den goldenen Strahlen=
küſſen der Vergangenheit. Diejenigen Blumen, die
immer im Schatten ſtehen, verlieren Farbe und
Wuchs, verkrüppeln und erbleichen, und welken
mißmüthig, glücklos. Die Blumen aber, die ganz
im Dunkeln wachſen, in alten Burgkellern, unter
Kloſterruinen, die werden häßlich und giftig, ſie
ringeln am Boden wie Schlangen, ſchon ihr Duft
iſt unheilbringend, boshaft betäubend, töblich —

O, du brauchſt deine bibliſche Parabel nicht
weiter auszuſpinnen, ſchrie der dicke Drickſen, indem
er ſich ein großes Glas Schiedammer Genever in
den Schlund goß; du, kleiner Simſon, biſt eine
fromme Blume, die im Sonnenſchein Gottes die
heiligen Strahlen der Tugend und Liebe ſo trunken
einſaugt, daß deine Seele wie ein Regenbogen
blüht, während die unſrige, abgewendet von der
Gottheit, farblos und häßlich verwelkt, wo nicht
gar peſtilentialiſche Düfte verbreitet —

Ich habe einmal zu Frankfurt, ſagte der kleine
Simſon, eine Uhr geſehen, die an keinen Uhr=
macher glaubte; ſie war von Tombak und ging
ſehr ſchlecht —

Ich will dir wenigſtens zeigen, daß ſo eine
Uhr wenigſtens gut ſchlagen kann, verſetzte Drickſen,

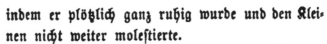

indem er plötzlich ganz ruhig wurde und den Kleinen nicht weiter molestierte.

Da Letzterer trotz seiner schwachen Ärmchen
ganz vortrefflich stieß, so ward beschlossen, daß sich
die Beiden noch denselben Tag auf Parisiens schlagen sollten. Sie stachen auf einander los mit großer
Erbitterung. Die schwarzen Augen des kleinen
Simson glänzten feurig groß, und kontrastierten
um so wunderbarer mit seinen Ärmchen, die aus
den aufgeschürzten Hemdärmeln gar kläglich dünn
hervortraten. Er wurde immer heftiger; er schlug
sich ja für die Existenz Gottes, des alten Jehovah,
des Königs der Könige. Dieser aber gewährte
seinem Champion nicht die mindeste Unterstützung,
und im sechsten Gang bekam der Kleine einen Stich
in die Lunge.

O Gott! seufzte er, und stürzte zu Boden.

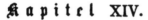

Kapitel XIV.

———

Diese Scene hatte mich furchtbar erschüttert.
Gegen das Weib aber, das mittelbar solches Un=
glück verursacht, wandte sich der ganze Ungestüm
meiner Empfindungen; das Herz voll Zorn und
Kummer, stürmte ich nach dem rothen Ochsen.

Ungeheuer, warum hast du keine Suppe ge=
schickt? Dieses waren die Worte, womit ich die
erbleichende Wirthin anredete, als ich sie in der
Küche antraf. Das Porzellan auf dem Kamine
zitterte bei dem Ton meiner Stimme. Ich war
so entsetzlich, wie der Mensch es nur immer sein
kann, wenn er keine Suppe gegessen und sein bester
Freund einen Stich in die Lunge bekommen.

Ungeheuer, warum hast du keine Suppe ge=
schickt? Diese Worte wiederholte ich, während das
schuldbewußte Weib starr und sprachlos vor mir

in den Mund höre Laster
jedoch meinen Zorn nicht
stärkter Bitterkeit sprach
weiß, daß ihr weinen l
keine Suppe. Ihr seid c
heil. Euer Blick ist Lug,
Wer hat zuerst vom Ap
Gänse haben das Kapitol
Weib ging Troja zu Grun
Priamos heilige Veste, t
Schuld eines Weibes! W
tonius ins Verderben gesti
cus Tullius Cicero ermor
Kopf Johannis des Täuf
von Abälard's Verstümme
Geschichte ist voll Beispiel
Grunde gehn. All euer
all euer Denken ist Undai

Vergebens begann Myfrow jetzt eine Reihe von Entschuldigungen herzustammeln und mich bei allen Seligkeiten unserer genossenen Liebe zu beschwören, ihr diesmal zu verzeihen. Sie wollte mir von nun an noch besseres Essen schicken als früher und noch immer nur sechs Gulden die Portion anrechnen, obgleich der groote Dohlenwirth für sein ordinäres Essen sich acht Gulden bezahlen läfst. Sie ging so weit, mir für den folgenden Tag Austerpastete zu versprechen; ja, in dem weichen Ton ihrer Stimme dufteten sogar Trüffel. Aber ich blieb standhaft, ich war entschlossen, auf immer zu brechen, und verließ die Küche mit den tragischen Worten: Adieu, für dieses Leben haben wir ausgekocht!

Im Fortgehn hörte ich Etwas zu Boden fallen. War es irgend ein Küchentopf oder Myfrow selber? Ich nahm mir nicht einmal die Mühe nachzusehen, und ging direkt nach der grooten Dohlen, um sechs Portion Essen für den nächsten Tag zu bestellen.

Nach diesem wichtigsten Geschäft eilte ich nach der Wohnung des kleinen Simson, den ich in einem sehr schlechten Zustande fand. Er lag in einem großen altfränkischen Bette, das keine Vorhänge hatte, und an dessen Ecken vier große marmorierte Holzsäulen befindlich waren, die oben einen reich vergoldeten Betthimmel trugen. Das Antlitz des

und seine Wunde für bede
ten, der allein dort gebl
ihm zu wachen, saß vor
vor aus der Bibel.

Schnabelewopski, se
daß du kommst. Kannst
wohlthun. Das ist ein I
fahren haben es in der
umgetragen, und gar v
und Schimpf und Haß
gar dafür todtschlagen le
hat Thränen und Blut
schriebene Vaterland der
heilige Erbe Jehovah's

Rede nicht zu Viel
bekömmt dir schlecht.

Und gar, setzte ich

Rede nicht so Viel, wiederholte Van Moeulen.
Und du, Schnabelewopski, flüsterte er mir zu, ent-
schuldige, wenn ich dich langweile; der Kleine wollte
durchaus, daß ich ihm die Geschichte seines Namens-
vetters, des Simson, vorlese — wir sind am vierzehnten Kapitel, hör zu:

„Simson ging hinab gen Thimnath, und sahe
ein Weib zu Thimnath unter den Töchtern der
Philister —"

Nein, rief der Kleine mit geschlossenen Augen,
wir sind schon am sechzehnten Kapitel. Ist mir
doch, als lebte ich das Alles mit, was du da vor-
liest, als hörte ich die Schafe blöcken, die am Jordan weiden, als hätte ich selber den Füchsen die
Schwänze angezündet und sie in die Felder der
Philister gejagt, als hätte ich mit einem Eselskinn-
backen tausend Philister erschlagen — O, die Philister! sie hatten uns unterjocht und verspottet, und
ließen uns wie Schweine Zoll bezahlen, und haben
mich zum Tanzsaal hinausgeschmissen auf dem Roß
und zu Bockenheim mit Füßen getreten — hinausgeschmissen, mit Füßen getreten, auf dem Roß! O
Gott, Das ist nicht erlaubt!

Er liegt im Wundfieber und phantasiert, bemerkte leise Van Moeulen, und begann das sech-
zehnte Kapitel:

„Da ward der

herein gekommen. l.

auf ihn lauern die ſ

und waren die ganz

Harre; morgen, we

ihn erwürgen.

„Simſon aber . l

ſtund er auf zu M

Thüren an der Stab

Pfoſten, und hub ſie

legte ſie auf ſeine Sᴄ

auf die Höhe des Ber

„Darnach gewann

Sorek, die hieß Delila.

„Zu Der kamen d

und ſprachen zu ihr: Üb

rinnen er ſo große Kraf

„Simson sprach zu ihr: Wenn man mich
bünde mit sieben Seilen von frischem Bast, die
noch nicht verdorret sind; so würde ich schwach,
und wäre wie ein anderer Mensch.

„Da brachten der Philister Fürsten zu ihr
hinauf sieben Seile von frischem Bast, die noch
nicht verdorret waren; und sie band ihn damit.

„(Man hielt aber auf ihn bei ihr in der
Kammer.) Und sie sprach zu ihm: Die Philister
über dir, Simson! Er aber zerriß die Seile, wie
eine flächserne Schnur zerreißet, wenn sie ans
Feuer reucht; und ward nicht kund, wo seine Kraft
wäre."

O dumme Philister! rief jetzt der Kleine, und
lächelte vergnügt; wollten mich auch auf die Kon-
stablerwacht setzen —

Van Moeulen aber las weiter:

„Da sprach Delila zu Simson: Siehe, du hast
mich getäuschet und mir gelogen; nun, so sage mir
doch, womit kann man dich binden?

„Er antwortete ihr: Wenn sie mich bünden
mit neuen Stricken, damit nie keine Arbeit geschehen ist; so würde ich schwach und wie ein
anderer Mensch.

„Da nahm Delila neue Stricke, und band
ihn damit, und sprach: Philister über dir, Simson!

(man hielt aber auf ihn in der Kammer), und er zerriß sie von seinen Armen, wie einen Faden."

O dumme Philister! rief der Kleine im Bette.

„Delila aber sprach zu ihm: Noch haft du mich getäuschet und mir gelogen. Lieber, sage mir doch, womit kann man dich binden? Er antwortete ihr: Wenn du sieben Locken meines Hauptes flöchteft mit einem Flechtbande, und hefteteft sie mit einem Nagel ein.

„Und sie sprach zu ihm: Philister über dir, Simson! Er aber wachte auf von seinem Schlaf, und zog die geflochtenen Locken mit Nagel und Flechtband heraus."

Der Kleine lachte: Das war auf der Eschenheimer Gaffe. Van Moeulen aber fuhr fort:

„Da sprach sie zu ihm: Wie kannft du sagen, du habest mich lieb, so dein Herz doch nicht mit mir ift? Dreimal haft du mich getäuschet, und mir nicht gesaget, worinnen deine große Kraft sei.

„Da sie ihn aber trieb mit ihren Worten alle Tage, und zerplagte ihn, ward seine Seele matt bis an den Tod,

„Und sagte ihr sein ganzes Herz, und sprach zu ihr: Es ift nie kein Schermeffer auf mein Haupt kommen; denn ich bin ein Verlobter Gottes von Mutterleib an. Wenn du mich beschöreft, so wiche

meine Kraft von mir, daß ich schwach würde und
wie alle andere Menschen."

Welch eine Dummheit! seufzte der Kleine.
Van Moeulen fuhr fort:

„Da nun Delila sahe, daß er ihr alle sein
Herz offenbaret hatte, sandte sie hin, und ließ der
Philister Fürsten rufen, und sagen: Kommet noch
einmal herauf; denn er hat mir alle sein Herz offen=
baret. Da kamen der Philister Fürsten zu ihr her=
auf, und brachten das Geld mit sich in ihrer Hand.

„Und sie ließ ihn entschlafen auf ihrem Schoß,
und rief Einem, der ihm die sieben Locken seines
Hauptes abschöre. Und sie fing an ihn zu zwingen.
Da war seine Kraft von ihm gewichen.

„Und sie sprach zu ihm: Philister über dir,
Simson! Da er nun von seinem Schlaf erwachte,
gedachte er: Ich will ausgehen, wie ich mehrmals
gethan habe, ich will mich ausreißen, und wußte
nicht, daß der Herr von ihm gewichen war.

„Aber die Philister griffen ihn, und stachen
ihm die Augen aus, und führten ihn hinab gen
Gaza, und bunden ihn mit zwo ehernen Ketten,
und er mußte mahlen im Gefängnis."

O Gott! Gott! wimmerte und weinte beständ=
dig der Kranke. Sei still, sagte Van Moeulen, und
las weiter:

„Aber das Haar seines Hauptes fing wieder
an zu wachsen, wo es beschoren war.

„Da aber der Philister Fürsten sich versamm=
leten, ihrem Gott Dagon ein groß Opfer zu thun
und sich zu freuen, sprachen sie: Unser Gott hat
uns unsern Feind Simson in unsere Hände gegeben.

„Desselbigengleichen, als ihn das Volk sahe,
lobeten sie ihren Gott; denn sie sprachen: Unser
Gott hat uns unsern Feind in unsere Hände ge=
geben, der unser Land verderbete, und Unser Viele
erschlug.

„Da nun ihr Herz guter Dinge war, sprachen
sie: Lasset Simson holen, daß er vor uns spiele.
Da holeten sie Simson aus dem Gefängnis, und
er spielete vor ihnen, und sie stelleten ihn zwischen
zwo Säulen.

„Simson aber sprach zu dem Knaben, der ihn
bei der Hand leitete: Laß mich, daß ich die Säu=
len taste, auf welchen das Haus stehet, daß ich
mich daran lehne.

„Das Haus aber war voll Männer und Wei=
ber. Es waren auch der Philister Fürsten alle da,
und auf dem Dach bei dreitausend, Mann und
Weib, die da zusahen, wie Simson spielete.

„Simson aber rief den Herrn an, und sprach:
Herr, Herr, gedenke mein, und stärke mich doch,

Gott, diesmal, daß ich für meine beiden Augen mich einst räche an den Philistern!

„Und er fassete die zwo Mittelsäulen, auf welchen das Haus gesetzet war und darauf sich hielt, eine in seine rechte, und die andere in seine linke Hand,

„Und sprach: Meine Seele sterbe mit den Philistern! und neigete sich kräftiglich. Da fiel das Haus auf die Fürsten, und auf alles Volk, das darinnen war, daß der Todten mehr waren, die in seinem Tode sturben, denn die bei seinem Leben sturben."

Bei dieser Stelle öffnete der kleine Simson seine Augen geisterhaft weit, hob sich krampfhaft in die Höhe, ergriff mit seinen dünnen Ärmchen die beiden Säulen, die zu Füßen seines Bettes, und rüttelte daran, während er zornig stammelte: Es sterbe meine Seele mit den Philistern! Aber die starken Bettsäulen blieber unbeweglich, ermattet und wehmüthig lächelnd fiel der Kleine zurück auf seine Kissen, und aus seiner Wunde, deren Verband sich verschoben, quoll ein rother Blutstrom.

Florentinische Nächte.

(1835.)

Erste Nacht.

———

Im Vorzimmer fand Maximilian den Arzt, wie er eben seine schwarzen Handschuhe anzog. Ich bin sehr pressiert, rief ihm Dieser hastig entgegen. Signora Maria hat den ganzen Tag nicht geschlafen, und nur in diesem Augenblick ist sie ein wenig eingeschlummert. Ich brauche Ihnen nicht zu empfehlen, sie durch kein Geräusch zu wecken; und wenn sie erwacht, darf sie bei Leibe nicht reden. Sie muß ruhig liegen, darf sich nicht rühren, nicht im mindesten bewegen, darf nicht reden, und nur geistige Bewegung ist ihr heilsam. Bitte, erzählen Sie ihr wieder allerlei närrische Geschichten, so daß sie ruhig zuhören muß.

Seien Sie unbesorgt, Doktor, erwiderte Maximilian mit einem wehmüthigen Lächeln. Ich habe

mich schon ganz zum Schwätzer ausgebildet und
lasse sie nicht zu Worte kommen. Und ich will ihr
schon genug phantastisches Zeug erzählen, so viel
Sie nur begehren . . . Aber wie lange wird sie
noch leben können?

Ich bin sehr pressiert, antwortete der Arzt
und entwischte.

Die schwarze Deborah, feinöhrig wie sie ist,
hatte schon am Tritte den Ankommenden erkannt,
und öffnete ihm leise die Thüre. Auf seinen Wink
verließ sie eben so leise das Gemach, und Maximilian befand sich allein bei seiner Freundin. Nur
dämmernd war das Zimmer von einer einzigen
Lampe erhellt. Diese warf dann und wann halb
furchtsame, halb neugierige Lichter über das Antlitz der kranken Frau, welche ganz angekleidet in
weißem Musselin auf einem grünseidnen Sofa hingestreckt lag und ruhig schlief.

Schweigend, mit verschränkten Armen, stand
Maximilian einige Zeit vor der Schlafenden und
betrachtete die schönen Glieder, die das leichte Gewand mehr offenbarte als verhüllte, und jedesmal,
wenn die Lampe einen Lichtstreif über das blasse
Antlitz warf, erbebte sein Herz. Um Gott! sprach
er leise vor sich hin, was ist Das? Welche Erinnerung wird in mir wach? Ja, jetzt weiß ich's.

Dieses weiße Bild auf dem grünen Grunde, ja, jetzt . . .

In diesem Augenblick erwachte die Kranke, und wie aus der Tiefe eines Traumes hervor= schauend, blickten auf den Freund die sanften, dun= kelblauen Augen, fragend, bittend . . . An was dachten Sie eben, Maximilian? sprach sie mit jener schauerlich weichen Stimme, wie sie bei Lungen= kranken gefunden wird, und worin wir zugleich das Lallen eines Kindes, das Zwitschern eines Vogels und das Geröchel eines Sterbenden zu vernehmen glauben. An was dachten sie eben, Maximilian? wiederholte sie nochmals und erhob sich so hastig in die Höhe, daß die langen Locken wie aufge= schreckte Goldschlangen ihr Haupt umringelten.

Um Gott! rief Maximilian, indem er sie sanft wieder aufs Sopha niederdrückte, bleiben Sie ruhig liegen, sprechen Sie nicht; ich will Ihnen Alles sagen, Alles was ich denke, was ich empfinde, ja was ich nicht einmal selber weiß!

In der That, fuhr er fort, ich weiß nicht genau, was ich eben dachte und fühlte. Bilder aus der Kindheit zogen mir dämmernd durch den Sinn, ich dachte an das Schloß meiner Mutter, an den wüsten Garten dort, an die schöne Mar= morstatue, die im grünen Grase lag . . . Ich habe

„das Schloß meiner Mutter" gesagt, aber ich bitte
Sie, bei Leibe, denken Sie sich darunter nichts
Prächtiges und Herrliches! An diese Benennung
habe ich mich nun einmal gewöhnt; mein Vater
legte immer einen ganz besonderen Ausdruck auf
die Worte „das Schloß!" und er lächelte dabei
immer so eigenthümlich. Die Bedeutung dieses
Lächelns begriff ich erst später, als ich, ein etwa
zwölfjähriges Bübchen, mit meiner Mutter nach
dem Schlosse reiste. Es war meine erste Reise.
Wir fuhren den ganzen Tag durch einen dicken
Wald, dessen dunkle Schauer mir immer unvergeßlich bleiben, und erst gegen Abend hielten wir
still vor einer langen Querstange, die uns von einer
großen Wiese trennte. Wir mußten fast eine halbe
Stunde warten, ehe aus der nahegelegenen Lehm-
hütte der Junge kam, der die Sperre wegschob und
uns einließ. Ich sage „der Junge," weil die alte
Marthe ihren vierzigjährigen Neffen noch immer
den Jungen nannte; Dieser hatte, um die gnädige
Herrschaft würdig zu empfangen, das alte Livree-
kleid seines verstorbenen Oheims angezogen, und
da er es vorher ein bischen ausstäuben mußte, ließ
er uns so lange warten. Hätte man ihm Zeit gelassen, würde er auch Strümpfe angezogen haben;
die langen, nackten, rothen Beine stachen aber nicht

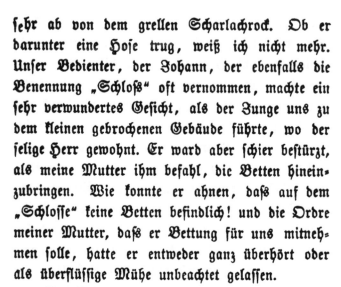

sehr ab von dem grellen Scharlachrock. Ob er
darunter eine Hose trug, weiß ich nicht mehr.
Unser Bedienter, der Johann, der ebenfalls die
Benennung „Schloß" oft vernommen, machte ein
sehr verwundertes Gesicht, als der Junge uns zu
dem kleinen gebrochenen Gebäude führte, wo der
selige Herr gewohnt. Er ward aber schier bestürzt,
als meine Mutter ihm befahl, die Betten hinein-
zubringen. Wie konnte er ahnen, daß auf dem
„Schlosse" keine Betten befindlich! und die Ordre
meiner Mutter, daß er Bettung für uns mitneh-
men solle, hatte er entweder ganz überhört oder
als überflüssige Mühe unbeachtet gelassen.

Das kleine Haus, das, nur eine Etage hoch,
in seinen besten Zeiten höchstens fünf bewohnbare
Zimmer enthalten, war ein kummervolles Bild der
Vergänglichkeit. Zerschlagene Möbeln, zerfetzte Ta-
peten, keine einzige Fensterscheibe ganz verschont,
hie und da der Fußboden aufgerissen, überall die
häßlichen Spuren der übermüthigsten Soldaten-
wirthschaft. „Die Einquartierung hat sich immer
bei uns sehr amüsiert," sagte der Junge mit einem
blödsinnigen Lächeln. Die Mutter aber winkte, daß
wir sie allein lassen möchten, und während der
Junge mit Johann sich beschäftigte, ging ich den
Garten besehen. Dieser bot ebenfalls den trost-

losesten Anblick der Zerstörnis. Die großen Bäume
waren zum Theil verstümmelt, zum Theil niedergebrochen, und höhnische Wucherpflanzen erhoben
sich über die gefallenen Stämme. Hie und da, an
den aufgeschossenen Taxusbüschen, konnte man die
ehemaligen Wege erkennen. Hie und da standen
auch Statuen, denen meistens die Köpfe, wenigstens
die Nasen, fehlten. Ich erinnere mich einer Diana,
deren untere Hälfte von dunklem Epheu aufs lä-
cherlichste umwachsen war, so wie ich mich auch
einer Göttin des Überflusses erinnere, aus deren
Füllhorn lauter mißduftendes Unkraut hervorblühte.
Nur eine Statue war, Gott weiß wie, von der
Bosheit der Menschen und der Zeit verschont geblieben; von ihrem Postamente freilich hatte man
sie herabgestürzt ins hohe Gras, aber da lag sie
unverstümmelt, die marmorne Göttin mit den rein-
schönen Gesichtszügen und mit dem straffgetheilten,
edlen Busen, der wie eine griechische Offenbarung
aus dem hohen Grase hervorglänzte. Ich erschrak
fast, als ich sie sah; dieses Bild flößte mir eine
sonderbar schwüle Scheu ein, und eine geheime
Blödigkeit ließ mich nicht lange bei seinem holden
Anblick verweilen.

Als ich wieder zu meiner Mutter kam, stand
sie am Fenster, verloren in Gedanken, das Haupt

gestützt auf ihrem rechten Arm, und die Thränen flossen ihr unaufhörlich über die Wangen. So hatte ich sie noch nie weinen sehen. Sie umarmte mich mit hastiger Zärtlichkeit und bat mich um Verzeihung, daß ich durch Johann's Nachlässigkeit kein ordentliches Bett bekommen werde. „Die alte Marthe," sagte sie, „ist schwer krank und kann dir, liebes Kind, ihr Bett nicht abtreten. Johann soll dir aber die Kissen aus dem Wagen so zurecht legen, daß du darauf schlafen kannst, und er mag dir auch seinen Mantel zur Decke geben. Ich selber schlafe hier auf Stroh; es ist das Schlafzimmer meines seligen Vaters; es sah sonst hier viel besser aus. Laß mich allein!" Und die Thränen schossen ihr noch heftiger aus den Augen.

War es nun das ungewohnte Lager oder das aufgeregte Herz, es ließ mich nicht schlafen. Der Mondschein drang so unmittelbar durch die gebrochenen Fensterscheiben, und es war mir, als wolle er mich hinauslocken in die helle Sommernacht. Ich mochte mich rechts oder links wenden auf meinem Lager, ich mochte die Augen schließen oder wieder ungeduldig öffnen, immer mußte ich an die schöne Marmorstatue denken, die ich im Grase liegen sehen. Ich konnte mir die Blödigkeit nicht erklären, die mich bei ihrem Anblick erfaßt hatte; ich ward

verdrießlich ob dieses kindischen Gefühls, und
„Morgen," sagte ich leise zu mir selber, „morgen
küssen wir dich, du schönes Marmorgesicht, wir
küssen dich eben auf die schönen Mundwinkel, wo
die Lippen in ein so holdseliges Grübchen zusam-
menschmelzen!" Eine Ungeduld, wie ich sie noch
nie gefühlt, rieselte dabei durch alle meine Glieder,
ich konnte dem wunderbaren Drange nicht länger
gebieten, und endlich sprang ich auf mit keckem
Muthe und sprach: „Was gilt's, und ich küsse dich
noch heute, du liebes Bildnis!" Leise, damit die
Mutter meine Tritte nicht höre, verließ ich das
Haus, was um so leichter, da das Portal zwar
noch mit einem großen Wappenschild, aber mit
keinen Thüren mehr versehen war; und hastig ar-
beitete ich mich durch das Laubwerk des wüsten
Gartens. Auch kein Laut regte sich, und Alles
ruhte stumm und ernst im stillen Mondschein. Die
Schatten der Bäume waren wie angenagelt auf
der Erde. Im grünen Grase lag die schöne Göttin
ebenfalls regungslos, aber kein steinerner Tod, sondern nur ein stiller Schlaf schien ihre lieblichen
Glieder gefesselt zu halten, und als ich ihr nahete,
fürchtete ich schier, daß ich sie durch das geringste
Geräusch aus ihrem Schlummer erwecken könnte.
Ich hielt den Athem zurück, als ich mich über sie

hinbeugte, um die schönen Gesichtszüge zu betrachten; eine schauerliche Beängstigung stieß mich von
ihr ab, eine knabenhafte Lüsternheit zog mich wieder
zu ihr hin, mein Herz pochte, als wollte ich eine
Mordthat begehen, und endlich küßte ich die schöne
Göttin mit einer Inbrunst, mit einer Zärtlichkeit,
mit einer Verzweiflung, wie ich nie mehr geküßt
habe in diesem Leben. Auch nie habe ich diese
grauenhaft süße Empfindung vergessen können, die
meine Seele durchfluthete, als die beseligende Kälte
jener Marmorlippen meinen Mund berührte . . .
Und sehen Sie, Maria, als ich eben vor Ihnen
stand und ich Sie in Ihrem weißen Musselinkleide
auf dem grünen Sofa liegen sah, da mahnte mich
Ihr Anblick an das weiße Marmorbild im grünen
Grase. Hätten Sie länger geschlafen, meine Lippen
würden nicht widerstanden haben . . .

Max! Max! schrie das Weib aus der Tiefe
ihrer Seele — Entsetzlich! Sie wissen, daß ein
Kuß von Ihrem Munde . . .

O, schweigen Sie nur, ich weiß, Das wäre
für Sie etwas Entsetzliches! Sehen Sie mich nur
nicht so flehend an. Ich mißdeute nicht Ihre Empfindungen, obgleich die letzten Gründe derselben
mir verborgen bleiben. Ich habe nie meinen Mund
auf Ihre Lippen drücken dürfen . . .

13*

Aber Maria ließ ihn nicht ausreden, sie hatte
seine Hand erfaßt, bedeckte diese Hand mit den heftigsten Küssen, und sagte dann lächelnd: Bitte, bitte,
erzählen Sie mir noch mehr von ihren Liebschaften.
Wie lange liebten Sie die marmorne Schöne, die
Sie im Schloßgarten Ihrer Mutter geküßt?

Wir reisten den andern Tag ab, antwortete
Maximilian, und ich habe das holde Bildnis nie
wiedergesehen. Aber fast vier Jahre beschäftigte es
mein Herz. Eine wunderbare Leidenschaft für marmorne Statuen hat sich seitdem in meiner Seele
entwickelt, und noch diesen Morgen empfand ich
ihre hinreißende Gewalt. Ich kam aus der Laurentiana, der Bibliothek der Medicäer, und gerieth,
ich weiß nicht mehr wie, in die Kapelle, wo jenes
prachtvollste Geschlecht Italiens sich eine Schlafstelle von Edelsteinen gebaut hat und ruhig schlummert. Eine ganze Stunde blieb ich dort versunken
in dem Anblick eines marmornen Frauenbilds, dessen
gewaltiger Leibesbau von der kühnen Kraft des
Michel Angelo zeugt, während doch die ganze Gestalt von einer ätherischen Süßigkeit umflossen ist,
die man bei jenem Meister eben nicht zu suchen
pflegt. In diesem Marmor ist das ganze Traumreich gebannt mit allen seinen stillen Seligkeiten,
eine zärtliche Ruhe wohnt in diesen schönen Glie-

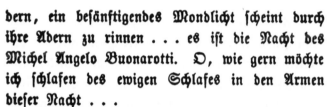

dern, ein befänftigendes Mondlicht scheint durch
ihre Adern zu rinnen . . . es ist die Nacht des
Michel Angelo Buonarotti. O, wie gern möchte
ich schlafen des ewigen Schlafes in den Armen
dieser Nacht . . .

Gemalte Frauenbilder, fuhr Maximilian fort
nach einer Pause, haben mich immer minder heftig
interessiert als Statuen. Nur einmal war ich in
ein Gemälde verliebt. Es war eine wunderschöne
Madonna, die ich in einer Kirche zu Köln am
Rhein kennen lernte. Ich wurde damals ein sehr
eifriger Kirchengänger, und mein Gemüth versenkte
sich in die Mystik des Katholicismus. Ich hätte
damals gern, wie ein spanischer Ritter, alle Tage
auf Leben und Tod gekämpft für die immakulierte
Empfängnis Mariä, der Königin der Engel, der
schönsten Dame des Himmels und der Erde! Für
die ganze heilige Familie interessierte ich mich damals, und ganz besonders freundlich zog ich jedesmal den Hut ab, wenn ich einem Bilde des heiligen Joseph's vorbeikam. Dieser Zustand dauerte
jedoch nicht lange, und fast ohne Umstände verließ
ich die Mutter Gottes, als ich in einer Antiken-
Galerie mit einer griechischen Nymphe bekannt
wurde, die mich lange Zeit in ihren Marmor-
fesseln gefangen hielt.

Und Sie liebten immer nur gemeißelte oder
gemalte Frauen? kicherte Maria.

Nein, ich habe auch todte Frauen geliebt, antwortete Maximilian, über dessen Gesicht sich wieder
ein großer Ernst verbreitete. Er bemerkte nicht, daß
bei diesen Worten Maria erschreckend zusammen-
fuhr, und ruhig sprach er weiter:

Ja, es ist höchst sonderbar, daß ich mich einst
in ein Mädchen verliebte, nachdem sie schon seit
sieben Jahren verstorben war. Als ich die kleine
Very kennen lernte, gefiel sie mir ganz außerordentlich gut. Drei Tage lang beschäftigte ich mich mit
dieser jungen Person und fand das höchste Ergötzen
an Allem, was sie that und sprach, an allen Äußerungen ihres reizend wunderlichen Wesens, jedoch
ohne daß mein Gemüth dabei in überzärtliche Bewegung gerieth. Auch wurde ich einige Monate
darauf nicht allzu tief ergriffen, als ich die Nachricht empfing, daß sie in Folge eines Nervenfiebers
plötzlich gestorben sei. Ich vergaß sie ganz gründlich, und ich bin überzeugt, daß ich jahrelang auch
nicht ein einziges Mal an sie gedacht habe. Ganze
sieben Jahre waren seitdem verstrichen, und ich befand mich in Potsdam, um in ungestörter Einsamkeit den schönen Sommer zu genießen. Ich kam
dort mit keinem einzigen Menschen in Berührung.

und mein ganzer Umgang beschränkte sich auf die
Statuen, die sich im Garten von Sanssouci befinden. Da geschah es eines Tages, daß mir Gesichtszüge und eine seltsam liebenswürdige Art des
Sprechens und Bewegens ins Gedächtnis traten,
ohne daß ich mich Dessen entsinnen konnte, welcher
Person Dergleichen angehörten. Nichts ist quälender
als solches Herumstöbern in alten Erinnerungen,
und ich war deßhalb wie freudig überrascht, als
ich nach einigen Tagen mich auf einmal der kleinen
Very erinnerte und jetzt merkte, daß es ihr liebes,
vergessenes Bild war, was mir so beunruhigend
vorgeschwebt hatte. Ja, ich freute mich dieser Entdeckung wie Einer, der seinen intimsten Freund
ganz unerwartet wiedergefunden; die verblichenen
Farben belebten sich allmählig, und endlich stand
die süße kleine Person wieder leibhaftig vor mir,
lächelnd, schmollend, witzig, und schöner noch als
jemals. Von nun an wollte mich dieses holde
Bild nimmermehr verlassen, es füllte meine ganze
Seele; wo ich ging und stand, stand und ging es
an meiner Seite, sprach mit mir, lachte mit mir,
jedoch harmlos und ohne große Zärtlichkeit. Ich
aber wurde täglich mehr und mehr bezaubert von
diesem Bilde, das täglich mehr und mehr Realität
für mich gewann. Es ist leicht, Geister zu beschwö-

ren, doch ist es schwer, sie wieder zurück zu schicken
in ihr dunkles Nichts; sie sehen uns dann so flehend
an, unser eigenes Herz leiht ihnen so mächtige
Fürbitte ... Ich konnte mich nicht mehr losreißen,
und ich verliebte mich in die kleine Very, nachdem
sie schon seit sieben Jahren verstorben. So lebte
ich sechs Monate in Potsdam, ganz versunken in
dieser Liebe. Ich hütete mich noch sorgfältiger als
vorher vor jeder Berührung mit der Außenwelt,
und wenn irgend Jemand auf der Straße etwas
nahe an mir vorbeistreifte, empfand ich die miß-
behaglichste Beklemmung. Ich hegte vor allen Be-
gegnissen eine tiefe Scheu, wie solche vielleicht die
nachtwandelnden Geister der Todten empfinden;
denn Diese, wie man sagt, wenn sie einem leben-
den Menschen begegnen, erschrecken sie eben so sehr,
wie der Lebende erschrickt, wenn er einem Gespenste
begegnet. Zufällig kam damals ein Reisender durch
Potsdam, dem ich nicht ausweichen konnte, nämlich
mein Bruder. Bei seinem Anblick und bei seinen
Erzählungen von den letzten Vorfällen der Tages-
geschichte erwachte ich wie aus einem tiefen Traume,
und zusammenschreckend fühlte ich plötzlich, in welcher grauenhaften Einsamkeit ich so lange für mich
hingelebt. Ich hatte in diesem Zustande nicht einmal den Wechsel der Jahrzeiten gemerkt, und mit

Verwunderung betrachtete ich jetzt die Bäume, die, längst entblättert, mit herbstlichem Reife bedeckt standen. Ich verließ alsbald Potsdam und die kleine Very, und in einer andern Stadt, wo mich wichtige Geschäfte erwarteten, wurde ich durch sehr eckige Verhältnisse und Beziehungen sehr bald wieder in die rohe Wirklichkeit hineingequält.

Lieber Himmel! fuhr Maximilian fort, indem ein schmerzliches Lächeln um seine Oberlippe zuckte, — lieber Himmel! die lebendigen Weiber, mit denen ich damals in unabweisliche Berührungen kam, wie haben sie mich gequält, zärtlich gequält mit ihrem Schmollen, Eifersüchteln und beständigem In=Athem= halten! Auf wie vielen Bällen mußte ich mit ihnen herumtraben, in wie viele Klatschereien mußte ich mich mischen! Welche rastlose Eitelkeit, welche Freude an der Lüge, welche küssende Verrätherei, welche giftige Blumen! Jene Damen wußten mir alle Lust und Liebe zu verleiden, und ich wurde auf einige Zeit ein Weiberfeind, der das ganze Geschlecht ver= dammte. Es erging mir fast wie dem französischen Offiziere, der im russischen Feldzuge sich nur mit Mühe aus den Eisgruben der Beresina gerettet hatte, aber seitdem gegen alles Gefrorene eine solche Antipathie bekommen, daß er jetzt sogar die süßesten und angenehmsten Eissorten von Tortoni mit Abscheu

von sich wies. Ja, die Erinnerung an die **Bere-**
sina der Liebe, die ich damals passierte, verleidete
mir einige Zeit sogar die köstlichsten Damen, Frauen
wie Engel, Mädchen wie Vanillensorbet.

Ich bitte Sie, rief Maria, schmähen Sie nicht
die Weiber! Das sind abgedroschene Redensarten
der Männer. Am Ende, um glücklich zu sein, bedürft
ihr dennoch der Weiber.

O, seufzte Maximilian, Das ist freilich wahr.
Aber die Weiber haben leider nur eine einzige
Art, wie sie uns glücklich machen können, während sie uns auf dreißigtausend Arten unglücklich
zu machen wissen.

Theurer Freund, erwiderte Maria, indem sie
ein leises Lächeln verbiß, ich spreche von dem Ein-
klange zweier gleichgestimmten Seelen. Haben Sie
dieses Glück nie empfunden? . . . Aber ich sehe
eine ungewöhnte Röthe über ihre Wangen ziehen
. . . Sprechen Sie . . . Max?

Es ist wahr, Maria, ich fühle mich fast kna-
benhaft befangen, da ich Ihnen die glückliche Liebe
gestehen soll, die mich einst unendlich beseligt hat!
Diese Erinnerung ist mir noch nicht verloren, und
in ihren kühlen Schatten flüchtet sich noch oft meine
Seele, wenn der brennende Staub und die Tages-
hitze des Lebens unerträglich wird. Ich bin aber

nicht im Stande, Ihnen von dieser Geliebten einen
richtigen Begriff zu geben. Sie war so ätherischer
Natur, daß sie sich mir nur im Traume offenbaren
konnte. Ich denke, Maria, Sie hegen kein banales
Vorurtheil gegen Träume; diese nächtlichen Erscheinungen haben wahrlich eben so viel Realität
wie jene roheren Gebilde des Tages, die wir mit
Händen antasten können, und woran wir uns nicht
selten beschmutzen. Ja, es war im Traume, wo ich
sie sah, jenes holde Wesen, das mich am meisten
auf dieser Welt beglückt hat. Über ihre Äußerlichkeit weiß ich Wenig zu sagen. Ich bin nicht im
Stande, die Form ihrer Gesichtszüge ganz genau
anzugeben. Es war ein Gesicht, das ich nie vorher gesehen, und das ich nachher nie wieder im
Leben erblickte. So Viel erinnere ich mich, es war
nicht weiß und rosig, sondern ganz einfarbig, ein
sanft angeröthetes Blaßgelb und durchsichtig wie
Krystall. Die Reize dieses Gesichtes bestanden
weder im strengen Schönheitsmaß, noch in der in-
teressanten Beweglichkeit; sein Charakter bestand
vielmehr in einer bezaubernden, entzückenden, fast
erschreckenden Wahrhaftigkeit. Es war ein Gesicht
voll bewußter Liebe und graciöser Güte; es war
mehr eine Seele als ein Gesicht, und deßhalb habe
ich die äußere Form mir nie ganz vergegenwärtigen

können. Die Augen waren sanft wie Blumen, die
Lippen etwas bleich, aber anmuthig gewölbt. Sie
trug ein seidnes Peignoir von kornblauer Farbe,
aber hierin bestand auch ihre ganze Bekleidung; Hals
und Füße waren nackt, und durch das weiche, dünne
Gewand lauschte manchmal wie verstohlen die schlanke
Zartheit der Glieder. Die Worte, die wir mit einander gesprochen, kann ich mir ebenfalls nicht mehr
verdeutlichen; so Viel weiß ich, daß wir uns ver-
lobten, und daß wir heiter und glücklich, offenherzig
und traulich, wie Bräutigam und Braut, ja fast
wie Bruder und Schwester, mit einander kos'ten.
Manchmal aber sprachen wir gar nicht mehr und
sahen uns einander an, Aug' in Auge, und in diesem beseligenden Anschauen verharrten wir ganze
Ewigkeiten ... Wodurch ich erwacht bin, kann ich
ebenfalls nicht sagen, aber ich schwelgte noch lange
Zeit in dem Nachgefühle dieses Liebesglücks. Ich
war lange wie getränkt von unerhörten Wonnen,
die schmachtende Tiefe meines Herzens war wie
gefüllt mit Seligkeit, eine mir unbekannte Freude
schien über alle meine Empfindungen ausgegossen,
und ich blieb froh und heiter, obgleich ich die
Geliebte in meinen Träumen niemals wiedersah.
Aber hatte ich nicht in ihrem Anblick ganze Ewigkeiten genossen? Auch kannte sie mich zu gut,

um nicht zu wissen, daß ich keine Wiederholungen
liebe.

Wahrhaftig, rief Maria, Sie sind ein homme
à bonne fortune ... Aber sagen Sie mir, war
Mademoiselle Laurence eine Marmorstatue oder ein
Gemälde? eine Todte oder ein Traum?

Vielleicht alles Dieses zusammen, antwortete
Maximilian sehr ernsthaft.

Ich konnte mir's vorstellen, theurer Freund,
daß diese Geliebte von sehr zweifelhaftem Fleische
sein mußte. Und wann werden Sie mir diese Ge=
schichte erzählen?

Morgen. Sie ist lang, und ich bin heute müde.
Ich komme aus der Oper und habe zu viel Musik
in den Ohren.

Sie gehen jetzt oft in die Oper, und ich
glaube, Max, Sie gehen dorthin mehr um zu
sehen, als um zu hören.

Sie irren sich nicht, Maria, ich gehe wirk=
lich in die Oper, um die Gesichter der schönen
Italiänerinnen zu betrachten. Freilich, sie sind
schon außerhalb dem Theater schön genug, und ein
Geschichtsforscher könnte an der Idealität ihrer
Züge sehr leicht den Einfluß der bildenden Künste
auf die Leiblichkeit des italiänischen Volkes nach=
weisen. Die Natur hat hier den Künstlern das

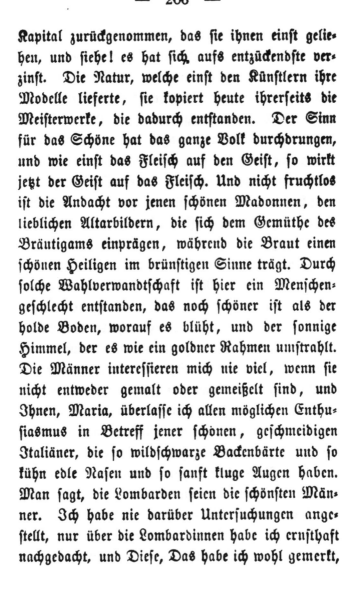

Kapital zurückgenommen, das sie ihnen einst geliehen, und siehe! es hat sich aufs entzückendste ver-
zinst. Die Natur, welche einst den Künstlern ihre
Modelle lieferte, sie kopiert heute ihrerseits die
Meisterwerke, die dadurch entstanden. Der Sinn
für das Schöne hat das ganze Volk durchdrungen,
und wie einst das Fleisch auf den Geist, so wirkt
jetzt der Geist auf das Fleisch. Und nicht fruchtlos
ist die Andacht vor jenen schönen Madonnen, den
lieblichen Altarbildern, die sich dem Gemüthe des
Bräutigams einprägen, während die Braut einen
schönen Heiligen im brünstigen Sinne trägt. Durch
solche Wahlverwandtschaft ist hier ein Menschen-
geschlecht entstanden, das noch schöner ist als der
holde Boden, worauf es blüht, und der sonnige
Himmel, der es wie ein goldner Rahmen umstrahlt.
Die Männer interessieren mich nie viel, wenn sie
nicht entweder gemalt oder gemeißelt sind, und
Ihnen, Maria, überlasse ich allen möglichen Enthusiasmus in Betreff jener schönen, geschmeidigen
Italiäner, die so wildschwarze Backenbärte und so
kühn edle Nasen und so sanft kluge Augen haben.
Man sagt, die Lombarden seien die schönsten Männer. Ich habe nie darüber Untersuchungen angestellt, nur über die Lombardinnen habe ich ernsthaft
nachgedacht, und Diese, Das habe ich wohl gemerkt,

find wirklich so schön, wie der Ruhm meldet. Aber
auch schon im Mittelalter müssen sie ziemlich schön
gewesen sein. Sagt man doch von Franz I., daß
das Gerücht von der Schönheit der Mailänderinnen
ein heimlicher Antrieb gewesen, der ihn zu seinem
italiänischen Feldzuge bewogen habe; der ritterliche
König war gewiß neugierig, ob seine geistlichen
Mühmchen, die Sippschaft seines Taufpathen, so
hübsch seien, wie er rühmen hörte . . . Armer
Schelm! zu Pavia mußte er für diese Neugier sehr
theuer büßen!

Aber wie schön sind sie erst, diese Italiäne=
rinnen, wenn die Musik ihre Gesichter beleuchtet.
Ich sage: beleuchtet, denn die Wirkung der Musik,
die ich in der Oper auf den Gesichtern der schönen
Frauen bemerke, gleicht ganz jenen Licht= und Schat=
teneffekten, die uns in Erstaunen setzen, wenn wir
Statuen in der Nacht bei Fackelschein betrachten.
Diese Marmorbilder offenbaren uns dann mit er=
schreckender Wahrheit ihren innewohnenden Geist
und ihre schauerlichen stummen Geheimnisse. In
derselben Weise giebt sich uns auch das ganze Leben
der schönen Italiänerinnen kund, wenn wir sie in
der Oper sehen; die wechselnden Melodien wecken
alsbann in ihrer Seele eine Reihe von Gefühlen,
Erinnerungen, Wünschen und Ärgernissen, die sich

alle augenblicklich in den Bewegungen ihrer Züge,
in ihrem Erröthen, in ihrem Erbleichen, und gar
in ihren Augen aussprechen. Wer zu lesen versteht,
kann alsdann auf ihren schönen Gesichtern sehr
viel' süße und interessante Dinge lesen, Geschichten,
die so merkwürdig wie die Novellen des Boccaccio,
Gefühle, die so zart wie die Sonette des Petrarcha,
Launen, die so abenteuerlich wie die Ottaverime
des Ariosto, manchmal auch furchtbare Verrätherei
und erhabene Bosheit, die so poetisch wie die Hölle
des großen Dante. Da ist es der Mühe werth,
hinaufzuschauen nach den Logen. Wenn nur die
Männer unterdessen ihre Begeisterung nicht mit
so fürchterlichem Lärm aussprächen! Dieses allzu
tolle Geräusch in einem italiänischen Theater wird
mir manchmal lästig. Aber die Musik ist die Seele
dieser Menschen, ihr Leben, ihre Nationalsache. In
andern Ländern giebt es gewiß Musiker, die den
größten italiänischen Renommeen gleichstehen, aber
es giebt dort kein musikalisches Volk. Die Musik
wird hier in Italien nicht durch Individuen repräsentiert, sondern sie offenbart sich in der ganzen
Bevölkerung, die Musik ist Volk geworden. Bei
uns im Norden ist es ganz anders; da ist die
Musik nur Mensch geworden und heißt Mozart
oder Meyerbeer; und obendrein wenn man das

Beste, was solche nordische Musiker uns bieten,
genau untersucht, so findet sich darin italiänischer
Sonnenschein und Orangenduft, und viel eher als
unserem Deutschland gehören sie dem schönen Italien, der Heimat der Musik. Ja, Italien wird
immer die Heimat der Musik sein, wenn auch seine
großen Maestri frühe ins Grab steigen oder verstummen, wenn auch Bellini stirbt und Rossini
schweigt.

Wahrlich, bemerkte Maria, Rossini behauptet
ein sehr strenges Stillschweigen. Wenn ich nicht
irre, schweigt er schon seit zehn Jahren.

Das ist vielleicht ein Witz von ihm, antwortete
Maximilian. Er hat zeigen wollen, daß der Name
„Schwan von Pesaro," den man ihm ertheilt, ganz
unpassend sei. Die Schwäne singen am Ende ihres
Lebens, Rossini aber hat in der Mitte des Lebens
zu singen aufgehört. Und ich glaube, er hat wohl
daran gethan und eben dadurch gezeigt, daß er ein
Genie ist. Ein Künstler, welcher nur Talent hat,
behält bis an sein Lebensende den Trieb, dieses
Talent auszuüben, der Ehrgeiz stachelt ihn, er
fühlt, daß er sich beständig vervollkommnet, und es
drängt ihn, das Höchste zu erstreben. Der Genius
aber hat das Höchste bereits geleistet, er ist zufrieden, er verachtet die Welt und den kleinen

Ehrgeiz, und geht nach Hause, nach Stratford am
Avon wie William Shakspeare, oder promeniert
sich lachend und witzelnd auf dem Boulevard des
Italiens zu Paris wie Joachim Rossini. Hat der
Genius keine ganz schlechte Leibeskonstitution, so
lebt er in solcher Weise noch eine gute Weile fort,
nachdem er seine Meisterwerke geliefert oder, wie
man sich auszudrücken pflegt, nachdem er seine
Mission erfüllt hat. Es ist ein Vorurtheil, wenn
man meint, das Genie müsse früh sterben; ich glaube,
man hat das dreißigste bis zum vierunddreißigsten
Jahr als die gefährliche Zeit für die Genies be=
zeichnet. Wie oft habe ich den armen Bellini damit
geneckt, und ihm aus Scherz prophezeit, daß er,
in seiner Eigenschaft als Genie, bald sterben müsse,
indem er das gefährliche Alter erreiche. Sonderbar!
trotz des scherzenden Tones ängstigte er sich doch
ob dieser Prophezeiung, er nannte mich seinen Zet=
tatore und machte immer das Zettatorezeichen ...
Er wollte so gern leben bleiben, er hatte eine fast
leidenschaftliche Abneigung gegen den Tod, er wollte
Nichts vom Sterben hören, er fürchtete sich davor
wie ein Kind, das sich fürchtet im Dunkeln zu
schlafen ... Er war ein gutes, liebes Kind, manch=
mal etwas unartig, aber dann brauchte man ihm
nur mit seinem baldigen Tode zu drohen, und er

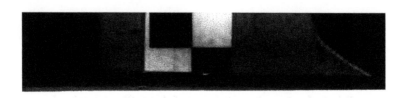

warb dann gleich kleinlaut und bittend und machte
mit den zwei erhobenen Fingern das Settatore=
zeichen . . . Armer Bellini!

Sie haben ihn also persönlich gekannt? War
er hübsch?

Er war nicht häßlich. Sie sehen, auch wir
Männer können nicht bejahend antworten, wenn
man uns über Jemand von unserem Geschlechte
eine solche Frage vorlegt. Es war eine hoch auf=
geschossene, schlanke Gestalt, die sich zierlich, ich
möchte sagen kokett, bewegte; immer à quatre
épingles; ein regelmäßiges Gesicht, länglich, blaß=
rosig; hellblondes, fast goldiges Haar, in dünnen
Löckchen frisiert; hohe, sehr hohe, edle Stirn; grade
Nase; bleiche, blaue Augen; schöngemessener Mund;
rundes Kinn. Seine Züge hatten etwas Vages,
Charakterloses, Etwas wie Milch, und in diesem
Milchgesichte quirlte manchmal süßsäuerlich ein Aus=
druck von Schmerz. Dieser Ausdruck von Schmerz
ersetzte in Bellini's Gesichte den mangelnden Geist;
aber es war ein Schmerz ohne Tiefe; er flimmerte
poesielos in den Augen, er zuckte leidenschaftslos
um die Lippen des Mannes. Diesen flachen, matten
Schmerz schien der junge Maestro in seiner ganzen
Gestalt veranschaulichen zu wollen. So schwärme=
risch wehmüthig waren seine Haare frisiert, die

14*

Kleider saßen ihm so schmachtend an dem zarten
Leibe, er trug sein spanisches Röhrchen so idyllisch,
daß er mich immer an die jungen Schäfer erinnerte, die wir in unseren Schäferspielen mit be-
bänderten Stäben und hellfarbigen Jäckchen und
Höschen minaudieren sehen. Und sein Gang war
so jungfräulich, so elegisch, so ätherisch. Der ganze
Mensch sah aus wie ein Seufzer en escarpins.
Er hat bei den Frauen vielen Beifall gefunden,
aber ich zweifle, ob er irgendwo eine starke Leidenschaft geweckt hat. Für mich selber hatte seine Erscheinung immer etwas spaßhaft Ungenießbares,
dessen Grund wohl zunächst in seinem Französisch-
sprechen zu finden war. Obgleich Bellini schon mehrere Jahre in Frankreich gelebt, sprach er doch das
Französische so schlecht, wie es vielleicht kaum in
England gesprochen werden kann. Ich sollte dieses
Sprechen nicht mit dem Beiwort „schlecht" bezeichnen; schlecht ist hier viel zu gut. Man muß entsetzlich sagen, blutschänderisch, weltuntergangsmäßig.
Ja, wenn man mit ihm in Gesellschaft war, und
er die armen französischen Worte wie ein Henker
radebrach, und unerschütterlich seine kolossalen coq-
à-l'âne auskramte, so meinte man manchmal, die
Welt müsse mit einem Donnergekrache untergehen
. . . Eine Leichenstille herrschte dann im ganzen

Saale; Todesschreck malte sich auf allen Gesichtern, mit Kreidefarbe oder mit Zinnober; die Frauen wußten nicht, ob sie in Ohnmacht fallen oder entfliehen sollten; die Männer sahen bestürzt nach ihren Beinkleidern, um sich zu überzeugen, daß sie wirklich dergleichen trugen; und was das Furchtbarste war, dieser Schreck erregte zu gleicher Zeit eine konvulsive Lachlust, die sich kaum verbeißen ließ. Wenn man daher mit Bellini in Gesellschaft war, mußte seine Nähe immer eine gewisse Angst einflößen, die durch einen grauenhaften Reiz zugleich abstoßend und anziehend war. Manchmal waren seine unwillkürlichen Calembours bloß belustigender Art, und in ihrer possierlichen Abgeschmacktheit erinnerten sie an das Schloß seines Landsmannes, des Prinzen von Pallagonien, welches Goethe in seiner italiänischen Reise als ein Museum von barocken Verzerrtheiten und ungereimt zusammengekoppelten Mißgestalten schildert. Da Bellini bei solchen Gelegenheiten immer etwas ganz Harmloses und ganz Ernsthaftes gesagt zu haben glaubte, so bildete sein Gesicht mit seinem Worte eben den allertollsten Kontrast. Das, was mir an seinem Gesichte mißfallen konnte, trat dann um so schneidender hervor. Das, was mir da mißfiel, war aber nicht von der Art, daß es just als ein Mangel

jene Rofenfarbe, die auf m[
Eindruck macht, auf mich,
Todtenhafte und das Marn
hin, als ich Bellini fchon
ich für ihn einige Neigung.
lich, als ich bemerkte, daß
edel und gut war. Seine G
unbefleckt geblieben von [
rungen. Auch fehlte ihm n
müthigkeit, das Kindliche,
Menfchen nie vermiffen, w
nicht für Jedermann zur G

Ja, ich erinnere mi[
fort, indem er fich auf b
deffen Lehne er fich bis je[
— ich erinnere mich eine[
Bellini in einem fo lieben[

den kleinsten Fuß in Paris hat, mit einander ge=
speist und sehr heiter geworden, und am Forte=
piano die süßesten Melodieen erklangen . . . Ich
sehe ihn noch immer, den guten Bellini, wie er
endlich, erschöpft von den vielen tollen Bellinismen,
die er geschwatzt, sich auf einen Sessel niederließ
. . . Dieser Sessel war sehr niedrig, fast wie ein
Bänkchen, so daß Bellini dadurch gleichsam zu den
Füßen einer schönen Dame zu sitzen kam, die sich
ihm gegenüber auf ein Sofa hingestreckt hatte und
mit süßer Schadenfreude auf Bellini hinabsah, wäh=
rend Dieser sich abarbeitete, sie mit einigen fran=
zösischen Redensarten zu unterhalten, und er immer
in die Nothwendigkeit gerieth, Das, was er eben
gesagt hatte, in seinem sicilianischen Jargon zu kom=
mentieren, um zu beweisen, daß es keine Sottise,
sondern im Gegentheil die feinste Schmeichelei ge=
wesen sei. Ich glaube, daß die schöne Dame auf
Bellini's Redensarten gar nicht viel hinhörte; sie
hatte ihm sein spanisches Röhrchen, womit er seiner
schwachen Rhetorik manchmal zu Hilfe kommen
wollte, aus den Händen genommen, und bediente
sich dessen, um den zierlichen Lockenbau an den
beiden Schläfen des jungen Maestro ganz ruhig
zu zerstören. Diesem muthwilligen Geschäfte galt
wohl jenes Lächeln, das ihrem Gesichte einen

bezeichnet wer...
es wohl den ...
sein. Bella...
nung, hatt...
jene Rose...
Eindruck
Todten!
bin,
ich fr
lich,
ede
n
r

... nem leben...
... mir dieses ...
... war eine ...
... der Poesie ...
... zu geben...
... mmern, ...
... chen ...
... der lomba...
... mlich sanft.
... auf irgend
... wird, das
... , wenn
... Fabrik...
... fernweit
... , wenn
... erscheinen
... er
... aber
...

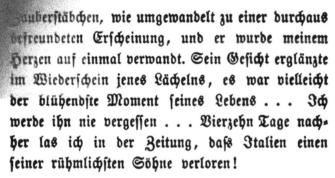

Zauberſtäbchen, wie umgewandelt zu einer durchaus
befreundeten Erſcheinung, und er wurde meinem
Herzen auf einmal verwandt. Sein Geſicht erglänzte
im Wiederſchein jenes Lächelns, es war vielleicht
der blühendſte Moment ſeines Lebens ... Ich
werde ihn nie vergeſſen ... Vierzehn Tage nach=
her las ich in der Zeitung, daß Italien einen
ſeiner rühmlichſten Söhne verloren!

Sonderbar! Zu gleicher Zeit wurde auch der
Tod Paganini's angezeigt. An dieſem Todesfall
zweifelte ich keinen Augenblick, da der alte, fahle
Paganini immer wie ein Sterbender ausſah; doch
der Tod des jungen, roſigen Bellini kam mir un=
glaublich vor. Und doch war die Nachricht vom
Tode des Erſteren nur ein Zeitungs=Irrthum, Pa=
ganini befindet ſich friſch und geſund zu Genua,
und Bellini liegt im Grabe zu Paris!

Lieben Sie Paganini? frug Maria.

Dieſer Mann, antwortete Maximilian, iſt
eine Zierde ſeines Vaterlandes und verdient ge=
wiß die ausgezeichnetſte Erwähnung, wenn man
von den muſikaliſchen Notabilitäten Italiens ſpre=
chen will.

Ich habe ihn nie geſehen, bemerkte Maria,
aber dem Rufe nach ſoll ſein Äußeres den Schön=

heitssinn nicht vollkommen befriedigen. Ich habe
Portraite von ihm gesehen . . .

Die alle nicht ähnlich sind, fiel ihr Maximilian in die Rede; sie verhäßlichen oder verschönern
ihn, nie geben sie seinen wirklichen Charakter. Ich
glaube, es ist nur einem einzigen Menschen gelungen, die wahre Physiognomie Paganini's aufs
Papier zu bringen; es ist ein tauber Maler, Namens Lyser, der in seiner geistreichen Tollheit mit
wenigen Kreidestrichen den Kopf Paganini's so gut
getroffen hat, daß man ob der Wahrheit der Zeichnung zugleich lacht und erschrickt. „Der Teufel hat
mir die Hand geführt," sagte mir der taube Maler,
geheimnisvoll kichernd und gutmüthig ironisch mit
dem Kopfe nickend, wie er bei seinen genialen Eulen-
spiegeleien zu thun pflegte. Dieser Maler war
immer ein wunderlicher Kauz; trotz seiner Taubheit
liebte er enthusiastisch die Musik, und er soll es
verstanden haben, wenn er sich nahe genug am Or-
chester befand, den Musikern die Musik auf dem
Gesichte zu lesen, und an ihren Fingerbewegungen
die mehr oder minder gelungene Exekution zu beurtheilen; auch schrieb er die Opernkritiken in einem
schätzbaren Journale zu Hamburg. Was ist eigentlich da zu verwundern? In der sichtbaren Signatur des Spieles konnte der taube Maler die Töne

ſehen. Giebt es doch Menſchen, denen die Töne
ſelber nur unſichtbare Signaturen ſind, worin ſie
Farben und Geſtalten hören.

Ein ſolcher Menſch ſind Sie! rief Maria.

Es iſt mir leid, daß ich die kleine Zeichnung
von Lyſer nicht mehr beſitze; ſie würde Ihnen viel=
leicht von Paganini's Äußerem einen Begriff ver=
leihen. Nur in grell ſchwarzen, flüchtigen Strichen
konnten jene fabelhaften Züge erfaßt werden, die
mehr dem ſchweflichten Schattenreich als der ſon=
nigen Lebenswelt zu gehören ſcheinen. „Wahrhaftig,
der Teufel hat mir die Hand geführt," betheuerte
mir der taube Maler, als wir zu Hamburg vor
dem Alſterpavillon ſtanden, an dem Tage, wo Pa=
ganini dort ſein erſtes Koncert gab. „Ja, mein
Freund," fuhr er fort, „es iſt wahr, was die ganze
Welt behauptet, daß er ſich dem Teufel verſchrieben
hat, Leib und Seele, um der beſte Violiniſt zu
werden, um Millionen zu erfiedeln, und zunächſt
um von der verdammten Galere loszukommen, wo
er ſchon viele Jahre geſchmachtet. Denn, ſehen Sie,
Freund, als er zu Lucca Kapellmeiſter war, verliebte
er ſich in eine Theaterprinzeſſin, ward eiferſüchtig
auf irgend einen kleinen Abbate, ward vielleicht cocu,
erſtach auf gut italiäniſch ſeine ungetreue Amata,
kam auf die Galere zu Genua und, wie geſagt,

verschrieb sich endlich dem Teufel, um loszukommen,
um der beste Violinspieler zu werden, und um Jedem
von uns diesen Abend eine Brandschatzung von zwei
Thalern auferlegen zu können . . . Aber, sehen
Sie! alle guten Geister loben Gott! sehen Sie,
dort in der Allee kommt er selber mit seinem zweideutigen Famulo!"

In der That, es war Paganini selber, den
ich alsbald zu Gesicht bekam. Er trug einen dunkel-
grauen Oberrock, der ihm bis zu den Füßen reichte,
wodurch seine Gestalt sehr hoch zu sein schien. Das
lange schwarze Haar fiel in verzerrten Locken auf
seine Schultern herab und bildete wie einen dunklen
Rahmen um das blasse, leichenartige Gesicht, worauf Kummer, Genie und Hölle ihre unverwüstlichen
Zeichen eingegraben hatten. Neben ihm tänzelte eine
niedrige, behagliche Figur, putzig prosaisch: — rosig
verrunzeltes Gesicht, hellgraues Röckchen mit Stahl-
knöpfen, unausstehlich freundlich nach allen Seiten
hingrüßend, mitunter aber voll besorglicher Scheu
nach der düsteren Gestalt hinaufschielend, die ihm
ernst und nachdenklich zur Seite wandelte. Man
glaubte das Bild von Retzsch zu sehen, wo Faust
mit Wagner vor den Thoren von Leipzig spazieren
geht. Der taube Maler kommentierte mir aber
die beiden Gestalten in seiner tollen Weise, und

machte mich besonders aufmerksam auf den gemes=
senen, breiten Gang des Paganini. „Ist es nicht,“
sagte er, „als trüge er noch immer die eiserne
Querstange zwischen den Beinen? Er hat sich nun
einmal diesen Gang auf immer angewöhnt. Sehen
Sie auch, wie verächtlich ironisch er auf seinen
Begleiter manchmal hinabschaut, wenn Dieser ihm
mit seinen prosaischen Fragen lästig wird; er kann
ihn aber nicht entbehren, ein blutiger Kontrakt
bindet ihn an diesen Diener, der eben kein Anderer
ist als Satan. Das unwissende Volk meint freilich,
dieser Begleiter sei der Komödien= und Anekboten=
schreiber Harrys aus Hannover, den Paganini auf
Reisen mitgenommen habe, um die Geldgeschäfte bei
seinen Koncerten zu verwalten. Das Volk weiß nicht,
daß der Teufel dem Herrn Georg Harrys bloß
seine Gestalt abgeborgt hat, und daß die arme
Seele dieses armen Menschen unterdessen neben
anderem Lumpenkram in einem Kasten zu Hannover
so lange eingesperrt sitzt, bis der Teufel ihr wieder
ihre Fleisch=Enveloppe zurückgiebt, und er vielleicht
seinen Meister Paganini in einer würdigeren Ge=
stalt, nämlich als schwarzer Pudel, durch die Welt
begleiten wird.“

War mir aber Paganini, als ich ihn am hellen
Mittage unter den grünen Bäumen des Hamburger

Komödienhaus war der s
und das kunstliebende
frühe und in solcher Au
kaum noch ein Plätzche
erkämpfte. Obgleich es
doch in den ersten Ran
Handelswelt, einen gar
und sonstigen Millionä
und des Zuckers, nebst
Junonen vom Wandra
Dreckwall. Auch herrsc
ganzen Saal. Jedes L
gerichtet. Jedes Ohr rü
Nachbar, ein alter Pelzm
Baumwolle aus den O
Töne, die zwei Thaler
einsaugen zu können. E

ſerpinens von der höllischen Etikette vorgeſchrieben
iſt; die ſchwarzen Hoſen ängſtlich ſchlotternd um
die dünnen Beine. Die langen Arme ſchienen noch
verlängert, indem er in der einen Hand die Violine
und in der andern den Bogen geſenkt hielt und
damit faſt die Erde berührte, als er vor dem Pub=
likum ſeine unerhörten Verbeugungen auskramte.
In den eckigen Krümmungen ſeines Leibes lag eine
ſchauerliche Hölzernheit und zugleich etwas närriſch
Thieriſches, daß uns bei dieſen Verbeugungen eine
ſonderbare Lachluſt anwandeln mußte; aber ſein
Geſicht, das durch die grelle Orcheſterbeleuchtung
noch leichenartig weißer erſchien, hatte alsdann ſo
etwas Flehendes, ſo etwas blödſinnig Demüthiges,
daß ein grauenhaftes Mitleid unſere Lachluſt nie=
berdrückte. Hat er dieſe Komplimente einem Auto=
maten abgelernt oder einem Hunde? Iſt dieſer
bittende Blick der eines Todkranken, oder lauert
dahinter der Spott eines ſchlauen Geizhalſes? Iſt
Das ein Lebender, der im Verſcheiden begriffen iſt
und der das Publikum in der Kunſt=Arena, wie
ein ſterbender Fechter, mit ſeinen Zuckungen ergötzen
ſoll? Oder iſt es ein Todter, der aus dem Grabe
geſtiegen, ein Vampyr mit der Violine, der uns,
wo nicht das Blut aus dem Herzen, doch auf jeden
Fall das Geld aus den Taſchen ſaugt?

Solche Fragen kreuzten sich in unserem Kopfe, während Paganini seine unaufhörlichen Kompli= mente schnitt; aber alle dergleichen Gedanken muß= ten stracks verstummen, als der wunderbare Meister seine Violine ans Kinn setzte und zu spielen begann. Was mich betrifft, so kennen Sie ja mein musika= lisches zweites Gesicht, meine Begabnis, bei jedem Tone, den ich erklingen höre, auch die adäquate Klangfigur zu sehen; und so kam es, daß mir Paganini mit jedem Striche seines Bogens auch sichtbare Gestalten und Situationen vor die Augen brachte, daß er mir in tönender Bilderschrift allerlei grelle Geschichten erzählte, daß er vor mir gleich= sam ein farbiges Schattenspiel hingaukeln ließ, worin er selber immer mit seinem Violinspiel als die Hauptperson agierte. Schon bei seinem ersten Bogenstrich hatten sich die Koulissen um ihn her verändert; er stand mit seinem Musikpult plötzlich in einem heitern Zimmer, welches lustig unordent= lich dekoriert mit verschnörkelten Möbeln im Pom= padourgeschmack: überall kleine Spiegel, vergoldete Amoretten, chinesisches Porzellan, ein allerliebstes Chaos von Bändern, Blumenguirlanden, weißen Handschuhen, zerrissenen Blonden, falschen Perlen, Diademen von Goldblech und sonstigem Götter= flitterkram, wie man Dergleichen im Studierzimmer

einer Primadonna zu finden pflegt. Paganini's
Aeußeres hatte sich ebenfalls, und zwar aufs aller=
vortheilhafteste verändert; er trug kurze Beinkleider
von lillafarbigem Atlas, eine silbergestickte, weiße
Weste, einen Rock von hellblauem Sammet mit
goldumsponnenen Knöpfen, und die sorgsam in
kleinen Löckchen frisierten Haare umspielten sein
Gesicht, das ganz jung und rosig blühete und von
süßer Zärtlichkeit erglänzte, wenn er nach dem hüb=
schen Dämchen hinäugelte, das neben ihm am No=
tenpult stand, während er Violine spielte.

In der That, an seiner Seite erblickte ich ein
hübsches junges Geschöpf, altmodisch gekleidet, der
weiße Atlas ausgebauscht unterhalb den Hüften,
die Taille um so reizender schmal, die gepuderten
Haare hoch auffrisiert, das hübsch runde Gesicht
um so freier hervorglänzend mit seinen blitzenden
Augen, mit seinen geschminkten Wänglein, Schön=
pflästerchen und impertinent süßem Näschen. In
der Hand trug sie eine weiße Papierrolle, und so=
wohl nach ihren Lippenbewegungen, als nach dem
kokettierenden Hin= und Herwiegen ihres Oberleib=
chens zu schließen, schien sie zu singen; aber ver=
nehmlich ward mir kein einziger ihrer Triller, und
nur aus dem Violinspiel, womit der junge Paga=
nini das holde Kind begleitete, errieth ich, was sie

sang und was er selber während ihres Singens in
der Seele fühlte. O, Das waren Melodieen, wie
die Nachtigall sie flötet in der Abenddämmerung,
wenn der Duft der Rose ihr das ahnende Früh-
lingsherz mit Sehnsucht berauscht! O, Das war
eine schmelzende, wollüstig hinschmachtende Seligkeit! Das waren Töne, die sich küßten, dann
schmollend einander flohen, und endlich wieder
lachend sich umschlangen und eins wurden, und in
trunkener Einheit dahinstarben. Ja, die Töne trieben
ein heiteres Spiel, wie Schmetterlinge, wenn einer
dem anderen neckend ausweicht, sich hinter eine
Blume verbirgt, endlich erhascht wird, und dann
mit dem anderen, leichtsinnig beglückt, im goldnen
Sonnenlichte hinaufflattert. Aber eine Spinne, eine
Spinne kann solchen verliebten Schmetterlingen mal
plötzlich ein tragisches Schicksal bereiten. Ahnte
Dergleichen das junge Herz? Ein wehmüthig seuf-
zender Ton, wie Vorgefühl eines heranschleichenden
Unglücks, glitt leise durch die entzücktesten Melodieen, die aus Paganini's Violine hervorstrahlten
. . . Seine Augen werden feucht . . . Anbetend
kniet er nieder vor seiner Amata . . . Aber ach!
indem er sich beugt, um ihre Füße zu küssen, erblickt er unter dem Bette einen kleinen Abbate!
Ich weiß nicht, was er gegen den armen Menschen

haben mochte, aber der Genueſer wurde blaß wie
der Tod, er erfaſſt den Kleinen mit wüthenden Hän=
den, giebt ihm diverſe Ohrfeigen, ſowie auch eine
beträchtliche Anzahl Fußtritte, ſchmeißt ihn gar
zur Thür hinaus, zieht alsbann ein langes Stilett
aus der Taſche und ſtößt es in die Bruſt der
jungen Schönen . . .

In dieſem Augenblick aber erſcholl von allen
Seiten: Bravo! Bravo! Hamburg's begeiſterte
Männer und Frauen zollten ihren rauſchendſten
Beifall dem großen Künſtler, welcher eben die erſte
Abtheilung ſeines Koncertes beendigt hatte, und
ſich mit noch mehr Ecken und Krümmungen als
vorher verbeugte. Auf ſeinem Geſichte, wollte mich
bedünken, winſelte ebenfalls eine noch flehſamere
Demuth als vorher. In ſeinen Augen ſtarrte
eine grauenhafte Ängſtlichkeit, wie die eines armen
Sünders.

Göttlich! rief mein Nachbar, der Pelzmakler,
indem er ſich in den Ohren kratzte, dieſes Stück
war allein ſchon zwei Thaler werth.

Als Paganini aufs Neue zu ſpielen begann,
ward es mir düſter vor den Augen. Die Töne
verwandelten ſich nicht in helle Formen und Far=
ben; die Geſtalt des Meiſters umhüllte ſich viel=
mehr in finſtere Schatten, aus deren Dunkel ſeine

aber die Jugend i
Sonderbar war fei
ben, wovon die eine
Füßen lafteten ihm
wegte fich ein Ge
eine luftige Bocks
haarichte Hände, bi
fah ich zuweilen hil
greifen, worauf Pa(
auch manchmal die
hielt, und ein mecke
nierte dann die Tön
blutender aus der
waren Töne gleich
Engel, die mit de
hatten und, aus dem
mit fchamglühenden

Häupter! Zuweilen, wenn in die melodischen Qualnisse dieses Spiels das obligate Bockslachen hineinmeckerte, erblickte ich auch im Hintergrunde eine
Menge kleiner Weibsbilder, die boshaft lustig mit
den häßlichen Köpfen nickten und mit den gekreuzten Fingern in neckender Schadenfreude ihre Rübchen schabten. Aus der Violine drangen alsdann
Angstlaute und ein entsetzliches Seufzen und ein
Schluchzen, wie man es noch nie gehört auf Erden,
und wie man es vielleicht nie wieder auf Erden
hören wird, es sei denn im Thale Josaphat, wenn
die kolossalen Posaunen des Gerichts erklingen und
die nackten Leichen aus ihren Gräbern hervorkriechen
und ihres Schicksals harren . . . Aber der gequälte Violinist that plötzlich einen Strich, einen
so wahnsinnig verzweifelten Strich, daß seine Ketten
rasselnd entzweisprangen und sein unheimlicher Gehilfe, mitsammt den verhöhnenden Unholden, verschwanden.

In diesem Augenblicke sagte mein Nachbar,
der Pelzmakler: Schade, schade, eine Saite ist ihm
gesprungen, Das kommt von dem beständigen Pizzicato!

War wirklich die Saite auf der Violine gesprungen? Ich weiß nicht. Ich bemerkte nur die
Transfiguration der Töne, und da schien mir

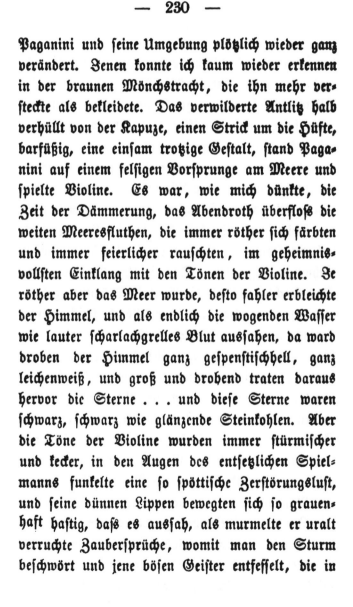

Paganini und seine Umgebung plötzlich wieder ganz
verändert. Jenen konnte ich kaum wieder erkennen
in der braunen Mönchstracht, die ihn mehr ver=
steckte als bekleidete. Das verwilderte Antlitz halb
verhüllt von der Kapuze, einen Strick um die Hüfte,
barfüßig, eine einsam trotzige Gestalt, stand Paga=
nini auf einem felsigen Vorsprunge am Meere und
spielte Violine. Es war, wie mich dünkte, die
Zeit der Dämmerung, das Abendroth überfloß die
weiten Meeresfluthen, die immer röther sich färbten
und immer feierlicher rauschten, im geheimnis=
vollsten Einklang mit den Tönen der Violine. Je
röther aber das Meer wurde, desto fahler erbleichte
der Himmel, und als endlich die wogenden Wasser
wie lauter scharlachgrelles Blut aussahen, da ward
droben der Himmel ganz gespenstischhell, ganz
leichenweiß, und groß und drohend traten daraus
hervor die Sterne . . . und diese Sterne waren
schwarz, schwarz wie glänzende Steinkohlen. Aber
die Töne der Violine wurden immer stürmischer
und kecker, in den Augen des entsetzlichen Spiel=
manns funkelte eine so spöttische Zerstörungslust,
und seine dünnen Lippen bewegten sich so grauen=
haft hastig, daß es aussah, als murmelte er uralt
verruchte Zaubersprüche, womit man den Sturm
beschwört und jene bösen Geister entfesselt, die in

den Abgründen des Meeres gefangen liegen. Manch=
mal, wenn er, den nackten Arm aus dem weiten
Mönchsärmel lang mager hervorstreckend, mit dem
Fiedelbogen in den Lüften fegte, dann erschien er
erst recht wie ein Hexenmeister, der mit dem Zau=
berstabe den Elementen gebietet, und es heulte dann
wie wahnsinnig in der Meerestiefe, und die ent=
setzten Blutwellen sprangen dann so gewaltig in
die Höhe, daß sie fast die bleiche Himmelsdecke
und die schwarzen Sterne dort mit ihrem rothen
Schaume bespritzten. Das heulte, Das kreischte,
Das krachte, als ob die Welt in Trümmer zusam=
menbrechen wollte, und der Mönch strich immer
hartnäckiger seine Violine. Er wollte durch die
Gewalt seines rasenden Willens die sieben Siegel
brechen, womit Salomon die eisernen Töpfe ver=
siegelt, nachdem er darin die überwundenen Dä=
monen verschlossen. Jene Töpfe hat der weise
König ins Meer versenkt, und eben die Stimmen
der darin verschlossenen Geister glaubte ich zu ver=
nehmen, während Paganini's Violine ihre zornig=
sten Baßtöne grollte. Aber endlich glaubte ich gar
wie Jubel der Befreiung zu vernehmen, und aus
den rothen Blutwellen sah ich hervortauchen die
Häupter der entfesselten Dämonen: Ungethüme von
fabelhafter Häßlichkeit, Krokodile mit Fledermaus=

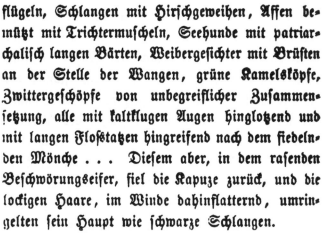

flügeln, Schlangen mit Hirschgeweihen, Affen be-
mützt mit Trichtermuscheln, Seehunde mit patriar-
chalisch langen Bärten, Weibergesichter mit Brüsten
an der Stelle der Wangen, grüne Kamelsköpfe,
Zwittergeschöpfe von unbegreiflicher Zusammensetzung, alle mit kaltklugen Augen hinglotzend und
mit langen Floßtatzen hingreifend nach dem fiedeln-
den Mönche . . . Diesem aber, in dem rasenden
Beschwörungseifer, fiel die Kapuze zurück, und die
lockigen Haare, im Winde dahinflatternd, umringelten sein Haupt wie schwarze Schlangen.

Diese Erscheinung war so sinneverwirrend, daß
ich, um nicht wahnsinnig zu werden, die Ohren
mir zuhielt und die Augen schloß. Da war nun
der Spuk verschwunden, und als ich wieder aufblickte, sah ich den armen Genueser in seiner gewöhnlichen Gestalt seine gewöhnlichen Komplimente
schneiden, während das Publikum aufs entzückteste
applaudierte.

„Das ist also das berühmte Spiel auf der
G-Saite," bemerkte mein Nachbar; „ich spiele selber
die Violine und weiß, was es heißt, dieses In-
strument so zu bemeistern!" Zum Glück war die
Pause nicht groß, sonst hätte mich der musikalische
Pelzkenner gewiß in ein langes Kunstgespräch ein-
gemufft. Paganini setzte wieder ruhig seine Violine

ans Kinn, und mit dem erften Strich feines Bo=
gens begann auch wieder die wunderbare Trans=
figuration der Töne. Nur geftaltete fie fich nicht
mehr fo grellfarbig und leiblich beftimmt. Diefe
Töne entfalteten fich ruhig, majeftätifch wogend
und anfchwellend, wie die eines Orgelchorals in
einem Dome; und Alles umher hatte fich immer weiter
und höher ausgedehnt zu einem koloffalen Raume,
wie nicht das körperliche Auge, fondern nur das Auge
des Geiftes ihn faffen kann. In der Mitte diefes
Raumes fchwebte eine leuchtende Kugel, worauf
riefengroß und ftolzerhaben ein Mann ftand, der
die Violine fpielte. Diefe Kugel, war fie die Sonne?
Ich weiß nicht. Aber in den Zügen des Mannes
erkannte ich Paganini, nur idealifch verfchönert,
himmlifch verklärt, verföhnungsvoll lächelnd. Sein
Leib blühte in kräftigfter Männlichkeit, ein hell=
blaues Gewand umfchloß die veredelten Glieder,
um feine Schultern wallte in glänzenden Locken
das fchwarze Haar; und wie er da feft und ficher
ftand, ein erhabenes Götterbild, und die Violine
ftrich, da war es, als ob die ganze Schöpfung
feinen Tönen gehorchte. Er war der Menfch=Planet,
um den fich das Weltall bewegte, mit gemeffener
Feierlichkeit und in feligen Rhythmen erklingend.
Diefe großen Lichter, die fo ruhig glänzend um ihn

her schwebten, waren es die Sterne des Himmels, und jene tönende Harmonie, die aus ihren Bewegungen entstand, war es der Sphärengesang, wovon Poeten und Seher so viel Verzückendes berichtet haben? Zuweilen, wenn ich angestrengt weit hinausschaute in die dämmernde Ferne, da glaubte ich lauter weiße wallende Gewänder zu sehen, worin kolossale Pilgrime vermummt einher wandelten, mit weißen Stäben in den Händen, und sonderbar! die goldnen Knöpfe jener Stäbe waren eben jene großen Lichter, die ich für Sterne gehalten hatte. Diese Pilgrime zogen in weiter Kreisbahn um den großen Spielmann umher, von den Tönen seiner Violine erglänzten immer heller die goldnen Knöpfe ihrer Stäbe, und die Choräle, die von ihren Lippen erschollen und die ich für Sphärengesang halten konnte, waren eigentlich nur das verhallende Echo jener Violinentöne. Eine unnennbare heilige Inbrunst wohnte in diesen Klängen, die manchmal kaum hörbar erzitterten, wie geheimnisvolles Flüstern auf dem Wasser, dann wieder süßschauerlich anschwollen, wie Waldhorntöne im Mondschein, und dann endlich mit ungezügeltem Jubel dahinbrausten, als griffen tausend Barden in die Saiten ihrer Harfen und erhüben ihre Stimmen zu einem Siegeslied. Das waren Klänge, die nie das Ohr hört, sondern nur das Herz träumen kann, wenn es des Nachts am Herzen der Geliebten ruht. Vielleicht auch begreift sie das Herz am hellen, lichten Tage, wenn es sich jauchzend versenkt in die Schönheits= linien und Ovale eines griechischen Kunstwerks ...

„Oder wenn man eine Bouteille Champagner zuviel getrunken hat!“ ließ sich plötzlich eine lachende Stimme vernehmen, die unseren Erzähler wie aus einem Traume weckte. Als er sich umdrehte, erblickte er den Doktor, der in Begleitung der schwarzen Deborah ganz leise ins Zimmer getreten war, um sich zu erkundigen, wie seine Medicin auf die Kranke gewirkt habe.

„Dieser Schlaf gefällt mir nicht,“ sprach der Doktor, indem er nach dem Sofa zeigte.

Maximilian, welcher, versunken in den Phan= tasmen seiner eignen Rede, gar nicht gemerkt hatte, daß Maria schon lange eingeschlafen war, biß sich verdrießlich in die Lippen.

Dieser Schlaf, fuhr der Doktor fort, verleiht ihrem Antliß schon ganz den Charakter des Todes. Sieht es nicht schon aus wie jene weißen Masken, jene Gipsabgüsse, worin wir die Züge der Ver= storbenen zu bewahren suchen.

Ich möchte wohl, flüsterte ihm Maximilian ins Ohr, von dem Gesichte unserer Freundin einen

solchen Abguß aufbewahren. Sie wird auch als
Leiche noch sehr schön sein.

Ich rathe Ihnen nicht dazu, entgegnete der
Doktor. Solche Masken verleiden uns die Erinnerung an unsere Lieben. Wir glauben, in diesem
Gipse sei noch Etwas von ihrem Leben enthalten,
und was wir darin aufbewahrt haben, ist doch
ganz eigentlich der Tod selbst. Regelmäßig schöne
Züge bekommen hier etwas grauenhaft Starres,
Verhöhnendes, Fatales, wodurch sie uns mehr erschrecken als erfreuen. Wahre Karikaturen aber
sind die Gipsabgüsse von Gesichtern, deren Reiz
mehr von geistiger Art war, deren Züge weniger
regelmäßig als interessant gewesen; denn sobald die
Grazien des Lebens darin erloschen sind, werden
die wirklichen Abweichungen von den idealen Schön-
heitslinien nicht mehr durch geistige Reize ausge-
glichen. Gemeinsam ist aber allen diesen Gipsge-
sichtern ein gewisser räthselhafter Zug, der uns bei
längerer Betrachtung aufs unleiblichste die Seele
durchfröstelt; sie sehen alle aus wie Menschen, die
im Begriffe sind, einen schweren Gang zu gehen.

Wohin? frug Maximilian, als der Doktor
seinen Arm ergriff und ihn aus dem Zimmer
fortführte.

Zweite Nacht.

———

Und warum wollen Sie mich noch mit dieser häßlichen Medicin quälen, da ich ja doch so bald sterbe!

Es war Maria, welche eben, als Maximilian ins Zimmer trat, diese Worte gesprochen. Vor ihr stand der Arzt, in der einen Hand eine Medicin= flasche, in der anderen einen kleinen Becher, worin ein bräunlicher Saft widerwärtig schäumte. Theuer= ster Freund, rief er, indem er sich zu dem Eintre= tenden wandte, Ihre Anwesenheit ist mir jetzt sehr lieb. Suchen Sie doch Signora dahin zu bewegen, daß sie nur diese wenigen Tropfen einschlürft; ich habe Eile.

Ich bitte Sie, Maria! flüsterte Maximilian mit jener weichen Stimme, die man nicht sehr oft an ihm bemerkt hat, und die aus einem so wunden

Herzen zu kommen schien, daß die Kranke, sonderbar gerührt, fast ihres eigenen Leides vergessend, den Becher in die Hand nahm; ehe sie ihn aber zum Munde führte, sprach sie lächelnd: Nicht wahr, zur Belohnung erzählen Sie mir dann auch die Geschichte von der Laurentia?

Alles, was Sie wünschen, soll geschehen! nickte Maximilian.

Die blasse Frau trank alsbald den Inhalt des Bechers, halb lächelnd, halb schaudernd.

Ich habe Eile, sprach der Arzt, indem er seine schwarzen Handschuhe anzog. Legen Sie sich ruhig nieder, Signora, und bewegen Sie sich so wenig als möglich. Ich habe Eile.

Begleitet von der schwarzen Deborah, die ihm leuchtete, verließ er das Gemach. — Als nun die beiden Freunde allein waren, sahen sie sich lange schweigend an. In Beider Seele wurden Gedanken laut, die Eins dem Anderen zu verhehlen suchte. Das Weib aber ergriff plötzlich die Hand des Mannes und bedeckte sie mit glühenden Küssen.

Um Gotteswillen, sprach Maximilian, bewegen Sie sich nicht so gewaltsam und legen Sie sich wieder ruhig aufs Sofa.

Als Maria diesen Wunsch erfüllte, bedeckte er ihre Füße sehr sorgsam mit dem Shawl, den er

vorher mit seinen Lippen berührt hatte. Sie mochte
es wohl bemerkt haben, denn sie zwinkte vergnügt
mit den Augen wie ein glückliches Kind.

War Mademoiselle Laurence sehr schön?

Wenn Sie mich nie unterbrechen wollen, theure
Freundin, und mir angeloben, ganz schweigsam und
ruhig zuzuhören, so will ich Alles, was Sie zu
wissen begehren, umständlich berichten.

Dem bejahenden Blicke Maria's mit Freund-
lichkeit zulächelnd, setzte sich Maximilian auf den
Sessel, der vor dem Sofa stand, und begann folgendermaßen seine Erzählung:

Es sind nun acht Jahre, daß ich nach London
reiste, um die Sprache und das Volk dort kennen
zu lernen. Hol' der Teufel das Volk mitsammt
seiner Sprache! Da nehmen sie ein Dutzend ein-
silbiger Worte ins Maul, kauen sie, knatschen sie,
spucken sie wieder aus, und Das nennen sie Sprechen. Zum Glück sind sie ihrer Natur nach ziemlich schweigsam, und obgleich sie uns immer mit
aufgesperrtem Maule ansehen, so verschonen sie uns
jedoch mit langen Konversationen. Aber wehe uns,
wenn wir einem Sohne Albions in die Hände
fallen, der die große Tour gemacht und auf dem
Kontinente Französisch gelernt hat. Dieser will
dann die Gelegenheit benutzen, die erlangten Sprach-

kenntniſſe zu üben, und überſchüttet uns mit Fragen
über alle möglichen Gegenſtände, und kaum hat
man die eine Frage beantwortet, ſo kommt er mit
einer neuen herangezogen, entweder über Alter oder
Heimat oder Dauer unſeres Aufenthalts, und mit
dieſem unaufhörlichen Inquirieren glaubt er uns
aufs allerbeſte zu unterhalten. Einer meiner Freunde
in Paris hatte vielleicht Recht, als er behauptete,
daß die Engländer ihre franzöſiſche Konverſation
auf dem Bureau des passeports erlernen. Am
nützlichſten iſt ihre Unterhaltung bei Tiſche, wenn
ſie ihre koloſſalen Roſtbeefe tranchieren und mit
den ernſthafteſten Mienen uns abfragen, welch ein
Stück wir verlangen, ob ſtark oder ſchwach gebraten,
ob aus der Mitte oder aus der braunen Rinde,
ob fett oder mager. Dieſe Roſtbeefe und ihre Hammelbraten ſind aber auch Alles, was ſie Gutes
haben. Der Himmel bewahre jeden Chriſtenmenſch
vor ihren Saucen, die aus $\frac{1}{3}$ Mehl und $\frac{2}{3}$ Butter, oder, je nachdem die Miſchung eine Abwech-
ſelung bezweckt, aus $\frac{1}{3}$ Butter und $\frac{2}{3}$ Mehl be-
ſtehen. Der Himmel bewahre auch Jeden vor ihren
naiven Gemüſen, die ſie in Waſſer abgekocht, ganz
wie Gott ſie erſchaffen hat, auf den Tiſch bringen.
Entſetzlicher noch als die Küche der Engländer ſind
ihre Toaſte und ihre obligaten Standreden, wenn

das Tischtuch ·aufgehoben wird und die Damen
sich von der Tafel wegbegeben, und statt ihrer eben
so viele Bouteillen Portwein aufgetragen werden
. . . denn durch letztere glauben sie die Abwesen=
heit des schönen Geschlechtes aufs beste zu ersetzen.
Ich sage des schönen Geschlechtes, denn die Eng=
länderinnen verdienen diesen Namen. Es sind schöne,
weiße, schlanke Leiber. Nur der allzubreite Raum
zwischen der Nase und dem Munde, der bei ihnen
eben so häufig wie bei den englischen Männern
gefunden wird, hat mir oft in England die schönsten
Gesichter verleidet. Diese Abweichung von dem
Typus des Schönen wirkt auf mich noch fataler,
wenn ich die Engländer hier in Italien sehe, wo
ihre kärglich gemessenen Nasen und die breite Fleisch=
fläche, die sich darunter bis zum Maule erstreckt,
einen desto schrofferen Kontrast bildet mit den Ge=
sichtern der Italiäner, deren Züge mehr von antiker
Regelmäßigkeit sind, und deren Nasen, entweder
römisch gezogen oder griechisch gesenkt, nicht selten
ins Allzulängliche ausarten. Sehr richtig ist die
Bemerkung eines deutschen Reisenden, daß die Eng=
länder, wenn sie hier unter den Italiänern wan=
deln, Alle wie Statuen aussehen, denen man die
Nasenspitze abgeschlagen hat.

Ja, wenn man den Engländern in einem fremden Lande begegnet, kann man durch den Kontrast ihre Mängel erst recht grell hervortreten sehen. Es sind die Götter der Langeweile, die in blank lackirten Wagen mit Extrapost durch alle Länder jagen, und überall eine graue Staubwolke von Traurigkeit hinter sich lassen. Dazu kommt ihre Neugier ohne Interesse, ihre gepußte Plumpheit, ihre freche Blödigkeit, ihr eckiger Egoismus, und ihre öde Freude an allen melancholischen Gegenständen. Schon seit drei Wochen sieht man hier auf der Piazza del Gran Duca alle Tage einen Engländer, welcher stundenlang mit offenem Maule jenem Charlatane zuschaut, der dort, zu Pferde sitzend, den Leuten die Zähne ausreißt. Dieses Schauspiel soll den edlen Sohn Albions vielleicht schadlos halten für die Exekutionen, die er in seinem theuern Vaterlande versäumt ... Denn nächst Boxen und Hahnenkampf giebt es für einen Britten keinen köstlicheren Anblick, als die Agonie eines armen Teufels, der ein Schaf gestohlen oder eine Handschrift nachgeahmt hat, und vor der Façade von Old-Baylie eine Stunde lang mit einem Strick um den Hals ausgestellt wird, ehe man ihn in die Ewigkeit schleudert. Es ist keine Übertreibung, wenn ich sage, daß Schafdiebstahl und Fälschung in jenem

häßlich grausamen Lande gleich den abscheulichsten
Verbrechen, gleich Vatermord und Blutschande, be=
straft werden. Ich selber, den ein trister Zufall
vorbeiführte, ich sah in London einen Menschen
hängen, weil er ein Schaf gestohlen, und seitdem
verlor ich alle Freude an Hammelbraten; das Fett
erinnert mich immer an die weiße Mütze des armen
Sünders. Neben ihm ward ein Irländer gehenkt,
der die Handschrift eines reichen Bankiers nachge=
ahmt; noch immer sehe ich die naive Todesangst
des armen Paddy, welcher vor den Assisen nicht
begreifen konnte, daß man ihn einer nachgeahmten
Handschrift wegen so hart bestrafe, ihn, der doch
jedem Menschenkind erlaube, seine eigne Handschrift
nachzuahmen! Und dieses Volk spricht beständig
von Christenthum, und versäumt des Sonntags
keine Kirche, und überschwemmt die ganze Welt
mit Bibeln.

Ich will es Ihnen gestehen, Maria, wenn mir
in England Nichts munden wollte, weder Menschen
noch Küche, so lag auch wohl zum Theile der
Grund in mir selber. Ich hatte einen guten Vor=
rath von Mißlaune mit hinübergebracht aus der
Heimat, und ich suchte Erheiterung bei einem Volke,
das selber nur im Strudel der politischen und
merkantilischen Thätigkeit seine Langeweile zu tödten

16*

weiß. Die Vollkommenheit der Maschinen, die hier
überall angewendet werden, und so viele mensch=
liche Verrichtungen übernommen, hatte ebenfalls
für mich etwas Unheimliches; dieses künstliche Ge=
triebe von Rädern, Stangen, Cylindern und tau=
senderlei kleinen Häkchen, Stiftchen und Zähnchen,
die sich fast leidenschaftlich bewegen, erfüllte mich
mit Grauen. Das Bestimmte, das Genaue, das
Ausgemessene und die Pünktlichkeit im Leben der
Engländer beängstigte mich nicht minder; denn
gleichwie die Maschinen in England uns wie Men=
schen vorkommen, so erscheinen uns dort die Men=
schen wie Maschinen. Ja, Holz, Eisen und
Messing scheinen dort den Geist des Menschen
usurpiert zu haben und vor Geistesfülle fast wahn=
sinnig geworden zu sein, während der entgeistete
Mensch als ein hohles Gespenst ganz maschinen=
mäßig seine Gewohnheitsgeschäfte verrichtet, zur
bestimmten Minute Beefstäke frißt, Parlaments=
reden hält, seine Nägel bürstet, in die Stage=Coach
steigt oder sich aufhängt.

Wie mein Mißbehagen in diesem Lande sich
täglich steigerte, können Sie sich wohl vorstellen.
Nichts aber gleicht der schwarzen Stimmung, die
mich einst befiel, als ich gegen Abendzeit auf der
Waterloo=Brücke stand und in die Wasser der

Themse hineinblickte. Mir war, als spiegelte sich
darin meine Seele, als schaute sie mir aus dem
Wasser entgegen mit allen ihren Wundenmalen ...
Dabei kamen mir die kummervollsten Geschichten
ins Gedächtnis ... Ich dachte an die Rose, die
immer mit Essig begossen worden und dadurch ihre
süßesten Düfte einbüßte und frühzeitig verwelkte
... Ich dachte an den verirrten Schmetterling,
den ein Naturforscher, der den Montblanc bestieg,
dort ganz einsam zwischen den Eiswänden umher-
flattern sah ... Ich dachte an die zahme Äffin,
die mit den Menschen so vertraut war, mit ihnen
spielte, mit ihnen speiste, aber einst bei Tische in
dem Braten, der in der Schüssel lag, ihr eignes
junges Äffchen erkannte, es hastig ergriff, damit
in den Wald eilte, und sich nie mehr unter ihren
Freunden, den Menschen, sehen ließ ... Ach, mir
ward so weh zu Muthe, daß mir gewaltsam die
heißen Tropfen aus den Augen stürzten ... Sie
fielen hinab in die Themse und schwammen fort
ins große Meer, das schon so manche Menschenthräne verschluckt hat, ohne es zu merken!

In diesem Augenblick geschah es, daß eine
sonderbare Musik mich aus meinen dunklen Träumen weckte, und als ich mich umsah, bemerkte ich
am Ufer einen Haufen Menschen, die um irgend

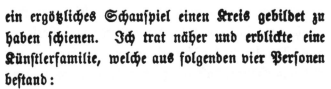

ein ergötzliches Schauspiel einen Kreis gebildet zu haben schienen. Ich trat näher und erblickte eine Künstlerfamilie, welche aus folgenden vier Personen bestand:

Erstens eine kleine untersetzte Frau, die ganz schwarz gekleidet war, einen sehr kleinen Kopf und einen mächtig dick hervortretenden Bauch hatte. Über diesen Bauch hing ihr eine ungeheuer große Trommel, worauf sie ganz unbarmherzig lostrommelte.

Zweitens ein Zwerg, der wie ein altfranzösischer Marquis ein brodiertes Kleid trug, einen großen gepuderten Kopf, aber übrigens sehr dünne, winzige Gliedmaßen hatte, und hin und her tänzelnd den Triangel schlug.

Drittens ein etwa fünfzehnjähriges junges Mädchen, welches eine kurze, enganliegende Jacke von blaugestreifter Seide und weite, ebenfalls blaugestreifte Pantalons trug. Es war eine luftig gebaute, anmuthige Gestalt. Das Gesicht griechisch schön. Edel grade Nase, lieblich geschürzte Lippen, träumerisch weich gerundetes Kinn, die Farbe sonnig gelb, die Haare glänzend schwarz um die Schläfen gewunden: so stand sie, schlank und ernsthaft, ja mißlaunig, und schaute auf die vierte Person der Gesellschaft, welche eben ihre Kunststücke producierte.

Diese vierte Person war ein gelehrter Hund, ein sehr hoffnungsvoller Pudel, und er hatte eben zur höchsten Freude des englischen Publikums aus den Holzbuchstaben, die man ihm vorgelegt, den Namen des Lord Wellington zusammengesetzt und ein sehr schmeichelhaftes Beiwort, nämlich Heros, hinzugefügt. Da der Hund, was man schon seinem geistreichen Äußern anmerken konnte, kein englisches Vieh war, sondern nebst den anderen drei Personen aus Frankreich hinübergekommen, so freuten sich Albions Söhne, daß ihr großer Feldherr wenigstens bei französischen Hunden jene Anerkennung erlangt habe, die ihm von den übrigen Kreaturen Frankreichs so schmählich versagt wird.

In der That, diese Gesellschaft bestand aus Franzosen, und der Zwerg, welcher sich hiernächst als Monsieur Türlütü ankündigte, fing an in französischer Sprache und mit so leidenschaftlichen Gesten zu bramarbasieren, daß die armen Engländer noch weiter als gewöhnlich ihre Mäuler und Nasen aufsperrten. Manchmal nach einer langen Phrase krähte er wie ein Hahn, und diese Kikrikis, sowie auch die Namen von vielen Kaisern, Königen und Fürsten, die er seiner Rede einmischte, waren wohl das Einzige, was die armen Zuschauer verstanden. Jene Kaiser, Könige und Fürsten rühmte er näm-

lich als seine Gönner und Freunde. Schon als
Knabe von acht Jahren, wie er versicherte, hatte
er eine lange Unterredung mit der höchstseligen
Majestät Ludwig XVI., welcher auch späterhin bei
wichtigen Gelegenheiten ihn immer um Rath fragte.
Den Stürmen der Revolution war er, wie so viele
Andere, durch die Flucht entgangen, und erst unter
dem Kaiserthum war er ins geliebte Vaterland
zurückgekehrt, um theilzunehmen an dem Ruhme der
großen Nation. Napoleon, sagte er, habe ihn nie
geliebt, dagegen von Seiner Heiligkeit dem Papste
Pius VII. sei er fast vergöttert worden. Der
Kaiser Alexander gab ihm Bonbons, und die Prinzessin Wilhelm von Kyritz nahm ihn immer auf
den Schoß. Seine Durchlaucht der Herzog Karl
von Braunschweig ließ ihn manchmal auf seinen
Hunden umherreiten, und Seine Majestät der
König Ludwig von Baiern hatte ihm seine erhabenen
Gedichte vorgelesen. Die Fürsten von Reuß-Schleiz-
Kreuz und von Schwarzburg-Sondershausen liebten
ihn wie einen Bruder, und hatten immer aus derselben Pfeife mit ihm geraucht. Ja, von Kindheit
auf, sagte er, habe er unter lauter Souveränen
gelebt, die jetzigen Monarchen seien gleichsam mit
ihm aufgewachsen, und er betrachte sie wie Seines-
gleichen, und er lege auch jedes Mal Trauer an,

wenn Einer von ihnen das Zeitliche segne. Nach
diesen gravitätischen Worten krähte er wie ein Hahn.

Monsieur Türlütü war in der That einer der
kuriosesten Zwerge, die ich je gesehen; sein verrun=
zelt altes Gesicht bildete einen so putzigen Kontrast
mit seinem kindisch schmalen Leibchen, und seine
ganze Person kontrastierte wieder so putzig mit den
Kunststücken, die er producierte. Er warf sich näm=
lich in die keckesten Posituren, und mit einem un=
menschlich langen Rappiere durchstach er die Luft
die Kreuz und die Quer, während er beständig bei
seiner Ehre schwur, daß diese Quarte oder jene
Terze von Niemanden zu parieren sei, daß hin=
gegen seine Parade von keinem sterblichen Menschen
durchgeschlagen werden könne, und daß er Jeden
im Publikum auffordere, sich mit ihm in der edlen
Fechtkunst zu messen. Nachdem der Zwerg dieses
Spiel einige Zeit getrieben und Niemanden gefunden
hatte, der sich zu einem öffentlichen Zweikampfe
mit ihm entschließen wollte, verbeugte er sich mit
altfranzösischer Grazie, dankte für den Beifall, den
man ihm gespendet, und nahm sich die Freiheit,
einem hochzuverehrenden Publiko das außerordent=
lichste Schauspiel anzukündigen, das jemals auf
englischem Boden bewundert worden. „Sehen Sie,
diese Person" — rief er, nachdem er schmutzige

Glacéhandschuh angezogen und das junge Mädchen, das zur Gesellschaft gehörte, mit ehrfurchtsvoller Galanterie bis in die Mitte des Kreises geführt — „diese Person ist Mademoiselle Laurence, die einzige Tochter der ehrbaren und christlichen Dame, die Sie dort mit der großen Trommel sehen, und die jetzt noch Trauer trägt wegen des Verlustes ihres innigstgeliebten Gatten, des größten Bauchredners Europas! Mademoiselle Laurence wird jetzt tanzen! Bewundern Sie jetzt den Tanz von Mademoiselle Laurence!" Nach diesen Worten krähte er wieder wie ein Hahn.

Das junge Mädchen schien weder auf diese Reden, noch auf die Blicke der Zuschauer im mindesten zu achten; verdrießlich in sich selbst versunken harrte sie, bis der Zwerg einen großen Teppich zu ihren Füßen ausgebreitet und wieder in Begleitung der großen Trommel seinen Triangel zu spielen begann. Es war eine sonderbare Musik, eine Mischung von täppischer Brummigkeit und wollüstigem Gekitzel, und ich vernahm eine pathetisch närrische, wehmüthig freche, bizarre Melodie, die dennoch von der sonderbarsten Einfachheit. Dieser Musik aber vergaß ich bald, als das junge Mädchen zu tanzen begann.

Tanz und Tänzerin nahmen faſt gewaltſam
meine ganze Aufmerkſamkeit in Anſpruch. Das
war nicht das klaſſiſche Tanzen, das wir noch in
unſeren großen Balletten finden, wo, ebenſo wie
in der klaſſiſchen Tragödie, nur geſpreizte Einheiten
und Künſtlichkeiten herrſchen; Das waren nicht
jene getanzten Alexandriner, jene deklamatoriſchen
Sprünge, jene antithetiſchen Entrechats, jene edle
Leidenſchaft, die ſo wirbelnd auf einem Fuße her-
umpirouettiert, daß man Nichts ſieht als Himmel
und Trikot, Nichts als Idealität und Lüge! Es
iſt mir wahrlich Nichts ſo ſehr zuwider wie das
Ballett in der großen Oper zu Paris, wo ſich die
Tradition jenes klaſſiſchen Tanzens am reinſten erhalten hat, während die Franzoſen in den übrigen
Künſten, in der Poeſie, in der Muſik und in der
Malerei, das klaſſiſche Syſtem umgeſtürzt haben.
Es wird ihnen aber ſchwer werden, eine ähnliche
Revolution in der Tanzkunſt zu vollbringen; es ſei
denn, daß ſie hier wieder, wie in ihrer politiſchen
Revolution, zum Terrorismus ihre Zuflucht nehmen,
und den verſtockten Tänzern und Tänzerinnen des
alten Regimes die Beine guillotinieren. Mademoiſelle Laurence war keine große Tänzerin, ihre Fuß-
ſpitzen waren nicht ſehr biegſam, ihre Beine waren
nicht geübt zu allen möglichen Verrenkungen, ſie

verstand Nichts von der Tanzkunst, wie sie Vestris
lehrt, aber sie tanzte wie die Natur den Menschen
zu tanzen gebietet: ihr ganzes Wesen war im Ein-
klange mit ihren Pas, nicht bloß ihre Füße, sondern ihr ganzer Leib tanzte, ihr Gesicht tanzte...
sie wurde manchmal blaß, fast todtenblaß, ihre
Augen öffneten sich gespenstisch weit, um ihre Lippen
zuckten Begier und Schmerz, und ihre schwarzen
Haare, die in glatten Ovalen ihre Schläfen um-
schlossen, bewegten sich wie zwei flatternde Rabenflügel. Das war in der That kein klassischer Tanz,
aber auch kein romantischer Tanz, in dem Sinne
wie ein junger Franzose von der Eugène Renduel's-
schen Schule sagen würde. Dieser Tanz hatte
weder etwas Mittelalterliches, noch etwas Vene-
tianisches, noch etwas Bucklichtes, noch etwas Ma-
kabrisches, es war weder Mondschein darin, noch
Blutschande ... Es war ein Tanz, welcher nicht
durch äußere Bewegungsformen zu amüsieren strebte,
sondern die äußeren Bewegungsformen schienen
Worte einer besonderen Sprache, die etwas Besonderes sagen wollte. Was aber sagte dieser Tanz?
Ich konnte es nicht verstehen, so leidenschaftlich auch
diese Sprache sich gebärdete. Ich ahnte nur manchmal, daß von etwas grauenhaft Schmerzlichem die
Rede war. Ich, der sonst die Signatur aller

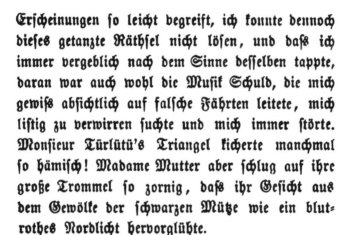

Erscheinungen so leicht begreift, ich konnte dennoch
dieses getanzte Räthsel nicht lösen, und daß ich
immer vergeblich nach dem Sinne desselben tappte,
daran war auch wohl die Musik Schuld, die mich
gewiß absichtlich auf falsche Fährten leitete, mich
listig zu verwirren suchte und mich immer störte.
Monsieur Türlütü's Triangel kicherte manchmal
so hämisch! Madame Mutter aber schlug auf ihre
große Trommel so zornig, daß ihr Gesicht aus
dem Gewölke der schwarzen Mütze wie ein blut=
rothes Nordlicht hervorglühte.

Als die Truppe sich wieder entfernt hatte,
blieb ich noch lange auf demselben Platze stehen,
und dachte darüber nach, was dieser Tanz bedeuten
mochte. War es ein südfranzösischer oder spanischer
Nationaltanz? An Dergleichen mahnte wohl der
Ungestüm, womit die Tänzerin ihr Leibchen hin
und her schleuderte, und die Wildheit, womit sie
manchmal ihr Haupt rückwärts warf in der frevel=
haft kühnen Weise jener Bacchantinnen, die wir
auf den Reliefs der antiken Vasen mit Erstaunen
betrachten. Ihr Tanz hatte dann etwas trunken
Willenloses, etwas finster Unabwendbares, etwas
Fatalistisches, sie tanzte dann wie das Schicksal.
Oder waren es Fragmente einer uralten verschollé=
nen Pantomime? Oder war es getanzte Privat=

geschichte? Manchmal beugte sich das Mädchen
zur Erde wie mit lauerndem Ohre, als hörte sie
eine Stimme, die zu ihr heraufspräche . . . sie
zitterte dann wie Espenlaub, bog rasch nach einer
anderen Seite, entlud sich dort ihrer tollsten, aus=
gelassensten Sprünge, beugte dann wieder das Ohr
zur Erde, horchte noch ängstlicher als zuvor, nickte
mit dem Kopfe, ward roth, ward blaß, schauderte,
blieb eine Weile kerzengrade stehen wie erstarrt,
und machte endlich eine Bewegung wie Jemand,
der sich die Hände wäscht. War es Blut, was sie
so sorgfältig lange, so grauenhaft sorgfältig von
ihren Händen abwusch? Sie warf dabei seitwärts
einen Blick, der so bittend, so flehend, so seelen=
schmelzend . . . und dieser Blick fiel zufällig auf mich.

Die ganze folgende Nacht dachte ich an diesen
Blick, an diesen Tanz, an das abenteuerliche Accom=
pagnement; und als ich des anderen Tages, wie
gewöhnlich, durch die Straßen von London schlen=
derte, empfand ich den sehnlichsten Wunsch, der
hübschen Tänzerin wieder zu begegnen, und ich
spitzte immer die Ohren, ob ich nicht irgend eine
Trommel= und Triangelmusik hörte. Ich hatte end=
lich in London Etwas gefunden, wofür ich mich
interessierte, und ich wanderte nicht mehr zwecklos
einher in seinen gähnenden Straßen.

Ich kam eben aus dem Tower und hatte mir
dort die Axt, womit Anna Bullen geköpft worden,
genau betrachtet, sowie auch die Diamanten der
englischen Krone und die Löwen, als ich auf dem
Towerplatze inmitten eines großen Menschenkreises
wieder Madame Mutter mit der großen Trommel
erblickte und Monsieur Türlütü wie einen Hahn
krähen hörte. Der gelehrte Hund scharrte wieder
das Heldenthum des Lord Wellington zusammen,
der Zwerg zeigte wieder seine unparierbaren Terzen
und Quarten, und Mademoiselle Laurence begann
wieder ihren wunderbaren Tanz. Es waren wieder
dieselben räthselhaften Bewegungen, dieselbe Sprache,
die Etwas sagte, was ich nicht verstand, dasselbe
ungestüme Zurückwerfen des schönen Kopfes, dasselbe Lauschen nach der Erde, die Angst, die sich
durch immer tollere Sprünge beschwichtigen will,
und wieder das Horchen mit nach dem Boden geneigtem Ohr, das Zittern, das Erblassen, das Er-
starren, dann auch das furchtbar geheimnisvolle
Händewaschen, und endlich der bittende, flehende
Seitenblick, der diesmal noch länger auf mir ver-
weilte.

Ja, die Weiber, die jungen Mädchen eben so
gut wie die Frauen, merken es gleich, sobald sie die
Aufmerksamkeit eines Mannes erregen. Obgleich

Mademoiselle Laurence, wenn sie nicht tanzte, immer
regungslos verdrießlich vor sich hinsah und, während sie tanzte, manchmal nur einen einzigen Blick
auf das Publikum warf, so war es von jetzt an
doch nie mehr bloßer Zufall, daß dieser Blick
immer auf mich fiel, und je öfter ich sie tanzen
sah, desto bedeutungsvoller strahlte er, aber auch
desto unbegreiflicher. Ich war wie verzaubert von
diesem Blicke, und drei Wochen lang von Morgen
bis Abend trieb ich mich umher in den Straßen
von London, überall verweilend, wo Mademoiselle
Laurence tanzte. Trotz des größten Volksgeräusches
konnte ich schon in der weitesten Entfernung die
Töne der Trommel und des Triangels vernehmen,
und Monsieur Türlütü, sobald er mich heraneilen
sah, erhub sein freundlichstes Krähen. Ohne daß
ich mit ihm, noch mit Mademoiselle Laurence, noch
mit Madame Mutter, noch mit dem gelehrten Hund
jemals ein Wort sprach, so schien ich doch am Ende
ganz zu ihrer Gesellschaft zu gehören. Wenn Monsieur Türlütü Geld einsammelte, betrug er sich immer
mit dem feinsten Takt, sobald er mir nahete, und
er schaute immer nach der entgegengesetzten Seite,
wenn ich in sein dreieckiges Hütchen ein kleines
Geldstück warf. Er besaß wirklich einen vornehmen
Anstand, er erinnerte an die guten Manieren der

Vergangenheit, man konnte es dem kleinen Manne anmerken, daß er mit Monarchen aufgewachsen, und um so befremdlicher war es, wenn er zuweilen, ganz und gar seiner Würde vergessend, wie ein Hahn krähete.

Ich kann Ihnen nicht beschreiben, wie sehr ich verdrießlich wurde, als ich einst drei Tage lang vergebens die kleine Gesellschaft in allen Straßen London's gesucht, und endlich wohl merkte, daß sie die Stadt verlassen habe. Die Langeweile nahm mich wieder in ihre bleiernen Arme und preßte mir wieder das Herz zusammen. Ich konnte es endlich nicht länger aushalten, sagte ein Lebewohl dem Mob, den Blackguards, den Gentlemen und den Fashionables von England, den vier Ständen des Reichs, und reiste zurück nach dem civilisierten festen Lande, wo ich vor der weißen Schürze des ersten Kochs, dem ich dort begegnete, anbetend niederkniete. Hier konnte ich wieder einmal wie ein vernünftiger Mensch zu Mittag essen und an der Gemüthlichkeit uneigennütziger Gesichter meine Seele erquicken. Aber Mademoiselle Laurence konnte ich nimmermehr vergessen, sie tanzte lange Zeit in meinem Gedächtnisse, in einsamen Stunden mußte ich noch oft nachdenken über die räthselhaften Pantomimen des schönen Kindes, beson-

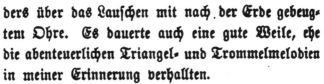

ders über das Lauschen mit nach der Erde gebeugtem Ohre. Es dauerte auch eine gute Weile, ehe
die abenteuerlichen Triangel- und Trommelmelodien
in meiner Erinnerung verhallten.

Und Das ist die ganze Geschichte? schrie auf
einmal Maria, indem sie sich leidenschaftlich empor-
richtete.

Maximilian aber drückte sie wieder sanft nieder, legte bedeutungsvoll den Zeigefinger auf seinen
Mund und flüsterte: Still! still! nur kein Wort
gesprochen! liegen Sie wieder hübsch ruhig, und
ich werde Ihnen den Schwanz der Geschichte erzählen. Nur bei Leibe unterbrechen Sie mich nicht.

Indem er sich noch etwas gemächlicher in
seinem Sessel zurücklehnte, fuhr Maximilian folgendermaßen fort in seiner Erzählung:

Fünf Jahre nach diesem Begebnis kam ich
zum ersten Male nach Paris, und zwar in einer
sehr merkwürdigen Periode. Die Franzosen hatten
so eben ihre Juliusrevolution aufgeführt, und die
ganze Welt applaudierte. Dieses Stück war nicht
so gräßlich wie die früheren Tragödien der Republik
und des Kaiserreichs. Nur einige tausend Leichen
blieben auf dem Schauplatz. Auch waren die politischen Romantiker nicht sehr zufrieden und kün-
digten ein neues Stück an, worin mehr Blut

fließen würde und wo der Henker mehr zu thun
bekäme.

Paris ergötzte mich sehr durch die Heiterkeit,
die sich in allen Erscheinungen dort kundgiebt und
auch auf ganz verdüsterte Gemüther ihren Einfluß
ausübt. Sonderbar! Paris ist der Schauplatz, wo
die größten Tragödien der Weltgeschichte aufgeführt
werden, Tragödien, bei deren Erinnerung sogar in
den entferntesten Ländern die Herzen zittern und
die Augen naß werden; aber dem Zuschauer dieser
großen Tragödien ergeht es hier in Paris, wie es
mir einst an der Porte Saint-Martin erging, als
ich die „Tour de Nesle“ aufführen sah. Ich kam
nämlich hinter eine Dame zu sitzen, die einen Hut
von rosarother Gaze trug, und dieser Hut war so
breit, daß er mir die ganze Aussicht auf die Bühne
versperrte, daß ich Alles, was dort tragiert wurde,
nur durch die rothe Gaze dieses Hutes sah, und
daß mir also alle Greuel der „Tour de Nesle“ im
heitersten Rosenlichte erschienen. Ja, es giebt in
Paris ein solches Rosenlicht, welches alle Tragödien für den nahen Zuschauer erheitert, damit ihm
dort der Lebensgenuß nicht verleidet wird. Sogar
die Schrecknisse, die man im eignen Herzen mitge-
bracht hat nach Paris, verlieren dort ihre beäng-
stigenden Schauer. Die Schmerzen werden sonder-

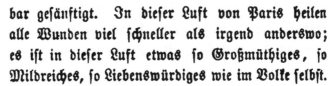

bar gefänftigt. In diefer Luft von Paris heilen alle Wunden viel fchneller als irgend anderswo; es ift in diefer Luft etwas fo Großmüthiges, fo Mildreiches, fo Liebenswürdiges wie im Volke felbft.

Was mir am beften an diefem Parifer Volke gefiel, Das war fein höfliches Wefen und fein vornehmes Anfehen. Süßer Ananasduft der Höflichkeit! wie wohlthätig erquickteft du meine kranke Seele, die in Deutfchland fo viel Tabaksqualm, Sauerkrautsgeruch und Grobheit eingefchluckt! Wie Roffini'fche Melodien erklangen in meinem Ohr die artigen Entfchuldigungsreden eines Franzofen, der am Tage meiner Ankunft mich auf der Straße nur leife geftoßen hatte. Ich erfchrak faft vor folcher füßen Höflichkeit, ich, der ich an deutfch flegelhafte Rippenftöße ohne Entfchuldigung gewöhnt war. Während der erften Woche meines Aufenthalts in Paris fuchte ich vorfätzlich einigemal geftoßen zu werden, bloß um mich an diefer Mufik der Entfchuldigungsreden zu erfreuen. Aber nicht bloß wegen diefer Höflichkeit, fondern auch fchon feiner Sprache wegen hatte für mich das franzöfifche Volk einen gewiffen Anftrich von Vornehmheit. Denn, wie Sie wiffen, bei uns im Norden gehört die franzöfifche Sprache zu den Attributen des hohen Adels, mit Franzöfifch=fprechen hatte ich von Kindheit an

die Idee der Vornehmheit verbunden. Und so eine
Pariſer Dame de la Halle ſprach beſſer Franzö-
ſiſch als eine deutſche Stiftsdame von vierundſechzig
Ahnen.

Wegen dieſer Sprache, die ihm ein vornehmes
Anſehen verleiht, hatte das franzöſiſche Volk in
meinen Augen etwas allerliebſt Fabelhaftes. Dieſes
entſprang aus einer anderen Reminiscenz meiner
Kindheit. Das erſte Buch nämlich, worin ich Franzöſiſch leſen lernte, waren die Fabeln von Lafontaine; die naiv vernünftigen Redensarten derſelben
hatten ſich meinem Gedächtniſſe am unauslöſch-
lichſten eingeprägt, und als ich nun nach Paris kam
und überall Franzöſiſch ſprechen hörte, erinnerte ich
mich beſtändig der Lafontaine'ſchen Fabeln, ich
glaubte immer die wohlbekannten Thierſtimmen zu
hören; jetzt ſprach der Löwe, dann wieder ſprach
der Wolf, dann das Lamm oder der Storch oder
die Taube, nicht ſelten vermeinte ich auch den Fuchs
zu vernehmen, und in meiner Erinnerung erwachten
manchmal die Worte:

Eh! bonjour, monsieur du Corbeau!
Que vous êtes joli! que vous me semblez beau!

Solche fabelhafte Reminiscenzen erwachten aber
in meiner Seele noch viel öfter, wenn ich zu Paris

in jene höhere Region gerieth, welche man die Welt
nennt. Dieses war ja eben jene Welt, die dem
seligen Lafontaine die Typen seiner Thiercharaktere
geliefert hatte. Die Wintersaison begann bald nach
meiner Ankunft in Paris, und ich nahm Theil an
dem Salonleben, worin sich jene Welt mehr oder
minder lustig herumtreibt. Als das Interessanteste
dieser Welt frappierte mich nicht sowohl die Gleichheit der feinen Sitten, die dort herrscht, sondern
vielmehr die Verschiedenheit ihrer Bestandtheile.
Manchmal, wenn ich mir in einem großen Salon
die Menschen betrachtete, die sich dort friedlich versammelt, glaubte ich mich in jenen Raritätenboutiken
zu befinden, wo die Reliquien aller Zeiten kunter-
bunt neben einander ruhen: ein griechischer Apollo
neben einer chinesischen Pagode, ein mexikanischer
Vizlipuzli neben einem gothischen Ecce-homo, ägyptische Götzen mit Hundköpfchen, heilige Fratzen von
Holz, von Elfenbein, von Metall u. s. w. Da sah
ich alte Mousquetairs, die einst mit Marie Antoi-
nette getanzt, Republikaner von der gelinden Ob-
servanz, die in der Assemblée Nationale vergöttert
wurden, Montagnards ohne Barmherzigkeit und
ohne Flecken, ehemalige Direktorialmänner, die im
Luxembourg gethront, Großwürdenträger des Empires, vor denen ganz Europa gezittert, herrschende

Jesuiten der Restauration, kurz lauter abgefärbte, ver=
stümmelte Gottheiten aus allen Zeitaltern, und woran
Niemand mehr glaubt. Die Namen heulen, wenn sie
sich berühren, aber die Menschen sieht man friedsam
und freundlich neben einander stehen, wie die An=
tiquitäten in den erwähnten Boutiken des Quai
Voltaire. In germanischen Landen, wo die Leiden=
schaften weniger disciplinirbar sind, wäre ein ge=
sellschaftliches Zusammenleben so heterogener Per=
sonen etwas ganz Unmögliches. Auch ist bei uns
im kalten Norden das Bedürfnis des Sprechens
nicht so stark wie im wärmeren Frankreich, wo die
größten Feinde, wenn sie sich in einem Salon be=
gegnen, nicht lange ein finsteres Stillschweigen beob=
achten können. Auch ist in Frankreich die Gefall=
sucht so groß, daß man eifrig dahin strebt, nicht
bloß den Freunden, sondern auch den Feinden zu
gefallen. Da ist ein beständiges Drapieren und
Minaudieren, und die Weiber haben hier ihre liebe
Mühe, die Männer in der Koketterie zu übertreffen;
aber es gelingt ihnen dennoch.

Ich will mit dieser Bemerkung nichts Böses
gemeint haben, bei Leibe nichts Böses in Betreff
der französischen Frauen, und am allerwenigsten
in Betreff der Pariserinnen. Bin ich doch der
größte Verehrer Derselben, und ich verehre sie ihrer

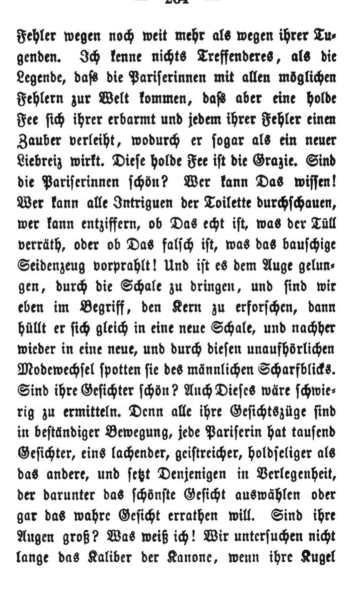

Fehler wegen noch weit mehr als wegen ihrer Tu-
genden. Ich kenne nichts Treffenderes, als die
Legende, daß die Pariserinnen mit allen möglichen
Fehlern zur Welt kommen, daß aber eine holde
Fee sich ihrer erbarmt und jedem ihrer Fehler einen
Zauber verleiht, wodurch er sogar als ein neuer
Liebreiz wirkt. Diese holde Fee ist die Grazie. Sind
die Pariserinnen schön? Wer kann Das wissen!
Wer kann alle Intriguen der Toilette durchschauen,
wer kann entziffern, ob Das echt ist, was der Tüll
verräth, oder ob Das falsch ist, was das bauschige
Seidenzeug vorprahlt! Und ist es dem Auge gelungen, durch die Schale zu bringen, und sind wir
eben im Begriff, den Kern zu erforschen, dann
hüllt er sich gleich in eine neue Schale, und nachher
wieder in eine neue, und durch diesen unaufhörlichen
Modewechsel spotten sie des männlichen Scharfblicks.
Sind ihre Gesichter schön? Auch Dieses wäre schwie-
rig zu ermitteln. Denn alle ihre Gesichtszüge sind
in beständiger Bewegung, jede Pariserin hat tausend
Gesichter, eins lachender, geistreicher, holdseliger als
das andere, und setzt Denjenigen in Verlegenheit,
der darunter das schönste Gesicht auswählen oder
gar das wahre Gesicht errathen will. Sind ihre
Augen groß? Was weiß ich! Wir untersuchen nicht
lange das Kaliber der Kanone, wenn ihre Kugel

uns den Kopf entführt. Und wen sie nicht treffen,
diese Augen, den blenden sie wenigstens durch ihr
Feuer, und er ist froh genug, sich in sicherer Schuß=
weite zu halten. Ist der Raum zwischen Nase und
Mund bei ihnen breit oder schmal? Manchmal ist
er breit, wenn sie die Nase rümpfen; manchmal
ist er schmal, wenn ihre Oberlippe sich übermüthig
bäumt. Ist ihr Mund groß oder klein? Wer kann
wissen, wo der Mund aufhört und das Lächeln
beginnt? Damit ein richtiges Urtheil gefällt werde,
muß der Beurtheilende und der Gegenstand der
Beurtheilung sich im Zustande der Ruhe befinden.
Aber wer kann ruhig bei einer Pariserin sein und
welche Pariserin ist jemals ruhig? Es giebt Leute,
welche glauben, sie könnten den Schmetterling ganz
genau betrachten, wenn sie ihn mit einer Nadel
aufs Papier festgestochen haben. Das ist eben so
thöricht wie grausam. Der angeheftete, ruhige
Schmetterling ist kein Schmetterling mehr. Den
Schmetterling muß man betrachten, wenn er um
die Blumen gaukelt . . . und die Pariserin muß
man betrachten, nicht in ihrer Häuslichkeit, wo sie
mit der Nadel in der Brust befestigt ist, sondern
im Salon, bei Soiréen und Bällen, wenn sie mit
den gestickten Gaze= und Seidenflügeln dahinflattert
unter den blitzenden Krystallkronen der Freude!

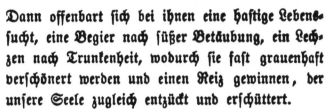

Dann offenbart sich bei ihnen eine hastige Lebens-
sucht, eine Begier nach süßer Betäubung, ein Lech-
zen nach Trunkenheit, wodurch sie fast grauenhaft
verschönert werden und einen Reiz gewinnen, der
unsere Seele zugleich entzückt und erschüttert.

Dieser Durst, das Leben zu genießen, als
wenn in der nächsten Stunde der Tod sie schon
abriefe von der sprudelnden Quelle des Genusses,
oder als wenn diese Quelle in der nächsten Stunde
schon versiegt sein würde, diese Hast, diese Wuth,
dieser Wahnsinn der Pariserinnen, wie er sich besonders auf Bällen zeigt, mahnt mich immer an
die Sage von den tobten Tänzerinnen, die man bei
uns die Willis nennt. Diese sind nämlich junge
Bräute, die vor dem Hochzeittage gestorben sind,
aber die unbefriedigte Tanzlust so gewaltig im Herzen bewahrt haben, daß sie nächtlich aus ihren
Gräbern hervorsteigen, sich schaarenweis an den Land-
straßen versammeln, und sich dort während der
Mitternachtsstunde den wildesten Tänzen überlassen.
Geschmückt mit ihren Hochzeitkleidern, Blumen-
kränze auf den Häuptern, funkelnde Ringe an den
bleichen Händen, schauerlich lachend, unwiderstehlich
schön, tanzen die Willis im Mondschein, und sie
tanzen immer um so tobsüchtiger und ungestümer,
je mehr sie fühlen, daß die vergönnte Tanzstunde

zu Ende rinnt, und sie wieder hinabsteigen müssen
in die Eiskälte des Grabes.

Es war auf einer Soirée in der Chaussée
d'Antin, wo mir diese Betrachtung recht tief die
Seele bewegte. Es war eine glänzende Soirée,
und Nichts fehlte an den herkömmlichen Ingre-
dienzen des gesellschaftlichen Vergnügens: genug
Licht um beleuchtet zu werden, genug Spiegel um
sich betrachten zu können, genug Menschen um sich
heiß zu drängen, genug Zuckerwasser und Eis um
sich abzukühlen. Man begann mit Musik. Franz
Liszt hatte sich ans Fortepiano drängen lassen,
strich seine Haare aufwärts über die geniale Stirn,
und lieferte eine seiner brillantesten Schlachten.
Die Tasten schienen zu bluten. Wenn ich nicht
irre, spielte er eine Passage aus den Palingene-
sieen von Ballanche, dessen Ideen er in Musik
übersetzte, was sehr nützlich für Diejenigen, welche
die Werke dieses berühmten Schriftstellers nicht im
Originale lesen können. Nachher spielte er den
Gang nach der Hinrichtung, la marche au sup-
plice, von Berlioz, das treffliche Stück, welches
dieser junge Musiker, wenn ich nicht irre, am Morgen seines Hochzeitstages komponiert hat. Im ganzen Saale erblassende Gesichter, wogende Busen,
leises Athmen während der Pausen, endlich tobender

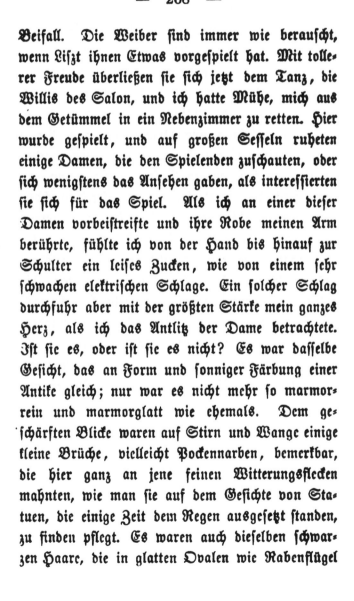

Beifall. Die Weiber sind immer wie berauscht,
wenn Liszt ihnen Etwas vorgespielt hat. Mit toller-
rer Freude überließen sie sich jetzt dem Tanz, die
Willis des Salon, und ich hatte Mühe, mich aus
dem Getümmel in ein Nebenzimmer zu retten. Hier
wurde gespielt, und auf großen Sesseln ruheten
einige Damen, die den Spielenden zuschauten, oder
sich wenigstens das Ansehen gaben, als interessirten
sie sich für das Spiel. Als ich an einer dieser
Damen vorbeistreifte und ihre Robe meinen Arm
berührte, fühlte ich von der Hand bis hinauf zur
Schulter ein leises Zucken, wie von einem sehr
schwachen elektrischen Schlage. Ein solcher Schlag
durchfuhr aber mit der größten Stärke mein ganzes
Herz, als ich das Antlitz der Dame betrachtete.
Ist sie es, oder ist sie es nicht? Es war dasselbe
Gesicht, das an Form und sonniger Färbung einer
Antike gleich; nur war es nicht mehr so marmor-
rein und marmorglatt wie ehemals. Dem ge-
schärften Blicke waren auf Stirn und Wange einige
kleine Brüche, vielleicht Pockennarben, bemerkbar,
die hier ganz an jene feinen Witterungsflecken
mahnten, wie man sie auf dem Gesichte von Statuen, die einige Zeit dem Regen ausgesetzt standen,
zu finden pflegt. Es waren auch dieselben schwarzen Haare, die in glatten Ovalen wie Rabenflügel

die Schläfen bedeckten. Als aber ihr Auge dem
meinigen begegnete, und zwar mit jenem wohlbe=
kannten Seitenblick, deſſen raſcher Blitz mir immer
ſo räthſelhaft durch die Seele ſchoſſ, da zweifelte
ich nicht länger — es war Mademoiſelle Laurence.

Vornehm hingeſtreckt in ihrem Seſſel, in der
einen Hand einen Blumenſtrauß, mit der anderen
geſtützt auf der Armlehne, ſaß Mademoiſelle Lau=
rence unfern eines Spieltiſches, und ſchien dort
dem Wurf der Karten ihre ganze Aufmerkſamkeit
zu widmen. Vornehm und zierlich war ihr Anzug,
aber dennoch ganz einfach, von weißem Atlas.
Außer Armbändern und Bruſtnadeln von Perlen
trug ſie keinen Schmuck. Eine Fülle von Spitzen
bedeckte den jugendlichen Buſen, bedeckte ihn faſt
puritaniſch bis am Halſe, und in dieſer Einfachheit
und Zucht der Bekleidung bildete ſie einen rührend
lieblichen Kontraſt mit einigen älteren Damen, die
buntgeputzt und diamantenblitzend neben ihr ſaßen,
und die Ruinen ihrer ehemaligen Herrlichkeit, die
Stelle, wo einſt Troja ſtand, melancholiſch nackt
zur Schau trugen. Sie ſah noch immer wunder=
ſchön und entzückend verdrießlich aus, und es zog
mich unwiderſtehbar zu ihr hin, und endlich ſtand
ich hinter ihrem Seſſel, brennend vor Begier mit

ihr zu sprechen, jedoch zurückgehalten von zagender Delikateſſe.

Ich mochte wohl ſchon einige Zeit ſchweigend hinter ihr geſtanden haben, als ſie plötzlich aus ihrem Bouquet eine Blume zog und, ohne ſich nach mir umzuſehen, über ihre Schulter hinweg mir dieſe Blume hinreichte. Sonderbar war der Duft dieſer Blume, und er übte auf mich eine eigenthümliche Verzauberung. Ich fühlte mich entrückt aller geſellſchaftlichen Förmlichkeit, und mir war wie in einem Traume, wo man Allerlei thut und ſpricht, worüber man ſich ſelber wundert, und wo unſere Worte einen gar kindiſch traulichen und einfachen Charakter tragen. Ruhig, gleichgültig, nachläſſig, wie man es bei alten Freunden zu thun pflegt, beugte ich mich über die Lehne des Seſſels, und flüſterte der jungen Dame ins Ohr:

Mademoiſelle Laurence, wo iſt denn die Mutter mit der Trommel?

„Sie iſt todt,“ antwortete ſie in demſelben Tone, eben ſo ruhig, gleichgültig, nachläſſig.

Nach einer kurzen Pauſe beugte ich mich wieder über die Lehne des Seſſels und flüſterte der jungen Dame ins Ohr: Mademoiſelle Laurence, wo iſt denn der gelehrte Hund?

„Er ist fortgelaufen in die weite Welt," antwortete sie wieder in demselben ruhigen, gleichgültigen, nachläſſigen Tone.

Und wieder nach einer kurzen Pauſe beugte
ich mich über die Lehne des Seſſels und flüſterte
der jungen Dame ins Ohr: Mademoiſelle Laurence,
wo iſt denn Monſieur Türlütü, der Zwerg?

„Er iſt bei den Rieſen auf dem Boulevard
du Temple," antwortete ſie. Sie hatte aber kaum
dieſe Worte geſprochen, und zwar wieder in demſelben ruhigen, gleichgültigen, nachläſſigen Tone,
als ein ernſter alter Mann von hoher militäri-
ſcher Geſtalt zu ihr hintrat und ihr meldete, daß
ihr Wagen vorgefahren ſei. Langſam von ihrem
Sitze ſich erhebend, hing ſie ſich Jenem an den
Arm, und ohne auch nur einen Blick auf mich
zurückzuwerfen, verließ ſie mit ihm die Geſellſchaft.

Als ich die Dame des Hauſes, die den ganzen Abend am Eingange des Hauptſaales ſtand und
den Ankommenden und Fortgehenden ihr Lächeln
präſentierte, um den Namen der jungen Perſon
befragte, die ſo eben mit dem alten Manne fort-
gegangen, lachte ſie mir heiter ins Geſicht und rief:
„Mein Gott! wer kann alle Menſchen kennen! ich
kenne ihn eben ſo wenig . . ." Sie ſtockte, denn
ſie wollte gewiß ſagen, eben ſo wenig wie mich

eine Artigkeit sagte. Auch wunderte er sich nicht
wenig, daß sie seine Einladung zu einer Contre-
danse immer abgelehnt, und zwar mit der Versiche-
rung, sie verstünde nicht zu tanzen. Namen und
Verhältnisse kannte er nicht. Und Niemand, so viel
ich mich auch erkundigte, wußte mir hierüber etwas
Näheres mitzutheilen. Vergebens rann ich durch
alle möglichen Soiréen, nirgends konnte ich Mademoiselle Laurence wiederfinden.

Und Das ist die ganze Geschichte? — rief
Maria, indem sie sich langsam umdrehte und schläf-
rig gähnte — Das ist die ganze merkwürdige Geschichte? Und Sie haben weder Mademoiselle
Laurence, noch die Mutter mit der Trommel, noch
den Zwerg Türlütü, und auch nicht den gelehrten
Hund jemals wiedergesehn?

Bleiben Sie ruhig liegen, versetzte Maximilian. Ich habe sie Alle wiedergesehen, sogar den
gelehrten Hund. Er befand sich freilich in einer
sehr schlimmen Noth, der arme Schelm, als ich
ihm zu Paris begegnete. Es war im Quartier
Latin. Ich kam eben der Sorbonne vorbei, und
aus den Pforten derselben stürzte ein Hund, und
hinter ihm drein mit Stöcken ein Dutzend Studenten, zu denen sich bald zwei Dutzend alte Weiber
gesellten, die Alle im Chorus schrieen: Der Hund

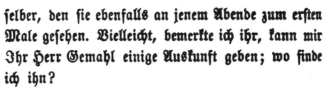

selber, den sie ebenfalls an jenem Abende zum ersten
Male gesehen. Vielleicht, bemerkte ich ihr, kann mir
Ihr Herr Gemahl einige Auskunft geben; wo finde
ich ihn?

„Auf der Jagd bei Saint-Germain," antwortete die Dame mit noch stärkerem Lachen, „er ist
heute in der Frühe abgereist und kehrt erst morgen
Abend zurück... Aber warten Sie, ich kenne Jemanden, der mit der Dame, wonach Sie sich erkundigen, viel gesprochen hat, ich weiß nicht seinen
Namen, aber Sie können ihn leicht erfragen, wenn
sie sich nach dem jungen Menschen erkundigen, dem
Herr Casimir Perrier einen Fußtritt gegeben hat,
ich weiß nicht wo."

So schwer es auch ist, einen Menschen daran
zu erkennen, daß er vom Minister einen Fußtritt
erhalten, so hatte ich doch meinen Mann bald aus-
findig gemacht, und ich verlangte von ihm nähere
Aufklärung über das sonderbare Geschöpf, das mich
so sehr interessierte und das ich ihm deutlich genug
zu bezeichnen wußte. „Ja," sagte der junge Mensch,
„ich kenne sie ganz genau, ich habe auf mehren
Soiréen mit ihr gesprochen" — und er wiederholte mir eine Menge nichtssagender Dinge, womit
er sie unterhalten. Was ihm besonders aufgefallen,
war ihr ernsthafter Blick, jedesmal wenn er ihr

eine Artigkeit sagte. Auch wunderte er sich nicht
wenig, daß sie seine Einladung zu einer Contre-
danse immer abgelehnt, und zwar mit der Versiche-
rung, sie verstünde nicht zu tanzen. Namen und
Verhältnisse kannte er nicht. Und Niemand, so viel
ich mich auch erkundigte, wußte mir hierüber etwas
Näheres mitzutheilen. Vergebens rann ich durch
alle möglichen Soiréen, nirgends konnte ich Mademoiselle Laurence wiederfinden.

Und Das ist die ganze Geschichte? — rief
Maria, indem sie sich langsam umdrehte und schläf-
rig gähnte — Das ist die ganze merkwürdige Geschichte? Und Sie haben weder Mademoiselle
Laurence, noch die Mutter mit der Trommel, noch
den Zwerg Türlütü, und auch nicht den gelehrten
Hund jemals wiedergesehn?

Bleiben Sie ruhig liegen, versetzte Maximilian. Ich habe sie Alle wiedergesehen, sogar den
gelehrten Hund. Er befand sich freilich in einer
sehr schlimmen Noth, der arme Schelm, als ich
ihm zu Paris begegnete. Es war im Quartier
Latin. Ich kam eben der Sorbonne vorbei, und
aus den Pforten derselben stürzte ein Hund, und
hinter ihm drein mit Stöcken ein Dutzend Studenten, zu denen sich bald zwei Dutzend alte Weiber
gesellten, die Alle im Chorus schrieen: Der Hund

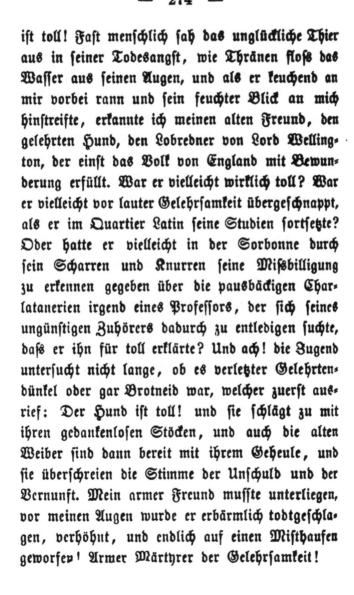

ift toll! Faft menſchlich ſah das unglückliche Thier
aus in ſeiner Todesangſt, wie Thränen floß das
Waſſer aus ſeinen Augen, und als er keuchend an
mir vorbei rann und ſein feuchter Blick an mich
hinſtreifte, erkannte ich meinen alten Freund, den
gelehrten Hund, den Lobredner von Lord Wellington, der einſt das Volk von England mit Bewunderung erfüllt. War er vielleicht wirklich toll? War
er vielleicht vor lauter Gelehrſamkeit übergeſchnappt,
als er im Quartier Latin ſeine Studien fortſetzte?
Oder hatte er vielleicht in der Sorbonne durch
ſein Scharren und Knurren ſeine Mißbilligung
zu erkennen gegeben über die pausbäckigen Char-
latanerien irgend eines Profeſſors, der ſich ſeines
ungünſtigen Zuhörers dadurch zu entledigen ſuchte,
daß er ihn für toll erklärte? Und ach! die Jugend
unterſucht nicht lange, ob es verletzter Gelehrten-
bünkel oder gar Brotneid war, welcher zuerſt ausrief: Der Hund iſt toll! und ſie ſchlägt zu mit
ihren gedankenloſen Stöcken, und auch die alten
Weiber ſind dann bereit mit ihrem Geheule, und
ſie überſchreien die Stimme der Unſchuld und der
Vernunft. Mein armer Freund mußte unterliegen,
vor meinen Augen wurde er erbärmlich todtgeſchlagen, verhöhnt, und endlich auf einen Miſthaufen
geworfen! Armer Märtyrer der Gelehrſamkeit!

Nicht viel heiterer war der Zustand des Zwergs
Monsieur Türlütü, als ich ihn auf dem Boulevard
du Temple wiederfand. Mademoiselle Laurence hatte
mir zwar gesagt, er habe sich dorthin begeben, aber
sei es, daß ich nicht daran dachte, ihn im Ernste
dort zu suchen, oder daß das Menschengewühl mich
dort daran verhinderte, genug, erst spät bemerkte
ich die Boutike, wo die Riesen zu sehen sind. Als
ich hineintrat, fand ich zwei lange Schlingel, die
müßig auf der Pritsche lagen und rasch aufsprangen
und sich in Riesenpositur vor mich hinstellten. Sie
waren wahrhaftig nicht so groß, wie sie auf ihrem
Aushängezettel prahlten. Es waren zwei lange
Schlingel, welche in Rosatrikot gekleidet gingen,
sehr schwarze, vielleicht falsche Backenbärte trugen,
und ausgehöhlte Holzkeulen über ihre Köpfe schwangen. Als ich sie nach dem Zwerg befragte, wovon
ihr Aushängezettel ebenfalls Meldung thue, erwi-
berten sie, daß er seit vier Wochen wegen seiner
zunehmenden Unpäßlichkeit nicht mehr gezeigt werde,
daß ich ihn aber dennoch sehen könne, wenn ich das
doppelte Entréegeld bezahlen wolle. Wie gern bezahlt man, um einen Freund wieder zu sehen, das
doppelte Entréegeld! Und ach! es war ein Freund,
den ich auf dem Sterbebette fand. Dieses Sterbe-
bett war eigentlich eine Kinderwiege, und darin

lag der arme Zwerg mit seinem gelb verschrumpf-
ten Greisengesicht. Ein etwa vierjähriges kleines
Mädchen saß neben ihm, und bewegte mit dem
Fuße die Wiege, und sang in lachend schäkern-
dem Tone:

Schlaf, Türlütüchen, schlafe!

Als der Kleine mich erblickte, öffnete er so
weit als möglich seine gläsern blassen Augen, und
ein wehmüthiges Lächeln zuckte um seine weißen
Lippen; er schien mich gleich wieder zu erkennen,
reichte mir sein vertrocknetes Händchen und röchelte
leise: Alter Freund!

Es war in der That ein betrübsamer Zustand,
worin ich den Mann fand, der schon im achten
Jahre mit Ludwig XVI. eine lange Unterredung
gehalten, den der Zar Alexander mit Bonbons gefüttert, den die Prinzessin von Kyritz auf dem
Schoße getragen, der auf den Hunden des Herzogs
von Braunschweig umhergeritten, dem der König
von Baiern seine Gedichte vorgelesen, der mit
deutschen Fürsten aus derselben Pfeife geraucht,
den der Papst vergöttert, und den Napoleon nie
geliebt hatte! Dieser letztere Umstand bekümmerte
den Unglücklichen noch auf seinem Todbette oder,
wie gesagt, in seiner Todeswiege, und er weinte
über das tragische Schicksal des großen Kaisers,

der ihn nie geliebt, der aber in einem so kläglichen
Zustande auf Sankt Helena geendet — „ganz wie
ich jetzt endige, setzte er hinzu, einsam, verkannt,
verlassen von allen Königen und Fürsten, ein Hohn-
bild ehemaliger Herrlichkeit!"

Obgleich ich nicht recht begriff, wie ein Zwerg,
der unter Riesen stirbt, sich mit dem Riesen, der
unter Zwergen gestorben, vergleichen konnte, so
rührten mich doch die Worte des armen Türlütü
und gar sein verlassener Zustand in der Sterbe-
stunde. Ich konnte nicht umhin, meine Verwunderung zu bezeugen, daß Mademoiselle Laurence, die
jetzt so vornehm geworden, sich nicht um ihn be-
kümmere. Kaum hatte ich aber diesen Namen genannt, so bekam der Zwerg in der Wiege die
furchtbarsten Krämpfe, und mit seinen weißen Lippen wimmerte er: „Undankbares Kind! das ich
auferzogen, das ich zu meiner Gattin erheben wollte,
dem ich gelehrt, wie man sich unter den Großen
dieser Welt bewegen und gebärden muß, wie man
lächelt, wie man sich bei Hof verbeugt, wie man
repräsentiert . . . du hast meinen Unterricht gut
benutzt, und bist jetzt eine große Dame, und hast
jetzt eine Kutsche und Lakaien und viel Geld, und
viel Stolz und kein Herz. Du lässest mich hier
sterben, einsam und elend sterben, wie Napoleon

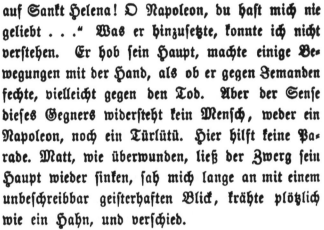

auf Sankt Helena! O Napoleon, du haft mich nie
geliebt . . ." Was er hinzusetzte, konnte ich nicht
verstehen. Er hob sein Haupt, machte einige Bewegungen mit der Hand, als ob er gegen Jemanden
fechte, vielleicht gegen den Tod. Aber der Sense
dieses Gegners widersteht kein Mensch, weder ein
Napoleon, noch ein Türlütü. Hier hilft keine Parade. Matt, wie überwunden, ließ der Zwerg sein
Haupt wieder sinken, sah mich lange an mit einem
unbeschreibbar geisterhaften Blick, krähte plötzlich
wie ein Hahn, und verschied.

Dieser Todesfall betrübte mich um so mehr,
da mir der Verstorbene keine nähere Auskunft über
Mademoiselle Laurence gegeben hatte. Wo sollte
ich sie jetzt wiederfinden? Ich war weder verliebt
in sie, noch fühlte ich sonstig große Zuneigung zu
ihr, und doch stachelte mich eine geheimnisvolle
Begier, sie überall zu suchen; wenn ich in irgend
einen Salon getreten, und die Gesellschaft gemu-
stert, und das wohlbekannte Gesicht nicht fand,
dann verlor ich bald alle Ruhe, und es trieb mich
wieder von hinnen. Über dieses Gefühl nachden-
kend, stand ich einst um Mitternacht an einem ent-
legenen Eingang der großen Oper, auf einen Wagen
wartend, und sehr verdrießlich wartend, da es eben
stark regnete. Aber es kam kein Wagen, oder viel-

mehr es kamen nur Wagen, welche anderen Leuten
gehörten, die sich vergnügt hineinsetzten, und es
wurde allmählich sehr einsam um mich her. „So
müssen Sie denn mit mir fahren," sprach endlich
eine Dame, die, tief verhüllt in ihrer schwarzen
Mantille, ebenfalls harrend einige Zeit neben mir
gestanden, und jetzt im Begriffe war, in einen
Wagen zu steigen. Die Stimme zuckte mir durchs
Herz, der wohlbekannte Seitenblick übte wieder
seinen Zauber, und ich war wieder wie im Traume,
als ich mich neben Mademoiselle Laurence in einem
weichen, warmen Wagen befand. Wir sprachen kein
Wort, hätten auch einander nicht verstehen können,
da der Wagen mit dröhnendem Geräusche durch
die Straßen von Paris dahinrasselte, sehr lange,
bis er endlich vor einem großen Thorwege stillhielt.

Bedienten in brillanter Livree leuchteten uns
die Treppe hinauf und durch eine Reihe Gemächer.
Eine Kammerfrau, die mit schläfrigem Gesichte
uns entgegenkam, stotterte unter vielen Entschul-
bigungen, daß nur im rothen Zimmer eingeheizt
sei. Indem sie der Frau einen Wink gab, sich zu
entfernen, sprach Laurence mit Lachen: „Der Zufall führt Sie heute weit, nur in meinem Schlafzimmer ist eingeheizt . . ."

In diesem Schlafzimmer, worin wir uns bald allein befanden, loderte ein sehr gutes Kaminfeuer, welches um so erfprießlicher, da das Zimmer ungeheuer groß und hoch war. Dieses große Schlafzimmer, dem vielmehr der Name Schlafsaal gebührte, hatte auch etwas sonderbar Ödes. Möbel und Dekoration, Alles trug dort das Gepräge einer Zeit, deren Glanz uns jetzt so bestäubt und deren Erhabenheit uns jetzt so nüchtern erscheint, daß ihre Reliquien bei uns ein gewisses Unbehagen, wo nicht gar ein geheimes Lächeln erregen. Ich spreche nämlich von der Zeit des Empires, von der Zeit der goldnen Adler, der hochfliegenden Federbüsche, der griechischen Koiffüren, der Gloire, der großen Tambourmajors, der militärischen Messen, der officiellen Unsterblichkeit, die der Moniteur, dekretierte, des Kontinentalkaffes, welchen man aus Cichorien verfertigte, und des schlechten Zuckers, den man aus Runkelrüben fabricierte, und der Prinzen und Herzöge, die man aus gar Nichts machte. Sie hatte aber immer ihren Reiz, diese Zeit des pathetischen Materialismus . . . Talma deklamierte, Gros malte, die Bigottini tanzte, Grassini sang, Maury predigte, Rovigo hatte die Polizei, der Kaiser las den Ossian, Pauline Borghese ließ sich mouliren als Venus, und zwar

ganz nackt, denn das Zimmer war gut geheizt, wie
das Schlafzimmer, worin ich mich mit Mademoiselle
Laurence befand.

Wir saßen am Kamin, vertraulich schwatzend,
und seufzend erzählte sie mir, daß sie verheirathet
sei an einen bonapartischen Helden, der sie alle
Abende vor dem Zubettegehn mit der Schilderung
einer seiner Schlachten erquicke; er habe ihr vor
einigen Tagen, ehe er abgereist, die Schlacht bei
Zena geliefert; er sei sehr kränklich und werde
schwerlich den russischen Feldzug überleben. Als
ich sie frug, wie lange ihr Vater todt sei, lachte
sie und gestand, daß sie nie einen Vater gekannt
habe, und daß ihre sogenannte Mutter niemals
verheirathet gewesen sei.

Nicht verheirathet! rief ich, ich habe sie ja
selber zu London wegen dem Tod ihres Mannes
in tiefster Trauer gesehen!

„O, erwiederte Laurence, sie hat während
zwölf Jahren sich immer schwarz gekleidet, um bei
den Leuten Mitleid zu erregen als unglückliche
Wittwe, nebenbei auch, um einen heirathslustigen
Gimpel anzulocken, und sie hoffte unter schwarzer
Flagge desto schneller in den Hafen der Ehe zu
gelangen. Aber nur der Tod erbarmte sich ihrer,
und sie starb an einem Blutsturz. Ich habe sie nie

geliebt, denn sie hat mir immer viel' Schläge und
Wenig zu essen gegeben. Ich wäre verhungert, wenn
mir nicht manchmal Monsieur Türlütü ein Stückchen Brot ins Geheim zusteckte; aber der Zwerg
verlangte dafür, daß ich ihn heirathe, und als seine
Hoffnungen scheiterten, verband er sich mit meiner
Mutter, ich sage „Mutter" aus Gewohnheit, und
Beide quälten mich gemeinschaftlich. Da sagten sie
immer, ich sei ein überflüssiges Geschöpf, der gelehrte Hund sei tausendmal mehr werth als ich
mit meinem schlechten Tanzen. Und sie lobten
dann den Hund auf meine Kosten, rühmten ihn
bis in den Himmel, streichelten ihn, fütterten ihn
mit Kuchen, und warfen mir die Krumen zu. Der
Hund, sagten sie, sei ihre beste Stütze, er entzücke
das Publikum, das sich für mich nicht im mindesten interessiere, der Hund müsse mich ernähren mit
seiner Arbeit, ich fräße das Gnadenbrot des Hun-
des. Der verdammte Hund!"

O, verwünschen Sie ihn nicht mehr, unterbrach ich die Zürnende, er ist jetzt todt, ich habe
ihn sterben sehen . . .

„Ist die Bestie verreckt?" rief Laurence, indem
sie aufsprang, erröthende Freude im ganzen Gesichte.

Und auch der Zwerg ist todt, setzte ich hinzu.

„Monſieur Türlütü?“ rief Laurence, ebenfalls
mit Freude. Aber dieſe Freude ſchwand allmählich
aus ihrem Geſichte, und mit einem milderen, faſt
wehmüthigen Tone ſprach ſie endlich: „Armer Türlütü!“

Als ich ihr nicht verhehlte, daß ſich der Zwerg
in ſeiner Sterbeſtunde ſehr bitter über ſie beklagt,
gerieth ſie in die leidenſchaftlichſte Bewegung, und
verſicherte mir unter vielen Betheuerungen, daß
ſie die Abſicht hatte, den Zwerg aufs beſte zu ver-
ſorgen, daß ſie ihm ein Jahrgehalt angeboten,
wenn er ſtill und beſcheiden irgendwo in der Provinz leben wolle. „Aber ehrgeizig, wie er iſt, fuhr
Laurence fort, verlangte er, in Paris zu bleiben
und ſogar in meinem Hotel zu wohnen; er könne
alsdann, meinte er, durch meine Vermittlung ſeine
ehemaligen Verbindungen im Faubourg Saint-Germain wieder anknüpfen, und ſeine frühere glänzende
Stellung in der Geſellſchaft wieder einnehmen.
Als ich ihm Dieſes rund abſchlug, ließ er mir
ſagen, ich ſei ein verfluchtes Geſpenſt, ein Vampyr,
ein Todtenkind . . .“

Laurence hielt plötzlich inne, ſchauderte heftig
zuſammen, und ſeufzte endlich aus tiefſter Bruſt:
„Ach, ich wollte, ſie hätten mich bei meiner Mutter
im Grabe gelaſſen!“ Als ich in ſie drang, mir

diese geheimnisvollen Worte zu erklären, ergoß sich
ein Strom von Thränen aus ihren Augen, und
zitternd und schluchzend gestand sie mir, daß die
schwarze Trommelfrau, die sich für ihre Mutter
ausgegeben, ihr einst selbst erklärt habe, das Gerücht, womit man sich über ihre Geburt herumtrage,
sei kein bloßes Märchen. „In der Stadt nämlich,
wo wir wohnten," fuhr Laurence fort, „hieß man
mich immer das Todtenkind! Die alten Spinnweiber
behaupteten, ich sei eigentlich die Tochter eines dortigen Grafen, der seine Frau beständig mißhandelte
und, als sie starb, sehr prachtvoll begraben ließ;
sie sei aber hochschwanger und nur scheintodt gewesen, und als einige Kirchhofsdiebe, um die reich-
geschmückte Leiche zu bestehlen, ihr Grab öffneten,
hätten sie die Gräfin ganz lebendig und in Kindes-
nöthen gefunden; und als sie nach der Entbindung
gleich verschied, hätten die Diebe sie wieder ruhig
ins Grab gelegt und das Kind mitgenommen und
ihrer Hehlerin, der Geliebten des großen Bauchredners, zur Erziehung übergeben. Dieses arme
Kind, das begraben gewesen, noch ehe es geboren
worden, nannte man nun überall das Todtenkind
... Ach! Sie begreifen nicht, wie viel Kummer
ich schon als kleines Mädchen empfand, wenn man
mich bei diesem Namen nannte. Als der große

Bauchredner noch lebte und nicht selten mit mir un=
zufrieden war, rief er immer: Verwünschtes Todten=
kind, ich wollt', ich hätte dich nie aus dem Grabe
geholt! Ein geschickter Bauchredner, wie er war,
konnte er seine Stimme so modulieren, daß man
glauben mußte, sie käme aus der Erde hervor, und
er machte mir dann weiß, Das sei die Stimme
meiner verstorbenen Mutter, die mir ihre Schick=
sale erzähle. Er konnte sie wohl kennen, diese
furchtbaren Schicksale, denn er war einst Kammer=
diener des Grafen. Sein grausames Vergnügen
war es, wenn ich armes kleines Mädchen über
die Worte, die aus der Erde hervorzusteigen schienen,
das furchtbarste Entsetzen empfand. Diese Worte,
die aus der Erde hervorzusteigen schienen, meldeten
gar schreckliche Geschichten, Geschichten, die ich in
ihrem Zusammenhange nie begriff, die ich auch
späterhin allmählich vergaß, die mir aber, wenn
ich tanzte, recht lebendig wieder in den Sinn kamen.
Ja, wenn ich tanzte, ergriff mich immer eine son=
derbare Erinnerung, ich vergaß meiner selbst und
kam mir vor, als sei ich eine ganz andere Person,
und als quälten mich alle Qualen und Geheimnisse
dieser Person ... und sobald ich aufhörte zu tanzen,
erlosch wieder Alles in meinem Gedächtnis.“

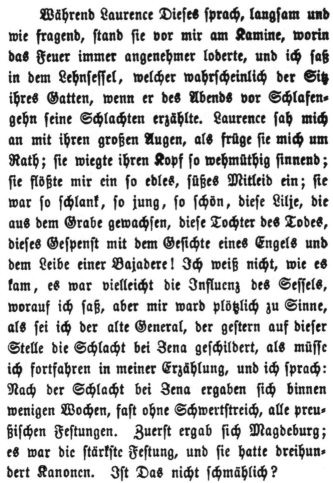

Während Laurence Dieses sprach, langsam und wie fragend, stand sie vor mir am Kamine, worin das Feuer immer angenehmer loberte, und ich saß in dem Lehnsessel, welcher wahrscheinlich der Sitz ihres Gatten, wenn er des Abends vor Schlafengehn seine Schlachten erzählte. Laurence sah mich an mit ihren großen Augen, als früge sie mich um Rath; sie wiegte ihren Kopf so wehmüthig sinnend; sie flößte mir ein so edles, süßes Mitleid ein; sie war so schlank, so jung, so schön, diese Lilje, die aus dem Grabe gewachsen, diese Tochter des Todes, dieses Gespenst mit dem Gesichte eines Engels und dem Leibe einer Bajadere! Ich weiß nicht, wie es kam, es war vielleicht die Influenz des Sessels, worauf ich saß, aber mir ward plötzlich zu Sinne, als sei ich der alte General, der gestern auf dieser Stelle die Schlacht bei Jena geschildert, als müsse ich fortfahren in meiner Erzählung, und ich sprach: Nach der Schlacht bei Jena ergaben sich binnen wenigen Wochen, fast ohne Schwertstreich, alle preußischen Festungen. Zuerst ergab sich Magdeburg; es war die stärkste Festung, und sie hatte dreihundert Kanonen. Ist Das nicht schmählich?

Mademoiselle Laurence ließ mich aber nicht weiter reden, alle trübe Stimmung war von ihrem schönen Antlitz verflogen, sie lachte wie ein Kind

und rief: „Ja, Das ist schmählich, mehr als schmählich! Wenn ich eine Festung wäre und breihundert
Kanonen hätte, würde ich mich nimmermehr ergeben!"

Da nun Mademoiselle Laurence keine Festung
war und keine breihundert Kanonen hatte . . .

Bei diesen Worten hielt Maximilian plötzlich
ein in seiner Erzählung, und nach einer kurzen Pause
frug er leise: Schlafen Sie, Maria?

Ich schlafe, antwortete Maria.

Desto besser, sprach Maximilian mit einem
feinen Lächeln, ich brauche also nicht zu fürchten,
daß ich Sie langweile, wenn ich die Möbel des
Zimmers, worin ich mich befand, wie heutige No-
vellisten pflegen, etwas ausführlich beschreibe.

Vergessen Sie nur nicht das Bett, theurer
Freund!

Es war in der That, erwiederte Maximilian,
ein sehr prachtvolles Bett. Die Füße, wie bei
allen Betten des Empires, bestanden aus Karya-
tiden und Sphinxen, es strahlte von reichen Ver-
goldungen, namentlich von goldnen Adlern, die sich
wie Turteltauben schnäbelten, vielleicht ein Sinn-
bild der Liebe unter dem Empire. Die Vorhänge
des Bettes waren von rother Seide, und da die
Flammen des Kamins sehr stark hindurchschienen,

so befand ich mich mit Laurence in einer ganz
feuerrothen Beleuchtung, und ich kam mir vor wie
der Gott Pluto, der, von Höllengluthen umlobert,
die schlafende Proserpine in seinen Armen hält.
Sie schlief, und ich betrachtete in diesem Zustand
ihr holdes Gesicht und suchte in ihren Zügen ein
Verständnis jener Sympathie, die meine Seele für
sie empfand. Was bedeutet dieses Weib? Welcher
Sinn lauert unter der Symbolik dieser schönen
Formen? Ich hielt dies anmuthige Räthsel jetzt
als mein Eigenthum in meinen Armen, und doch
fand ich nicht seine Lösung.

Aber ist es nicht Thorheit, den inneren Sinn
einer fremden Erscheinung ergründen zu wollen,
während wir nicht einmal das Räthsel unserer eigenen Seele zu lösen vermögen! Wissen wir doch
nicht einmal genau, ob die fremden Erscheinungen
wirklich existieren! Können wir doch manchmal die
Realität nicht von bloßen Traumgesichten unterscheiden! War es ein Gebilde meiner Phantasie,
oder war es entsetzliche Wirklichkeit, was ich in
jener Nacht hörte und sah? Ich weiß es nicht. Ich
erinnere mich nur, daß, während die wildesten Gedanken durch mein Herz flutheten, ein seltsames
Geräusch mir ans Ohr drang. Es war eine verrückte Melodie, sonderbar leise. Sie kam mir ganz

bekannt vor, und endlich unterschied ich die Töne
eines Triangels und einer Trommel. Diese Musik,
schwirrend und summend, schien aus weiter Ferne
zu erklingen, und dennoch, als ich aufblickte, sah
ich nahe vor mir mitten im Zimmer ein wohlbe=
kanntes Schauspiel: es war Monsieur Türlütü,
der Zwerg, welcher den Triangel spielte, und Ma=
dame Mutter, welche die große Trommel schlug,
während der gelehrte Hund am Boden herumscharrte,
als suche er wieder seine hölzernen Buchstaben zu=
sammen. Der Hund schien nur mühsam sich zu
bewegen, und sein Fell war von Blut befleckt. Ma=
dame Mutter trug noch immer ihre schwarze Trauer=
kleidung, aber ihr Bauch war nicht mehr so spaß=
haft hervortretend, sondern vielmehr widerwärtig
herabhängend; auch ihr Gesicht war nicht mehr
roth, sondern blaß. Der Zwerg, welcher noch immer
die brodierte Kleidung eines altfranzösischen Mar=
quis und ein gepudertes Toupet trug, schien etwas
gewachsen zu sein, vielleicht weil er so gräßlich
abgemagert war. Er zeigte wieder seine Fechter=
künste und schien auch seine alten Prahlereien wieder
abzuhaspeln; er sprach jedoch so leise, daß ich kein
Wort verstand, und nur an seiner Lippenbewegung
konnte ich manchmal merken, daß er wieder wie
ein Hahn krähte.

Ein kalter Schauer über
nd wie von unerträglic
holden Glieder. Endlich
Aal, glitt sie aus mei
mitten im Zimmer und l
die Mutter mit der Tro
dem Triangel ihre gedär.
ließen. Sie tanzte ganz
terloobrücke und auf den
Es waren dieselben gehe
dieselben Ausbrüche der le
dasselbe bacchantische Zu
manchmal auch dasselbe
als wolle sie horchen, was
auch das Zittern, das E
und wieder aufs Neue b
ben gebeugtem Ohr.

geschlossen. In immer leiseren Klängen verhallte die
Musik; die Trommelmutter und der Zwerg, allmählig verbleichend und wie Nebel zerquirlend, verschwanden endlich ganz; aber Mademoiselle Laurence stand noch immer und tanzte mit verschlossenen
Augen. Dieses Tanzen mit verschlossenen Augen
im nächtlich stillen Zimmer gab diesem holden Wesen
ein so gespenstisches Aussehen, daß mir sehr unheimlich zu Muthe wurde, daß ich manchmal schauderte,
und ich war herzlich froh, als sie ihren Tanz beendigt hatte und wieder eben so geschmeidig, wie sie
fortgebuscht war, in meine Arme glitt.

Wahrhaftig, der Anblick dieser Scene hatte
für mich nichts Angenehmes. Aber der Mensch
gewöhnt sich an Alles. Und es ist sogar möglich,
daß das Unheimliche diesem Weibe einen noch besonderen Reiz verlieh, daß sich meinen Empfindungen eine schauerliche Zärtlichkeit beimischte ...
genug, nach einigen Wochen wunderte ich mich nicht
mehr im mindesten, wenn des Nachts die leisen
Klänge von Trommel und Triangel ertönten, und
meine theure Laurence plötzlich aufstand und mit
verschlossenen Augen ein Solo tanzte. Ihr Gemahl,
der alte Bonapartist, kommandierte in der Gegend
von Paris, und seine Dienstpflicht erlaubte ihm nur
die Tage in der Stadt zuzubringen. Wie sich von

selbst versteht, er wurde mein intimster Freund, und er weinte helle Tropfen, als er späterhin für lange Zeit von mir Abschied nahm. Er reiste nämlich mit seiner Gemahlin nach Sicilien, und Beide habe ich seitdem nicht wiedergesehen.

Als Maximilian diese Erzählung vollendet, erfaßte er rasch seinen Hut und schlüpfte aus dem Zimmer.

— — —✦— — — — —

Wien. Druck von Jacob & Holzhausen.